環日本海国際政治経済論

猪口 孝／袴田茂樹／鈴木 隆／浅羽祐樹
[編著]

ミネルヴァ書房

はしがき

二一世紀はグローバル化の世紀である。一九八五年のニューヨークのプラザ合意が先進工業国間でなされてから、グローバル化は一気に加速された。通貨売買のビジネスは、圧倒的なスピード、巨大な量、そして国境を跨いだ複雑な計算の下で、地球経済のどこかで大きなバブルが形成され、しかもすぐに崩壊する。日本では一九九一年のバブル崩壊から二〇年にもわたる長い低迷を続けている。一九九七〜九八年のアジア金融危機はタイ、インドネシア、韓国を短期間ＩＭＦ管理下に置いた。二〇〇八年には米国自体がリーマン・ブラザーズの倒産を契機とする大きなバブル崩壊を経験し、二〇一三年においてもそこから復活するために米国の中央銀行に相当する連邦準備制度の大量な通貨印刷が行われている。二〇〇八年から一三年までにようやく少し効果が出始めたから、連邦準備制度の通貨の量的拡大政策を抑え目にするかどうかとバーナンキ議長が七月につぶやいただけで、米国から海外にも流出していた資金が大量かつ迅速に米国へ流入し始める。そしてブラジルやトルコなどの新興国の多くで経済情況悪化に起因する暴動が起こる。

二〇一三年春から日本のアベノミクスという通貨の量的拡大政策が始まったが、米国も拡大政策を二〇一三年春夏にとっていたために、そしてまた中国の経済活動も不動産バブルを一つの核とする景気後退が春から夏にかかるまでは大規模には顕在化しなかったために、日本のアベノミクスはラッキーな展開をみせることになった。しかし、二〇一三年秋から冬にかけて米国の政策転換が起こるだろう。中国でも景気後退は二〇一三年夏から強く目立つ展開になっている。欧州は経済大国ドイツの通貨供給安定政策が圧倒的でユーロ危機が財政緊縮政策に依存せざるをえないために、景気回復が基調にはならない。したがって、二〇一三年末からはおそらく欧州の緊縮経済続行、中国の成長鈍化、米国の通貨量的拡大政策の規模縮小という期待が強くなるために、アベノミクスは援軍が小さくなるなかで、規制緩和と技術革新によって成長を回復させ、加速させなければならない。

二〇一一～一三年には環日本海地域では相次いで政治指導者が交代した。米国はオバマ大統領再選、中国では新たに習近平が国家主席となった。日本では安倍晋三が首相に返り咲いた。韓国では朴槿恵が大統領になった。少し前には北朝鮮で金正恩が朝鮮労働党総書記に、台湾では馬英九が総統に再選された。ロシアではプーチンが三度目の大統領になった。これはアジア太平洋地域で指導者全員が入れ替えしたに近い。

指導者自身だけでなく、政治経済安全保障環境が大きく変化しているので、二〇一一～一三年を一つの大きな画期として二一世紀の展開をみていかなければならないだろう。グローバル化の加速的かつ複合的展開が日常茶飯事になった現在、地球的地域的安全保障でも予測しにくい不確定性が増大する。

米国はどこまで経済回復をなし遂げるか。製造業のカム・バック、天使のようなシェールガスの到来、自由貿易制度ＴＰＰの出発、対外軍事活動最小化の期待などでどこまでオバマ政権はいくのか。経済的財政的にも限られているなかで、世界指導国としての体面だけでなく、世界秩序（とりわけ金融と軍事と情報の分野）の規範・価値観をどこまで支えられるのか。軍事的約束が過多ななかで、実効性ある安全保障政策を追求できるのか。

中国は経済鈍化がどこまで政府に堪えられるか。経済運営、政治運営でどこまで透明性を実現し、格差拡大的性格を緩和できるか。高齢化・少子化の趨勢のなかで経済成長の勢いをどこまで維持できるか。国民の経済的不満を逸らせる愛国主義、民族主義の高揚は不安定性と脆弱性を抱えながらも世界最大の生産力をもつ国家運営と世界航海を安全にしようとする時に吉と出るか、凶と出るか。

環日本海に焦点を当てると、米韓同盟の指揮権を二〇一五年に韓国に譲り渡す約束を米韓間でしているが、韓国は北朝鮮の将来が著しく不確定なため、二〇一五年よりも先にしてほしいと米国に交渉している。中国は日本海でロシアと大規模な共同軍事演習を二〇一三年に敢行した。南シナ海、東シナ海、黄海に加えて日本海で活動を活発化する。北朝鮮は先軍政治のスローガンの下、米朝直接交渉に持ち込もうと隙間で企図している。ロシアは国民の不満が累積するなか、東方すなわちアジアに活路の一つを見出すべく、軍事外交経済活動を活発化している。本書で詳説するように、環日本海地域では政治経済外交安全保障のすべてにおいて、グローバル化が加速度的に深化するなかで、おそらく普段から注意深く観察を続けていないとすぐにその意味の深さを見逃しやすい現象が頻繁に生起するだろう。

二〇一三年七月二一日

編者を代表して　猪口　孝

付記　本書のはしがきは、実は環日本海に関する一つの大きな出来事の後に書くことになった。「北東アジアにおけるグローバル時代の人財養成——地域に根ざした国際的な人財を大学はどう育てるか」についての環日本海四大学シンポジウム（ロシアの太平洋国立大学、中国の黒竜江大学、韓国の韓国外国語大学、日本の新潟県立大学）を、新潟市で二〇一三年七月二〇日に終えた。大学教育、グローバル人材を主題として活発で、鋭い、建設的かつ生産的な議論がなされたことを付記したい。

環日本海国際政治経済論　目次

第Ⅱ部　経済力学から見る環日本海　103

ロシア連邦
オホーツク海
樺太／サハリン
モンゴル
ハバロフスク
千島列島
中華人民共和国
長春
ウラジオストーク
北京
瀋陽
札幌
朝鮮民主主義
人民共和国
日本海
平壌
大連
ソウル
大韓民国
青島
新潟
日本
黄海
釜山
東京
福岡
上海
東シナ海
太平洋
台北
台湾

関係地図

序章　環日本海の国際政治経済

猪口　孝

1　東アジアの平和の起源と存続

第二次大戦後の東アジアの戦死者数　第二次世界大戦からみると、その後の戦死者は激減している。大戦中（一九三七～四五年）の一年当たりの戦死者は五五〇万人、米ソ冷戦期（一九四五～九一年）は一年当たりの戦死者は一八万人、冷戦後（一九九一～二〇〇〇年）は一〇万人、二〇〇〇年代は五万五〇〇〇人、である。二〇〇〇年代はアフガン戦争やイラク戦争があったわりに戦死者は少ない。冷戦期にも朝鮮戦争やベトナム戦争があったわりには大戦と比べると戦死者は少ない。これらの数字は現在かなりの精確さで確定されつつある。

東アジア（ここでは東北アジアと東南アジアを一緒に扱う）でみると、一九七九年以降戦死者が激減し、最も低い水準で停滞している。東アジアの平和は一九七九年以来継続している[1]。その原因については分析が進んでいる。例えば、一九七九年に中国はベトナムに軍事介入して大量の戦死者（数十万人）を出している。その後は二〇〇一年四月に海南島で米国偵察機が不時着させられた時は中国空軍機パイロットが衝突して戦死したが、戦死者一人。戦死者は二〇〇〇年代でその位である。

この序章は、第二次世界大戦勃発以来の戦死者数からみる限り、最低の水準を継続していることから出発したい。東北アジアの国家のなかで、中国、北朝鮮、韓国、日本に焦点を当てる。なかでも中国の展開に注意を払いたい。

鄧小平の登場

一九七八年暮れ、鄧小平は起き上がりこぶしと言われるように、三回目の権力復活を遂げる(2)。中国は毛沢東の長い反乱がほぼ終焉し、第三世界のなかでもひどく遅れた経済発展に鄧小平は全力を挙げて取り組むことを決意した。経済発展に集中するためには、国境で問題が起きてはならない。そこで鄧小平は「富める者から先に富め＝先富、后共富」というスローガンを使った。当時中国にとっての軍事的脅威はソ連であった。一九四九年以来中ソ友好同盟条約を締結したとはいえ、朝鮮戦争、台湾危機（金門島、馬祖島）、ベトナム戦争を経験し、中国はソ連に強い不満を蓄積していった。そして一九六九年には両者は国境紛争で砲火を交えた(3)。ソ連は覇権主義を追求しているとし、中国はそれに対抗するためにも、米国との和解を一九七一年になし遂げた。同時に米国の同盟国である日本との和解を一九七二年に果たした。

内政不干渉の原則

米国との和解で重要なことはお互いに内政不干渉を実行すると了解したことである(4)。その意味は基本的に、両国は外国の反乱勢力に軍事的、組織的、財政的な支援をおおっぴらにしないということと思われる。中国は、近隣諸国（東アジアと東南アジア）で一九七九年以前にはマラヤ、インドネシア、フィリピン、ビルマなどにそのようなことを盛んにやっていたが、それ以降はそれを控える方向に向かった(5)。ベトナムのカンボジア軍事占領はまさにこの精神に真っ向から反対するもので、中国からするとベトナムの内政干渉主義を罰しようとしたのである。米国にすれば、覇権国であることをいいことに地域で内政干渉を、とりわけ中国が困るような形ではしないことを両者が合意したのではないか。特に台湾については最も明示的に合意された。一九七九年までは両者は distrust and verify（内政不干渉の原則）のラインできたものを、trust but verify（信頼を前提とした検証）に近づく方向に向かったような感じである(6)。一九七九年が重要なのは、内政不干渉という形で米中が大きく方向転換したことである。それが戦死者激減の大きな原因となっていく。東南アジア諸国は東南アジア諸国連合（ＡＳＥＡＮ）を結成した一九六八年以降、連盟諸国間では内政不干渉を大原則としてきたことも戦死者激減に大きな貢献を遂げる。中国や米国も東南アジア諸国連合と同様の条約を締結していくことで東アジアの平和を堅固なものにしていく。鄧小平はこのような体制を整えることによって、中国を大きく経済発展させようとした。

しかしながら、中国は「中国的特徴をもった社会主義」といっても、根っこは中国共産党独裁であるから、規制緩和などの経済面で、国有企業・民間企業の活躍を活発化しようとしても、政治面でも規制緩和へとすぐにはいかない。鄧小平の四つの近代化（農業、産業、国防、科学技術）のスローガンに対して、魏京生は第五の近代化（政治の近代化・民主化）を要求した。一九八〇年代に党総書記、胡耀邦が政治面で改革に傾きすぎたとされて八七年解任される。[7]しかし、もっと自由をという要求を一九八九年六月四日、北京の天安門でのデモ鎮圧、大量虐殺で鄧小平は応えたのである。一九八九年で経済発展の道は一時中断される。欧米と日本は中国に対して経済禁輸を断行した。一九九二年に禁輸が解かれてから中国はその後二〇年間続く年率二桁の経済成長率を達成することになる。[8]天安門事件以後、胡耀邦、趙紫陽の二の舞を踏むまいと江沢民は経済規制緩和が政治改革へと繋がらないように、愛国主義運動を起こした。経済規制緩和は朱鎔其（一九九八～二〇〇三）によって国有企業に加えて民間企業を奨励する。

米国のユニラテラリズム

中国に幸いしたのは、二〇〇〇年代に入って米国はユニラテラリズムを標榜し、米国以外のことにはあまり注意がいかなくなったことである。[9]G・W・ブッシュ大統領が二〇〇〇年の九・一一事件とアフガン戦争、そして二〇〇三年にイラク戦争に走り、米国による戦争が続く。中国は米国が自分の戦争に夢中になっている間、様々な問題にもかかわらず、マイペースで年率二桁の経済発展を続けることができたのである。江沢民は一九九〇年代には海南島における米国軍用機の衝突や在セルビア・中国大使館の米国による爆破などの事件が続いた時に国家主席であったが、米国が乱気流に乗ったような時期に強硬な態度をとりつつも決着させた点でも当時の中国にとって首肯できるラインだったのだろう。米国はユニラテラリズムで自己中心主義と自己礼賛主義が一緒になって、その帰結がどのようになるのかについて考えることが少なくなったのだろう。

グローバル化と通貨貿易の巨大化

二〇〇〇年代でみると、米国の会計がいつのまにか、ヒックス的な定式である「貯蓄＋輸出＝投資＋輸入」を無視した国際会計と国内会計の区別がない会計表を使うようになっている。どういうことかというと、国内の貯蓄がたいしたことがなくとも、米国財務省債券を購入してくれる外国政府・企業・個人が十分大きくありさえすれば、そして米国に直接投資が大量に流れ込んでさえすれば、国内貯蓄額を無視してもよいことになる。そしてその根本には、米国ドルが唯一の世界通貨として存続することができることがある。一九八五年のプラザ合意によって、財・サービス貿易と対置される通貨貿易がそれ以前の五〇倍から一〇〇倍になっている[10]。通貨貿易を迅速かつ大量にタイミングよく動かせる限り、他の外国の経済力の上昇を突如として頓挫させる力をもつ。一九九一年の日本のバブル崩壊、一九九七〜九八年のアジア金融危機、二〇〇八年の米国のリーマン・ブラザーズ大不況、二〇一〇年からの欧州通貨圏の不況、二〇一二年の中国のバブルの緩慢な崩壊などが挙げられる。二〇〇八年のリーマン・ブラザーズ不況はサブプライム・ローンというリスクの高いローンを下層の国民にも使えるようにすることによって、前代未聞のスケールで巨大な不況を惹起させることになった。しかも大不況を経験しつつあるなかでも、米国ドルの暴落は起こっていない。どれか一つの通貨が世界通貨でないと困るということから、米国ドルはあまり変わりようがないのだろう[11]。米国ドルと日本円は、先進各国が不況になっていてもさほど問題ない展開になることが小さな驚きになる。

2　米国の世界指導権の緩慢な低下

米国世界指導権の行方

米国が唯一の覇権リーダーシップをとる国家という命題には、二〇〇八年を大きな節目として疑念をもつ観察者が増加した。ここで世界はどのような世界体制が生起していくのかについて多くの考えを簡単に整理してみよう。第二次世界大戦後生まれたのがＰ５で、米国、ソ連、英国、フランス、中国の国際連合安全保障委員会常任理事国のメンバーである。どこまで拒否権をもっているのが幸せかについてはよく知ることはできない。しかし、ハッキリしていることはそれほど幸せではなさそうだということである。拒否権の保持国がシリアやイラン問題でどこまで主導権を握っているのだろうか。次に生まれたのが第一次石油危機後のＧ６である[12]。後にＧ７とかＧ８になったりするが、基本は先進工業民主主義国である。冷戦後、日本、ドイツ、ブラジル、インド、南アフリカ共和国によりP5をP10にしようとする動きが二〇〇〇年代初めにあった。これは失敗に終わる。二〇一二年に入って南アフリカを除いた四カ国が同じような動きをしているようである。

新興国の登場

二〇〇〇年代には新興国の動きがBRICs（後にはBRICS）として登場する。ブラジル、ロシア、インド、中国、後に南アフリカである。新興国の活発な組織としてはG20がある。構成国はオーストラリア、カナダ、サウジアラビア、米国、インド、ロシア、南アフリカ、トルコ、アルゼンチン、ブラジル、メキシコ、フランス、ドイツ、イタリア、英国、ヨーロッパ連合（EU）、中国、インドネシア、日本、韓国である。さらに二〇一二年にはS5も登場する。スイス、リヒテンシュタイン、シンガポール、コスタリカ、ヨルダンである。

このようなグルーピングとは少し異なり、世界を牛耳る国家はこれだという特徴づけがある。一番有名なのがG2である。米国と中国が世界を主導するというものである。このカテゴリーのなかでも両国がどのような関係を結び、どのような権力配分をするかどうかを明示するタイプとそうでないタイプがある。後者はズビグニュー・ブレジンスキーのG2、ニアル・ファーガソンのチャイアメリカがある。前者はヒュー・ホワイトのもので、ちょうど一六世紀にスペインとポルトガルが地球儀をみて分割したように、米国と中国が太平洋のどこかで世界を分割することを提唱している。それにイアン・ブレマーという米国人の特徴づけがある。[13] Gゼロである。身も蓋もないアイデアではあるが、それだけにかえって言いたいことが印象に残る特徴づけである。米国も中国も世界を主導するだけの力もアイデアも、そしてそれに従うメンバーを抱えていないということである。このように様々なアイデアが現在と近未来の世界について出ていること自体が、米国の指導権が二〇〇八年を節目に緩やかに低下しはじめていることを示している。

米国再均衡中枢化への戦略

中国の興隆に対抗する米国主導の地域秩序戦略は「再均衡」（rebalancing）、「中枢化」（pivoting）と呼ばれるものである。[14] 第一に、米国軍事力を広義の中近東から次第にアジア太平洋地域に集中させる。イラクやアフガニスタンから撤退するとともに、中国の近辺から少し離れたオーストラリアのダーウィン、米国のグアム、そしてより中国に近い日本の沖縄が緊急事態において迅速かつ的確に行動できる態勢を整備しようとしている。中国からすれば、中国包囲網の態勢ととられるだろう。この再均衡・中枢化戦略はできるだけ多数の友達づくりをインド、ミャンマー、シンガポール、フィリピン、ベトナムなどを糾合するとともに、東シナ海と南シナ海を緊急事態で状況を制御できるようにする態勢づくりの二つの仕事からなる。

後者は前線の緊急事態をどのように制御するかにかかっているが、米国の仕事を難しくしているのは台湾や沖縄そして日本が中国とどのような関係を紡ぐかに大きくかかっていることである。台湾は国民党政府の馬英九が中国を刺激しない、ソ連時代のフィンランドのように飲み込まれないよう協調し、しかも経済的には大陸と積極的に関わる路線をとってきている。民進党は台湾独立路線を大きく後退させ、中国を必要以上に刺激・挑発しない路線、しかも「過度な」親日路線を修正している。言いかえれば、台湾を全体としてみると、中国の興隆に正面から対抗するというよりは、米国の軍事援助を得つつ、経済的には共存共栄路線でいこうとしているようである。中国との関係悪化が軍事発動を必至になるような事態を回避しつつも、台湾が最新兵器を迅速かつ大量に供給できるかどうかとなると、台湾を擁護して米中軍事対決の危険を冒すことに決断がいくようにもみえない。

日米同盟と日中協商

日本は二〇一〇年以前には、日米同盟と日中協商をスローガンとして前者を絶対とし、後者をそれに劣らず重要だけれども補完的とする路線を堅持してきた(15)。二〇一〇年、突如として日中双方が自国の領土・領海とする地域でいさかいを始めた。一時は疑似解決の方向にいくかにみえた。

しかし、二〇一二年には日本が尖閣列島の国有化を決定したことに対して中国が強硬な反対を表明した。日中間では二〇〇六年以後しばらくの間、領土、歴史、台湾や国家主権や民族アイデンティティについてはほとんど言及しないで、戦略的互恵関係を伸ばそうとしていた。二〇〇八年には日本の第二次世界大戦後七〇年間、日本は平和主義の道を辿ってきたという文言の入っている共同声明を出している。しかし、同年のリーマン・ブラザーズ危機以降、国際環境、国際権力配置が急激に変化してしまう。ひとことで言えば、中国の興隆と米国の後退、中国の攻勢と米国の反攻である。米国は積極的な友達づくりと戦力再配置で中国の攻勢に対抗しようとしている。そのなかで日本がみせている反応は、中国に対しては領土に強い執着、米国に対しては同盟への強い執着の表明である。中国にしてみれば、鄧小平が領土問題は次々世代まで棚上げと言ったからといって、中国の領土であるという主張を引っ込めたわけではない。米国にしてみれば、同盟の執着といっても日本はどこまで自力で戦争をするのかについては全く予断を許さないどころか、そのような事態は政治不安定のなかで起きそうもないのではないかと思っているらしい。そうであれば、領土問題の存在自体を認めない日本政府の立場は自縄自縛へと問題を引き擦ることになると危惧しているのではないか。とりわけ米国にとって尖閣列島や琉球列島全体は、中国の戦力投射範囲の最短距離に入ることから、そして台湾という中国にとっては絶対的に重要な島に至近距離にあることから、守りにくい。

このような状況が展開しているなかで、日本の世論は政府与党と最大野党がともに外交路線と認めるものから次第に乖離する方向が確実にみてとれる[16]。すなわち、米国と中国のいさかいに反応してどちらからも距離を保ちたい反応、いわば中立の立場をとる反応が着実に増加している。同時に日本を核武装したうえで通常兵器の拡大を主張する意見が多くの支持を集めている。日中両国が政治も冷却、経済も冷却の関係に入っている二〇一二年夏以降、どのような意見が日本の世論となっているかについてはより注意深く見なければならないだろう。

沖縄の位置づけ

ここで重要なのは沖縄である。沖縄は微妙である。沖縄は日本政府に対して複雑な感情を抱いている[17]。一七世紀初頭薩摩藩に征服され、清国に朝貢使節を送り続けさせることによって、薩摩藩が琉球王国による清国貿易の甘い汁を吸いつづけた。明治維新が起こると、明治政府は琉球王国を日本に併合する。廃藩置県によって鹿児島県の一部だった一、二年の後、沖縄県になるものの、県知事はすべての県知事と同様に日本の中央政府によって任命されていた。琉球王国のうち、奄美群島は鹿児島県に付属、沖縄本島は沖縄県、そして最も最西端の八重島、宮古島、石垣島などは沖縄県ではあるが、本島から遠く、台湾に至近距離にあることから、少し別な歴史的展開をとげる。

沖縄が悲劇的なのは第二次世界大戦時、太平洋の西半分を支配しようとして負け戦を続けたあと、日本政府が沖縄で最後の米軍による本土上陸から東京占領へと行くだろうシナリオを遅らせるために全島あげてゲリラ戦を米軍にしかけ、沖縄県民に多大な死傷を強要したことである。(18)米軍は沖縄を含む西太平洋で多大な犠牲の後に初めて日本の降伏を実現した。しかも日本占領と同時に米軍による施政を沖縄は受けることになる。一九六八年に奄美群島は日本に復帰し、現在でも鹿児島県の一部である。沖縄は一九七二年に核抜き本土復帰を達成し、日本の施政下に入る。しかし、核抜き本土復帰は沖縄における米軍基地はそのままで、核抜きというスローガンも半分以上骨抜きになっていた。(19)しかも沖縄の一人当たりの所得は本土のそれに比べると構造的に一段と低いままである。そこへ一九九五年の米国海兵隊兵士による少女暴行事件が発生。普天間軍事基地を別の所に移し、市内の中核に基地があるという歪な状態を解消したいという日米両政府の共同意思が表明された。

しかし事態は進展せず、二〇〇六年に代替基地を辺野古にするという両国政府の合意を達成したにもかかわらず、それ以降は進展せず、二〇一二年に米国海兵隊兵士による強姦暴行事件が発生している。普天間軍事基地の移転が近い将来ない以上、米中軍事的対峙、日中関係緊迫の展開を踏まえ、米軍が新式のヘリコプター兼輸送機オスプレイの普天間軍事基地への配置を実施しようという最中に発生したのである。沖縄県民からすれば、泣き面に蜂を何重にも強要されたことになる。日米同盟と日中協商という日本政府の外交路線の中核である日米同盟を支える沖縄（日本の米軍基地の七割の面倒をみている）自体が、日本の安全保障の危機とも言える日中危機に際しても本土の日本市民と同様に米軍基地の拒否を強く主張しているのである。日本の安全保障を支える二本の柱が両方とも危機に瀕していると言っても過言ではない状態にある。

日本政府と米国政府の協議の後、沖縄の基地のかなりの部分の返還工程表が発表された。米国の経済発展の勢いがかなりおさまる二〇二五年までは軍事基地を存続させたいという両国政府の意向が見える。

日本外交二本柱の弱体化

中国包囲とも言えるインド、ベトナム、ミャンマー、フィリピン、シンガポール、オーストラリアなどについては、少し余裕をもった展開になっている。インド、オーストラリア、日本は中国を警戒する米国と安全保障で波長を合わせているようにみえたが、中国との協商からくる大きな便益をもち、しかも領土問題を抱えていないオーストラリアには経済重視の論陣を広げる意見も強く発出している。オーストラリアはウランを中国に輸出するまでに至っている[20]。日本は中国に巨大な直接投資と部品・材料の巨大な輸出を抱えているものの、領土問題の処理の一時的失敗により、日本の安全保障の二本柱の両方を危なくさせている。インドは中国に対して北東部に領土問題を抱えているものの、中国の商品輸出攻勢に圧倒されている。激しい敵視を一部に抱えながら、中国との経済交流がインドからの輸出が停滞したままで活況を呈している[21]。オーストラリアのジョン・ハワード首相と日本の（第一次）安倍晋三、麻生太郎両首相の時にみられた安全保障における米国との波長合わせは続いているが、中国との経済交流の活況のなかで薄らいでいる感じなのである。

3　北東アジアの新展開

北東アジアは軍事的最前線

東アジアの平和の展開も中国の平和的興隆も起源は南である。南とは中国の南であり、東アジアの南である。東アジアの南とはＡＳＥＡＮ諸国である。北東アジアはどのような展開を見せてきたのだろうか。北東アジアというと朝鮮問題が突出する。しかし、ここでは同時に、中国東北部（人口一億三〇〇〇万人）、ロシア極東・沿海州（人口六〇〇〇万人）、韓国（人口五〇〇〇万人）、北朝鮮（人口二〇〇〇万人）、そして日本（人口一億二〇〇〇万人）を扱う。一九七九年以前の北東アジアはどうだったのか。中国東北部はいまからみると奇異な感じではあるが、軍事的最前線であった。第二次世界大戦直後に在満州国日本帝国陸軍はソ連によって武装解除された。一部の将兵と武器は中国共産党人民解放軍に吸収される。中華人民共和国に先立つ国民党軍の壊滅は中国東北部から南下縦断した新四軍（林彪麾下の）の軍事的勝利によるところが大きい。

中華人民共和国建国後の北東アジア

中華人民共和国建国の直後、朝鮮戦争が勃発する。米国が防衛ラインを南へ下げることを示唆するアチソン国務長官のメッセージをおそらく正しく取ったスターリンの命令下、金日成が南半分解放に向かって戦争を開く。毛沢東はしっかりと相談を受けるというはずのものが開戦になってから通報された。しかも朝鮮人民軍は米国が仁川上陸作戦後は敗走につぐ敗走で中国東北部が爆撃にさらされるだけでなく、国連軍最高司令官ダグラス・マッカーサーに至っては瀋陽の原爆投下をトルーマン大統領に要求し、解任された。毛沢東はスターリンに対しても金日成に対しても出来たばかりの中華人民共和国に存亡の危機を経験させたゆえに、非常な恨みをもったことは間違いない[22]。このような経験をした中国東北部は軍事的最前線になったのである。さいわい満州国重化学工業化のインフラが残っていた。ソ連の援助もいくらかあった。信用できないと毛沢東が考えた北朝鮮とは、川幅の狭い鴨緑江と山がちの豆満江が国境である。事大主義の伝統のある北朝鮮では、親ソ派と親中派のいずれも金日成に壊滅させられている。

台湾危機の時（金門・馬祖島砲撃事件）も毛沢東はソ連が核兵器を提供しないことに恨みを強め、親ソ路線と毛沢東が見なした彭徳懐（中国東北で人民解放軍将軍で国防部長）を一九五九年解任している[23]。毛沢東の反乱とも言われる文化大革命の時、継承者かと一時思われた林彪は亡命脱出の途中で中国東北部（内モンゴル自治区で）で死去している。さらに一九六九年には、中国とソ連は国境の川中島で大規模な軍事衝突を起こし、その後もしばらくソ連覇権主義に対して強烈な敵視を続け、ソ連の脅威を強く感じた中国をして米中和解に導いている。

中国東北部の軍事的重要性

このような過去をみてくると中国東北部は軍事基地であることがわかる。今でも中国人民解放軍は全機械化軍団を五個保持しているが、そのうち四個が中国東北部（瀋陽）を本拠地にしている。なぜか。ロシアが迅速かつ大量に軍事介入したら、北京はひとたまりもないからである。瀋陽から北京は戦車で大した時間がかからない。それに操縦しにくいと中国が考える北朝鮮は核兵器を保有しているうえに、北京から大した時間のかからないところに政府を構えている。中国東北部はロシアと北朝鮮、それに米国や日本を後ろに控えているのではないかと想定されている韓国を近くに位置する。米国、ロシア、北朝鮮、韓国、日本はいずれも軍事力がしっかりしている国で、経済力も国民総生産が米国第一位、中国第二位、日本第三位、韓国第一五位である。これだけの経済力と軍事力が集結しているのが北東アジアである[24]。重要なことは軍事的に対峙していてもそれが暴力の発動と結びつかなければ最低限助かる。戦死者の数からみると、たしかに北東アジアも東南アジアと同じく激減している。最近では韓国海軍の戦艦「天安」が北朝鮮に沈められて二〇〇名ほど戦死している。延坪島を北朝鮮が爆撃し、二人が死んでいる。韓国海上保安庁の一人は中国漁船に殺されているし、中国漁船の一人が韓国海軍に殺されている。だがその位である。暴力行使に比較的自己抑制が効いているように見える。

中国東北部は、一九七九年以前は日本による満州国における重化学産業のインフラを抱えて、中華人民共和国の工業化に一定の強い役割を果したといえる[25]。鉄道や石炭があることも大きな要因である。一九四五年から五〇年代半ばすぎまで一定の工業化がなされたとしたら、中国東北部の日本からの遺産は小さくはなかった。その後は大躍進の暴挙と大飢饉、そして文化大革命という暴挙が続き、中国東北部も工業発展を妨げられただろう。しかし、軍事産業と軍事基地としての中国東北部の地位は大きくは変わらなかったのではないか。毛沢東が核兵器攻撃を避けるために、中国自身の核兵器は四川省とか山西省とか内陸の奥に位置させたことを除けば、はじめの二〇年間は中国東北部の比重は異常に高かった（最近では、中国人民解放軍の核ミサイル兵器で装備されている第二砲兵部門は北京郊外に集中している）。

一九七九年以降は経済規制緩和政策がある程度とられ、民間企業も一定の重要な役割を果たすことになると、中国東北部は時代から取り残された重化学工業がある時代がしばらく続いて、鄧小平が号令をかけた広東、上海などの華南、華中の沿岸地帯から始まった経済発展の波からは少しずれていた。一九九〇年代からの年率二桁の経済成長が継続してくると、そして労働集約的アセムブリー・ライン型の製造業が飽和状態になっていく。沿岸は賃金水準が高いので、内陸に開発は進んでいく。さらに、アセムブリー・ライン型は先端技術を開発していくことを要求されないことが多かったが、次第に中国も先端技術を研究開発していくことが求められていく。その役割は青島、大連、瀋陽、長春、ハルビン、そして天津、北京、西安へと大きく発展していく。一九七九年頃には巨大都市は中国には数個（北京、上海、広東、重慶、南京など）しかなかったのが、二〇一二年には一五個を超えており、中国東北部も人口五八〇万人以上を超える四個の巨大都市を擁するに至っている[26]。言いかえれば、中国東北部は出番が再来したらしいということである。インフラ、人口、そして先端技術を使う工業をつくっていく素地があるのである。

中国東北は日本帝国陸軍による破壊略奪などの経験が華北・華中・華南よりははるかに少なかったので、対日感情は相対的に良いことも挙げられるだろう。そして安全保障には関連産業が多いこと、近隣に日本、韓国などの活発な経済大国が存在することも非常に大きな要素となっている。

シベリア・極東地域の人口的弱さ

中国に隣接するロシアは社会主義崩壊、ソ連邦崩壊とともに、資本主義と民主主義を奉じていくかのようでいて大きな混乱が一九九〇年代にしばらく続いたあと、二〇〇〇年代にはヴラジミール・プーチンが大統領になる。KGB出身で権威主義的民主主義といったら褒めすぎになるが、民主主義的権威主義といっても褒めすぎになるのか。プーチンの良かったところはロシア社会に秩序と安定をもたらしたことであろう。別の言葉で言いかえれば、抑圧と秩序の強要である。

ロシア社会は人口激減が継続しているが、安定的秩序のなかからロシア経済が資源略奪社会から、科学技術の基盤の上に先端産業社会にしたいという夢がある。ロシアの首都は三個にしようというドミートリー・トレーニンの提案があるが、政治はモスクワ、文化はサンクト・ペテルブルク、経済はウラジオストークにしたいという[27]。プーチンの夢としては頷けるが、ロシアのウラジオストークはロシア経済の鍵には多分ならない。

ロシアの人口減少はあまりにも急速である。人口減少が恒常的に進んでいるときには人口増加が恒常的に進んでいる時とはまったく反対のことが起こるので、並大抵のことでは物事は進まないだろう。それにロシアのシベリア地方や極東地方、とりわけ沿海州では人口が少なすぎる。ウラル山脈以東で六〇〇万人というのでは中国の中位の都市にもならない。中国東北には六〇〇万人の都市が一〇個位ある。中国東北部全体で一億三〇〇〇万人と、日本の人口より多い。ロシアのシベリア・極東地方は中国人や朝鮮人（北朝鮮から）の出稼ぎおよび入植者が数百万人も既にいることも重要である。ロシアではとりわけ中国人の進出については警戒心をもっている人が多い。プーチン大統領もそれにおいては人後に落ちない。プーチンはロシアを科学技術でも強く、資源大国だけではない産業を育てようということだが、APEC大会開催のためのウラジオストーク突貫工事をみても、二〜五年でなにかが大きく変わるようにもみえない[28]。

しかし、中長期的にみれば、何かがかわるだろう。近隣諸国が大きな経済活動をしていることがロシアを多分助けるだろう。ロシアの鉄道やガス・パイプラインの設置・充実はさらに助けるだろう。それに中国東北部が日本海に直接輸送に使える道路や港湾をもたないことが溢れるような中国東北部の経済活動の妨げとなっているが、国連開発計画（ＵＮＤＰ）が半世紀位前から進めている豆満江河口近辺の中国、ロシア、北朝鮮のインフラの向上が促進されつつあり、中国の貨物が北朝鮮の道路を突っ切って日本海の港湾へのアクセスが確保されるならば、環日本海経済は目立った成長を示すだろう。貨物船だけでなく、潜水艦や哨戒機なども活動するようになるだろう。

北朝鮮の経済発展の失敗と軍事優先国家

北朝鮮は朝鮮戦争後一〇～一五年位は指令計画経済で資源を集中した効果が短期的には目にみえた。しかし、すぐにその限界が目立ちはじめた。日本から同胞朝鮮人の帰還運動を実施したのも、様々な限界を人力で一定限度克服しようとした一つのあらわれであった[29]。それにもかかわらず、窮乏経済をほぼ半世紀継続している。根本問題は国家安全保障が米国帝国主義によりいつも危うしとされている限り、最低限であってもまず、第一の優先順位は軍事にいき、生活はこの次になったことにある。兵器はソ連や中国からの援助に頼るだけでは危うくなる。兵器供与・援助のみかえりに、北朝鮮の政治に介入してきやすい。親ソ派とか親中派などが形成され、それは金日成の主体思想によれば壊滅されなければならない。そうすれば、援助も来なくなる。ますます主体思想の説くように北朝鮮が独力で兵器をつくらなければならない。

兵器がなければ、国家体制が危ういという基本から、先軍政治が正当化される。朝鮮人民軍の力を支える人が優先される[30]。将校と兵士の区別だけでなく、もっときめこまかく差別された食糧供給がなされる。朝鮮労働党についても同様である。最低限の食糧供給がなくなると発生するのが大飢饉である。大飢饉は一〇年に一回位の頻度で発生する。その規模は正確には知られていないが、五〇万人とか二〇〇万人が死に至る規模である。なぜ一〇年に一回位かというと、耕作地が不足し、肥料も少なく、そして農業技術も低水準である以上、中山間地でジャガイモ、ソバ、トウモロコシなどを焼き畑農業式に作付け収穫するしかない。中山間地を耕作地にすると、樹木の根が雨水を溜めることがないので、洪水や土砂崩れが日常茶飯事になりやすい。その循環が一〇年位なのである。

主体思想は長い目でみると、力になる。兵器が重要といい、他からの兵器援助が難しくなると、自分で製造しはじめる。しかもありとあらゆる方法で目標に近づいていく。核兵器についてもそうである。どんなに困っても主体思想の下、他の民族、他の国家に自分の運命を翻弄されたくないようにしたいということである。核兵器をもっていないと外国に翻弄され、搾取されるという信念というか妄想に近い堅固な思想に支えられている。少なくとも朝鮮労働党や朝鮮人民軍の最上層部は結束は固いようにみえるが、そういうエリートに限って子弟の教育は外国（例えば、米国や中国）だったり、外貨預金に励んでいる。

韓国の開発独裁と民主化

韓国は一九四八年建国時には産業は農業だけで、北朝鮮に比べると見劣りしたため、米国や日本に頼って生きてきた。一九七九年以降の東アジアの平和が訪れるまでに韓国がなし遂げたことは、(1)北朝鮮と国内の反対勢力を封じ込め、秩序と安定を構築した。(2)朝鮮戦争の灰燼のなかからのしあがってきた財閥を中心とした企業が国家と二人三脚で新興工業国家を打ち立てた。(31)その立役者、朴正熙《パクチョンヒ》は韓国中央情報部長に一九七九年暗殺される。

朝鮮戦争については北朝鮮と韓国の間でいまだ講和条約は結ばれておらず、戦争状態は中断したままであり、北朝鮮が韓国海軍哨戒艇を沈没させても、韓国民家を爆撃しても、実効的に北朝鮮を糾弾しきれないところがある。国際連合へは同時に別々に加盟している。一九七九年以降の東アジアの平和が開始してからも、北朝鮮をどのように考えるべきかという問題について韓国国内に大きな亀裂があるのが重要なポイントである。しかも北朝鮮に対する態度が米国についての態度と強く関連していることが、韓国社会の永久の問題になっている。一九七九年の朴正熙暗殺に次いで、一九八〇年に光州で起きた反軍部独裁のデモ（多くは学生）に対してソウルから市全体を軍隊で包囲してから大規模な弾圧を実行し、死者が一万人を超えた。米国政府がこれを容認したために米国から距離をとる市民が増加し、一九九七年反米デモが大統領選挙と重なり、米国に対して批判的な市民の支持を受けて、金大中が野党で初めて大統領になる。金大統領は軍部独裁政権に何回も弾圧され、亡命を余儀なくされ、人権運動に熱心で、キリスト教信者で、米国の大学でも講演を重ねたことなどが、米国政府の温かい目を獲得していったことは、太陽政策などの北朝鮮との和解政策を韓国市民の反米感情を大きく出さずに展開できた。同じ民主党系からの次の大統領、盧武鉉とこの点で違う。

太陽政策は保守党の李明博大統領になってから中断される。李大統領下で北朝鮮による韓国海軍沈没や韓国施政下の小島を爆撃するなど、北朝鮮が好戦的な行動をとることなどから、東アジアの平和が朝鮮半島には十分に浸透していないことがわかる。もともと朝鮮戦争自体が朝鮮半島内で様々な勢力が内戦のような色彩をもって蠢いていた時に、北朝鮮がスターリンの命令で国際戦争を開始したことからもわかるように、内政不干渉という東アジアの平和の一つの大きな軸が成立しにくい構造があることを忘れてはいけない[32]。二〇〇〇年代には米国の単独行動主義が最盛期だったこともあり、中国の興隆があまり注目されない時期に達成されたことは、韓国をして経済的に地理的に近接している中国に傾かせることになったと思われる。しかし、米国が中国の興隆に米国の再均衡政策であるアジア太平洋重点化政策が地理的に中国に近接しすぎ、経済規模も小さめな韓国ではなく、日本を地域的な安全保障政策の鍵としていることに反発する韓国市民が増加気味なことは注目しなければならない。二〇一二年暮れの大統領選挙で李大統領の反太陽政策、米国のアジア・太平洋再均衡政策に協調路線からどちらについても距離をとり、国内社会の所得格差などの再配分に積極的な態度を示すのが保守党（セヌリ党）の朴槿恵である。野党、民主統一党の文寅在は李大統領にはすべて反対の路線、そして無所属の安哲秀は学者出身で新鮮な問題解決を期待する韓国市民の支持が増加気味であった[33]。

4　東アジアの平和の不確かさ

東アジアの平和は長い期間浸透している。中国の鄧小平によるベトナム介入はベトナムに罰を与えるためというが、鄧小平自身からみると、軍歴（戦争を最高指令したかどうか）なしで中国の最高権力者になれるかどうかに掛かっていたからだとみられなくはない。中国の戦死者は一九七九年以降皆無に近い。江沢民、胡錦濤、そして習近平も全く同様の問題を抱えている。江は軍人をむやみやたらに昇進させて軍人の支持を増そうとした。胡はそれも出来ず、人民解放軍の支持を大して得ることができなかった。習はどうか。鄧小平は小さな戦争を強引に引き起こすことができた。しかし、その後は国際環境も国内環境も戦争発動を大変に難しくしている。

二〇〇〇年代のロシア・グルジア戦争とか、二〇〇六〜一一年のタイ・カンボジア戦争とか二〇一〇年の北朝鮮による延坪島爆撃のようなものが時々ある位で、小規模化している。軍事的にやりやすい尖閣列島攻撃を習はやるかもしれない。実際二〇一三年一月と二月には中国海軍は日本の海上保安庁の船舶やヘリコプターに攻撃の照準をあてた。この海軍の行動は日本を驚かせただけでなく、中国空軍と軍隊上層部の反応を促した。中国空軍は軍事シミュレーションを中国（対）米国チームの間に行い、前者の完敗に終わったことを危機の最中に中国人民部解放軍機関紙『解放軍報』に掲載している。この後、中国政府は中国海軍の攻撃のための照準行動の存在を否定し、日本政府もあえて反論せずに、危機は当面回避されたと見られている(34)。

しかし、非常に短期間で小規模になるだろう。東アジアの平和はいまだ継続の趨勢にあることはたしかである。しかし、グローバル化は日に日に国際環境、国内環境を複雑にすることでその土台を崩している。国境は相対的になっている。内政不干渉などと呑気なことを言ってはいられない。モノ、カネ、ヒト、そして情報は国境を跨いで、どんどん浸透している。とりわけ、人種、男女、宗教、信念、所得、階級などの共通性や相違性などからの行動は国境の意味が薄くなっている。人種や宗教が重なり合っている場合、それに高所得者連合（中産階級）が声をそろえて違和感を唱えるような時、そして植民地主義の遺制打破について反対を表出するような集団の声が出てくる時、内政不干渉という原則についても中央政府の言うことをなかなか聞いてくれなくなっている。ＡＳＥＡＮの内政不干渉政策は権威主義の中央政府には都合がよかったが、民主主義となるにつれ、実効性のある政策はとりにくくなっている。中国でも民主主義を要求する市民社会が強くなるにつれ、外国の実際をみて自国の権威主義的恣意的専制を批判してくる。

本書は北東アジアがどのような国際環境・国内環境を形成していくかを検討するのが第一の目的である。第二の副次的目的は北東アジアがかつての華南・華中・華北の沿岸地方を軸とした労働集約的アセムブリー製造業から北東アジアを一つの軸とした技術サービス集約的産業へと進むかどうかをみきわめることである。この序章では、主として第一の目的の大きな枠組みを描きながら、グローバル化のなかで、第二の動きがどこまで進展するかを断片的な観察を各章の前に少しだけ垣間見てきた。

注

（1）人類史の注記については次を参照。Lacina, B. A. and N. P. Gleditsch, "Monitoring trends in global combat: a new dataset of battle death," *European Journal of Population*, 21 (2-3), pp. 145-165, 2005; Lacina, B. A., N. P. Gleditsch, and B. M. Russett, "The declining risk of death in battle," *International Studies Quarterly*, 50 (3), pp. 673-680, 2006; Steven Pinker, *The Better Angels of Our Nature: Why Violence Has Declined?*, New York: Penguin Books, 2012; Joshua Goldstein, *Winning the War on War: The Decline of Armed Conflict Worldwide*, New York: Plume, reprint edition, 2012; 東アジアの注記については次を参照。T. Kivimäki, "East Asian relative peace: Is it for real? What is it?," *Pacific Review*, 23 (4), pp. 503-526, 2010; T. Kivimäki, "Sovereignty, hegemony, and peace in Western Europe and East Asia," *International Relations of the Asia-Pacific*, 12 (3), pp. 419-447, 2012.「東アジアの平和」については、次を参照。植村千可子・本多美樹編『北東アジアの「永い平和」』勁草書房、二〇一二年。地域的ならば、地球的な新世紀のはじまりが一九七九年とする見方として次を参照。Christian Caryl, *Strange Rebels: 1979 and the Birth of the 21st Century*, New York: Basic Books, 2013.

（2）Ezra Vogel, *Deng Xiaoping and the Transformation of China*, New York: Simon and Schuster, 2012.

（3）鳥居民『毛沢東の五つの戦争』草思社、一九七〇年。

（4）Henry A. Kissinger, *On China*, New York: Penguin Books, reprint edition, 2012.

（5）猪口孝「中国のベトナム干渉、一七八九年と一九七九年」『アジア研究』一九八〇年、27(2)、一～四二頁。

（6）trust and verify という文はロナルド・レーガン大統領の名文句でソ連との戦略核兵器軍縮交渉に当たって、米国政府がとるべき態度について語っている。はじめに合意に辿りつくまでは信頼し、しかしその合意が本当に遵守されているかどうかは、実証しなければならないというものである。distrust and verify とは一九七九年以前の米中関係にみられたといってもよいもので、自分の側の不信感を相手の意図と行動に当てはめてそのとおりになっていると確認する仕方である。

（7）楊中美『胡耀邦』蒼蒼社、一九八九年。

（8）Ezra Vogel, *One Step Ahead of China : Guangdong under Reform*, Cambridge, Mass.: Harvard University Press, 1990.

（9）Charles Krauthammer, *Democratic Realism : An American Foreign Policy for a Unipolar World*, New York: Ael Press, 2004.

（10）Richard O'Brien, *Global Financial Integration : The End of Geography*, New York: Council on Foreign Relations, 1992.

（11）Barry Eichengreen, *Exhorbitant Priviledge : The Rise and Fall of the Dollar and the Future of the International Monetary System*, Oxford: Oxford University Press, 2012.

（12）イニシアティブはフランス大統領、ジスカール・デスタンである。

（13）Zbigniew Brezezinski, *Strategic Vision : America and the Crisis of Global Power*, New York: Basic Books, 2012; Niall Ferguson, *Civilization : The West and the Rest*, New York: Penguin Books, 2011; Hugh White, *The China Choice*, Black Inc., 2012; Ian Bremmer, *Every Nation for Itself : Winners and Losers in a G-Zero World*, Penguin group, 2012.

（14）James B. Steinberg et al. "Turning to the Pacific: U. S. Strategic Rebalancing toward Asia," *Asia Policy* 14 of the National Bureau of Asian Research, July 2012.

（15）Takashi Inoguchi, "Japan's foreign policy line after the Cold War," in Takashi Inoguchi and G. John Ikenberry, eds., *The Troubled Triangle, Japan, the United States and China : Duality between Economy and Securuty*, New York: Palgrave Macmillan, 2012; Takashi Inoguchi, "Introduction to the Mini-Special Issue: Fragile Partnership between Japan and China," *Japanese Journal of Political Science*.

（16）Akio Kawato, Japan and the World Trends, http://www.japan-world-trends.com/ja/（access: October, 28, 2012）.

（17）Ronald Toby, *State and Diplomacy in Early Modern Japan*, Princeton: Princeton University Press, 与那覇潤『中

国化する日本――日中「文明の衝突」一千年史』文藝春秋、二〇一二年。

(18) 半藤一利『日本型リーダーシップは失敗に終わる』文藝春秋、二〇一二年。

(19) Kei Wakaizumi, *The Best Course Available : A Personal Account of the Secret U. S.-Japan Okinawa Reversion Negotiations*, Honolulu: University of Hawaii Press, 2002.

(20) Hugh White, *The China Choice*, Australia: Black Inc., 2012.

(21) The Economist, *How can India make its economic relation with China less lopsided*, Jun. 30th 2012.

(22) Zhihua Shen and Danhui Li, *After Leaning to One Side : China and Its Allies in the Cold War*, Wasington, D.C., Woodrow Wilson Center Press with Stanford University Press, 2011; Vladislav M. Zubok, *A Failed Empire : The Soviet Union in the Cold War from Stalin to Gorbachev*, North Carolina: The University of North Carolina Press, 2007.

(23) David A. Charles, "The Dismissal of Marshal P'eng Te-huai," *The China Quarterly*, vol. 8, pp. 63-76, 1961.

(24) Takashi Inoguchi, "Japan's Role and Position on Korean Unification," in Jung-ho Bae, ed., *Korean Unification and the Positions and Roles of the Four Neighboring Powers*, Seoul: Korean Institute for National Unification, 2011, pp. 75-86.

(25) Bruce Cumings, The Origins and Development of Northeast Asian Political Economy: Industrial Sectors, Product Cycles and Political Consequences," *International Organization*, 38 (1), 1984.

(26) The Economist Intelligence Unit, *Supersized cities China's 13 megalopolises*, 2012

(27) Dmitry Trenin, *Post-Imperium : A Eurasian Story*, Washington D.C.: Carnegie Endowment for International Peace, 2011.

(28) Akio Kawato, Japan and the World Trends, http://www.japan-world-trends.com/ja/cat-143/post_1101.php (access: October, 27, 2012).

(29) Tessa Morris-Suzuki, *Exodus to North Korea : shadows from Japan's cold war*, Rowman & Littlefield, 2007.

(30) Victor Cha, *The Impossible State : North Korea, Past and Future*, Ecco, 2012.

(31) Kim, Byung-kook and Ezra F. Vogel, *The Park Chung Hee Era : The Transformation of South Korea*, Cam-

bridge: Harvard University Press, 2011.

(32) Bruce Cumings, *The Origins of the Korean War* (2 vols.), Princeton: Princeton University Press, 1981, 1990.

(33) 浅羽裕樹「『自由民主』と韓国憲法裁判所——外交政策の法化と日韓関係の変容」『日本国際政治学会２０１２年度研究大会部会８』。

(34) 金子秀俊「木語：戦場英会話の演習」『毎日新聞』二〇一三年二月一四日、三頁。南空航空兵某师新年度首场实战化对抗演练　空中战场有了〝第三方〟（南京軍区の空軍部隊が今年初の実戦型演習、空の戦場に『第三者』が出現）『解放军报』二〇一三年二月一日。

参考文献

Bremmer, Ian, *Every Nation for Itself: Winners and Losers in a G-Zero World*, New York: Penguin Books, 2012.

Ferguson, Niall, *Civilization: The West and the Rest*, New York: Penguin Books, 2011.

Goldstein, Joshua, *Winning the War on War: The Decline of Armed Conflict Worldwide*, New York: Plume, reprint edition, 2012.

Kivimäki, Timo, "Sovereignty, Hegemony and Peace in Western Europe and East Asia," *International Relations of the Asia Pacific*, Vol. 12, No. 3, pp. 419-447, 2012.

Lankov, Andrei, *The Real North Korea: Life and Politics in the Failed Stalinist Utopia*, Oxford: Oxford University Press, 2013.

Moon, Chung-In, *The Sunshine Policy*, Seoul: Yonsei University Press, 2012.

Pinker, Steven, *The Better Angels of Our Nature: Why Violence Has Declined*, New York: Penguin Books, 2012.

Rigger, Shelley, *Why Taiwan Matters: Small Island, Global Powerhouse*, Washington, D.C.: Rowman and Littlefield, 2011.

Trenin, Dmitri, *Post-Imperium: A Eurasian Story*, Washington, D.C.: Carnegie Endowment for International Peace, 2011.

Vogel, Ezra, *Deng Xiaoping and the Transformation of China*, Cambridge, Mass.: Harvard University Press, 2011.

White, Hugh, *The China Choice*, Black Inc. 2012.
Yueh, Linda, *China's Growth : The Making of an Economic Superpower*, Oxford: Oxford University Press, 2013.

第Ⅰ部　政治展開から見る環日本海

第1章　日本の政治運営
——揺れてはすぐに戻す有権者——

猪口　孝

1　回転ドアが首相を入れ替えるとき

野田佳彦は二〇一一年九月（二〇一一年三月一一日の東日本大震災の半年後）に現職の民主党の党代表選に勝利した。(1)野田は、民主党政権では第三代の首相となった。彼は、安倍晋三、福田康夫、麻生太郎、鳩山由起夫、そして菅直人という五人の前任者よりも、首相としてより長く在職した。しかし、彼らの支持率が同じような進展を共有しているとおり、自民党であれ民主党であれ、これら六人の首相は一つの共通した性質で特徴づけられる。すなわち、最初の支持率は通常五〇～六〇％の間を記録し、およそ一年の間に一カ月につきおよそ五％ずつ確実に減少し、各々のリーダーの人気がその底に達する時点では一〇～一五％に達する——そしてその時には、まるで自動回転ドアを通ってくるように、別の首相が入ってくるのである。(2)野田は増税法案の成立に成功したため、いくぶんより長く生きながらえたと言われる。ここでこの現象についていくらか説明を試みるよりも、まずは二〇一二年に展開されたとおりに日本政治に起こったことをまとめてみよう。その後、いくつかの一般的な評価を提供することとする。(3)

野田は二〇一一年八月に党の代表選に勝利した。それは民主党の「三人の創立者」がその弱点をさらし、それぞれ消えた後のことである。すなわち小沢一郎の不正献金疑惑による起訴、鳩山由起夫の普天間（沖縄の米国基地）と東アジア共同体構想に関する無能な対応、そして菅直人の二〇一一年の甚大な自然災害及び原子力災害への対応に関する無能な指導力のことである。小沢の傀儡候補者である海江田万里は代表選に落選し、野田が代表選の第二回投票で反小沢連合を素早く形成し、勝利した。野田は、二つの重要な官僚機関、すなわち財務省と外務省の全面的な支持をすぐに得た。これらの機関は、困難な時期にあって首相に耳を傾けてもらうことを心から望んでいた機関である。民主党に圧倒的勝利をもたらした二〇〇九年の民主党の選挙運動は、二つのスローガン――「国民の生活が第一」と（官僚主導でなく）「政治主導」――を含んでいた。(4) 困難な時期というのは、二つの意味で使われた。すなわち、二〇〇八年のリーマン・ブラザーズの破綻および二〇一一年の大災害（地震、津波と原発事故）が、民主党の選挙公約とそれに続く社会政策予算に関する無能な対応のために政府の財務状態を悪化させた。さらには、鳩山が米国政府から支持を得ることに失敗したことで、日本は隣国の「猛攻撃」にさらされることになった。すなわち、いくつかの地域的な状勢によって主張される三つの諸島――北方領土（南クリル諸島）、竹島（独島）と尖閣諸島（釣魚島）――に関する領土問題が活発化されていることである。(5)

2　野田の四つの使命――災害復興、財政赤字、社会保障、日米同盟

災害復興

野田の最優先事項は、二〇一一年の東日本大震災からの復興であった。野田は災害による廃棄物とがれき処理を急いで行う必要性に気づいていたが、処分地に選ばれた地域からの反対によって遅れた。より基本的な問題として、被害を受けた地域から、仮設住宅への人々の再定住が促進されなければならない。それはもともとの住所であれ、または新しい住所であれ、うまくいけば来るべき恒久的な家の建設へ繋がると期待される。関係機関の間の調整には長い時間を要し、それは数カ月もしくは一年またはそれ以上であり、「前へ進め」と聞くことは、待っている人々にとっては説教に等しい。経済的に前進するには、インフラが再強化されなければならない。水道、下水道、電気、ガソリン、道路、橋、鉄道、空港、電話通信、テレビ、ラジオ、新聞、そして郵便のような必需品の大部分は通常に戻った。

長期にわたる間接的および直接的な計画または行動もしくはその両方を要する一つの項目は、日本列島中に点在

する四〇あまりもの原子力発電所である。（天国から火を盗んで人間に与えた罰として岩に鎖で繋がれていた、その）鎖が解かれたプロメテウスをいかにして手なずけるか、それを終わらせるかどうか、いかにして原子力発電に頼ることなく発電させるか、いかにして原子力発電なしに効率的に発電を達成するか、いかにして二酸化炭素を無駄に排出することなく発電を達成するか、いかにして原子力発電を終わらせることで国際的な勢力配置を変えるか、などについて議論が続いた。世論は、原子力発電を終わらせなければならないかどうか、そして産業や日常の家庭の消費量にとって永続的な電力不足を引き起こすことなく核以外の原料によってエネルギーが供給される社会が用意されるまでに何年が必要なのかで分かれた。東京電力福島第一原子力発電所の災害の直後、約五〇カ国あまりで行われるWINギャラップ・インターナショナルの世論調査は、日本の世論は分裂しているが、収入、職業、そして教育のカテゴリーを横断して「冷静さをもってそれに向き合う」方へ傾いていることを明らかにしている。(6)(7)

それでも、注目に値する規模や勢いの反原発デモが連続して噴出しており、例えば二〇一二年八月を通じて首相官邸の建物に向けて行われた抗議は数千人に達した。煽動者たちは、政府提出、国会提出、そして非営利団体（NPO）提出の評価レポートに対する政府の反応から、それを行うのがどれだけ困難で、それだけ長くかかるかもしれないにもかかわらず、政府が原子力発電所を完全に廃止することに本当は熱心でないと明らかに感じ取った。そのような抗議者は、反核エコロジストや反核平和主義者を含むかなり広範囲にわたっている。政府が権威ある決定を素早くかつ効率的に行うことを先延ばししたり、それを行えないと感じ取られたことが、支持率が確実に低下した有意な要因であった。「決められない政治」（権威ある決定を行うことができない政治）は、日本政治を特徴づけるのに用いられるフレーズの一つとなった。(8)

日本の政府と人々に公平を期すために言うと、復興は国際的な水準に比べ、より迅速に行われている。福島第一原発を除けば、カトリーナハリケーン後のニューオーリンズ、二〇〇八年の四川大地震を含む自然災害によって荒廃した他の地域と比べ、日本の東北の悲観的な影響を受けた地域の復興は、非常に好ましいものである。

財政赤字

第二の優先事項は、財政赤字である。この四〇年間、大蔵省または財務省は、歴代の首相に対し、消費税を導入するか、増税（例えば、三％から八％まで、それから野田の増税で達成された一〇％まで）を法制化するように説得してきた。野田は彼が直面しているあらゆる逆境にもかかわらず、増税の法制化において賢く熟練していた。竹下登（在職期間：一九八七～八九）は、消費税法案の成立に成功したが、最終的な自己犠牲（すなわち、首相辞任）を伴った。大平正芳（在職期間：一九七八～八〇）に始まる大部分の首相は、軽く、またはわずかに増税の法制化の可能性をほのめかしただけでさえ、直後に、少なくともかなりの支持率の低下に直面せざるをえなかった。大平首相などは、消費税を導入するための一九八〇年の選挙運動中に心臓発作で亡くなったといってもいいくらいである。二〇一二年八月に消費税引き上げ法案を法制化した際に、野田の支持率はわずかに上昇した。しかし、それはすぐに、まるで自動であるかのごとく、確実に低下した。

財政赤字に関して、国民はこの四〇年間、増税を一貫して拒絶した。その結果、政府は時間とともに天文学的な額の国債を発行しなければならなかった。国債は主に、多くの国民の預貯金口座をもつ銀行や他の金融機関を通して購入される。国債は主に国内の預貯金によって支えられており、それゆえ、多くの経済学者によると、ギリシャのような国家破産を引き起こすというわけではない。それでも、政府予算はある意味で奇妙に見える。(9) 第一に、普通預金口座の利子が〇％であるとき、「妥当」とは思えないレートで、政府は銀行と金融機関に多額の利子を払う。国債は毎年二二兆円の費用を提供しており、それは政府予算のおよそ二五％に上る。同様に、一六兆六〇〇〇億円に達する、年間の予算の一八％にあたる地方自治体への資金移譲も重要である。地方自治体は、社会政策、病院、教育、警察、土地保全、輸送、内部のコミュニケーションのような領域の草の根レベルの行政を取り扱う。予算の残りの五四％ほどは多数の中央政府の仕事に充てられる（例えば外務、金融、総務、厚生労働、文部科学、法務、財務、農林水産、経済産業、環境、防衛、公安、国家戦略、沖縄および北方対策、防災準備、男女平等、少子化対策、地方自治主権、消費者保護と食品安全、原発行政、宇宙、経済財政、科学技術、新しい公共財、行政刷新）。社会保障は二六兆円を占め、予算のおよそ二八％である。財務省の長期戦略は二重になっている。(1)この目的のために大量の国債を発行することよりもむしろ歳入と歳出とのバランスを達成するために消費税増税を利用する。そして、(2)地方自治に消費税の特定のパーセンテージを割り当て、その後に中央政府からの地方移譲を減らす。

社会保障

第三の優先事項は、有権者の決断に大きく劇的な揺れを引き起こした二〇〇九年の総選挙でなされた社会政策または社会保障の公約である。(10)二〇〇八年にリーマン・ブラザーズによって誘発された景気後退の時代は、特に当時の現職の自由民主党の首相が有権者による評価を受けることなく権力を握った際に、国民のなかに「国民の生活が第一」のスローガンを最優先させることに対する受容的な空気をつくった。それゆえ、初の民主党首相である鳩山の支持率は非常に高くなり、七〇~八〇%に達した。それから、有権者の支持は、彼の支持に揺れたのと同じくらい速く、揺り戻された。一部の民主党に反対する人々がその社会保障の公約に関して民主党にうそつきという烙印を押したにもかかわらず、党(特に野田首相)は、政府歳入が利用できるかぎり政府は公約を守ることを確実にしようと努めた。国会で可決された消費税引き上げ法案を通じて、民主党が二〇〇九年の総選挙で約束した社会保障の最低限を維持するのに十分な高い歳入を政府が得るならば、参議院による法制化の協力は心から有り難いものであろう。与党は、参議院において議会の過半数を擁していない。野田首相が社会保障と増税という二つの政策を明白に一体化して審議するためには、自民党と公明党の支持が必要である。

問題は、二〇一二年八月時点での、近い将来に(「近いうちに」)総選挙を要求するという野田首相の「約束不履行」に自民党が断固として反発しており、それゆえ国会がひとたび秋に再開されれば不信任案を提案すると脅していたことである。自民党によるそのような立場は、野田首相が国会の再開を可能な限り延期させることを引き起こす。野田内閣の一〇月上旬現在の支持率は二〇~二五%の範囲にある。たとえそれが二〇一五年に実行されることになっているとしても、消費税の一〇%への引き上げは政府歳入を著しく増やすわけではない。このように、二つの政策を結びつける議論は、それが少なくともその目的において誠実な議論を意味するにもかかわらず、うわべだけのものに見える。その間に、民主党の支持率があまりにも確実に減少していたということに気付いたことで、民主党議員(特に衆議院)は、一人ずつ、時には束となって民主党から離れていった。

第四の優先事項は日米同盟である。二〇〇〇年代のイスラム原理主義者のテロ疑惑に応じた米国の単独行動主義と二〇一〇年代の中国の好戦的な興隆に応じた再均衡（rebalancing）と回帰（refocuse）という最近の米国の戦略的転換に嫌気がさして、鳩山と小沢によって率いられた民主党の「反米」であると疑わしい陣営は、二〇〇九～一〇年に日本の政策の方向を米国からいくらか距離をおき、中国との関係を強化する方へ移行しようと試みた。国内外両方の反対派は、その試みを妨害した。(11) これはある意味、民主党のスローガン（「政治主導」）といえる。特に、同盟に関わる外務官僚らとの問題の協議や議論を行うことなしに、スローガンや感情で決定を行うことに、官僚らは嫌悪感を覚えた。さらに、小沢の中国訪問（小沢は北京においてあらゆる民主党議員に習近平副主席との握手を促した）と、米国抜きでの東アジア共同体形成という鳩山の要求が組み合わさったことで、米国政府側にすぐに疑念を抱かせた。また、鳩山の沖縄県民に対する普天間基地の国外移設、最低でも県外への移設をしたいという演説は実現できず、その結果沖縄の人々は、政府に対して深く疎外感を感じ、猛烈に怒りを感じた。彼らの行動の結果起こったことは、小沢の政治資金不正流用疑惑による民主党指導部からの辞任（彼は二〇〇九年総選挙の直前の民主党党首であった）と、鳩山の首相辞任である。

米国との同盟

そして、民主党の三頭体制の二つが同盟によって崩壊したということを認識した菅首相は、同盟寄りの政策方針に固執した。二〇一〇年秋の尖閣諸島（釣魚島）沖での中国との衝突事件は、菅を政策方針の展開へと向かわせた。二〇一一年三月一一日、三つの災害（地震、津波、原発事故）が起こった。航空母艦ロナルド・レーガンによって先導される米軍は、北朝鮮による核実験の可能性に備えるために西太平洋に向かっていたが、日本の被災地の方へ彼らの任務を向け直した。米軍はすぐに被災地に到着し、非常に効率的に救援活動を行った。それは「トモダチ作戦」と呼ばれた。日本国民は、米国の援助を心から歓迎した。日本人の米国に対する信頼は、長年見られない高さにまで急上昇した。米国との同盟を強調するために、菅は二〇一一年六月に日米安全保障協議委員会（日米の担当大臣〔外務大臣、防衛大臣、国務長官、国防長官〕による「二＋二」閣僚会合）を改善し、二〇一一年末には野田がステルス機能を備えたF35の優れた能力に言及し、いくつかの競合のなかから次期戦闘機として決定した。また、菅と野田は、東アジア首脳会議（ＡＳＥＡＮ＋日本、韓国、中国、インド、オーストラリア、ニュージーランド）を重視し、小沢と鳩山が進めた東アジア共同体には言及しなかった。日本の政治家はＴＰＰへの参加を議論しているが、二〇一二年一〇月現在、日本の参加は国内での意見の相違のために遅れるか、なくなる可能性もありそうである。

近隣関係

日本と隣国との関係はこのところ悪化している。二〇一〇年秋に中国と東シナ海で衝突した後、野田は胡錦濤と会い、尖閣諸島（釣魚島）は国有化すべきではないという中国の一線（red line）を伝えられたわずか二日後に、尖閣諸島の国有化を宣言した。明らかに胡は、野田が国有化の差し迫った行動を知らせなかったことに激怒し、それに応じて中国の指導部は中国全土で大規模な反日抗議を動員することを決定した。多くの中国人が尖閣諸島を日本に盗まれたと信じるにつれ、反日感情もまた高まった。一九七二年の日中国交正常化四〇周年の記念日に計画されたイベントの多くも中止された。中国の抗議者は、多くの日本人商店や工場を襲撃した。

韓国との関係も悪化した。二〇一二年八月、李明博大統領が竹島（独島）へ飛行機で上陸した。李大統領は報道関係者に対し、韓国の犠牲者が賠償を訴えた二〇一一年春の憲法裁判所の判決に応じて彼が行動を起こすよう促されたことに言及した。李大統領は、戦時韓国における人権の状況（従軍慰安婦を暗示）を賠償するようないかなる行動も取っていないことで批判された。日本政府は、あらゆる戦争に関する諸問題は、一九六五年の日韓基本条約によって最終的に解決していると徹底して主張し続けている。二〇一一年五月、日中韓三カ国協力会談（日中韓サミット）が東京で行われた。三人の指導者は、一緒に被災地を訪問した。会談は二〇一二年春には行われなかった。その代わりに、野田は九月にウラジオストークで行われたアジア太平洋経済協力会議（ＡＰＥＣ）のセッション以外の場所で李と胡と個別に「話をした」という。それは会話でさえなかった。

3　グローバル化時代の日本政治

遠くから眺めてみると、二〇一二年の日本政治は巨視的にどのように見えるのであろうか。三つの特徴が際立っている。第一に、境界を越えた市民社会間の相互作用が顕著になった。[12] なぜ領土問題が最前線に出てきたのか、そしてなぜ日本政府は領土問題に目覚めさせられた。

国境を越える市民社会

日本の市民社会は、領土問題に目覚めさせられた。なぜ領土問題が最前線に出てきたのか、そしてなぜ日本政府は近隣の政府だけでなく近隣の市民社会からも行われている挑発に応じる用意ができていないように見えるのかを考えさせられたことで、日本の市民社会の一部は、より愛国的になることによって自己防御的にこれらの挑発に対応した。尖閣諸島、竹島、北方領土における政府の断固とした姿勢に賛成の意を唱える愛国心のうねりは注目に値した。同時に、日本の市民社会は、自らの国が弱くて備えができていないことを嘆いた。

しかし、国民の一部（であるが、確かに大部分）は、冷静に問題を捉えているようである。日本政治に関して最も注目に値することは、日本の市民社会の若干の部分は近隣の市民社会が行うことについて非常によく注意を払っているということである。中国と韓国でもそれは見られ、中国の女性小説家である崔衛平が中国の知識人に対し「日中関係に理性を取り戻そう」とインターネットで共同アピールを呼びかけた例もある。[13] このアピールの支持者は尖閣諸島の日本政府による国有化に強く反対したが、彼らはまた以下のことにも反対した。すなわち、(1)ナショナリズムを利用して自己の利益を促進し、それでいて政府が指導的な中国市民に責任を負ったり根拠を示したりすることを要求した政治団体、(2)大部分の国民を代表しているわけではない反日デモにおける暴力の行使、そして(3)日本関連の本の出版禁止である。韓国での同じような動きもまた、日本で報告されている。中国と韓国の市民社会における様々な行動が日本の市民社会に与える影響の程度は、正確にわかっていない。しかし、それらがインターネットだけでなく、広く読まれる日刊紙や月刊誌によって報告されたという事実もある。日本、韓国または中国にいるかどうかにかかわらず、権威的な政府の声明は、過去におけるそれらの影響を減少させたように見える。膨大な数の読み書きができる国民とインターネット利用者は、感情を煽ったり、冷静にさせたりすることの両方に関して、国境を越えて行動する。国家に限定された市民は、国政に対して発言権があることを忘れる傾向がある。この事実は時代遅れである。

二〇一二年の初頭に、ギャラップインターナショナルは、米国大統領選挙に関して五〇カ国あまりで世論調査を実施した[14]。米国大統領選挙が彼らの国に影響を与えるかどうかという問いに対して、北東アジア（中国、日本、韓国、香港）の回答者の平均八〇％が肯定的に回答したことは、驚くべきことではない。北東アジアの回答者の四九％もが以下の問いに肯定的に回答したことを知るのは若干意外である。すなわち、「あなたの国の国民が米国の大統領選挙に投票権をもつことに同意しますか、それとも同意しませんか？」もし全国的かつ国際的に合法的で法制化された場合、ＮＡＮＡ（北アジア・北アメリカ）合衆国の北東アジアの一部は決定的にオバマに賛成であろう[15]！

中間組織の弱体化

第二に、グローバル化の潮流が深まるにつれ、全国的に組織化された社会の中間組織は数でも勢力でも弱体化する。私が言うところの中間組織とは、その役割が主に国と市民の間の社会の様々な利益を代表したり、または仲介したり、もしくはその両方を行うような組織のことである。ここには、利益団体、政党、官僚、軍隊、議会、非政府組織などあらゆるものが含まれる。

政党を例に取ってみよう。英国のポール・ホワイトリーは「政党は消滅したのか」と修辞的に問うことで、政党の消滅していく動きを劇的に表現した[16]。彼が集めたデータは英国のみに限定されたものではなく、全世界をもまた含んでいるものである。日本の政党は、（草の根レベルの団体ではなく）圧倒的に議員の団体であった。政党内における党首選に立候補する候補者の必要条件に目を向けるならば、日本の二大政党である民主党であれ自民党であれ、候補者になるにはその党のある程度の数の議員こそが必要である。二〇一二年九月の与党である民主党の党代表選、または自民党の総裁選において、一つの性質が非常に明白である。すなわち、自民党の有効投票総数は四九万一三〇五票であり、一方民主党の党員・サポーターの有権者総数は三二万六九七四人であった。党員数の減少は、中間組織全体のあらゆるところで見られる。

ここで三つの推測ができる。第一に、政党を含むいくつかの中間組織は、政府（日本では総務省）によって補助金を支給される選択権を現在もっている。第二に、ひとたび組織が非課税組織として登録されれば、非政府組織は国によって監視される。第三に、国民は現在人々の代理人としての議員とは独立して、彼らの選好や感情を自由に表現することができる。彼らはみな境界を越えて参加する。ギャラップ・インターナショナルの世論調査の結果は、この進展をまさしく証明している。

仕事とストレス

第三に、国民は三〇～五〇年前と比較すると、より忙しくなっているといえる。仕事はより組織化され、組織的に監視される。仕事はよりグローバル化された。絶えまない技術やチームワークのグレードアップがなければ、人々は彼（または彼女）の賃金を増やしたり、他の給付金を上げることを期待することができない。これは、仕事が多くの種類のストレスと関係していることを意味している。インターネット、スマートフォンや他の機器は、コミュニケーションや協調を容易にする。より少ない程度とはいえ、中間組織も同じである。インターネットで武装した国民（すなわちネチズン）は、二〇〇〇年代、中国と韓国の北アジアで日本以上に確実に増加した。

二〇一〇年代には、日本のネチズンの増加も追いついたように見える。例えば、大阪を拠点に集まった大阪維新の会や、名古屋を拠点に集まった減税日本などの地域政党が出現したことは、一人でも幸せであるが、そのような機器で他人とヴァーチャル的に繋がるのもまた幸せであるというネチズンの発展と非常に関係している。孤独ではあるが、同時につぶやきを通して他人と繋がることに喜びを感じるのである(17)。ひとたび条件が揃うならば、日本社会において、階級ベース、同族ベース、もしくは非情な実力主義ベースの社会よりも、ネチズンによって支配されるほうがより容易になるかもしれない。スタイン・ロッカンやマーティン・シーモア・リプセットによって描写される階級ベースの社会は、ヨーロッパの社会を捉えている。違いはあるものの、同族ベースの社会はアフガニスタンの社会を語り、非情な実力主義の社会は中国と米国を反映している(18)。

日本社会は、エリート主義を容易に許容はしない。ビジネスと政治のエリート集団は、普通の人々のように見えなければならない。経団連（日本経済団体連合会）の第四代会長の土光敏夫（在職期間：一九七四〜八〇）は、その貧しい農家の出自だけでなく、お茶碗一杯のご飯、味噌汁、たくあんと小さな焼塩鮭からなる非常に質素な朝食をとるという彼の習慣がよく知られている。彼が他の人と同じ普通の家の出身であったため、ある意味人々は彼に耳を傾けたのである。日本の官僚エリートには、多くの他の社会のそれとは際立った一つの性質がある。日本の官僚では、MBAやPh. D. のような高い学位を持っている人はわずかしかいない。インターネットが社会に広まると、階級、宗教、民族、財産、功績のような境界が曖昧になり、トーマス・フリードマンの言葉で言うように、フラット化される傾向がある。[19]日本社会は、グローバル化のもとにあってさえ、より容易にフラット化される。それゆえ、多くの国民は、感情が群れをなして向かう方向へと揺れるように一方の側に傾く。そして同じように、多くの国民は共感が薄らぐにつれ、一晩で揺れ戻される。

日本政治は、揺れてはすぐに揺れ戻されるこのテーマを繰り返し続けるのであろうか。否、そうとは言えない。二〇一一年三月一一日の災害以降、稼動を停止していた原子炉を再稼動するという野田首相の決定に反対して、二〇一二年夏の耐えられない熱さと湿気の中で、スマートフォンや他の電子機器を用いて何度も抗議した何万人もの抗議者が見られた。抗議活動の規模は、ここ最近の半世紀の間には見られなかったほどのレベルに達した。一九六〇年五月に、日米安保条約改正に対する抵抗運動が噴出し、かなりの数の抗議者が国会議事堂やその周辺に集まった。影響力は相当であった。[20]当時の首相であった岸信介はすぐに辞任した。しかし、その規模は、原発の再稼動に反対して集まった抗議者の比ではなかった。それらの抗議者や反原発に関して、新聞やテレビはあからさまに過小にしか報道しなかった。野田首相は、一度官邸において抗議者の代表者たちとの会合を受け入れた。岸首相が半世紀前に国会議事堂を囲む抗議者を目のあたりにして辞任したという考えは、野田の頭にはおそらく決してなかったであろう。野田首相は辞任しなかった。それでも、支持率は減少し続ける。そして、民主党から離れる議員も、とどまるところを知らなかった。

反原発の抗議者だけでなく米軍基地に対する反米の抗議者も根強いままであった。沖縄で一九九五年に二人の米国海兵隊員が少女に暴行を行った。このことは、密集した都市の真ん中に位置する普天間から、人口密度がより低いとみなされる辺野古沖へと米軍基地を移転するという交渉を米国政府と始めるという日本政府の決定を引き起こした。橋本龍太郎首相とビル・クリントン大統領に率いられる日米両政府は、東アジアの米国海軍の中核である米国海兵隊を移転させるために、一九九六年にそれぞれ合意に署名した。

それ以降、いくらか収まったとはいえ、米軍に対する抗議は続いていた。二〇〇五年に米国のドナルド・ラムズフェルド国防長官は、北朝鮮の問題に関する議論のためにソウルへと向かう途上、この問題に関してどのような進展がなされているかを確認しようとした。彼が非常に落胆し、驚いたことに、この共同声明から一〇年が経過したにもかかわらず、移転問題に関して何も進展していないことがわかった。ポスト冷戦直後の数年は、日本政治は自身のことで手いっぱいであった。自民党は徐々に崩壊し、一九九三〜九四年の短期間に政権の座を失った。海兵隊員の少女暴行事件が起こった一九九五年に、日本社会党と自民党は連立政権を組んだ。一九九八年、自民党は連立相手として社会党を必要とすることなく一九九五年以来完全に返り咲いた。しかし、自民党政権のもと、日本政治は続く一〇年間のあいだ、不安で不安定なままであった。小泉純一郎の在職期間（二〇〇一〜〇六年）は、その支持率を一時的に後押しした。二〇一二年一〇月一六日、他の海兵隊員が暴行事件を起こした。この出来事は、オスプレイ（長距離輸送垂直離陸航空機）の配備に対する反米抗議の最中に起こった。再び、新聞とテレビは、反米抗議の程度を過小報道した。

4　世論の揺さぶりに対処できなかった野田政権

統治せずに生き残り？　原子力発電所の再稼動と、米軍基地に抗議しているデモ参加者とともに、有権者は揺れ（そして揺れ戻し）、頻繁な指導者の交代が起こり続けると述べて間違いはないであろう。ジュセッペ・ディ・パルマは一九七七年に、『Surviving without Governing』（統治なき生存）と題するイタリアの政治制度に関する本を出版した[21]。日本の自民党と民主党による二〇〇六年以来一年につき一人のペースで形成された代々の政府は、同じような表現で批評家に評価されるかもしれない。そして有権者の支持の揺れと揺れ戻しは、しばらくのあいだ続きそうである。

日本社会における国境を越える勢力の浸透、中間組織の縮小、官僚エリート主義と能力主義の後退は、二〇一〇年代、特に二〇一二年の日本政治の顕著な特徴を補強するように見える。それゆえ、有権者は揺れて、すぐに揺れ戻す。民主党が二〇一二年に直面するあらゆる逆境にもかかわらず、野田首相はうまく立ち回っていた。

野田は首相である人物の長い在任期間に反作用するような半自動の構造的な力との衝突に成功することはなかった。二〇一二年一二月一六日、野田佳彦首相は、着実に減少しつつある民主党議員の数と、八月下旬に彼が安倍晋三に対して行ったそれほど遠くないうちに総選挙を要求するという約束に反して過度に総選挙を長引かせているという世論の圧力とを天秤にかけた後に、彼自身が要求した総選挙に直面した。賽は投げられた。結果は、「選挙の前から（by default）」民主党の惨憺たる敗北と自民党の圧倒的勝利であった。自民党が（総選挙前の一一八議席に対して）二九四議席を得る一方で、民主党は（総選挙前の二三三議席に対して）五七議席しか得られなかった。矛盾したことに、投票率（小選挙区五九・三二％と比例代表選挙区五九・二一％）が第二次世界大戦後初の総選挙であった一九四六年以来最も低かった一方で、政党数は占領下で急増した一九四六年に次いで増加していた。それは、有権者の抑えがたい無関心と候補者のうちの飽くなき論争の食い違いである。有権者は、どの政党が彼らにとって良き代理人であるかという選択に当惑させられた。彼らの多くにとって、民主党は明らかに破綻していた。自民党はあまりに時代遅れに見えた。多くの人々が未知の天使より既知の悪魔の方がましであるという金言に固執するとき、多くの急増する小政党はあまり信頼できるものではなかった。候補者たちは、彼らが得ていなければならないと信じていた議席を得るのに必死であった。自民党の候補者たちは、結束こそが総務省により与えられる政党交付金と呼ばれる利益を生むということを知っているため団結した。民主党の候補者たちは、彼らの立候補が民主党の看板と関連付いている限り議席を失うことを確信しており、次々と民主党を去り、目先の便宜のために新しい小政党を形成した。

安倍内閣による再生

二〇一二年一二月二六日、安倍晋三が国会において首相に指名され組閣した。同月二八日、安倍内閣の支持率の調査データが大手新聞紙上で発表された。それらは、五五～六五％の間であった。安倍は彼の内閣を「危機突破内閣」（複数の危機を解決する内閣）と呼ぶ。

内閣は二人の重要な人物から成る。すなわち、副首相兼財務大臣の麻生太郎元首相、そして官房長官の菅義偉である。麻生は、経済政策と防衛政策の両方に関して安倍と非常に近い。菅は安倍に対して忠実である。外務大臣および防衛大臣（それぞれ岸田文雄と小野寺五典）が重量級とは見なされていないことは、安倍、麻生、そして首相の重要なアドバイザーが主導権を握ることを示している。二正面に注意が払われなければならない。すなわち、いかにしてインフレターゲットを評価するマクロ経済政策のギアを入れ変えるか、そしていかにして米国、中国、韓国との二国間関係を強化し、障害を修復するかである。自由貿易や原発問題などのような激しくて微妙な問題は、二〇一二年一二月の自民党総裁選での対立候補である二人（すなわち林芳正と石原伸晃）に割り当てられた。二〇一三年七月の参議院選挙に勝利する方法に焦点を当てる党の重要なポストの任命には、自民党総裁選の有力対立候補であり、地方の一般党員の投票で圧勝した石破茂幹事長が割り当てられた。安倍は有権者が揺れてはすぐに揺れ戻す悪循環を止めたいと欲している。現状を突破する武器と戦略で武装した内閣はそうすることができなければならない。

注

（1）Ellis Krauss, "Crisis Management: LDP and DPJ Style," *Japanese Journal of Political Science*, forthcoming.

（2）Kobayashi Yoshiaki, Seiken kotai（Leadership Change）, Tokyo: Chuo koron shinsha, 2012. 小林良彰『政権交代』中央公論新社、二〇一二年。

（3）Takashi Inoguchi and Purnendra Jain, eds. *Japanese Politics Today: From Karaoke to Kabuki Democracy*, New York: Palgrave Macmillan, 2011; 猪口孝『ガバナンス』東京大学出版会、二〇一二年：John Keane, *The Life and Death of Democracy*, London: Simon and Schuster, 2010.

（4）小林、前掲書。

(5) Kimie Hara, *Cold War Frontiers in the Asia-Pacific: Divided Territories in the San Francisco System*, London: Routledge, 2006.
(6) WIN-Gallup International, "Global snap polltsunami in Japan and its impact on views on nuclear energy," March–April, 2011.
(7) Yuichi Kubota, "Facing Crisis with Calmness? The Global Response to the Fukushima Nuclear Disaster," *Japanese Journal of Political Science* Vol. 13, Pt. 3 (Sept. 2012): 441–466.
(8) 「決められない政治」『日本経済新聞』電子版、二〇一二年九月一三日。
(9) 国の予算どうやってつくるの」『毎日新聞』二〇一二年一〇月二八日。
(10) 堀江孝司「福祉政治と世論」宮本太郎編著『福祉政治』ミネルヴァ書房、二〇一二年。
(11) Takashi Inoguchi, "Introduction to the special issue: Japan-China Fragile Partnership," in *Japanese Journal of Political Science*, Vol. 14, Pt. 1, March 2013: Takashi Inoguchi and G. John Ikenberry, eds., *The Troubled Triangle, Japan, the United States, and China: Duality between Economy and Security*, New York: Palgrave Macmillan, forthcoming in 2013; 孫崎享『日本の国境問題』ちくま書房、二〇一一年。
(12) 猪口孝『ガバナンス』東京大学出版会、二〇一二年。
(13) 習近平インタビュー「冷静に市民同士連携しよう」『毎日新聞』二〇一二年一〇月二八日。
(14) WIN-Gallup International, Global Poll on American Elections: 2012, Press Release, October 18, 2012.
(15) Takashi Inoguchi and G. John Ikenberry, "Introduction," in Takashi Inoguchi and G. John Ikenberry, eds., *The Troubled Triangle, Japan, The United States and China*, New York: Palgrave Macmillan, forthcoming in 2013.
(16) Paul F. Whiteley, "Is the Party Over? The Decline of Party Activism and Membership across the Democratic World," *Party Politics*, 17 (January 2011), pp. 21–44.
(17) Sherry Turkle, Alone Together, Cambridge, Mass.: MIT Press, 2012.
(18) Takashi Inoguchi and Seiji Fujii, *The Quality of Life in Asia: A Comparison of the Quality of Life in Asia*, New York: Springer, 2012.
(19) Thomas Friedman, *The World is Flat: A Brief History of the Globalized World in the Twenty-first Century*,

New York: Farr, Straus and Giroux, 2005.

(20) George Packard, *Protest in Tokyo : The Security Treaty Crisis of 1960*, New York, Greenwood Pub. Group, 1978.

(21) Giuseppe Di Palma, *Surviving Without Governing : The Italian Parties in Parliament*, Berkeley: University of California Press, 1977.

参考文献

Inoguchi, Takashi, *Japanese Politics : An Introduction*, Melbourne: Trans Pacific Press, 2005.

Inoguchi, Takashi and Purnendra Jain, eds., *Japanese Politics Today : From Karaoke to Kabuki Democracy*, New York: Palgrave Macmillan, 2011.

Inoguchi, Takashi and Jean Blondel, eds., *Political Parties and Democracy : Contemporary Western Europe and Asia*, New York: Palgrave Macmillan, 2012.

猪口孝『ガバナンス』東京大学出版会、二〇一二年。

Inoguchi, Takashi and G. John Ikenberry, eds., *The Troubled Triangle : Economic and Security Concerns for the United States, Japan and China*, New York: Palgrave Macmillan, forthcoming in 2013.

Keane, John, *The Life and Death of Democracy*, London: Simon and Schuster, 2009. Turkle, Shelly, *Alone Together*, Cambridge, Mass.: MIT Press, 2012.

Krauss, Ellis and Robert Pekkanen, *The Rise and Fall of Japan's LDP : Political Party Organizations as Historical Institutions*, Ithaca: Cornell University Press, 2010.

第2章　中国の政治運営
――二〇二〇年に向けた課題――

鈴木　隆

本章では、東アジアの地域大国からグローバルなスーパー・パワーへと、今まさに発展を遂げつつある中国の政治状況を論じる。その際とくに、支配政党である中国共産党の政治指導と指導者のリーダーシップの二つに着目して、過去二〇年間の歩みを振り返ると共に、二〇二〇年前後までの中期的展望を行う。

議論の流れは次のとおりである。まず、歴史の到達点を確認するため、二一世紀に入って以降、今日までの中国の政治と社会、対外関係の状況を概観する。次に、変化と不変化の相に留意しながら、支配の基本構造と政治運営の特徴を分析する。最後に、今後一〇年間における中国の国家目標と、そこでの習近平政権の課題を考察する。

1　「台頭中国」の光と影

大国としての躍進

今日、中国の現代史家たちは、一九四九年の建国以降、六十数年に及ぶ中華人民共和国の歴史を、約三〇年ごとに、大きく二つの時期に区分して論じることが多い。すなわち、(1)毛沢東が権勢をふるった前半期と、(2)鄧小平の主導の下、一九七〇年代末に「改革・開放」政策を開始し、近代化路線へと一大転換を果たして以降の後半期である。そして周知のとおり、この後半期に、中国は、世界史的にも類をみないほどの急速かつ長期にわたる経済成長を成し遂げた。実に、一九七九～二〇一一年の三三年間に、年平均の経済成長率は九・九%であり、これは日本の高度成長期（一九五六～七三年）の実績を大きく上回っている。[1]またこの間、鄧小平をはじめ、江沢民（党総書記在任期間：一九八九～二〇〇二年、一般に「第三世代」の指導部と称される）、胡錦濤（二〇〇二～一二年、「第四世代」）の三名の指導者が政権を担当した。最近では、二〇一二年一一月に開催された中国共産党第一八回全国代表大会（以下、一八回党大会の形式で略記）を経て、習近平が、党総書記兼中央軍事委員会主席に新たに就任した。習は「第五世代」のリーダーとして、二〇二二年までの政治的舵取りが見込まれている。

経済の飛躍的発展を実現したとはいえ、後半期の三〇年は、共産党の指導者にとって、決して順風満帆でもなければ、平坦な道のりでもなかった。発足後まだ間もない習近平体制は別にして、鄧小平、江沢民、胡錦濤の各指導者は、それぞれに重要な政治課題に直面した。前二者は、国内の民主化運動を武力弾圧した天安門事件や旧ソ連・東欧の社会主義陣営の崩壊など、一九八〇年代末から九〇年代初頭にかけて、国内外の様々な衝撃の下、文字通り、体制存亡の危機に直面した。これらの危機の打開策として、鄧小平は、九二年の第一四回党大会で「社会主義市場経済」の確立を掲げ、共産党の一党独裁を堅持する一方、グローバルな経済システムへの全面的参入を決断した。このようにして、江沢民時代における、とくに九〇年代半ば以降の目覚しい資本主義的発展の道が切り拓かれた。

その後、二〇〇二年に発足した胡錦濤政権の下、中国は、名実ともに世界の大国に躍進した。中国の国内総生産（GDP）は、二〇一〇年には日本を抜き、米国に次いで世界第二位の規模になった。中国側の統計によれば、一一年のGDPは、〇二年比で約四倍増である。〇八年の「リーマン・ショック」に端を発する世界金融危機に際しても、指導部は、超大型の景気刺激策でこれを乗り切った。また、〇八年の北京オリンピックや一〇年の上海万博の成功は、中国の国際的威信を高めるとともに、欧米列強や日本の侵略によって、歴史的に傷つけられた中国国民のナショナル・プライドを大いに回復したのである。

「勝利の方程式」の動揺と矛盾の拡大・深化

多くの論者がいうとおり、中国のこのような国家的発展を可能にした重要な秘訣は、一九九〇年代初めに鄧小平によって定式化された「政治―経済―外交・安全保障の相互発展」の戦略にあった。その要点は、(1)一党独裁によって国内安定を維持しつつ、経済開発に邁進する、(2)輸出志向型成長の実現のため、協調的な対外政策を通じて安定的な外部環境を確保する（＝「韜光養晦《とうこうようかい》」の外交戦略）、(3)高い経済的パフォーマンスと国際的地位の向上の実現を通じて、共産党政権の正統性を高める、の三つであった。

しかし近年になって、こうした政治・経済・国際関係の相互連環、相互発展のメカニズムは、各分野の矛盾の拡大と、指導部による粗野な政策調整によって重大な困難に直面している。そう遠くない将来、中国は低成長時代に突入する。急速な高齢化と労働人口の減少は、これまでの成長モデルからの脱却を迫っている。また、「国家資本主義」の下では、腐敗の蔓延は避けられない。共産党の公式発表によれば、過去五年間で六七万人の党員や公務員が賄賂や公金横領などで処罰されたが、むろんこれは氷山の一角にすぎない。

社会紛争も増加の一途を辿っている。開発優先の地方政府による土地の強制収用や公害・環境汚染など、自らの生命と財産に関わる問題について、人々の権利意識と政府への不満は確実に高まっている。集団的な騒乱事件は、一九九三年に全国で年間八七〇〇件であったものが、二〇〇五年には一〇倍の八万七〇〇〇件、〇八年には一三万件に達した。格差の拡大も止まらない。ジニ係数は、政治的混乱の危険水域である〇・四〜〇・五に近づいている。〇八年から翌〇九年にかけて、大規模な暴動に発展したチベットや新疆ウイグルの民族対立は、今日まで対話の糸口すら見出せていない。

中長期的にみて最大の問題は、こうした制度的不公正の固定化と不平等の拡大、および、当局が掲げる政治的な建前と実態との巨大なギャップが、人心の荒廃とモラル・ハザードを深めていることである。最近行われた政府系雑誌のアンケート調査によれば、回答した市民の七割が、機会があれば「党と政府機関の公務員になりたい」と答え、その第一の魅力として「グレーな収入が多い」ことを挙げている。回答者の五五％は「官僚は法律より上」と考えているという(2)。

同時に、深刻化する社会不満のはけ口として、狭隘なナショナリズムの国民感情が高まっている。この結果、海洋権益と領土をめぐって、周辺諸国との間の紛争が激化し、かつての慎重で熟慮された中国外交のスタイルは、傲慢で身勝手な態度を強めている。とくに日中関係は、二一世紀に入って以来、協調と対立の激しい振幅を経験した。二〇〇五年と一二年には、それぞれ、首相の靖国神社公式参拝に関する「歴史問題」と、日本政府による尖閣諸島の国有化に対して、中国国内で大規模な反日デモが発生した。部分的には、東アジアにおけるパワーの角逐を反映しつつ、日中関係はきわめて困難な時代を迎えている。

2　政治体制の基本構造

中国共産党の組織とイデオロギー

現行の中華人民共和国憲法は、その前文において、「中国の特色ある社会主義の道にしたがい、力を集中して社会主義の現代化建設をすすめる」ことを「国家の根本任務」として規定し、その実現のために、中国人民が「共産党の指導」の下に置かれることを言明している[3]。すなわち、共産党の一党独裁は、憲法によって明文化されている。

このように中国政治の核心に位置する共産党は、約八二六〇万人の党員を擁する世界最大の政党である（二〇一一年時点、本段落以下の数字も同じ）。しかし、総人口に占める割合はおよそ六%にすぎず、過去に比べれば低下しつつあるとはいえ、党員の社会的地位はなお相応に高い。彼らは、政府機関や軍隊はもとより、企業・学校・各種の社会経済団体の内部に設置された党組織に所属し、これら末端レベルの党組織の数は全国で四〇二万余りに上る。党員の職業別内訳（図2-1）をみれば、公式イデオロギーとして社会主義を謳っているものの、実のところ、労働者は党員総数の一割にも満たない。現在では、質・量いずれの面でも、党員集団の中心的存在は、党と政府の官僚、技術者・専門家、企業経営者、知識人などである。実際、長期的な趨勢をみれば、労働者と農牧漁民の割合は着実に減少しており、党員の高学歴化も顕著である。

こうした組織構成上の変化は、党のイデオロギー面での革新とともに、因となり果となって進んでいる。過去二〇年の間に、共産党が提唱したいくつかの政治理念や政策スローガンのうち、組織とイデオロギーの新機軸として、最も重要な理論は「三つの代表」論（共産党は「先進的生産力の発展の要請」「先進的文化の前進する方向」「最も広範な人民の根本的利益」の三つを代表する）である。これにより共産党は、改革・開放以来の経済発展に伴い、社会的影響

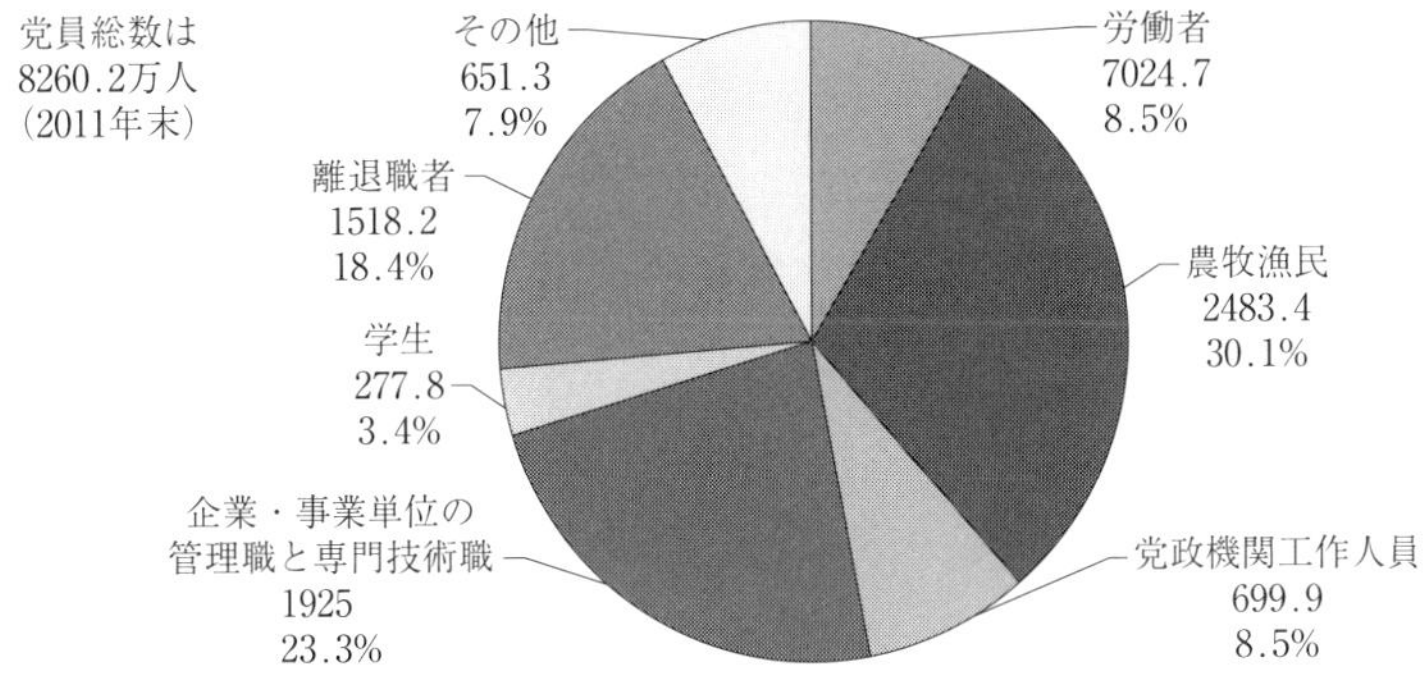

図2－1　中国共産党の党員の職業構成（2011年）

（補注）　表中の人数単位は万人。
（出所）　盛若蔚「全国党員総数8260.2万名　党的基層組織総数402.7万個（2012年7月1日）」『人民網』（http://politics.people.com.cn/n/2012/0701/c1001-18417196.html，2012年12月29日）に基づき，筆者作成。

力を増してきた私営企業家や外資系企業の幹部、弁護士など、新興の社会経済エリートの入党を正式に許可した。その狙いは、労働者と農民を主体とする階級政党という従来的な自己規定を事実上放棄する代わりに、政治と経済の両エリートの権力同盟を確保しつつ、ナショナリズムを中心的信条に据えたエリート政党に転換することにある。二〇〇二年の党規約の改正では、「三つの代表」論の文言が新たに挿入されると共に、党の性格規定を「中国労働者階級の前衛部隊であると同時に、中国人民と中華民族の前衛部隊である」と修正したが、その力点は後者のフレーズに置かれている[4]。

　他方、共産党の内部統制は、かつてのソ連共産党と同じく「民主集中制」と呼ばれる高度な集権制を、今日まで維持している。「中央委員会総書記」を筆頭に、「中央政治局常務委員（七名、二〇一二年一一月の中国共産党第一八期第一回中央委員会全体会議での選出人数、以下同じ）→中央政治局委員（二五名）→中央委員（約二〇〇名）→その他の一般党員」に至る指揮系統に基づき、革命戦争時代から引き継がれてきた上意下達と極度の秘密主義の組織文化を有する。ただし、江沢民から胡錦濤の時代を経て、政治局常務委員などの最高指導層の間では、党規約の定めるとおり、総書記といえども重要な意思決定をもはや独断できないとされ、制度的にも実態的にも、集団指導体制が一応成立しているとみられる

（「党規約」第一六条）。また、日本の総人口の六割以上に相当する党員数の多さに鑑みれば、一枚岩のようにみえる共産党の内部でも、実際には、様々な意見や利害が存在し、互いにせめぎ合っている。時折、外部の世界に漏れ伝わってくる熾烈な権力闘争の様子は、そうした多様な利害関心の内攻の表われといえる。

共産党と国家機関、軍との関係

中国において、国家の主要な統治機構としては、人民代表大会（権力機関）、人民政府（行政機関）、人民法院（裁判機関）、人民検察院（検察機関）などが挙げられる。それぞれの頂上組織が、全国人民代表大会（略称は全人代、日本の国会に相当）、国務院（中央政府）、最高人民法院、最高人民検察院である。このうち、全国および地方各級の人民代表大会は、有権者の選挙に基づく民意代表の立法機関であり、一九八〇年以来、県以下の行政レベルで、住民の直接・「差額」選挙（中国独特の選挙用語で、定数を上回る数の候補者を擁立して、限定的な競争性を確保している選挙のこと。選挙の種類によって異なるが、競争倍率はおおむね一～二倍程度）が実施されている。ただし、選挙の意義は形式的であり、直接・秘密・平等・普通の選挙規範の実効性は著しく低い。

また、人代・政府・法院などの相互関係については、中国でいう「議行合一」制を採用しているため、立法・行政・司法の三権分立は原理的に存在しない。「最高の国家権力機関」である全人代の下に、行政・司法の各担当機関である国務院と最高人民法院、人民検察院が従属している（「憲法」第五七・八五・一二七条など）。そのほかに、正式な権力機関ではないが、人民政治協商会議（全国組織は人民政治協商会議全国委員会、略称は全国政協）がある。全国政協は、後述する「多党協力と政治協議」の主要なアリーナとして、重要な国策諮問や政策協議などを担当し、一定の政治的権威を保持している。通例では、毎年三月のほぼ同時期に開かれる全人代と全国政協の会議を総称して「両会」という。

ところで、先述のとおり、中国憲法の前文は、人民が「共産党の指導」に服することを定めているが、その言葉の具体的な意味合いは、(1)共産党による党と国家機関の幹部の任用と管理（「党が幹部を管理する」原則、いわゆるノーメンクラトゥーラ・システム）、(2)政策過程の排他的コントロール、(3)支配体制への社会的異議申し立てに対する物理的強制力の大規模かつ仮借なき使用、の三つである。このうち、前二者に関して、共産党は、人代・政府・政協や主要な国有企業、官製労組に代表される全国的な組織ネットワークをもつ各種の大衆団体など、政治・経済・社会の各分野における有力な非党組織に対して、党員資格をもつ少数の幹部要員で構成される「党グループ（中国語は「党組」）」を設置している。党グループの職責は、当該団体による「党の路線、方針、政策」の貫徹を保証するとともに、個々の組織の「重要な問題を討議、決定」したり、幹部の管理である（「党規約」第四六条）。

共産党はまた、自党の内部にも、外交、財政・経済、司法・治安など、特定の政策領域（中国語で「口」という）に対応した部署を設けている。「対口部」と呼ばれるこれらの部門は、関連する政策協議や重要人事の任免を担当している。例えば、二〇〇〇年代以降、党中央には、党総書記やその他の政治局常務委員を責任者とする「中央外事工作領導小組」「中央財経領導小組」「中央政法委員会」などがある。党グループや対口部は、旧ソ連と同じく、党と国家が制度的に癒着した「党＝国家体制（party-state system）」の象徴的な存在といえる。一九八〇年代後半に、政治改革の機運が高まった時期には、このような「党政不分」状況の改善、すなわち「党政分離」を目的として、党グループ制の廃止なども試行されたが、八九年の天安門事件をきっかけとして、そうした試みは潰えた。

次に、上記(3)の物理的強制力について、共産党は、人民解放軍に代表される強大な武装力を有する。「鉄砲から政権がうまれる」「党が鉄砲を指揮する」という毛沢東の有名な言葉が示すとおり、一九二七年の建軍以来、解放軍は、今日まで一貫して、共産党支配の要諦にして、党の軍隊であり続けている(5)。とりわけ天安門事件は、共産党をして自らの政権維持に果たす暴力装置の重要性と、それへの統制力の確保に向けた努力を再確認させた。現行の党規約は、党が「人民解放軍とその他の人民武装力に対する指導を堅持」することを述べているほか、九七年に全人代で採択された「国防法」は、「人民共和国の武装力は中国共産党の指導を受ける」ことを規定している(6)。共産党は、最高の軍事指導機関である党中央軍事委員会をはじめ、「総政治部」に代表される各種の軍内党組織を通じて、軍をコントロールしている。

ヘゲモニー政党制

実質的な一党独裁体制を堅持しつつも、共産党は、自らの「政党政治」のありかたを、ソ連のような一党制や英米両国を範とする二党制、または、その他の民主主義国の多党制とも異なる、中国に独自の「共産党が指導する多党協力と政治協議の制度」と表現している。そこでは、共和国建国への各種功績を認められた「民主諸党派」と称される八つの翼賛団体（中国国民党革命委員会、中国民主同盟、中国民主建国会、中国民主促進会、中国農工民主党、中国致公党、九三学社、台湾民主自治同盟）が、野党ではない「参政党」の立場から、共産党の主導する政策運営や行政活動に協力している。その長所として、共産党は、「政党相互の軋轢がうみ出す政局の不安定や政権の頻繁な交代を回避」できる点を挙げている。これは、共産党が唯一の統治主体として、政権を独占し続けることの意思表明にほかならない[7]。同時に、共産党と民主諸党派との間には圧倒的な実力差がある。例えば、民主諸党派のメンバー総数は約八四万人で、前出の共産党員の一％にすぎない（二〇一一年時点）。このように量的側面だけみても、民主諸党派の政権担当能力は、きわめて限定的である。これを総合すれば、中国の政党システムは、G・サルトーリのいうヘゲモニー政党制として理解できよう。

共産党はまた、既存の「政党政治」に対する他集団の新規参入を認めていない。こうした「結社の自由」の制限に対して、一九九八年六月には、著名な民主活動家らを中心に、一部の知識人や労働者が敢然と異議申し立てを行った。彼らは「中国民主党」の創設を宣言し、同年冬までに、北京や上海を含む全国の二〇以上の省や市で、地方支部設立の動きがみられた。しかしその後、新党結成を推進したリーダーが次々に逮捕・投獄されるなど、共産党は露骨な政治弾圧を行った。これらの動きは、台湾における一九八六年の「民主進歩党」の結成と「党禁（新党結成禁止の意味）」の打破を想起させるものであったが、結果として、大陸では時期尚早であった。共産党は、社会・経済領域の部分的自由化を容認する一方、政治的多元化については、今日まで断固として拒否する姿勢を崩していない。

3　社会・経済構造の変容と政治体制の適応

資本主義的近代化と民主化の「東アジア・モデル」

すでに第1節でみたとおり、一九七〇年代末の改革・開放政策の開始以来、とくに九〇年代に目覚ましく進展した市場経済化とグローバル化により、中国経済は世界的な躍進を果たした。またこれに伴い、建国以前から引き継がれてきた、旧来的な社会・経済構造にも巨大な変化がもたらされた。こうした社会経済面での近代化の成功は、都市化や情報化の発展、所得・生活水準の向上など、関連する統計から一目瞭然である。これに関して、二〇〇〇年代に入って以降の大まかな趨勢を確認すれば、以下のとおりである。

まず、都市化について。国家統計局などの報告によれば、二〇一一年は、中国における都市―農村間の人口構造において画期的な年であった。同年の都市人口は約六億九一〇〇万人に達し、全人口に占める都市人口の比率（都市化率）が、建国以来、初めて五割の大台を超えた。〇二年から一一年までの一〇年間に、都市人口は年平均で一・四％増加し、〇二年に比べて一億八九〇〇万人も増えた。これに対して一一年の農村人口は、同じ期間に一億二六〇〇万人減少し、計六億五七〇〇万人であった。この結果、〇二年に三九・一％であった都市化率は、一一年には五一・三％を記録した。二〇二〇年前後には、六〇％を超える見込みである。農村社会の伝統的な中国イメージは、「都市国家」のそれに取って代わられつつある。

社会の情報化も、深化と拡大の一途にある。二〇〇二年に全国で五八〇〇万人にすぎなかったインターネットの利用者は、一一年には五億人を突破した。「ツイッター」のようなミニ・ブログも広く普及し、二億人以上のユーザーが日常的に交流している。携帯電話の利用者数も急速に伸びている。国務院の工業情報化部の発表によれば、一二年二月には、全国の携帯電話のユーザー登録件数は一〇億件の大台を突破した。最近では、およそ一〇カ月ごとに一億件のペースという猛烈な勢いで増加しているという。

こうした数字は、中国社会における、いわゆる「中間層」（または「中産階級」）の量的拡大をも示している。階層区分に用いる基準や指標が、研究者や調査機関ごとに異なるため、中間層の量的把握は困難である。実際、試算のバラツキは、数千万人から数億人の幅に及ぶ。しかし、経済成長による物質的恩恵の下、これらの人々が今まさに増加中であり、今後もこうした趨勢が続くであろうことは、多くの識者の一致した見方である。例えば、中間層にとって、憧れのライフスタイルとされるマイカー生活に関して、自家用車の保有台数をみれば、二〇〇二年には全国で九七〇万台であったが、一一年には、およそ七・五倍の七三〇〇万台にまで増えている。

以上を要するに、市場経済化とグローバル化の波は、中国に巨大な社会的変化を引き起こした。こうした現実を踏まえて、研究者の中には、近代化論とその亜種としての東アジアにおける「開発独裁の溶解」モデルなどに依拠して、中国の民主化シナリオの実現を期待する声も少なくない。これらの論者は、一九八〇年代半ば以降の韓国や台湾の民主化プロセスを念頭に置きながら、経済発展に伴う社会構造の変容と中産階級の成長が、市民社会を漸進的に醸成し、権威主義体制への圧力を増大させることで、民主化が果たされることを主張する。また、改めて詳述するまでもなく、現代政治学の古典的知見は、経済発展と制度的民主化――実効性のある定期的・競争的な普通選挙制度と、政権交代の制度的可能性に支持された複数政党制の確立、の二つを主要な課題とする――との間に緊密な相関関係を見出している。

ただし、この東アジア・モデルの中国への適用可能性については、その最終判断はなお時期尚早とはいえ、少なくとも現在までのところ、共産党は政権の維持に成功している。この理由としては、韓国・台湾・中国のそれぞれの権威主義をとりまく歴史・社会的背景や国際的地位、およびそれらの間の政治構造の異同――とくに統治の規模、政治制度とエリートの行動様式、不平等と政治腐敗の程度――などが指摘できる。しかるに、この点に関して、近年、欧米や日本の学界では、中国共産党の「政治的適応能力」（political adaptability）に焦点を当てた議論が多くみられる。

中国共産党の政治的適応能力とその磨滅？

一九八九年の天安門事件以来、今日までの共産党の政治運営を振り返ってみて、とくに、かつてのソ連や東欧諸国の旧社会主義体制と比較したとき、強く印象づけられることの一つは、中国共産党の支配にみられる、ある種の政治的柔軟性である。この典型例として、一九九二年の第一四回党大会で「社会主義市場経済」論が、一〇年後に開かれた一六回大会では「三つの代表」論が、それぞれ党の正統理論に祀り上げられたことが指摘できる。社会主義を標榜しつつ資本主義的な市場メカニズムを肯定し、プロレタリアの階級政党でありながら私営企業家の入党を承認する。ここにみられるように、中国共産党は、冷戦の終焉と経済のグローバル化、そして、自国の社会経済的近代化に対応すべく、マルクス＝レーニン主義を含む各種のイデオロギー的教条を大胆に打ち破り、高度な政治的適応の力を発揮してきた。

そうした現実を踏まえて、近年では、体制護持の保守的信条に導かれた、共産党による各種の政治的「革新」について関心が高まっている。この議論の要点は、中国の支配体制の持続のカギとして、ソ連などの体制崩壊の歴史に対する中国側の学習と共に、中国の指導者たちが、体制の生き残りを至上命題として、自らの政治運営を時代環境や社会の変化に合わせて、積極的に変化させてきたことを重視する。アンドリュー・ネイサンによれば、一九九〇年代以降、共産党は、(1)定年・任期制に代表される権力継承の制度化、(2)幹部人事におけるメリトクラシーとテクノクラシーの推進、(3)官僚機構の整備を通じた統治能力の向上、(4)コーポラティズム的利益表出や政治参加の部分的拡充、などの面で改善を進めてきた。この結果、多くの識者の予想に反して、共産党は比較的に安定した統治の確保に成功したという(8)。

しかし他面では、改革開放期以来の歴代指導者をみれば、鄧小平→江沢民→胡錦濤と世代交代を経るにしたがって、リーダーの指導力とそれに基づく適応・「革新」の力が先細りしている感は否めない。この点とくに、胡錦濤政権はみるべき成果に乏しい。前出の「社会主義市場経済」と「三つの代表」は、それぞれ鄧小平と江沢民のリーダーシップによって実現された。彼らは、党内の強い反対を押し切って、政治的ギャンブルを断行し、結果的にこれに勝った。これに対して胡錦濤は、危険な賭けを避け、山積する課題への根本的なアプローチを先送りした。その理由は明白である。自らに先立つ二人の指導者に比べて、胡錦濤が権力と権威の弱いリーダーであり、皮肉にも、江沢民自身が胡の政治的立場を脅かし続けたためである。一八回党大会の初日、胡錦濤に続いてひな壇に登場した江沢民の姿は、これを端的に象徴していた。ただし、それまで終始「守り」の人であった胡錦濤は、上記大会において、党中央軍事委員会主席のポストを含む、主要な公職からの完全引退を断行した。胡錦濤は、その公式任期の最後の最後に、「道連れ」的勝負に打って出ることで、江沢民に一矢を報いたといえる。と同時に、総書記と中央軍事委主席の同時辞職という先例を作った点で、共産党の歴史にとって重要な貢献を果たした。

4　二〇二〇年までの中国政治の目標と課題

二〇二〇年までの国家目標と重点施策

中国政治の将来展望に際して、まずは、共産党自身の思い描く発展プランを確認しておきたい。ここではその検討材料として、二〇一二年一一月に発表された一八回党大会の政治報告をとりあげる。いうまでもなく、五年に一度しか開かれない党大会は、中国において最も重要な公式の政治イベントであり、そこで発表される政治報告は、今後、五～一〇年間の施政方針と基本政策を明確に説明している。

一八回党大会の政治報告（以下「報告」と略記）は、二〇二〇年までの重点目標として、以下の四つを挙げている。第一に、前回の一七回大会で示された、二〇二〇年までに「いくらかゆとりのある社会（中国語は「小康社会」）」を全面的に建設するという長期目標を維持しつつ、国内総生産（ＧＤＰ）と国民一人当たりの収入を二〇一〇年比で倍増させる。すなわち、所得倍増である。第二に、ソフトパワー、とくに中華文化の対外的な発信力を強める。第三は、分配制度の改革と社会保障の充実による経済格差の縮小であり、同時に、中間層のボリュームアップを図る。第四は、環境保護の徹底と資源節約・循環型社会の構築である(9)。

次に、これらの総合的な指示の下、個別の政策領域での注目点を列挙すれば、以下のとおりである。一つ目に、経済分野では、投資主導と外需依存の成長モデルからの脱却と、経済体制改革の深化である。さらに、地域格差の是正のため、東部沿海地域よりも、西部や東北部の開発を優先すべきことを指摘している。国有企業と非公有制企業との関係については、両者の発展――共産党の重要文書の通例として、その内容は総花的印象を免れない――を呼びかける一方、「国家の安全保障と国民経済の命脈にかかわる重要な産業とカギとなる分野に対して、国有資本をより多く投資することを推進し、国有経済の活力、統制力、影響力を絶えず強化する」と述べて、基幹産業における国有企業の力をいっそう強めることを強調している。後述のように、国有企業改革の成否は、今後の中国の政治・経済・外交の将来を考えるうえで、きわめて大きな意義を持っている。

二つ目に、社会政策をみれば、とくに格差問題への対応として、「報告」は、所得再分配と住民収入の増加、例えば、低所得者の収入増と「高すぎる収入の調節」を要求している。しかし、同様の文言は、前回の一七回大会の報告の中にもみられる。それゆえ、過去数年間における格差の拡大と、これによる社会不安の高まりという現実に鑑みれば、今後五年間のうちに、どの程度実効性のある取り組みができるかは速断できない。また、これに関しては、既述のとおり、共産党は二〇二〇年までの所得倍増を提案した。なるほど、党大会で一人当たりの所得目標を示したのは初めてである。しかしその実体は、これまでと同じく、「規模の拡大」路線を踏襲したもので、再分配の抜本的な見直しではない。

その他の社会政策については、警察や司法などの「政法工作」の強化とその業務の改善が強調された。これは、激化する社会紛争への懸念と治安対策の強化、強力な物理的強制力を有する政法部門への党中央の引き締め、の二つを意図したものとみられる。

三つ目として、外交・安全保障の方面では、グローバル・ガバナンスに対する自国の発言力強化の姿勢が顕著である。同時に、その「国際的地位に見合った、国家の安全保障と発展の利益に適応した強固な国防と強大な軍隊の建設」を謳っている。具体的には、海洋・宇宙・インターネット空間での安全保障の優先的取り組みを指示している。このうち海洋戦略については、環境保護の重点項目を列記した箇所で、「海洋資源の開発能力の向上、海洋経済の発展、海洋の生態環境の保護、国家の海洋権益の断固とした擁護、海洋強国の建設」が新たに盛り込まれた。

これらを文面どおりに、環境保護プログラムの一策としてのみ理解するのは、あまりにナイーブというべきである。

また、対外政策の観点から、中国のナショナル・アイデンティティに関わる記述をみれば、「報告」は、「中華民族の偉大な復興」「中国人民と中華民族のプライド」などの言葉を多用し、民族的自尊心への訴えかけを強めている。しかし同時に、国家の発展段階と国際的な地位・役割認識については、これまでと同じく、「社会主義初級段階」の長期的持続と「世界最大の発展途上国」という自己規定を変えていない。したがって、近年、国際社会で折にふれて論争のテーマとなる「大国としての中国の責任」をめぐる議論は、今後も続くものとみられる。

既得権益集団と権威なき指導者

経済力や軍事力の急速な発展と、これによる国際社会での目覚ましい台頭とは裏腹に、中国にとって最大のリスクは、国内政治の安定確保にある。その際、党中央が、自らの支配の持続にとって、とくに重大な脅威と認識しているのは、汚職の蔓延と不平等の拡大である。前出の一八回党大会の政治報告は、反腐敗の問題を「適切に解決できなければ、党に致命的な損害をもたらし、ひいては党と国は滅びるであろう」との深刻な危機意識を表明している。事実、これらについては、胡錦濤・前指導部も、「調和のとれた社会（中国語は「和諧社会」）の構築」のスローガンの下、税制改革に代表される、公平と公正を重視した政策運営の実現に努めた。しかし胡政権は、この方面で、見るべき成果を残さなかった。

これら一連の問題群——政治腐敗と格差の深刻化、その是正を主眼とする改革の妨害と停滞、さらには、近年における資源・エネルギー獲得のためのアグレッシブな外交活動も含めて——を貫く一つの重要なキーワードは、強い既得権益層と弱い指導者である。これを換言すれば、⑴国有企業に代表される強力な利益集団と、⑵長老・派閥政治、の二つによる指導者の権力と権威の掣肘である。

まず、前者の利益集団について、中国政治の舞台では、今日すでに、種々の利益集団が活躍している。なかでも、地方政府や軍と共に、政策形成に強い影響力を持つのが、基幹産業の国有独占事業体である。そこで働く高級幹部たち（多くは共産党員）は、一般労働者に比べて、破格に高い収入を得る一方、再分配政策の拡充に陰に陽に反対している。

同時に、国有企業の収益の大半は、事業経営の効率化や競争力の向上よりも、各種の許認可や銀行融資の優遇措置など、政府の保護によって得られたものである。この結果、最近では、「国進民退」の言葉が取り沙汰されるように、国有セクターの肥大化と民業圧迫が懸念されている。国有企業の特権に由来する経済格差や市場の寡占状況に対する不満は、貧困層はもとより、中間層の人々にも広く共有されている。なおこれらに関連して、日中両国の所得倍増計画と高度成長の違いを瞥見すれば、(1)日本側の政策倫理が、あくまで民間活力の積極的解放を強調していた、(2)日本の高度成長期には所得分配は平等化の傾向にあった[10]、ことの二点は十分に銘記されるべきである。

次に、長老・派閥政治については、カリスマ的指導者の消滅と集団指導体制の定着が重要である。毛沢東や鄧小平のごとき「建国神話」に裏うちされた強力な領袖たちが、歴史のかなたに消え去ってすでに久しい。その後、江沢民と胡錦濤の時代を経て、今日の習近平政権に至るまで、最高指導層の内部では、重要な意思決定における集団的合意形成への要請が日々強まっている。この点、卓越した指導者の不在と集団指導体制の定着は、党派政治の意義と必要性を減じない。むしろ、多数派工作による同意の取りつけにおいては、当然のことながら、派閥の力学がいっそうの重みを持つようになる。

他方、そうした状況の下では、権力ゲームに参加するプレーヤーたちも、自らの権力と権威の弱さを補うため、引退した長老政治家の威光を含む、より上位の幹部とのコネクションに、以前にも増して依存せざるを得ない[11]。そこでは、退任した指導者の個人的な意思や意欲以上に、周囲の人々が、彼に寄せる期待感と政治的迫り上げのベクトルの方が重要である。この点、すでにみたように、胡錦濤は、一八回党大会を経て、党総書記と中央軍事委員会主席を辞任した。胡はまた、その個人的な政治信条において江沢民のような「院政」への野心も希薄とされる。しかし、上述のごとき派閥形成の構造的な要因と、その促進のメカニズムは、決して軽視されるべきではない。

同時に、今日の党派政治と過去のそれとの違いにも、留意が必要である。いうまでもなく、毛沢東や鄧小平の時代にも、党内分派の結成やその抗争は常に存在した。これらは、良くも悪くも、国政のゆくえに重大な影響を及ぼす「路線闘争」であり、時には文字どおりの「生きるか死ぬか」の争いにまで発展した。

これに対して今日の党派運動は、政策論争を含む「路線」の対立というよりも、利権とポストの争奪という性格が濃厚であり、政争もゼロ＝サムゲームではない。実際、大小様々の派閥集団は、共産党支配の安定や中国の国際的プレゼンスの強化といった、統治の全体的な目標を共有している。この前提に立って、各グループは、経済的利益を中心とする各種の便益をめぐってしのぎを削る一方、既得権の相互承認と新たな利益の分有に努めている。しかし、正しくこうした状況こそが、派閥同士の政治的野合と馴れ合いの危険性を高め、改革と革新を目指す指導者のリーダーシップの発揮をいっそう困難なものにしている。

政治改革の動力

以上のような既得権益のネットワークを打破する力はどこにあるのか。この点について、政治と経済の階層序列に基づき、中国の社会集団を下層・中層・上層の三つに分けて考えてみたい。

まずは下層の人々、具体的には、労働者や農民、出稼ぎ労働者など、発展の恩恵に十分に浴することなく、政治的に疎外され、種々の不公正に苦しんでいる人々はどうか。論者の中には、これらの社会・経済的劣位者の集団的力量、とくに活発化する各種の社会運動に、改革の主導力を期待する意見もみられる。しかし、社会紛争の増加は、改革の必要条件だが、それだけでは十分ではない。先行研究によれば、各地で頻発する抗議活動の多くは、⑴地方の下級政府を直接の攻撃対象とし、超階級的・地域横断的な動員は少ない、⑵運動の主な目標は、政策過程へのアクセス権の獲得と個別の政策変更に限られている、⑶それゆえ、社会紛争の増加は必ずしも体制転換に直結しない、ことを指摘している。一説に、二〇一一年に全国で発生した、暴動を含む集団抗議活動の件数は、およそ一八万件に達したというが、しかし結果的にみれば、党中央はなんとかこれに対処している。[12] くわえて、中国で実施されている多くの社会調査は、回答者の多くが、中央政府の問題対応能力について、今日でもなお相当に高い信頼感を抱いていることを明らかにしている。

次に中層、すなわち、中間層（中産階級）の動向について。筆者はかつて、共産党による新興の社会経済エリートの政治的取り込みと、これを通じた政治体制の変容を考察したことがある。そこでの分析によれば、持続的な経済成長の下、現在、中国社会では、私営企業家や外資系企業の幹部、弁護士・会計士などの専門職の人々に代表される新興エリート層、中国で「新しい社会階層」（中国語は「新的社会階層」）」と呼ばれる集団が台頭している。これらのグループに対して共産党は、前出の「三つの代表」論に基づき、二一世紀に入って以降、党員リクルートをはじめ、人代代表や政協委員などの公的ポストへの斡旋など、各種の協調活動を積極的に展開している。

こうした活動については、例えば、体制外エリートの入党などにより、民主化に向けたヘゲモニー政党の内部変革を予想する見方もある。しかし、このシナリオの実現は、党内における新興エリート層の量的規模と凝集力の不足のため、少なくとも短期的にはかなり難しい。筆者の推計によれば、二〇一〇年までに、党籍を持つこれらの人々は約九三万人で、党員総数（八〇三〇万人、二〇一〇年時点）の一％程度にすぎない。数の上で、力不足は否めない。これらの事実に鑑みて、筆者は、⑴中国では現在、新興エリート層と既存の統治エリートとの政治的結託が着実に進行している、⑵現状から判断すれば、新興の社会経済エリートに対する共産党の支配は、比較的有効に機能している、⑶したがって、これらの人々を主体とする民主化は、短期的には見込まれない、⑷共産党のこうした政治的適応のありかたは、支配体制の「資本主義的／エリート主義的適応」として約言できる、ことを指摘した。

習近平指導部の課題――「選挙民主主義」による党内ガバナンスの構築

以上を総合していえば、改革の主導権は、現状ではやはり、共産党の最高指導層が握っているとみるのが妥当であろう。しかし、そこでのリーダーシップのありようは、上述のとおり、権威なき指導者の群れであり、改革を阻む既得権益層の厚い壁を打ち破るほどの強力な指導者は、党総書記の習近平をはじめ、誰一人として見当たらない。他面、将来にわたって近代化が進展するに伴い、国民の権利意識の高まりと利害関心の多様化、および、それらの部分的反映としての党内の派閥闘争の激化・複雑化は、今後も強まりこそすれ、弱まることはないであろう。政治権力をめぐるそうした構造変化のために、習近平のリーダーシップが、胡錦濤よりもいっそう弱くなることは必至である。

こうした困難に対し、「第五世代」の指導者として、総書記の地位を二〇二二年まで確保するとみられる習近平が、新たな政治的適応・革新をなしうるポイントとはなにか。それは、少なくとも、一定ランク以上の統治エリートの間で、指導者の権威を高めるための制度的装置として、党内選挙をより積極的に活用し、権力継承の制度化・

公正化・可視化を図っていくことである。具体的には、党中央委員の選出選挙や、中央政治局委員候補者の予備選挙など、現行の制度を基礎として、これを中央政治局常務委員（一部報道によれば、一八回党大会の前には、常務委員の候補者選定についても、推薦投票が初めて試みられたという）をはじめ、党総書記、全人代常務委員長、国務院総理といった、党と国家の主要なポストにまで逐次拡大していくべきである。同時に、選挙の過程と結果を公開し、透明性を高めることで、「強い指導者」を生み出すことに努めなければならない。この点、共産党の一部の理論家が言うように、民主主義は、指導者の権力を弱めるためのものではない。それは、統治者のリーダーシップを強化し、その他の――自らもトップに立つ資格を持つと信じる――多くの指導者たちの、積極的な意味での「あきらめと同意」を調達する仕組みなのである。

これらの措置は、現存する支配体制の持続を願う共産党の指導者にとっては、「党内民主主義」（intra-party democracy）の発展という意味合い以上に、より有効な支配のための「党内ガバナンス」（intra-party governance）の構築というメリットをもたらすであろう。これについて近年では、共産党自身が党内民主主義の拡充を強調しているが、その背景には、エリート政治を規制する「ゲームのルール」の制度化という観点から、統治エリートの内部においても、選挙民主主義（electoral democracy）に対する中長期的な期待感の高まりと、その必要性への基本的なコンセンサスをみて取ることができる。

事実、二〇一二年の一八回党大会前後の政治過程と、そこでの第五世代の人選をめぐる熾烈な争いから、改めて確認されたことは、相変わらずの長老・派閥政治の健在ぶりと非民主主義的な権力継承の難しさであった。一連の報道からは、党大会の前後にかけて、最高指導層を含む党内ガバナンスが、ほとんど機能不全に陥った様子がうかがえる。もとより、党内選挙の活性化は、そうした問題の解決に有効である。そしてこれこそ、共産党のいう「革命政党から執政党への転換」の第一歩であり、しかし同時に、党員のみならず、中国国民の多くが期待するであろうところの、民主化の「軟着陸」に向けた第一歩である。

中国共産党の優れた政治的適応と「革新」の力は、逆説的にも、そうした力を十分に持たない、政治的に硬直した非民主主義体制に比べて、経験と状況次第では、統治者集団の主導する民主化の実現可能性も相対的に高いであろうことを示唆している。一八回党大会にみられたような指導部人事の混迷に嫌気がさし、また、その将来における再現を回避したいと思う第五・第六世代の政治家たちは、毛沢東の次の言葉を、改めて思い起こすべきである。「事物の内部の矛盾する両側面は、一定の条件によって、それぞれ自己と反対の側面に転化していき、自己と対立する側面のおかれていた地位に転化していくのである……多くのたがいに反しあうものは、同時にたがいに成りたたせあっているのである」と。(13)

注

（1）関志雄「経済　鄧小平の『改革開放』で飛躍」『週刊エコノミスト』二〇一二年一〇月九日号、三七頁。
（2）「六八・五%的受調査者是〝官謎〟」『人民論壇』電子版、総第三八二期、二〇一二年一〇月、http://www.rmlt.com.cn/qikan/2012-10-22/59581.html、二〇一二年一二月二九日。
（3）「中華人民共和国憲法（一九八二年公布、二〇〇四年改正）」序言、以下「憲法」と略記、本文以下の憲法の条文規定はすべて『中華人民共和国政府』ウェブサイト、http://www.gov.cn/gongbao/content/2004/content_62714.htm、二〇一二年一二月二九日。
（4）「中国共産党規約（二〇〇二年改正）」総綱、以下「党規約」と略記、本文以下の党規約の条文規定はすべて最新の一二年改正版、『中華人民共和国政府』ウェブサイト、http://www.gov.cn/jrzg/2012-11/18/content_2269219.htm、二〇一二年一二月二九日。
（5）毛沢東「戦争と戦略の問題（一九三八年）」『毛沢東選集』第二巻、外文出版社、一九六八年、二九九頁。
（6）「党規約」総綱、「中華人民共和国国防法（一九九七年）」第一九条、国防法については『中華人民共和国国防部』ウェブサイト、http://www.mod.gov.cn/policy/2009-09/15/content_4088018.htm、二〇一二年一二月二九日。
（7）「中国的政党制度（二〇〇七年）」政府白書、『中華人民共和国政府』ウェブサイト、http://www.gov.cn/zwgk/2007-11/15/content_806278.htm、二〇一二年一二月二九日。
（8）Andrew. J. Nathan, "Authoritarian Resilience," *Journal of Democracy*, Vol. 14, No. 1 (January 2003).

（9）胡錦濤「堅定不移沿着中国特色社会主義道路前進　為全面建成小康社会而奮闘――在中国共産党第十八次全国代表大会上的報告（二〇一二年一一月八日）」、以下の「報告」からの引用はすべて『中国共産党新聞網』ウェブサイト、http://cpc.people.com.cn/n/2012/1118/c64094-19612151.html、二〇一二年一二月二九日。

（10）橘木俊詔『日本の経済格差』岩波書店、一九九八年、五九～六〇頁。

（11）選挙や政治的人脈を積極的に利用しないで、自らの権威を醸成しようとする場合には、二〇一二年に失脚した薄熙来（元中央政治局委員、元重慶市党委員会書記）が、任地の重慶市で行ったように、格差是正や民生改善を謳うポピュリスティックな左派的政策を推進して、社会的人気を動員するのが、一般的かつ有効な方法である。しかしこうしたやりかたは、他の多くの指導者の眼には、組織的一線を画すべき「党外」の信望によって「党内」の権力バランスの変更を企図するという点で、「文化大革命」の危険な再来として映るであろう。まさしくこうした事情により、薄熙来は失脚の憂き目をみることとなった。

（12）「中国各地の抗議活動五年で倍増　反日デモ拡大の背景に（二〇一二年九月二四日）」『共同通信社』ウェブサイト、http://www.kyodonews.jp/feature/senkaku/ 2012/09/post-386.html、二〇一二年一二月二九日。

（13）毛沢東「矛盾論（一九三七年八月）」『毛沢東選集』第一巻、外文出版社、一九六八年、四八三～四八五頁。

参考文献

国分良成「中国共産党の政策構想――政治・経済・外交の相互連関」国分良成編著『現代東アジアと日本　二　中国政治と東アジア』慶應義塾大学出版会、二〇〇四年。

国分良成編『中国は、いま』岩波書店、二〇一一年。

G・サルトーリ（岡沢憲芙・川野秀之訳）『現代政党学――政党システム論の分析枠組み〔新装版〕』早稲田大学出版部、一九九二年。

沢木耕太郎『危機の宰相』文藝春秋、二〇〇八年。

鈴木隆『中国共産党の支配と権力――党と新興の社会経済エリート』慶應義塾大学出版会、二〇一二年。

鈴木隆「中国共産党の組織的適応」、加茂具樹ほか編著『党国体制の現在――変容する社会と中国共産党の適応』慶應義塾大学出版会、二〇一二年。

唐亮『現代中国の政治——「開発独裁」とそのゆくえ』岩波書店、二〇一二年。
菱田雅晴「不安定化の安定——中国共産党九〇周年の現況」『東亜』二〇一二年一月号。
菱田雅晴編著『中国共産党のサバイバル戦略』三和書籍、二〇一二年。
毛里和子『現代中国政治　第三版　グローバル・パワーの肖像』名古屋大学出版会、二〇一二年。
吉川洋『高度成長——日本を変えた六〇〇〇日』中央公論新社、二〇一二年。
渡辺利夫『新世紀アジアの構想』筑摩書房、一九九五年。
Andrew J. Nathan, "Authoritarian Resilience," *Journal of Democracy*, Vol. 14, No. 1 (January 2003).
Bruce J. Dickson, *Wealth into Power : The Communist Party's Embrace of China's Private Sector*, Cambridge University Press, 2008.
Cheng Li, "The End of the CCP's Resilient Authoritarianism ?: A Tripartite Assessment of Shifting Power in China", *The China Quarterly*, No. 211 (September 2012).
David Shambaugh, *China's Communist Party : Atrophy and Adaptation*, University of California Press and Woodrow Wilson Center Press, 2008.
Elizabeth J. Perry, "A New Rights Consciousness ?," *Journal of Democracy*, Vol. 20, No. 3 (July 2009).
Eric X Li, "The Life of the Party: The Post-Democratic Future Begins in China," *Foreign Affairs*, Vol. 92, No. 1 (January/February 2013).
Larry Diamond, "Why China's Democratic Transition Will Differ from Taiwan's," in Bruce Gilley and Larry Diamond eds., *Political Change in China : Comparisons with Taiwan*, Lynne Rienner, 2008.
Peter Hays Gries and Stanley Rosen eds., *Chinese Politics : State, Society and the Market*, Routledge, 2010.
Seymour Martin Lipset, "Some Social Requisites of Democracy: Economic Development and Political Legitimacy," *The American Political Science Review*, Vol. 53, No. 1 (March 1959).
Seymour Martin Lipset, "The Social Requisites of Democracy Revisited: 1993 Presidential Address," *American Sociological Review*, Vol. 59, No. 1 (February 1994).
Teresa Wright, "The China Democracy Party and the Politics of Protest in the 1980s-1990s", *The China Quarterly*, Vol.

172 (December 2002).
Yasheng Huang, "Democratize or Die: Why China's Communist Face Reform or Revolution," *Foreign Affairs*, Vol. 92, No. 1 (January/February 2013).

第3章　韓国の政治運営

――自由民主主義体制の定着と日韓関係の変容――

浅羽祐樹

1　「自由と民主主義」を共有する日韓両国

いまや、「韓国は我が国と、自由と民主主義、市場経済等の基本的価値を共有する重要な隣国である[1]」。この「体制共有」は、韓国が民主化し、民主体制が定着することで初めて成立した。さらに、「体制共有」は「意識共有」にもつながり（小此木、二〇〇五）、韓国に「親しみを感じ」、「現在の日本と韓国の関係」は「良好だと思う」「外交に関する世論」は、二〇一一年には、ここ三〇年で最も高い水準を示していた[2]。

ところが、二〇一二年八月以降、李明博《イミョンバク》大統領による「島根県の竹島」上陸や天皇に対する謝罪要求、日本政府による竹島領有権紛争の国際司法裁判所への共同提訴や日韓紛争解決交換公文における調停の提案、韓国政府による応訴拒否と日本政府による単独提訴への動き、さらには、慰安婦問題に関して韓国政府による日韓請求権協定における仲裁委員会の設置提案の検討など、日韓関係は一九六五年に日韓基本条約を締結して以来の新しい局面を迎えている。

そもそも、李大統領は、就任直後の二〇〇八年四月、「日韓両国が歴史を直視し、未来に対するビジョンを持ち、国際社会に共に寄与していくことにより、両国関係をいっそう成熟したパートナーシップ関係に拡大し、『日韓新時代』を切り拓いていくとの決意を確認[3]」するなど、二国間関係（bilateralism）を超えた文脈に日韓関係を位置づけ、「対日太陽政策」（黒田、二〇〇八）と韓国内で形容されるほどだった。

この対日政策の変化について、政権末期を迎えた大統領の支持率回復といった政治的利害を否定するものではないが、本章では、より構造的な次元で、新興民主主義体制の定着と外交政策の法化（legalization）に拠るものとして捉え、それをもたらした憲法裁判所に注目する。憲法裁判所は、単なる選挙民主主義ではなく、自由民主主義を担保する最たる制度で、環日本海国際政治経済において韓国という事例を位置づけ、国内政治と対外関係の変容の連関を考察する上で重要である。

2　民主化以後の韓国民主主義

「街で唯一のゲーム」としての選挙

一九八七年に民主化して以降、この二六年間、選挙は全ての次元の政体で公職者を選出する方法として一度も中断されることなく実施されている（表3－1参照）。二〇一三年現在、大統領選挙は六回、総選挙は七回、全国同時地方選挙[4]は五回、それぞれ毎回予定どおり行われた（表3－2参照）。そもそも、大統領の「直選（直接選出）」の実現が民主化の契機で、権威主義体制期においても選挙が実施されていた国会だけでなく、まずは大統領、そして、地方自治の導入に伴い地方議員・首長、さらには、教育監（教育委員長に相当）・教育委員も選挙で選出されるようになった。

六回の大統領選挙のうち二回、主要二大政党の間で政権が交代した。その中でも、一九九七年の大統領選挙はアジア経済危機の真っ只中で、そうした状況においても選挙は予定どおり実施され、しかも、選挙を通じた与野党間の「平和的な政権交代」が韓国憲政史上初めて実現した。もはや、選挙以外に政権を獲得する方法は存在しない。つまり、選挙という政治的競争は「街で唯一のゲーム」（Linz and Stepan, 1996）になり、選挙民主主義は完全に実現している。

民主化の「第三の波」の中で、韓国は台湾と同じように、逆戻りすることなく、新興民主主義体制が定着した事例である。同じ時期に民主化したフィリピンやタイでは、その後、権威主義体制に後退し、今もそのままであることと対照的である。[5] また、この間、韓国と台湾は、選挙など政治参加の権利だけでなく、基本権においても進展が見られ、今では、アジアで最長の民主主義国家である日本と同じ水準にまで達している。[6] さらに韓国では、民主化以後も憲法改正が繰り返して行われている台湾とは異なり、一九八七年に憲法が改正されるとともに民主化が実現すると、その後、一度も改正されていない。このように、韓国の事例は、民主化と新興民主主義体制の定着に関する比較研究においても重要である。選挙など政治参加の権利や政治的競争の方法だけでなく、基本権の保障のあり方についても定めている憲法は、その政体が選挙民主主義にとどまっているのか、それとも自由民主主義へと発展しているのかを規定している。

「敗者の同意」と「勝者の自制」

そもそも、(選挙)民主主義とは、多数派の形成をめぐる競争のことであり、かつ、多数派による支配のことである。そうである以上、選挙には、勝者(多数派)と敗者(少数派)が必然的に伴う。民主主義体制における敗者とは、政権の獲得を目指して選挙という競争に挑み、敗北した野党のことである。この場合、一般に、敗者には二つの選択肢がある。一つは、敗北を承服して引退するか、あるいは、まだ政権の獲得を目指すときは、次の選挙に再び参加するということである。もう一つは、敗北という競争の結果やそうした競争の方法を規定する憲法自体を認めず、超憲法的な方法に訴えるということである。多数派による支配としての民主主義体制が安定するためには、「敗者の同意(loser's consent)」(Anderson, 2007)が欠かせない。

敗者の同意を担保するのは、勝者の自制と次の競争の不確実性である。敗北した場合でも取り分(reserve)がそれなりに保障されていると、次の競争を待つことが可能になる。また、多数派と少数派が入れ替わるかもしれないという見通しが成り立つ場合には、待つことに意味がある。そのためには、できることなら自らの取り分を最大化し、次も勝てるように競争の方法自体を自らに有利になるように変更したいはずの勝者自身があえてそう

表3-1　民主化以降の選挙の種類

政体の次元と種類	執　政	議　会
中　央	民選→直選	直　選
広域自治体	官選→民選 全国同時地方選挙	
基礎自治体		

(出典)　筆者作成。

表3-2　過去二六年間（一九八七～二〇一三）における大統領ごとの選挙サイクル

一九八七	一九八八	一九八九	一九九〇	一九九一	一九九二	一九九三
全斗煥	盧泰愚					
13大	13総				14総　14大	

一九九二	一九九三	一九九四	一九九五	一九九六	一九九七	一九九八
盧泰愚	金泳三					
14大			1地	15総	15大	

一九九七	一九九八	一九九九	二〇〇〇	二〇〇一	二〇〇二	二〇〇三
金泳三	金大中					
15大	2地		16総		3地　16大	

二〇〇二	二〇〇三	二〇〇四	二〇〇五	二〇〇六	二〇〇七	二〇〇八
金大中	盧武鉉					
16大		17総		4地	17大	

二〇〇七	二〇〇八	二〇〇九	二〇一〇	二〇一一	二〇一二	二〇一三
盧武鉉	李明博					
17大	18総		5地		19総　18大	

（注）例えば、18大は第18代大統領選挙、19総は第19代総選挙、5地は第5回全国同時地方選挙を意味する。
出典：筆者作成

しないような憲法になっていることが重要である。[7] 敗者（少数派）の同意は勝者（多数派）の自制がまずあってこそ担保される。

新興民主主義体制の定着

盧泰愚《ノテウ》大統領以降、金泳三《キムヨンサム》・金大中《キムデジュン》・盧武鉉《ノムヒョン》・李明博、どの大統領も、政権延長を試みず、憲法の規定に従って退任している。また、超憲法的な方法に訴える野党も存在しない。このように新興民主主義体制が定着しているのは、多数派＝勝者と少数派＝敗者の両者に、それぞれ自制と同意を促すインセンティブ（誘引）が一九八七年憲法に内在化しているからである。大統領の憲法権限自体は依然として小さくないが、権威主義体制期はもちろん、一九六二年憲法と比べても、ステイク（賭け金）は確実に下がった（浅羽、二〇一〇：二〇一二）。また大統領の任期は、一九六二年憲法では二期八年まで可能であったのに対して、一九八七年憲法では一期五年限りである（第七〇条）[8]。しかも、たとえ任期中に四年二期などの連任制への改正が行われたとしても、一九六九年憲法への改正とは異なって、現職の大統領には適用されないということが初めから明記されている（第一二八条第二項）。民主的な手続きに則って政権の延長を実現することはもはや不可能なのである。

さらに、大統領選挙と総選挙の関係である。大統領と国会議員（第四二条）の任期はそれぞれ五年と四年で一致せず、また選挙の日程も一二月と四月のため、常に非同時選挙で、「与小野大（分割政府）」を生じさせやすい。大統領選挙の敗者が国会では多数派になるわけである。事実、民主化直後の大統領選挙で盧泰愚に負けた金泳三と金大中は国会では過半数を獲得した。彼ら二人は一定の取り分を確保しつつ単任制大統領の次に備え、結局、金泳三、金大中の順に政権を獲得した。

こうした憲法デザインによるインセンティブ構造によって、韓国において、選挙という政治的競争は「街で唯一のゲーム」になり、選挙民主主義は完全に実現し、新興民主主義体制として定着している（崔、二〇一二）。

3　憲法裁判所と自由民主主義体制の定着

「民主主義の最後の保塁」としての市民

大統領にせよ野党にせよ、政治エリートに憲法という制度を遵守させているのは、究極的には市民である。大統領が所定の任期や選出方法に手をつけて政権延長を図ろうとする場合、それを阻止しようと市民が立ち上がり、そうなると政権から追われることになると恐れるとき、国家権力を握る大統領も自ら進んで憲法を遵守する。野党も、超憲法的な方法に訴えても市民からの支持を得られず、その試みが失敗することが必至な場合、憲法を遵守する。つまり、少数派の同意は多数派の自制に担保されるが、その多数派の自制は市民次第である。

個別では無力な市民がエリートに対して力を持つには結束しなければならない。しかし、本来、それぞれ多様で、場合によっては互いに相容れない利害や価値を有する市民は、そのままでは集合行為問題を解決できない。この場合、市民はアリーナ（arena）であり、そもそも何が基本権であり、どこまで侵害されたら協力して立ち上がるべきなのかについて、むしろ市民の間で異論や対立が存在する。しかし、ひとたび憲法がフォーカル・ポイント（相互に期待が収斂する点）になると、集合行為が可能になる。その意味で、民主主義の源泉である市民という集合的なエージェンシー（collective agency）を成立させているのも憲法である（Weingast 1997; Weingast 2004; Weingast 2006）。

一九八七年憲法によって、エージェンシーとしての市民が可能となり、市民が一九八七年憲法のアンカーとなっている。一九八七年憲法における基本権のリストは網羅的かつ具体的で、法律による留保には本質的な限界が伴うと明記されている（第三七条第二項）。全斗煥《チョンドファン》に憲法改正を約束させた「六月民主抗争」は、基本権に対する行き過ぎた侵害のコストを大統領に思い知らしめただけでなく、基本権がどこまで侵害されたら相互に協力して挑戦するのかについて、市民間に信頼と確証が生じることになった（大西、二〇〇六）。それに、憲法裁判所（第六章）が新

(9)

設され、法律の違憲審査を専管し、その独立性と司法積極主義が担保されている（在日コリアン弁護士協会、二〇一〇：李範俊、二〇一二）。[10] また、選挙管理委員会（第七章）の機能が大幅に強化され、選挙法の改正に関する立法意見の国会提出や選挙法違反の有権解釈や取締りなどを通じて、選挙民主主義を担保している（大西、二〇一三）。

憲法裁判所と選挙管理委員会

憲法裁判所は、韓国だけでなく、台湾・フィリピン・タイ、さらには、インドネシア（川村、二〇一二）やモンゴルでも民主化時に導入されている。韓国・台湾・モンゴルを事例にした比較研究（Ginsburg 2003）によると、民主化・改憲時に、利害関係者の勢力が均衡していると、定礎選挙で負けるかもしれない将来に対する「保険」として、強力な憲法裁判所の成立に同意するという。一九八七年憲法への改正時、盧泰愚・金泳三・金大中といった勢力が均衡していた政治エリートにとって、一期五年限りという大統領の当選回数制限と併せて、ともに利害が一致する合理的な選択であった。

　また、選挙管理委員会についても、韓国とフィリピンを事例にした比較研究（川中・浅羽、二〇一三）によると、同様の理由で、韓国では強力な選挙管理委員会が成立した半面、フィリピンではそうならなかったという。このように、少なくとも韓国においては、憲法裁判所や選挙管理委員会といった非選出部門は、大統領や国会など選出部門との関係において、反多数決主義（counter-majoritarianism）であるとしても、反民主主義（anti-democracy）ではなく、新興民主主義体制の定着に貢献している。ここに、多数派による支配としての民主主義に原理的に対立・緊張関係にある立憲主義の意義があり、むしろだからこそ民主主義体制が安定化するという逆説がある（浅羽、二〇一三）。こうした体制のことを一般に自由民主主義体制というが、韓国は選挙民主主義ではなく自由民主主義なのである。

4　憲法裁判所と対日外交政策の法化

大統領の外交

外交は、民主化以後も、民主化以前と変わらず、「大統領の外交」と形容してもよく、大統領ごとに特色のある政策が行われてきた。盧泰愚大統領は「北方外交」（李根、二〇一二；全、二〇一二）を展開し、グローバルな次元で冷戦が終結する中で、ソ連や中国（金淑賢、二〇一〇）と国交を結び、今日、貿易の規模の面では韓米や韓日を上回る韓中関係の端緒を開いた。金泳三大統領は「世界化」を標榜し、経済の自由化を進め、ＯＥＣＤへの加入を実現させた。金大中大統領は「太陽政策」の名の下、朝鮮半島の分断以来初めて、二〇〇〇年六月に北朝鮮の金正日《キムジョンイル》総書記との間で南北首脳会談を実現させ、北朝鮮との和解・協力を推進した。盧武鉉大統領は「東北アジアのバランサー」論を掲げ、米中関係の比重が着実に高まっていく中で、伝統的な韓米同盟と韓中関係の間で、韓国外交を新たに位置づけようと模索した。李明博大統領は「グローバル・コリア」に向けて、新興国との資源外交や、ＥＵをはじめＦＴＡを幅広く締結するなど、「経済領土」の拡大に尽力した。

外交通商に関する限り、大統領は国会や政党に対して圧倒的に優位な位置にあり、「大統領の外交」が制度的に担保されている。そもそも、憲法権限上、外交と貿易交渉は大統領の専管事項であり、国会は条約案が提出されるまで影響力を行使するチャネルが何もない。米国とは異なり、韓国の大統領は議員と同じように法案を提出することができる。さらに、法案提出権に加えて、議員を閣内に取り組むこともでき、韓国の大統領は強い政党規律を享受している(11)。総選挙において、現職議員の半数前後が公認されず、新人と入れ替わる中、官僚に匹敵する政策知識や交渉力を有する族議員は育たない。大統領は、官僚機能の中で外交通商部に貿易交渉を一元的に所管させ(12)、その長に腹心の専門家を任命すると同時に、自らの大統領府が外交通商部も含めて官僚機構を二重に統制している(13)。大統領の政策選好は、国会や政党、その中でも特に与党に対して、優位な立場を確保して初めて実現されるが、韓国の憲法や選挙制度といった政治制度の下、与党に対する統制が効きやすい。外交の場合、なおさらそうである(14)。李明博大統領による「対日太陽政策」もそうした「大統領の外交」の一つであった。

憲法裁判所と慰安婦問題

ところが、憲法裁判所によって、大統領の対日外交政策は大きく制約されることになった。二〇一一年八月三〇日、憲法裁判所は、日韓請求権協定において「完全かつ最終的に解決された」[15]（第二条）請求権に元慰安婦の個人請求権も含まれているかどうかについて日韓間で解釈上の「紛争」（第三条第一項）があるにもかかわらず、「外交上の経路を通じて解決」[16]（第三条第一項）をしようとしない政府の「不作為」は違憲であると判断した。[17] 日本政府や裁判所は、個人請求権も含めて請求権は「完全かつ最終的に解決された」とみなしている半面、韓国政府は、慰安婦問題は当時存在すら公には知られておらず、その個人請求権の法的扱いについて日韓請求権協定は何も規定していないという立場である。いずれにせよ、日韓間で「協定の解釈」に関して「紛争」があるにもかかわらず、韓国政府は協定上の義務である「外交上の経路を通じて解決する」ことを怠ったというのが憲法裁判所の判決の趣旨であり、韓国政府としては、「作為」せざるをえなくなった。その後、韓国政府は日本政府に対して「外交上の経路」を通じて協議を呼びかけたが、日本政府は拒否した。

同年一二月一八日に行われた日韓首脳会談では、韓国側ブリーフィング[18]によると、李明博大統領は「終始、慰安婦問題だけを言及」した。「慰安婦問題は日本政府が認識を変えればすぐに解決することができる問題」として、野田佳彦首相に「実務的な発想よりも大きな次元での政治的決断を期待」した。さらに、「法以前に国民の情緒、感情の問題」であり、「国連を含む世界各国が日本に対して人権、人道主義的な観点から関心を以て注目している」中で、「誠意ある解決策」を要求した。これに対して、野田総理は、法的には解決済みという「我が国が一貫して明らかにしている法的立場」を改めて表明すると同時に、これまで「人道面での努力を行ってきた」し、これからも「人道的見地から知恵を絞っていく」と応じた。[19]

大法院と個人請求権

さらに、二〇一二年五月二四日、大法院（最高裁判所に相当）は、植民地期、徴用されていた八名の個人が新日本製鉄と三菱重工業を相手に起した損害賠償請求の上告審で、日本における棄却という訴訟結果や公訴時効を根拠に請求を棄却した高等法院（高等裁判所に相当）へ差し戻し、個人請求権は日韓請求権協定によって消滅しておらず有効であるという判断を下した[20]。また、徴用や植民地支配それ自体が違法であるとする憲法の価値と背馳するとまで明らかにした。これにより、差し戻し審では、今後、損害賠償請求が認められる可能性がきわめて高い。これを受けて、外交通商部は、請求権協定について韓国政府の立場は一貫しており、大法院判決以後も変化なく、今回の件は政府が当事者ではなく個人と企業の間の訴訟で、尊重するが、拘束力については検討するという見解を示した[21]。

憲法裁判所と大法院という二つの非選出の司法部門によって、「大統領の外交」は、少なくとも対日政策においては、一定の方向で「作為」することが憲法上義務となり、日韓請求権協定をはじめ国交正常化以降の日韓関係の基本を形作ってきた条約や協定自体が問われることになった。外交政策の「法化」(legalization)と日韓関係の変容は連動しているのである。

5　日韓関係の変容——日韓条約体制の危機？

日韓関係の「マルチ化」「法化」

竹島や慰安婦は、教科書や靖国と並んで、「過去の問題」(朴、二〇〇六)として日韓関係において争点化してきたが、二〇一二年八月以降の展開は、問題のされ方や解決に向けたアプローチがこれまでとは次元が異なっている。日韓関係の性格が変容し、国交正常化以降の日韓関係の基本を形作ってきた法的枠組みそのものさえも問われるようになった。

竹島領有権問題について、そもそも、李明博大統領による「島根県の竹島」上陸は、ロシアのメドベジェフ大統領が二〇一〇年一一月に初めて北方領土の国後島に上陸したことに匹敵することであった。それに対して、日本政府は国際司法裁判所への共同提訴と日韓紛争解決交換公文における「調停」[22]を韓国に提案した。国際司法裁判所への提訴の提案は国交正常化以前の一九五四年と六二年に続く三回目と、実に五〇年ぶりであり、日韓基本条約を締結して以来初めてである。韓国政府はいずれの提案も拒否し、日本政府は二〇一二年末には、国際司法裁判所への単独提訴に向けた準備を終えたと言われている。

また、慰安婦問題について、李大統領は、二〇一二年八月一五日、植民地からの解放を祝う光復節演説において、「日本軍慰安婦被害者問題は韓日両国の次元を超え、戦時における女性の人権問題として、人類の普遍的価値と正しい歴史に反する行為です。日本政府の責任のある措置を求め[23]」た。慰安婦問題は日韓という二国間の問題ではなく、「戦時における女性の人権問題」として「普遍」化された。さらに、韓国政府は、慰安婦問題に関して、日韓という当事者以外の第三者を入れた「仲裁委員会[24]」の設置を日本に提案するかどうか検討している。

このように、竹島問題や慰安婦問題は、これまでにもあった「過去の問題」であるが、その問題のされ方や解決に向けたアプローチがこれまでとは全く異なっている（浅羽・木村・佐藤、二〇一二）。国際司法裁判所や仲裁委員会は日韓という当事者以外の第三者であるし、裁判にせよ仲裁にせよ調停にせよ、司法手続きである。日韓の間で何らかの問題が生じた場合、これまでは、日韓（／韓日）議員連盟などを通じて当事者同士で政治的な解決を図ってきたが、今回は、日韓関係という二国間関係が「マルチ化」、さらには「法化」したのが特徴である。

「合意しないことに合意した」日韓条約体制

一九六五年の国交正常化[25]以降、日韓関係の基本を形作ってきたのは、日韓基本条約と、日韓請求権協定など付属の諸協定、それに日韓紛争解決交換公文という法的枠組みである。国交正常化交渉において、植民地期の法的性格をめぐって熾烈に争ったが、結局、「千九百十年八月二十二日以前に大日本帝国と大韓帝国との間で締結されたすべての条約及び協定は、もはや無効であることが確認される（日韓基本条約第二条、傍点は引用者）」とし、日韓双方、それぞれ別々に解釈し、国内で説明することに合意した[26]。これは、「合意しないことに合意する」（agree to disagree）の典型で、日韓両国は当時、高度な政治的判断によって法的枠組みを形作った。また、日韓紛争解決交換公文における「紛争」についても、日本は当然竹島のことを指すとしたが、韓国は紛争そのものが存在しないとそれぞれ別々に解釈した（崔、二〇一一）。

日韓条約体制自体が問われている

ところが、最近、こうした日韓関係の法的枠組み自体が問われるようになった。例えば、小此木政夫は、「日韓条約体制」は「制度疲労」を起こしていて、「体制危機」に直面していると判断している。「一九六五年の日韓条約・諸協定の締結当時、両国政府が解決できずに棚上げしたり、強引に処理したり、曖昧にしたりした問題が、当時の文脈から離れて再び問題化したり、司法的な判断の対象にされたりしている」（小此木、二〇一二：四）と現状認識を示した上で、「日韓条約が五〇周年を迎える二〇一五年までに、双方が率先して日韓『和解委員会』を設置して、基本的な問題の解決方法について合意できれば、それが最善の方法である。しかし、それが本当に可能だろうか」（小此木、二〇一二：四）と問いかけている。「基本的な問題の解決方法について合意（傍点は引用者）」し直さなければならないほど、日韓「基本」条約体制が「危機」を迎えているかどうかはともかく、日韓関係の性格が変容し、これまで二国間関係を形作ってきた法的枠組みそのものが問われるようになったのは確かである。

このように日韓関係が「マルチ化」「法化」し、そもそも国交正常化を成らしめた法的枠組み自体が問われるようになった契機は、韓国の憲法裁判所である。憲法裁判所は新興民主主義国家としての韓国が単なる選挙民主主義ではなく、自由民主主義であることを担保する制度的機制であり、日韓の「体制共有」の根幹を成している。その「不作為」違憲判決によって、「大統領の外交」に法的制約を課し、対日外交政策の「法化」をもたらした。それによって、「日韓条約体制」という従来二国間関係を形作り、安定させてきた法的枠組みそのものがむしろ問われるという新しい局面を日韓関係は迎えている。「韓国は我が国と、自由と民主主義、市場経済等の基本的価値を共有する重要な隣国」(27)であるからこそ、国内政治と二国間関係の変容が連関したのである。

6　リベラルな環日本海国際政治経済秩序へ？

一九八七年憲法　韓国における民主主義の現状は、移行期を経て、新興民主主義体制として完全に定着していると評価できる。政権を獲得するには、選挙という政治的競争を通じて多数派を形成するしかなく、選挙は「街で唯一のゲーム」として、全ての主要なプレイヤーに受け入れられている。敗者は選挙結果に従い、政権獲得をさらに目指す場合は再び同じゲームに参加しようとするし、勝者も一定の取り分を敗者に残しつつ、ゲームのルールを自らに有利なように変えようとはせず、次のターンにおける結果の不確実性を保証する。敗者の同意は勝者の自制に担保されているが、勝者の自制は、「権利の保障が確保されず、権力の分立が定められていない社会は、およそ憲法をもつものではない」（人間と市民の権利の宣言第一六条）という、多数派支配としての民主主義に原理的に対立・緊張関係にある立憲主義が憲法デザインとして埋め込まれて初めて可能になる。

韓国では、一九八七年憲法によって、基本権の保障や権力の分立、それに憲法そのものの保障が自ら定められている。憲法裁判所は、立憲主義という憲法価値を担保する制度で、選出部門である国会がもう一つの選出部門である大統領を訴追した弾劾の審判（浅羽、二〇〇四）や、法律が憲法に違反していないかの審判を行い、場合によっては、国民の多数派が選出した大統領を罷免したり、国会の多数派が定めた法律を無効にしたりする。憲法裁判所は、大統領や国会など公職者の選出過程の管理を専管するもう一つの非選出部門である選挙管理委員会と同じように、民主政治において、反多数決主義ではあるものの反民主主義ではなく、むしろ反多数決主義であるがゆえに、新興民主主義体制の定着に貢献している。選出部門間の政治的対立が行き詰ったときや、選出部門の多数派が少数派の取り分や市民の基本権を侵害するとき、司法プロセスによって「完全かつ最終的に解決」することで、単なる選挙民主主義ではなく自由民主主義へと発展したと言える。

国内政治と国際政治の連関

国内政治と国際政治の連関について、民主化によって、権威主義体制期において締結した他国との条約を継承するのかが問われることがある。また、政権交代が常態化すると、前政権の外交コミットメントにどこまで制約されるのかをめぐって、国内の支持者や有権者と相手国政府との間に政権が立たされる[28]。一般に、国際場裡では、国際法の一般原則や条約が各国の法体系や国内事情の変更に優先するが、日韓関係において、韓国が民主化し、自由民主主義体制として定着することで、二国間関係が変容し、法的枠組みそのものが問われることになった。

竹島問題や慰安婦問題について、日韓両政府は、二〇一二年九月、第六七回国連総会や「法の支配」ハイレベル会合で、「法の支配に基づいた解決」[29]や「武力紛争下での女性に対する性暴力根絶問題」[30]として、二国間関係の次元を超えて「普遍」化させる姿勢を改めて示した。他の地域と比べて、赤裸々な権力政治の色彩が濃い環日本海において、中国も含めて、ルールに基づいたリベラルな国際秩序（アイケンベリー、二〇一二）をいかに広めていくかは、今日、切実な問いである。

注

（1）外務省「各国・地域情勢　大韓民国　基礎データ」。http://www.mofa.go.jp/mofaj/area/korea/data.html（最終アクセス：二〇一三年四月一二日）以下、ウェブサイトを引用する場合、特に記さない限り、同じ年月日に最終アクセスを確認している。

（2）内閣府「外交に関する世論調査」二〇一二年一〇月。http://www8.cao.go.jp/survey/h24/h24-gaiko/index.html

（3）外務省「日韓共同プレス発表」二〇〇八年四月二一日。http://www.mofa.go.jp/mofaj/area/korea/visit/0804_2_pr.html

（4）韓国の中央地方間関係は日本と同じ三層構造で、地方はさらに広域自治体（都道府県に相当）と基礎自治体（市町村）に分かれ、それぞれ民選の首長と議会が存在する。いずれも任期は四年で、全国同時に選出される。議会は首長によって解散されず、かつ、首長や議員が欠け、補欠選挙が行われる場合、その任期は前任者の残余期間となるため、常に完全な統一地方選挙であることが担保されている。

（5）例えば、フリーダム・ハウスの指標では、フィリピンとタイの政治的権利と市民的自由のスコアは、二〇一三年現在、それぞれ、（三・三）、（四・四）で、「一部自由」とされる。Freedom House, "Freedom in the World Country Ratings 1972–2013" http://www.freedomhouse.org/sites/default/files/Country%20Status%20and%20Ratings%2C%201973-2013%20%28FINAL%29_0.xls

（6）韓国・台湾・日本の政治的権利と市民的自由のスコアは、二〇一三年現在、いずれも、（一・二）である。西欧諸国と比べると、市民的自由がまだ不十分であるのが東アジアの特徴である。

（7）河野・広瀬は、「民主主義であると同時に立憲主義である国家は多く存在するが、実は、民主主義の下で立憲主義が成立していることはきわめて不可解な事態だといわなければならない」（河野・広瀬、二〇〇八、一一七）とした上で、立憲主義についてゲーム理論的に基礎づけ、次のように結論を下している。「民主主義の下でも多数派が憲法にコミットし少数派の権利を保障するという実質的な立憲主義が成立するのは、多数派が現在のみならず将来を念頭において意思決定をするからである。逆にいえば、少数派は、将来自らが多数派になる可能性がクレディブルである時、それをてこに現在の多数派から多くの、時には多数派が得るもの以上の、譲歩を引き出すことができるのである。」（河野・広瀬、二〇〇八、一三二）

（8）大統領の当選回数制限については、Kasuya, 2008に詳しい。

（9）故・盧武鉉大統領の墓石には、「民主主義の最後の保塁は覚醒している市民の組織された力です」と刻まれている。

（10）政治学的な分析は韓国でも未だほとんどおこなわれていないが、先駆的な試みとして、車、二〇〇六や朴、二〇一〇がある。その他、國分、二〇〇六：鄭、二〇〇三：閔、二〇〇六：李、二〇一〇：Mo and Brady, 2010も参照。

（11）執政制度と政党規律の関係については、Samuels and Shugart, 2010を参照。一般に、大統領制では政党規律が弱いが、韓国では政党規律が強い。詳しくは、浅羽、二〇一一を参照。

（12）朴槿恵大統領は政府組織法を改正し、外交通商部を外交部へと縮小すると同時に、通商機能は知識経済部と統合し、産業通商資源部へと再編した。

（13）大統領府（大統領秘書室）を通じた官僚機構の統制については、大西、二〇〇八を参照。

（14）例えば、大統領が主導した米韓ＦＴＡの過程については、交渉の実務責任者だった元外交通商部通商交渉本部長の回顧録、金、二〇一〇に詳しい。

（15）日韓請求権協定第二条「両締約国は、両締約国及びその国民（法人を含む。）の財産、権利及び利益並びに両締約国及びその国民の間の請求権に関する問題が、千九百五十一年九月八日にサン・フランシスコ市で署名された日本国との平和条約第四条(a)に規定されたものを含めて、完全かつ最終的に解決されたこととなることを確認する。」

（16）日韓請求権協定第三条第一項「この協定の解釈及び実施に関する両締約国の紛争は、まず、外交上の経路を通じて解決するものとする。」

（17）韓国・憲法裁判所決定要約文（二〇〇六憲マ七八八）「大韓民国と日本国との間の財産及び請求権に関する問題の解決並びに経済協力に関する協定第三条不作為違憲確認【韓国語】」二〇一一年八月三〇日。

http://www.ccourt.go.kr/home/storybook/storybook.jsp?eventNo=2006%C7%E5%B8%B6788&mainseq=111&seq=13&list_type=05

(18) 韓国・大統領府「韓日首脳会談ブリーフィング【韓国語】」二〇一一年一二月一八日。http://www.president.go.kr/kr/president/briefing/briefing_view.php?uno=1223&article_no=19&board_no=P02&search_key=&search_value=&search_cate_code=&order_key1=1&order_key2=1&cur_page_no=2&cur_year=2011&cur_month=12

(19) 外務省「日韓首脳会談（概要）」二〇一一年一二月一八日
http://www.mofa.go.jp/mofaj/area/korea/visit/1112_pre/meeting.html

(20) 韓国・大法院「日帝強占期強制徴用者らの新●《マ》●●●《マ》株式会社を相手取った損害賠償事件【韓国語】」二〇一二年五月二四日。
http://file.scourt.go.kr//AttachDownload?file=1337921499471_135139.pdf&path=001&downFile=2009다68620.pdf
大法院「日帝強占期強制徴用者らのM重《ママ》工業を相手取った損害賠償事件【韓国語】」二〇一二年五月二四日。
http://file.scourt.go.kr//AttachDownload?file=1337921255011_134735.pdf&path=001&downFile=2009다22549.pdf

(21) 韓国・外交通商部「定例ブリーフィング【韓国語】」二〇一二年五月二九日。
http://www.mofat.go.kr/webmodule/htsboard/template/read/korboardread.jsp?typeID=6&boardid=237&seqno=342344&c=TITLE&t=&pagenum=5&tableName=TYPE_DATABOARD&pc=&dc=&wc=&lu=&vu=&iu=&du=

(22) 日韓紛争解決交換公文「両国政府は、別段の合意がある場合を除くほか、両国間の紛争は、まず、外交上の経路を通じて解決するものとし、これにより解決することができなかつた場合は、両国政府が合意する手続に従い、調停によつて解決を図るものとする。」

(23) 韓国・大統領府「第六七回光復節慶祝辞【韓国語】」二〇一二年八月一五日。
http://www.president.go.kr/kr/president/speech/speech_view.php?uno=707&article_no=207&board_no=P04&search_key=&search_value=&search_cate_code=&order_key1=1&order_key2=1&cur_page_no=1&cur_year=2012&cur_month=

(24) 日韓請求権協定第三条第二項「一の規定により解決（引用註：外交上の経路を通じた解決）することができなかつた紛争は、いずれか一方の締約国の政府が他方の締約国の政府から紛争の仲裁を要請する公文を受領した日から三十日の期間内に各締約国政府が任命する各一人の仲裁委員と、こうして選定された二人の仲裁委員が当該期間の後の三十日の期間内に合意する第三の仲裁委員又は当該期間内にその二人の仲裁委員が合意する第三国の政府が指名する第三の仲裁委員との三人の仲裁委員からなる仲裁委員会に決定のため付託するものとする。ただし、第三の仲裁委員は、両締約国のうちいずれかの国民であつてはならない。」

(25) 最近の日韓共同研究の成果として、李・木宮・浅野、二〇一一がある。

(26) 「もはや無効」について、日本では、韓国併合条約は合法的に締結され、それが日本の敗戦とともに法的効力を失ったと解した半面、韓国では、韓日併合はそもそも不法であり、当初から法的正当性を有していなかったと解した。

(27) 外務省「各国・地域情勢　大韓民国　基礎データ」注（1）前掲ウェブサイト。

(28) 例えば、Todai-Yale Initiative, International Symposium on "Democracy and Diplomacy in East Asia," September 16, 2011 http://www.iss.u-tokyo.ac.jp/democracy/index.html

(29) 第六七回国連総会における野田総理の演説 http://gadebate.un.org/67/japan

(30) 第六七回国連総会における金星煥・韓国外交通商部長官の演説 http://gadebate.un.org/67/republic-korea

参考文献

ジョン・アイケンベリー（細谷雄一訳）『リベラルな秩序か帝国か――アメリカと世界政治の行方』上・下、勁草書房、二〇一二年。

浅羽祐樹「二重の民主的正統性における代理人間問題――韓国の盧武鉉大統領弾劾という事例」『現代思想』二〇〇四年一〇月号。

浅羽祐樹「首相がいる韓国の大統領制――首相の任命・解任をめぐる大統領と議会の関係」吉川洋子編『民主化過程の選挙――地域研究から見た政党・候補者・有権者』行路社、二〇一〇年。

浅羽祐樹「韓国の大統領制――強い大統領と弱い政府の間」粕谷祐子編著『アジアにおける大統領の比較政治学――憲法構造と政党政治からのアプローチ』ミネルヴァ書房、二〇一一年。

浅羽祐樹「『悪しき市民』と立憲主義アイデンティティ――韓国における民主化と民主主義体制の持続と憲法」大賀哲編『北東アジアの市民社会――投企と紐帯』国際書院、二〇一三年。

浅羽祐樹・木村幹・佐藤大介『徹底検証　韓国論の通説・俗説――日韓対立の感情vs.論理』中公新書ラクレ、二〇一二年。

李鍾元・木宮正史・浅野豊美編『歴史としての日韓国交正常化Ⅰ　東アジア冷戦編』法政大学出版局、二〇一一年。

李鍾元・木宮正史・浅野豊美編『歴史としての日韓国交正常化Ⅱ　脱植民地化編』法政大学出版局、二〇一一年。

李東洽「韓国民主主義の発展における憲法裁判所の貢献」『法律時報』二〇一〇年五月号。

李範俊（在日コリアン弁護士協会訳）『憲法裁判所　韓国現代史を語る』日本加除出版、二〇一二年。

大西裕「韓国の民主化――条件付きの穏健保守体制」恒川惠市編『民主主義アイデンティティ』早稲田大学出版部、二〇〇六年。

大西裕「『強い大統領』という韓国政治の幻想――国務総理任命と大統領秘書室」伊藤光利編『政治的エグゼクティヴの比較研究』早稲田大学出版部、二〇〇八年。

大西裕編『選挙管理の政治学――日本の選挙管理と「韓国モデル」の比較研究』有斐閣、二〇一三年。

小此木政夫「『体制共有』から『意識共有』へ」小此木政夫編『韓国における市民意識の動態』慶應義塾大学出版会、二〇〇五年。

小此木政夫「朝鮮半島・分断体制の国際関係」『国際問題』二〇一二年九月号。

川中豪・浅羽祐樹「自己拘束的制度としての選挙管理システム――韓国とフィリピンの比較研究」大西編、前掲書。

川村晃一「司法制度」中村正志編『東南アジアの比較政治学』アジア経済研究所、二〇一二年。

金淑賢『中韓国交正常化と東アジア国際政治の変容』明石書店、二〇一〇年。

黒田勝弘「対日太陽政策のススメ？」『産経新聞』二〇〇八年四月一九日。

河野勝・広瀬健太郎「立憲主義のゲーム理論的分析」川岸令和・藪下史郎編『立憲主義の政治経済学』東洋経済新報社、二〇〇八年。

國分典子「韓国憲法裁判制度の変遷とアメリカ式違憲審査制」大沢秀介・小山剛編『東アジアにおけるアメリカ憲法――憲法裁判の影響を中心に』慶應義塾大学出版会、二〇〇六年。

在日コリアン弁護士協会編著（孫亨燮監修）『韓国憲法裁判所　社会を変えた違憲判決・憲法不合致判決――重要判例四四』日本加除出版、二〇一〇年。

鄭宗燮「韓国の民主化と憲法裁判所」大久保史郎・徐勝編『現代韓国の民主化と法・政治構造の変動』日本評論社、二〇〇三年。

崔章集（磯崎典世・出水薫・金洪楹・浅羽祐樹・文京洙訳）『民主化以後の韓国民主主義——起源と危機』岩波書店、二〇一二年。

崔喜植「韓日会談における独島領有権問題——韓国と日本外交文書に対する実証的分析」李・木宮・浅野編『歴史としての日韓国交正常化Ⅱ』。

朴裕河（佐藤久訳）『和解のために——教科書、慰安婦、靖国、独島』平凡社、二〇〇六年。

閔炳老「韓国の違憲審査制の現況と課題——違憲審査基準を中心にして」大沢・小山編、前掲書。

Christopher J. Anderson et al.（eds.）, *Loser's Consent : Elections and Democratic Legitimacy*, Oxford University Press, 2007.

Tom Ginsburg, *Judicial Review in New Democracies : Constitutional Courts in Asian Cases*, Cambridge University Press, 2003.

Yuko Kasuya, *Presidential Bandwagon : Parties and Party Systems in the Philippines*, Keio University Press, 2008.

Juan J. Linz and Alfred Stepan, *Problems of Democratic Transition and Consolidation*, Johns Hopkins University Press, 1996.

Jongryn Mo, David W. Brady, *The Rule of Law in South Korea*, Hoover Institution Press, 2010.

David J. Samuels and Matthew S. Shugart, *Presidents, Parties, and Prime Ministers : How the Separation of Powers Affects Party Organization and Behavior*, Cambridge University Press, 2010.

Barry R. Weingast, "The Political Foundations of Democracy and the Rule of Law," *American Political Science Review*, Vol. 91, No. 2（June 1997）, pp. 245-263.

Barry R. Weingast, "Self-Enforcing Democracy in Spain," in Irwin L. Morris et al.（eds.）, *Politics from Anarchy to Democracy : Rational Choice in Political Science*, Stanford University Press, 2004, pp. 161-195.

Barry R. Weingast, "Designing Constitutional Stability," in Roger D. Congleton and Birgitta Swedenborg（eds.）, *Democratic Constitutional Design and Public Policy : Analysis and Evidence*, MIT Press, 2006, pp. 343-366.

金鉉宗『金鉉宗、韓米ＦＴＡを語る【韓国語】』ホンソン社、二〇一〇年。

朴ジェヒョン『韓国政治と憲法裁判所【韓国語】』集文堂、二〇一〇年。

全在晟「北方政策の評価――韓国外交大戦略の始原【韓国語】」康元澤編『盧泰愚時代の再認識――転換期の韓国社会【韓国語】』ナナム、二〇一二年。

車ドンウク「空間分析モデルを通じて見た憲法裁判所の戦略的判決過程【韓国語】」『韓国政治学会報』第四〇集第五号（二〇〇六年）。

李根「盧泰愚政府の北方外交――エリート民族主義に基づいた大戦略」康編、前掲書。

＊本章は、日本国際政治学会二〇一二年度研究大会部会8「東アジアの選挙民主再考」において報告した「『自由民主』と韓国憲法裁判所――外交政策の法化と日韓関係の変容」を加筆・修正したものである。ご討論頂いた藤原帰一先生（東京大学）と岩崎正洋先生（日本大学）に感謝の意を表する。当然のことだが、全ての誤りは筆者に帰する。

第4章　ロシアの政治運営
――アジア重視政策の模索――

袴田茂樹

1　ロシアの内政と対外政策

「ユーフォリア」から「屈辱の九〇年代」へ

一九九〇年代の初め、冷戦が終焉し、東欧諸国、ついでロシアで次々と共産党の独裁体制が崩壊して、ロシアはもちろん世界がユーフォリアといってもよい楽天的な高揚感に包まれていた。ロシアでは、ゴルバチョフ大統領のペレストロイカ（再建）と呼ばれる改革路線の結果、一九九一年一二月に七〇年余りのソ連の歴史に幕が降ろされた。ロシアでは、政治家も国民も改革派エリツィン大統領の下ですぐにも民主主義と市場経済の豊かな先進国に追いつくと皆が信じていた。

それには理由がある。ソ連は発展途上国ではなく米国と覇を競う超大国であったし、基礎研究、宇宙開発、軍事技術など科学技術は世界の最先端を進んでいた。国民教育のレベルも世界のトップクラスだった。したがって経済や民主主義の発展を抑圧していた共産党独裁の全体主義体制さえ取り払えば、ロシアは急速に豊かな先進国になれると誰もが信じていた。しかし一九九〇年代のロシアは政治的にも経済・社会的にもスムータ（大混乱）の状況に陥り、楽天的な期待はまったく裏切られた。一九九九年の大晦日、エリツィン大統領は突然テレビで次のようなお詫びの言葉を述べて辞任表明をしたのだ。

「私は皆さんに許しを請いたい。われわれの夢が実現しなかったからである。われわれが簡単だと思ったことは、実際にはたいへん苦しく困難だった。灰色の停滞した全体主義の過去から、明るく豊かで文明的な未来へ一足飛びに移るという希望は実現しなかった。このことに対して、私は許しを請いたい。私は、あまりにもナイーブであったし、問題はあまりにも複雑であった。」

彼が涙ながらに語ったこの率直な言葉の中に、ロシア社会の本質が秘められている。

一九九〇年代のロシアでは、すべてが国営だった経済は、国家の崩壊で大混乱に陥った。政治的には民主・改革派の大統領と共産党、民族派主導の議会が対立してエリツィンが議会の建物を戦車で砲撃するという事態さえ生じた（一九九三年一〇月）。無政府状態の中で、各地方や組織も軍隊もそして各国民も、生き延びるため自活の道を必死で模索した。人々は自家菜園で飢えをしのぎ、兵士たちは駐屯地で畑作をし豚を飼育した。地方自治体も自活し、ロシアという国家は分解と離散の瀬戸際に立った。役人や警官が自活のために賄賂をとるのを、給与を払えない政府は黙認せざるを得なかったし、これが今日の腐敗・汚職蔓延の土壌となった。社会の治安は悪化し、有力な事業家や政治家、企業や店舗などは、銃を保持した警備員を雇って自衛した。

「砂社会」とマックス・ウェーバー・ルネッサンス

この状況は、闇商売が横行した終戦直後の貧しい日本とも本質的に異なっていた。それは、日本には、国は敗れても社会の基礎に基本的な秩序感覚が存在したが、ロシアにはそれがないからだ。筆者はこのロシア社会を「砂社会」と表現している。上からの統制がないと、あるいは強い指導者がいないと、欧米の個人主義やそれを基礎とする市民社会と違って、社会や個人はバラバラになってしまうからだ。市場経済が機能するためには、契約が守られることが不可欠だ。しかしロシアにおいては政府と国民の間にも、銀行と企業、組織と個人の間にも基本的な信頼関係が存在せず、約束や契約が守られない。金融や商業などハイリスク・ハイリターンの投機的部門に資金は回っても、まともな生産投資は行われない。数年先の利益のために大型投資をするのは、リスクが大きすぎるからだ。一般国民の間ではエリツィン大統領および彼を支持した改革派や民主派がスローガンとした「民営化」とか「民主化」は呪いと罵倒の言葉となった。この面から見てもロシアにとっては「屈辱の九〇年代」である。

これに関連して興味深い事実がある。それはソ連時代にはブルジョア的と批判されていたマックス・ウェーバーが一九九〇年代のロシアで「再発見」されたことだ。ウェーバーは資本主義成立に当たっては、誠実や勤勉をモットーとするプロテスタントの精神が大きな役割を果たしたと説いた。しかし下部構造（経済）が上部構造（精神や文化）を規定するとした共産主義的唯物論の理論においては、これは逆転した観念論として否定された。ロシアの改革派知識人たちは一九九〇年代に、資本主義の発展にとっては、信用や契約を重視する文化や伝統が決定的役割を果たすということを嫌というほど思い知らされた（袴田茂樹、一九九八）。

プーチンの高い支持率と大国主義の復活

二〇〇〇年にプーチン政権が成立し、プーチンは二期八年大統領を務めた。メドベジェフ大統領、プーチン首相のタンデム（二頭）政権時代を含めると、事実上プーチン政権は、二〇一二年五月に彼が再び大統領に復帰するまで一二年続いた。

この一二年のプーチン政権下では二〇〇〇年以来の石油やエネルギー価格の高騰により、エネルギー資源輸出国であるロシアの経済は一挙に改善され、政治や社会も安定した。これは偶然の要因でありプーチンの経済政策とは無関係であったが、一般のロシア国民はプーチンのお蔭とみなし、彼は「繁栄と安定」のシンボルとなった。

二〇〇一年からの一〇年間に、ロシアは石油・天然ガスの輸出で一兆六〇〇〇億ドルもの巨額の収入を得た。これはその前の一〇年間の石油・ガス収入の五倍に当たる。ロシアの貿易収入の六～七割は資源輸出によるもので、国庫収入の約五〇％は石油、ガスの収入に依存している（『独立新聞』二〇一二年一一月九日）。

ただ、致命的な問題もあった。エネルギー輸出からの巨額の収入は経済の近代化やインフラ整備のためにはほとんど使われず、オリガルヒ（新興財閥）や官僚は巨大な資産を海外に移し、国内では宮殿のような別荘建築を競った。貧富の差は拡大し、大部分の一般民衆は先進国と比べると今も貧しい生活に耐えている。

二〇〇〇年以来のプーチン大統領、首相の支持率は、常に七割前後を維持するという驚異的なものであった。つまり、これまでのプーチン政権およびプーチンとメドベジェフのタンデム政権は全体としては安定していたと言える。プーチンに対する高い支持率は、じつは「屈辱の九〇年代」の心理的な反動でもある。先進国より貧しくても、プーチン政権下の国民生活の向上感と政治社会の安定感は顕著なものがあった。それがプーチンが根強い支持を得ている背景である。

このプーチン時代、政府も国民も「大国ロシア」としての自信を取り戻した。ロシアはもはや超大国ではないにしても、世界の大国として無視できない存在感を示すようになった。ゴルバチョフやエリツィンは、政治の民主化と経済の市場化によって、ロシアを欧米の先進国の仲間入りさせることを歴史的な使命と考えた。二〇〇一年の九・一一同時多発テロ事件の後、大統領になったばかりのプーチンも米国との協調姿勢を打ち出したが、もはや米国からは対等の相手とはみなされず屈辱感を味わった。欧米のＮＡＴＯ（北大西洋条約機構）拡大路線やＭＤ（ミサイル防衛）計画もロシアの強い不信感を招いた。これらがバネとなり、大国ロシア復活への志向はますます強まった。それを一挙に後押ししたのが国際エネルギー価格の急上昇だ。ロシア経済の回復とともに、ロシアは大国としての自信を取り戻し、「ロシア独自の道」というナショナリズムに向かった。これも国民のプーチン支持の背景となった。二〇〇六年一月にドミトリー・トレーニン・モスクワ・カーネギーセンター副所長（当時）は次のように述べた。「ロシアの対外政策に根本的な変化が生じた。ロシアは最終的に欧米の軌道から離れ、『自由軌道』に乗った。ロシアの指導部は、ロシアのエネルギー資源がロシアを真の『独立国』にしたと信じている。そして、『エネルギー大国』という言葉のアクセントは、その後半に移されている。いまやロシア指導部の目標は、ロシアをグローバルな勢力として復活させることである。」（『独立新聞』二〇〇六年一月三〇日）

二〇〇八年八月にはロシア軍がグルジアに侵攻し、アブハジア自治共和国と南オセチア自治州を「独立」させた。グルジアやウクライナでの下からの政変（バラ革命、オレンジ革命、二〇〇四～〇五年）による親欧米政権の成立により、ロシアは欧米に対する警戒心と、独自路線への傾斜を強めた。メドベジェフ、オバマ大統領時代に米露関係のリセットが唱えられ、ＭＤ問題などＮＡＴＯ政策も修正されてロシアと欧米の関係も改善に向かう兆しも一時見られた。しかし、次に述べるように、現在のプーチン政権の下では、外国に対する猜疑心や敵視政策はかえって強まっている。

2　民主主義の後退と今後の政権安定度

プーチンが二〇〇〇年に政権についてまず打ち出した政策は、民主化路線の修正であり中央集権化あるいは垂直権力の強化である。無政府状態に陥ったロシアの統一が最重要課題となったからだ。プーチンは一応民主化路線を引き継いで、当初は地方の知事などの選挙制も引き継いだ。また、二〇〇八年には憲法に従って、大統領を退いた。先進国G8の一員として民主主義の体裁を重んじたからである。しかし、現実には、徐々に権威主義的体制が復活した。特に、二〇〇四年九月の北オセチアにおけるベスラン学校占拠事件の後、テロ対策の強化を口実に権威主義体制が強化され、知事の選挙制を廃して任命制に切り替えるとか、大統領や議会の選挙に対しても、野党や批判派に不利な制度を次々と導入した。二〇〇五年には権威主義を擁護する「主権民主主義」の概念も打ち出された。マスメディアも、新聞などは比較的自由だが、テレビなどは事実上政権が統制している。では、この傾向は今後一〇年間ますます強化されるのだろうか。

権威主義の復活

リベラルとされたメドベジェフ大統領時代に、選挙制度や報道に対する統制緩和の動きが出て、知事の選挙制復活も決定した。この状況の中で、二〇一一年一二月の下院選挙、二〇一二年三月の大統領選挙の前後には、選挙の不正やプーチンの大統領復帰を批判する数万人規模のデモや集会が、モスクワやサンクトペテルブルグ、その他の都市に広がり、プーチンや政権に衝撃を与えた。二〇一二年五月にプーチンが大統領に復帰すると、メドベジェフ大統領時代の部分的な民主化政策も反故にされ、六月には集会を規制する「集会法」、七月には外国から資金を得ているNGOを「外国のエージェント」として登録を義務付ける法律が成立した。ロシア語の「エージェント」はスパイと同義語である。九月には、「国家裏切り」に関する刑法の改定が下院で採択され、ロシアのマスメディアも「新たな鉄のカーテンか」と論じた（『独立新聞』二〇一二年九月二七日）。この刑法改定案は、二〇〇八年に提案されていたが、メドベジェフが棚上げしていたものである。

今後一〇年のロシア政権の安定度

今後一〇年、プーチン（あるいは彼に代わる他の大統領）の政権は高い支持率と安定を保てるだろうか。これを考えるに当たっては、まず、これまで政権の安定を保障した諸要因が今後も機能し続けるか否かを検討する必要がある。それは次の四要因だ。(1)エネルギーなど資源価格の急上昇(2)「屈辱の九〇年代」への反動、(3)ポピュリズム、(4)反欧米ナショナリズムと大国主義。以下、それぞれを検討してみよう。

(1)であるが、今後、たとえ石油、ガス価格のかなりの高値が維持されるとしても、世界経済全体の動向から考えても、二〇〇〇年代初めのような急上昇はとうてい望めない。国際エネルギー機関（ＩＥＡ）によると、今後一〇年、少なくとも五年は、石油価格は下降を続け、バーレル当たり一〇〇ドル以下が続くと予想されている（二〇一二年一一月現在、約八九ドル）。

(2)プーチン政権の高い支持率と安定の背景には、一九九〇年代の混乱だけはもう結構という強い安定志向の心理がある。しかし、この「屈辱の九〇年代」の記憶は年配の世代においても時とともに徐々に薄れる。ましてや、社会主義時代はまったく知らず、混乱の九〇年代も幼少時代の記憶でしかない若い世代にとって、九〇年代の混乱と対比してプーチン政権を安定と豊かさのシンボルと見る心理はない。

(3)共産党時代と異なり、ロシア時代になると政治家は国民の支持率を競わざるを得ない。そのため、プーチン、メドベジェフ両首脳は、財政的な裏付けのないまま、公務員や教師、軍人などの給与や年金の大幅引き上げなどを、特に選挙前に大々的に宣伝してきた。一例だが、両首脳は二〇一一年に軍事予算と軍人給与の大幅な引き上げ（中尉で月額二万九〇〇〇ルーブルから五万ルーブルへ）政策を打ち出し、財政合理性の観点からそれに抵抗したアレクセイ・クドリン財務相は罷免された。財政的裏付けのないまま今後ポピュリズムを続けることはできない。現代発展研究所のイーゴリ・ユルゲンス所長は、大統領選挙の一カ月前の二〇一二年二月に、「プーチンが選挙で勝利するとすれば、二年後には、ロシア経済は時速一四〇キロで壁に激突する」と痛烈なポピュリズム批判を述べている（『エクスペルト』二〇一二年二月六～一二日第五号）。

⑷ソ連邦崩壊後、ロシアはアイデンティティ危機に陥った。そして現在、共産主義のイデオロギーに代わって国民を統合する役割を担っているのが外国を敵視するナショナリズムだ。先に述べた「外国のエージェント」といった概念の復活にそれが典型的に示されている。しかし、ロシアは資源依存の経済を現代化して、先端技術を基礎とする先進的な産業国家に変わることを国家戦略としている。そのためには欧米や日本など先進国との経済、技術協力や、先進国からの投資などが不可欠となる。新たな「鉄のカーテン」にも、自ずと限界があるということである。

以上の考察によると、これまでのプーチン政権の高い支持率と安定を保証した四要因が今後も機能する可能性は少ない。

では、これらに代わる新たな安定要因が出現するか。ロシアでも経済の向上で中産階級が生まれており、これが社会の安定要因になるとの見解もある。しかし、二〇一一年末に高まった反政府、反プーチンのデモや集会に集まった何万人もの人々は、まさに中産階級だったし、「アラブの春」の担い手も、必ずしも貧しい人々ではなかった。中産階級は、両刃の剣であり、安定の保証にはならない。デモや集会の規制など権威主義の強化にも限界がある。共産主義を知らない若い世代はすでに権力を恐れなくなっており、強権的アプローチによって安定を保つには限界があるのだ。プーチンは、ロシアを中心にＣＩＳ諸国を統合する「ユーラシア同盟」を提案した。これは「新帝国主義」の理念でもある。しかしその実現性にも諸困難があり、新たな統合と安定の要因にはならないだろう。

むしろ政権にとって懸念されるのは、プーチン時代にも存在した不安定要因が、今後も影響し続けることだ。例えば、腐敗・汚職問題の解決は常に最重要課題とされながら、かえって深刻化している。次に、イスラム過激派の問題や国内の民族問題も、今後解決に向かうよりもむしろ強まるだろう。さらに、ロシアの資源依存経済の問題があるが、構造改革とイノベーションによる資源依存からの脱却は、過去一〇年常に強調されてきた。次の一〇年間で抜本的な改革が可能とは思えない。

これらを総合すると、次のような結論になる。第三期のプーチン政権が近いうちにカラー革命あるいは「アラブの春」的政変に見舞われると断定できる要因はもちろん見られない。しかし、はっきり言えることは、プーチン政権が六年、あるいは一二年続くと仮定しても、それはこれまでのプーチン政権よりもかなり不安定なものになるだろう、ということだ。

3　極東ロシアの状況とプーチンのアジア重視政策

後進的な極東とその開発計画

ソ連邦崩壊後、一九九〇年代の混乱の中で、極東・シベリア地域も何とか自活の道を探らざるを得なくなった。エリツィン大統領時代の一九九六年には、「二〇〇五年までの極東ザバイカル社会経済発展連邦プログラム」が採択されたが、連邦予算からの実際の投資は計画のわずか一割、九〇年代の投資計画はすべて計画倒れに終わった。政治的には、極東にはソ連時代の諸ファクターが濃厚に残っていて保守性が強い。経済的には極東・シベリア地域の広大さは資源開発でも製造業でも輸送コストが過重となる。今日に至っても経済面では中国や東南アジア諸国との競争力を有していない。極東の中小都市や農村部では、政治面、心理面でも経済・社会的諸条件も、ソ連時代を缶詰にしたような雰囲気がある。国外からの投資も限られ、優遇された一部の資源関連以外はわずかにホテルやレストランが合弁でつくられたくらいで、それも、一九九〇年代に生まれた合弁企業の多くは頓挫して国外資本は引き上げた。

二〇〇〇年代になって、オイル、ガスマネーのお蔭でようやくロシア東部の開発計画が現実性を帯びた。二〇〇四年以後、プーチン大統領が中央集権を強化する中で、政府によりシベリアや極東の石油ガスの輸出インフラの整備が行われ、軍事的にも極東の軍備や軍事活動が強化されている。クリル（千島）発展計画も一九九〇年代から打ち出されていたが、資金難からそれは机上のプランに終わり、北方領土も中央からは見捨てられ、島の住民も日本からの人道支援に頼っていた。しかしプーチン政権は「二〇〇八―二〇一五年クリル諸島社会経済発展計画」に一八〇億ルーブル（約五四〇億円）を計上し、択捉・国後・色丹島などでは港湾、飛行場、道路、学校、病院、商店などが急速に整備されるようになった。そして北方領土への政府要人たちの視察も続いているが、これにはもちろん日本の領土返還要求を意識した政治的な配慮が強く働いている。

アジア重視政策とその背景

プーチンはロシアの極東・シベリアとアジア諸国重視政策を打ち出している。二〇一二年四月にプーチン首相は下院報告で、優先事項の一つに極東シベリアの発展を掲げた。また、五月にプーチンが大統領に復帰すると同時に、極東発展省が創設された。プーチン大統領は、Ｖ・イシャーエフ極東連邦管区大統領全権代表に新設省大臣を兼任させ、極東開発に国として関与を強めていく姿勢を示した。ただ、極東発展省の権限からはエネルギー分野の管轄が外され、この新設省のウエイトは疑問視もされている。この省の創設に先立って、独占的にロシア東部地域の開発にあたる東シベリア・極東発展公社の新設法案も発表されており、両者の関係もまだ不明だ。

いずれにせよ、プーチンは二〇一二年九月にウラジオストークで開催されたＡＰＥＣ（アジア太平洋経済協力）首脳会談に特別の力を注いだが、これも極東・アジア重視政策と密接に関連している。この首脳会議に向けて、ウラジオストークでは道路や市街の整備、新空港ターミナル建設、ルースキー島への大型架橋や極東連邦大学のインフラ整備なども大々的に行われた。また、液化天然ガスを輸出するためのＬＮＧ工場を、サハリンに続いてウラジオストクに建設する計画も推進されており、そのためのガスパイプラインもすでに開通した。日本からの自動車製造会社の誘致にも力を入れ、トヨタ、マツダなどの極東への進出が決まった。

プーチン大統領のアジア政策の最重要戦略は、次の四点である。

(1)経済的に急速に発展したアジア太平洋地域にロシア経済を統合し、自由貿易協定も推進して地域の活力を取り込み、ロシアとくに後進的な極東・シベリアの経済発展の梃子にする。(2)エネルギーの輸出先として、欧州市場の拡大が望めないため、アジア太平洋地域の市場を積極的に開拓する。(3)ソ連邦崩壊後、アジア太平洋地域で失われたロシアの政治的・軍事的プレゼンスを回復する。(4)経済的・軍事的に台頭する中国との協力関係を構築し、同時に将来の中国の脅威に備える。(5)米国のＭＤシステム配備や軍備には対抗しながらも、中国の軍事強化や海洋進出に対して「米国カード」や「ベトナムカード」などＡＳＥＡＮ諸国との関係も利用する。

では、プーチン大統領が極東・シベリア地域やアジア太平洋地域を重視する政策を実施するようになった背景は何か。その要因として次の数点を挙げておこう。

第一は、ロシア東部の過疎化と経済的な後れである。極東連邦管区の面積はロシアの三分の一以上だが、人口は過去二〇年で約二〇％減少して現在は僅か六二〇万人余り、ロシアの四％にすぎない。この地域は資源の供給地と見られてきたが、地域の経済発展や住民の生活向上にはほとんど配慮がなされなかった。ソ連時代のコルホーズ（集団農場）、ソフホーズ（国営農場）の多くは、今は人口の過疎化で放置され荒れ地と化している。木材生産その他の生産業のための労働力もない。農業や林業は、中国、北朝鮮、韓国などからの企業や労働者に依存せざるを得ない状況だ。ロシアのマスメディアも次のように述べている。「最近、極東問題に携わる省が創設されたが、極東地方の現状をほとんどのロシア人は知らない。というのは、航空運賃がべらぼうに高く、モスクワとウラジオストークを往復すると月給の二〜三カ月分以上もかかるからだ。極東の魚が貨車でモスクワに届くには六昼夜以上かかり、まともな形では届かない。」（『論拠と事実』二〇一二年八月八〜一四日、第三二号）

モスクワの指導部は、これを放置しておくとこの地域はやがてモスクワよりも中国、日本、韓国、北朝鮮との結びつきの方が強くなる、という懸念さえ抱くようになった。ロシアの主要誌も「ロシアはその東部を失うのか、それとも領土保全が可能なのか、それが深刻な政治問題になっている」とさえ述べている（『エクスペルト』二〇一二年七月九〜一五日、第二七号、一三頁）。

第二は、中国の経済的・軍事的な台頭である。公式にはロシアと中国の関係は現在が最も良いとされているが、実際には中国に対する不信感、脅威感は根強く、そのロシア極東への経済的影響力への警戒心もある。マスメディアも次のように報じている。「ウラジオストークの店に並んでいる野菜や果物は、ほとんど中国産だ。たとえ『沿海地方産』と書いてあっても、トマトもリンゴも実際は（出稼ぎの）中国人が、近くの賃貸農地で生産している」（『論拠と事実』二〇一二年八月八〜一四日、第三二号）。

軍事的に強大化している中国に防衛力で対応する必要もある。帝政ロシア時代の一九世紀に、ロシアは中国から一五〇万平方キロの領土を奪っている。中露間では領土問題は公式的には二〇〇四年に解決しているが、ロシア人は潜在的な不安を感じている。今でも中国人が増えているために、「極東中国自治区」が生まれる可能性を論じる専門家さえいる（『論拠と事実』二〇一二年八月二九日～九月四日、第三五号）。またロシアの一般紙は、モンゴルやシベリア・沿海地方を含めた漢や唐時代の中国の版図を図示して、「中国が要求している土地」と説明している（『論拠と事実』二〇一二年七月一八～二四日、第二九号）。

第三は、エネルギー資源輸出の問題である。ロシアは主として欧州に輸出して外貨を獲得してきた。しかし、欧州の不況とエネルギーの対露依存脱却方針ゆえに、輸出増加は今後はあまり望めない。ロシアのパイプライン経由の欧州向けガス価格は長期契約であり、近東のLNGのスポット価格は、低いときはロシアガスの半額ほどになる。米国などの安いシェールガス開発もロシアには打撃だ。ロシアもエネルギー輸出の観点から、資源開発も西シベリアから東シベリアやサハリンに重点を移し、中国やアジア太平洋地域への輸出に力を入れざるを得なくなってきたのだ。ただ、ガスに関してはロシアの専門家も次のように述べる。「アジア市場でのロシアのガスの立場は弱い。中国に関しては、ロシアのガス輸出の可能性は、予見可能な範囲での将来には無い。シェールガスなどを独自に開発しているし、さらに中国は中央アジアからの輸入を増やしているからだ。中国はロシアのガスは、原価でも買わない。」（『独立新聞』二〇一二年九月四日）。ここから、福島原発事故後の日本やアジアの他の諸国への輸出に、強い関心が向いているのである。

第四は、アジア太平洋地域でのロシアのプレゼンスの回復という戦略的目標がある。冷戦時代には、ソ連は超大国として政治的・軍事的にもこの地域で巨大な影響力を有していた。しかし一九九〇年代には、この地域に対する政策は事実上存在しなかった。二〇〇〇年代になるとプーチン大統領は中露善隣友好協力条約（二〇〇一年）で、まず中国との関係構築の姿勢を示した。二〇〇〇年にプーチンが大統領になって北朝鮮との関係が復活し、二〇一一年八月にはメドベジェフと金正日総書記の一〇年ぶりの露朝首脳会談で、経済・軍事面での協力に合意した。二〇〇一年八月に創設された上海協力機構（SCO）内では、ロシアと中国がその影響力をめぐってつばぜり合いをしており、またこの組織は日本、韓国、ＡＳＥＡＮ諸国などへの影響力を有しておらず、ロシアがアジア太平洋地域への影響力を強化する足場にはなっていない。

第五としてもう一つの理由を加えるとすれば、北極海航路の開拓がある。欧州と発展するアジア地域の経済交流はますます活発化しているが、アジア地域から欧州への航路は、これまではスエズ運河経由が中心であった。しかし、最近は北極海の沿岸部の氷が解ける夏季を中心にロシアやカナダの北方を通る複数の北極海航路が注目を浴びている。この航路が開拓されれば、極東から欧州北部までは、スエズ経由と比べて距離は約三分の二になり、政情や治安の不安定な中近東海域を避けることができる。この航路のためのインフラ整備などにもロシアやアジア太平洋地域の各国が関心を強めている。

4　アジア太平洋諸国との新たな関係の模索

アジア諸国との新たな関係

冷戦が終了しソ連邦が崩壊した後の一九九〇年代には、ロシアとアジア太平洋地域の経済関係は、中国などとの国境貿易、消費物資の担ぎ屋的輸入などを除き、ほとんどなくなり、ロシアのプレゼンスは著しく小さくなった。二〇〇〇年のプーチン大統領の登場で、初めて中国や北朝鮮、アジア諸国との関係が強化され始めた。近年はアジア太平洋地域でのロシアの軍事力も強化されている。その背景には、米国のプレゼンスだけでなく、中国の経済的・軍事的発展がある。

ロシアは中国とのバランスを意識しながら、韓国やＡＳＥＡＮ諸国との関係構築にも乗り出した。韓国とは一九九〇年九月に国交を樹立したが、その後急速に経済関係を発展させ、ロシア市場におけるサムスンやヒュンダイなど韓国企業は日本企業を凌ぐ勢いだ。改革派のエリツィン時代には共産党独裁体制の北朝鮮との交流は途絶えたが、プーチンは大統領就任直後、沖縄サミットに北京―平壌経由で出席、二〇〇二年まで毎年金正日と会談した。とは言え六者協議以外に両国の目立った交流はなく、ロシアの北朝鮮への影響力も限られている。国連の場その他国際的場ではロシアは中国とともに北朝鮮擁護の立場をとっている。ただ、北朝鮮の核・ミサイル開発や挑発的な瀬戸際政策にはロシアは苛立ち、韓国の延坪島砲撃（二〇一〇年一一月）は直ちに批判した。二〇一一年八月にロシアのウランウデでメドベジェフ大統領と金正日総書記が会い、九年ぶりの首脳会談が成立した。両国は、政治・経済・軍事協力を強め、債務帳消し、五万トンの食糧支援や合同軍事演習にも合意した。ロシアにとって北朝鮮との経済関係は小さいが、人口が減少する極東では朝鮮人労働力が一定の意味を有している。一方、北朝鮮にとってロシアは、過度の対中依存を避けるためのカウンターバランスである。

ロシアは一九九六年にASEANの域外対話国となった。また、日本の後押しで一九九八年にAPECに加盟した。二〇〇四年以後は、ASEAN＋6を基に創設された東アジア首脳会議（EAS）の諸事業にオブザーバー参加していたが、二〇一一年に初めて米国とともにEASに正式参加した。ロシアとASEANの貿易高は、二〇〇五年の四二億ドルが二〇一一年には一五〇億ドルになったが、ロシアの輸出の二％、輸入の三％を占めるに過ぎない。つまり軍事や原子力発電などの面で協力しているベトナムを除き、ASEAN諸国との経済協力はさほど進んでいない。例えば、ニュージーランドを除き、自由貿易協定の交渉も進んでいない。そこでロシアはカザフスタン、ベラルーシなど関税同盟国とともに、ASEANとの自由貿易圏創設を目指している。

対中国関係――「過去最良の関係」と根強い不信感

近年ロシアと中国は、両国の米国との関係冷却化を背景に、「過去にない良好な関係」を誇示している。特に二〇〇四年に国境問題が最終的に解決されて以降、両国の経済・軍事関係が発展し、二〇一〇年以後は中国がドイツを抜いてロシアの最大の貿易相手国になった。プーチンは大統領就任直後の二〇一二年五月、米国でのG8サミットを欠席しながら翌月中国を訪問して中露の親密さをアピールした。両国の経済関係は過去最高レベルで、計画では貿易額は二〇一一年の八三五億ドルから、二〇二〇年には二〇〇〇億ドルに達する。ロシアの大統領選挙直前の二〇一二年二月末にプーチンは外交論文を発表し、中国に関しては次の三点を強調した。(1)中国経済の発展は脅威ではなく、両国の実務的協力発展の絶好の機会、(2)国際政策面（対シリア、イラン、北朝鮮など）で両国は同じ考えに立っている。(3)中露間では国境問題が最終的に解決した。

両国は上海協力機構（ＳＣＯ）の枠内で共同軍事演習を行ってきたが、二〇一二年四月には初めて両国海軍が合同演習を行った。これは、最近の米国のアジアシフトに対する牽制でもある。

ただ、公式声明とは異なり実際には、例えばＳＣＯ内を見れば、域内での影響力をめぐりロシアと中国はつばぜり合いを演じている。プーチンの外交論文でも、両国間にはギスギスした問題もあるとして、次の三点を指摘した。(1)第三国における経済利害の不一致（両国の競合など）、(2)不適切な貿易構造（ロシアは資源を輸出し、中国から工業製品を輸入）、(3)中国人の移民問題、などである。

かつて中国はロシア製武器輸出の最大の市場で、ライセンス生産も盛んに行われたが、近年は中国が無許可ですぐコピーを製造し輸出するため、輸出契約は事実上ストップしていた。二〇一二年一一月に、スホイ35戦闘機二四機の対中輸出が報道されたが、ロシア国内ではこの時もコピー問題が議論された。ＳＣＯ内ではロシアはインドなど加盟国を増やして中国の影響力を低めようとし、中国はそれに抵抗している。二〇〇四年にロシアが中国と国境問題を解決したのも、ロシアの中国に対する警戒心ゆえであった。ロシアは、領海・領土問題で中国と厳しく対立しているベトナムとの軍事協力を復活した。また、米海軍が利用することを承知で、ベトナムのカムラン湾整備に協力している。さらに、ガスプロムとベトナム石油ガス公社「ペトロベトナム」が、南シナ海のベトナムの大陸棚を共同開発することで合意した。これに対し二〇一二年四月、中国は、第三国は紛争地域の開発に参加すべきではないと批判したが、ロシアは無視した。また二〇一一年にはロシア海軍が日本および米国との合同軍事演習に参加し、二〇一二年夏には、米海軍主導の環太平洋合同演習「リムパック二〇一二」にロシア海軍が初めて正式参加した。これは中国に対する牽制でもある。中国人と接するロシア人の最大の苛立ちは、かつてはロシア人に「兄」として敬意をもって対していた中国人が、今はしばしばロシア人を「弟」扱いし、上から見下す傲慢な態度を見せることだ。

5　ロシアの対日政策と北方領土問題

戦後のソ連、ロシアにおける日本観は、時代によって変化があるが、肯定的、否定的な二つの日本イメージがある。

二つの日本イメージ

肯定的なイメージとは、資源も領土もない「小さな貧しい敗戦国」が、一九六〇年代以後奇跡の発展を遂げ、一九七〇年代、八〇年代には経済、科学・技術の面で米国と一、二位を争う大国になったことのインパクトによる。現実主義者ロシア人は、この日本に対して無条件に讃嘆の気持ちを抱いた。ソ連時代から今日に至るまで、世界でもロシアは最も対日イメージの良い国の一つである。資源も土地もない日本が、戦後ゼロから出発して急速かつ飛躍的な経済発展を実現したことは、巨大な資源を有しながら豊かになれないロシア人には驚異で、日本は経済改革のモデルとみなされるようになった。ペレストロイカと称される改革路線がゴルバチョフによって実施された一九八〇年代以後は、改革派の知識人や政治家の間では「日本を見ずして改革を語るなかれ」という雰囲気があり、皆が「日本詣で」をしたがった。ロシアは欧米やアジアの他の国と比べて、日本製品に対する評価や信仰が最も高い国でもある。残念ながらロシアでも近年日本の評価が低下しているのは事実だが、日本を単なるエネルギー資源の市場としてだけではなく、今でも先端技術の国として高く評価している。また、東日本大震災時の日本人の驚異的な忍耐力と冷静な対応も、ロシア人に深い感銘を与え、これは日本および日本人に対する称賛の気持ちを復活させた。

否定的イメージとは、戦後日本は一貫して米国の従属国、被占領国と見られ、自立した外交・安全保障政策を実行する主権国家、国際的なプレーヤーとはみなされていないことだ。戦前の日本の軍国主義、侵略国のイメージは歴史教育で徹底して教えられたが、戦後は米国の原爆の被害者、米軍に占領され支配されている可哀そうな国、というイメージが強い。国際政治の場ではもっぱら力を重んじるロシア人は、日本を対米政策の一関数としか見ず、事実上無視あるいは軽視してきた。政府がまともな政府の体をなしていなかった民主党政権の下ではなおさらである。

日ソ・日露関係の発展と障害としての投資環境

第二次世界大戦後、一九五六年の日ソ共同宣言で戦争状態は終結して両国の国交は回復した。抑留者の帰国も実現し、漁業協定も締結され経済関係も成立した。しかし領土問題が解決しなかったために、平和条約締結に至らず、今日に至るまでこの問題が両国の完全な正常化を妨げる唯一の障害となっている。冷戦構造の中で、米軍基地を抱える日本とソ連は二つの陣営が接する前線になったが、直接の軍事対立や武力紛争は生ぜず、むしろ経済大国となった日本はソ連の最大の貿易相手国の一つとなった。

環日本海という観点からの日露関係であるが、ソ連時代には極東・シベリア地域が日本と直接経済交流をすることは考えられなかった。ウラジオストークは閉鎖都市だったし、日本人はサハリンに行くこともできなかった。一九九〇年代になって初めて、ロシアの極東・シベリア地方と日本の間の直接の地域交流、経済交流も始まった。ただ、ロシア極東の投資環境が劣悪で、正常な市場経済のメカニズムが機能しておらず、当局と結びついたコネや腐敗、汚職が根強く、日本から進出した合弁企業の大部分は、乗っ取られたり騙されたりして撤退した。

近年ロシア側はこの問題を強く自覚するようになり、極東地方の発展や日本その他の国々との経済交流発展のために、投資環境の改善が最重要課題だと認識している。そのためには、基本的にはロシア側の自助努力に待つ以外にないが、それに加えて日本も投資環境改善に向けて真剣な協力をすべきだし、要求すべきことは厳しく要求することも必要だ。二〇一二年九月に筆者が関係する安全保障問題研究会とロシア科学アカデミーの主催により、ウラジオストクで日露シンポジウムが開催された。その時ロシア側から、尖閣問題の先鋭化で反日暴動が起きているが、中国に進出していた日本企業がロシア極東へ移転する可能性はないか、との質問があった。筆者はこれに対して、現在の投資環境が改善されない限りあり得ない、と答えた。東日本大震災後、ロシアは東日本の被災者たちをロシア極東に受け入れたいと申し出た。これも善意からではあれ、彼我の生活環境や文化の違いが実感として理解できていないがゆえの提案であった。この状況を考えると、今後一〇年の環日本海地域交流の展望であるが、極東地方との交流を通じて相互理解を深める必要性は、まだまだ大きいと思われる。

北方領土問題

最後に、日露関係と北方領土問題、そして今後の日露関係の展望について述べたい。政治的には北方領土問題（平和条約問題）が、両国関係を事あるごとに冷却化させた。冷戦中に米国が、ソ連と日本が接近するのを防ぐために、この問題を意図的に利用したという側面もある。新思考外交を唱えた一九九一年四月に訪日したゴルバチョフ大統領も、すでに国内の政治基盤が弱かったため、問題の解決に至らなかった。ソ連邦崩壊後、一九九〇年代のエリツィン大統領時代に領土問題解決の可能性が生じた。ロシアの改革派の知識人や政治家の多くは、ソ連が不法に（少なくとも日露の合意なしで）北方領土を占領していることを非とみなし、ロシアが譲歩してこの問題を解決すべきだと考えた。現実的な利害の観点からも、経済的に破綻したロシアは、政治関係を正常化して経済大国日本との経済交流を活発化しようとした面もある。領土問題解決の一つのチャンスでもあった。しかし、エリツィン政権も弱体で、日本の政府・外交当局も、この時期に生まれた解決の機会を十分活かすことができなかった。

東日本大震災後、ロシアはいち早く災害派遣やエネルギー供給の申し出をして、日露関係改善の姿勢を示した。しかしメドベジェフは二〇一〇年一一月、大統領として初めて北方領土を訪問し、二〇一二年七月にも首相として訪問して日本を刺激した。わが国では、メドベジェフと比べてプーチンは北方領土問題の解決に意欲と前向きの姿勢を有していると見られている。彼が常に日本側から突きつけられる北方領土問題にうんざりし、可能であればこの問題にケリをつけたいと思っているのは事実だ。

ただ、プーチンは北方四島の帰属問題を解決して平和条約を締結すると日露が約束した一九九三年の東京宣言の法的拘束力を否定し、平和条約締結後に歯舞群島、色丹島の二島（面積で北方領土の七％）を引き渡すと合意した一九五六年の日ソ共同宣言しか認めようとしない。しかも、「引き渡し」は「返還」ではない、との強硬態度も示している。さらに、ナショナリズムや大国主義が強まっているロシア国内で、プーチン大統領は、北方領土問題で日本に譲歩できるほど政治基盤は強くない。北方領土問題解決でプーチンに過大な期待を抱くべきではない。近年、ロシア側は首脳会談、外相会談などで日本側から常に提起される北方領土問題は、「日本国内向けの儀式」とさえ見ている。また、平和条約がなくても、経済関係は進展しているではないかとして、ラブロフ外相までが平和条約不要論を述べる状況になっている。

北方領土問題が解決するための必須条件を挙げるとすれば、次の三つである。最終的には、首脳間の政治的決着が必要となるからだ。

(1)両国に安定した強力な政権が存在する。

(2)両国の首脳間に信頼関係が構築されている。

(3)北方領土問題の解決が、日本にとってだけでなく、ロシアにとってもメリットだとロシア側が明確に認識する。

現在は、この三条件が揃っていない。この状況下での領土問題解決は非現実的だ。ただ、国家主権の問題は、主張すべきことをきちんと主張すること自体に意味がある。

とはいえ、プーチンが最近、日本との関係改善を真剣に考えているのは事実である。この背景には、エネルギー資源の市場としての日本の魅力や、資源依存の経済を脱してロシア経済を近代化するための日本の技術力や投資への期待がある。さらに、経済的、軍事的に影響力を拡大する中国に対するバランサーとして、極東・シベリアで日本のプレゼンスの強化を望むという側面もある。注目されるのは、二〇一一年ころからロシア側が、安全保障・防衛分野における協力、海をめぐる協力を進めていく重要性を強調し始めていることである。安保、防衛、海洋協力については、最近の日露協議でよく出されるテーマであり、公式的には表明されないが、両国はそれぞれの立場で中国ファクターを念頭に置いている。

参考文献

ケント・E・カルダー著（杉田弘毅監訳）『新大陸主義——二一世紀のエネルギーパワーゲーム』潮出版社、二〇一三年。
木村汎『メドベージェフ vs プーチン——ロシアの近代化は可能か』藤原書店、二〇一二年。

木村汎・袴田茂樹・山内聡彦『現代ロシアを見る眼――「プーチンの十年」の衝撃』日本放送出版協会、二〇一〇年。

ドミートリー・トレーニン著（河東哲夫・湯浅剛・小泉悠訳）『ロシア新戦略――ユーラシア大変動を読み解く』作品社、二〇一二年。

袴田茂樹「ロシアにおけるマックス・ウェーバー・ルネッサンスをめぐって」『ロシア・東欧学会年報』一九九八年。

名越健郎『独裁者プーチン』文春新書、二〇一二年。

袴田茂樹『現代ロシアを読み解く――社会主義から「中世社会」へ』筑摩書房、二〇〇二年。

第Ⅱ部　経済力学から見る環日本海

第5章　日本の経済発展
――デフレ円高の構造――

原田　泰

ここ二〇年間の日本経済を考えてみると、これを発展というのはどう考えてもおかしいということになるだろう。一九九〇年以降の日本経済は、どう見ても停滞していたとしか言えないからだ。一九八〇年代の日本は、経済大国としての自信に充ち溢れていた。日本の実質経済成長率は先進国の中では最も高く、それが低下し、先進国の中でも最も低い成長率の国になるなどとは誰も考えていなかったからだ。

本章の第1節では、日本経済の停滞を、やや長いパースペクティブで、国際比較によって説明し、その理由を金融政策によるものとする議論を紹介する。第2節では、金融政策説を補完するために日本と韓国の経験を比較する。第3節では、その関係をアジア全体の中で説明する。第4節では、日本と中国、韓国との競合関係がどのように変化したかを考察する。第5節では、直接投資の問題点を議論する。第6節では、円高を阻止する金融緩和がなぜできないのかを議論することによって、小さな部分の利害が日本全体を振り回すという日本の根本的な欠陥を明らかにする。最後に簡単なまとめと展望がある。

1　主要国と比べた日本経済の停滞

日本はキャッチアップしていない

日本の高度成長はキャッチアップだからこそなし得た成長だと誰でもが指摘する。キャッチアップであれば、より進んだ国の真似をすることで成長できる。しかし、それが終われば、成長率は低下する。キャッチアップの時の成長率がいつまでも続くはずはない。日本の低成長は、日本が先進国になったゆえであると指摘される。

確かに、為替レートで見れば日本の一人当たりGDPは一九八七年から二〇〇〇年まで米国をほぼ超えていたから、日本はアメリカにキャッチアップしたと言える（二〇〇〇年で日本三万六八〇〇ドル、米国三万五二五二ドル）。しかし、購買力平価ではそうではない。日本が米国に最も近づいた一九九一年でも、日本の一人当たり購買力平価GDPは米国の八四・七％でしかなかった（二〇一一年では七二・〇％）。

為替レートには、日本の中で最も生産性の高い輸出製造業の生産性が反映される。しかし、GDPはすべての産業の付加価値を足したものであるから、日本の、あるいはどんな国であれ、そのGDPの本当の実力を見るためには、購買力平価GDPで見る必要がある。輸出製造業では、米国に追いつき追い越しても、他の産業の生産性はまだまだ低いのだから、キャッチアップが終わったからもう成長はできないのだという議論には根拠がない。このことを日本と米国だけでなく、より多くの国との関係で見てみよう。

幸いなことに、フローニンゲン大学の故アンガス・マディソン教授が、世界の主要国・地域について長期の一人当たり実質購買力平価GDPを推計している。マディソン教授の推計値は二〇〇八年までである。そこでIMF. World Economic Outlook Database から二〇一一年までを推計した。World Economic Outlook Database には名目の購買力平価しか示されていないので、米国のGDPデフレータにより実質購買力平価GDPの系列を作った。

図5－1は戦後から現在までの主要な国・地域の一人当たり実質購買力平価GDPを見たものである。米国との関係を分かりやすくするために、米国を一として表している。図に見るように、日本は一九七〇年代には先進国グループになったが、その後アメリカになかなか近付けないでいる。図には省略したが、それは他のヨーロッパの主要な先進国でも同じである。図には、日本とイギリスのみを示しているが、フランス、ドイツ、イタリアいずれの国も、その所得は〇・六～〇・八の水準にとどまっている（フランスは七〇年代末に、日本は八〇年代末にアメリカに追いつく勢いを見せたが、結局、ヨーロッパのどの主要国もアメリカの七割の水準にとどまっている。さらに、イタリアは七割の

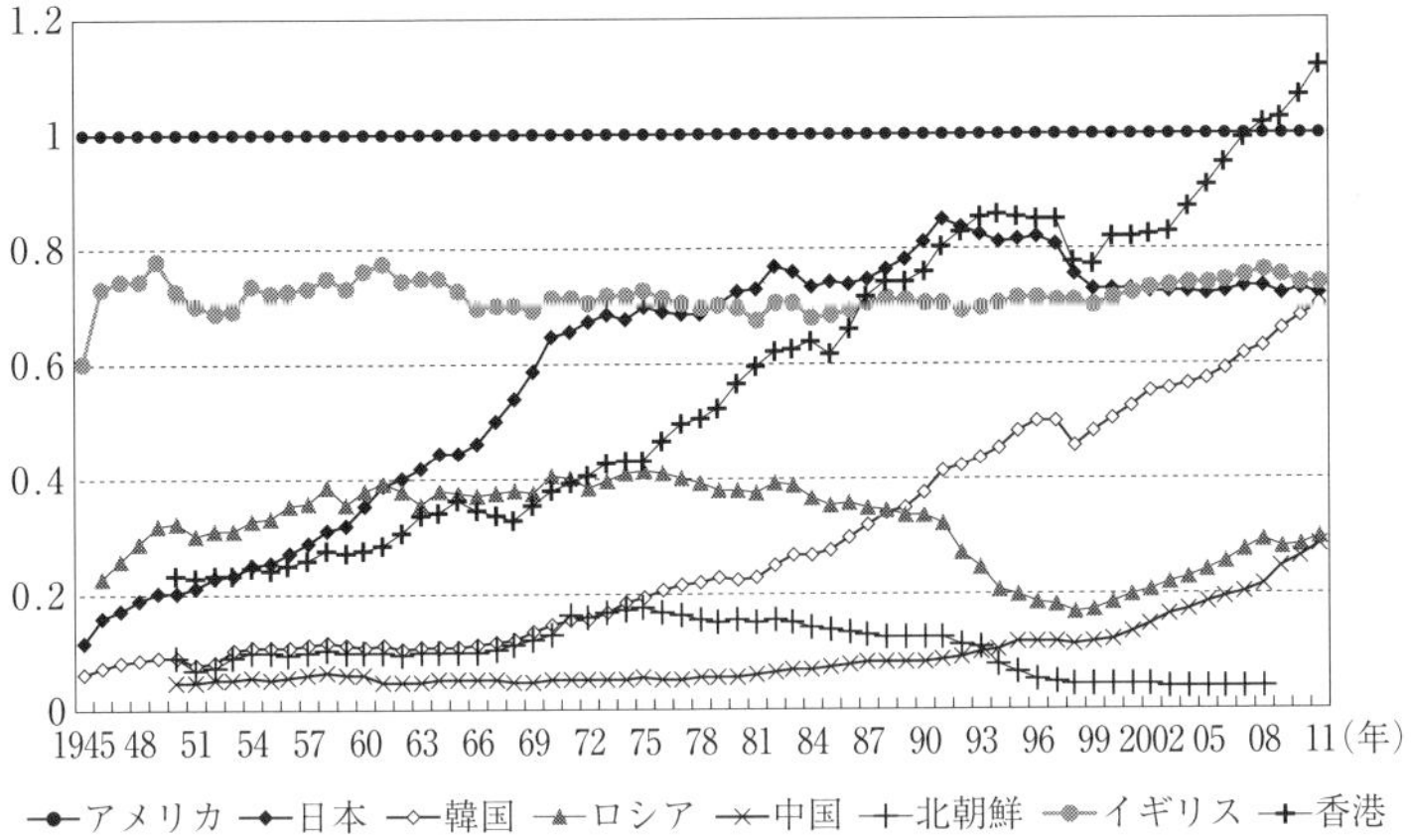

図5-1　主要国の米国を1とした一人当たり実質購買力平価GDPの推移

（注）　北朝鮮は上記のIMFのデータにない。

（出所）　Anguss Madisond HP, IMF, World Economic Outlook Database, September 2011.

水準からも低下しようとしている。現在のイタリアの危機が長引けば、七割の水準を割り込むだろう）。

環日本海地域の国を見ると、韓国と中国が成長し、韓国は日本とほぼ同じになっている。ロシアは長い停滞とソ連崩壊の混乱の後、回復している。北朝鮮は硬直的な体制が祟って回復の兆しも見えない。

アジアを見ると香港は高い成長が続き、米国を追い越している（図には省略したが、シンガポールもアメリカを追い越し、台湾も日本を追い越している）。

要するに、米国が常に世界をリードしており、その下にヨーロッパがいたが、日本、韓国、中国、ロシアなどが追いかけていたということである。その中で、近年、日本の停滞が目立っている。韓国の、キャッチアップの速度は低減していない。日本は米国に追いつけていないのだから、ずっとキャッチアップの余地があったはずである。北朝鮮を除けば、日本だけがアジアの中で停滞している。

九〇年代に何が起きたのか

一九九〇年代には日本の成長率は、それ以前の三〜四％成長から一％成長に落ちてしまった。この理由について、金融政策の失敗を強調する議論と、日本が非効率になったからだとする議論が意見を闘わせている（浜田・堀内・内閣府経済社会総合研究所編、二〇〇四)。

日本が非効率になったからだという意見が経済学者の間で主流のようだが、誰もどのような政策によって非効率になったかを指摘していない。それどころか、一九八〇年代後半から九〇年代にかけては、国鉄、電電公社の民営化、金融と通信と航空の規制緩和がなされている。所得税の限界税率も大幅に引き下げられている。きわめて不十分なものだが、電力の自由化さえも試みられている。九〇年代に、日本を非効率にする構造改悪はなされていない。

金融政策の失敗が経済を停滞させるのは当然だが、それが二〇年間続くのは奇妙であるというのが多くの経済学者の感覚であろう。しかし、一九九〇年代初のバブル崩壊後の不十分な金融緩和、九〇年代半ばの急激な円高、九〇年代末の金融システムショック時における意図せざる金融引締め、二〇〇〇年のＩＴバブル崩壊前の引締め、二〇〇六年の量的緩和の解除、二〇〇八年の世界金融危機以降における不十分な金融緩和による円高を見れば、金融政策の失敗による停滞が数年ずつ累積的に続いたと考えることができる。私は、金融政策の失敗による長期停滞という議論に十分な根拠があると考えている（Harada, 2012 : 223-239 ; Harada 2013 : 6)。

もちろん、これは構造改革を否定する議論ではない。規制緩和と金融緩和は同時に進めることができる政策である。

2　日本の経済停滞と韓国の躍進

日本の輸出は停滞していた

日本の経済停滞は、当然に日本の影響力を低下させる。韓国の李明博《イミョンバク》大統領が「国際社会での日本の影響力も以前とは違う」と述べたことが話題になったことがある（『産経新聞』二〇一二年八月一四日)。残念ながら、経済に関して言えば、これは明らかな事実である。

一九九〇年にアジアの目抜き通りの交差点に立ってみれば、日本の家電、ハイテク、自動車企業の広告が圧倒していた。ところが今や寂しい限りで、韓国や中国企業の広告が進出している。

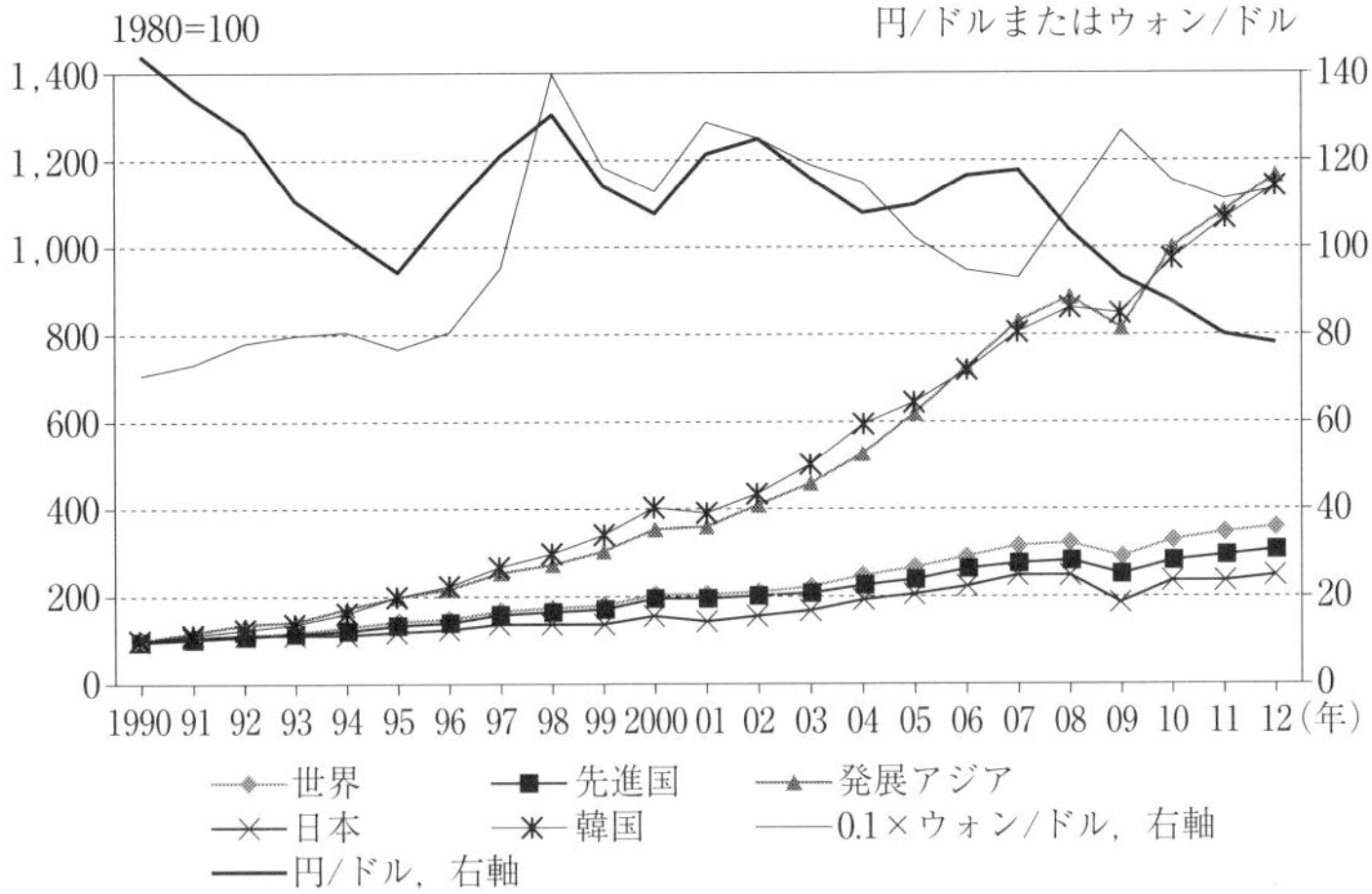

図５－２　主要地域，日韓の財・サービス輸出数量指数の推移

（注）　2012年はIMF予想。

（出所）　IMF, World Economic Outlook Database, OECD Database.

図５－２は、世界と日本と韓国の輸出数量指数の推移を見たものである。一九九〇年から現在まで、日本の輸出は二・五倍にしか増大していないのに、韓国の輸出は一一・四倍になっている。ＩＭＦのいう発展アジア（要するに日本を除くアジアと考えて良い）の輸出は一一・七倍になっている。先進国である日本には発展途上国ほど輸出を伸ばすことはできないという反論があるかもしれないが、日本の伸びは世界全体の三・六倍、先進国の三・〇倍よりも低いのである。

輸出を伸ばすことは海外との摩擦を高めることだと思っている人が多いようであるが輸出が伸びれば輸入も増大する（原田泰・東京財団、二〇一三：一四九～一五〇）。輸出が伸びなかったということは輸入も伸びず、日本が世界に提供すべき市場も伸びなかったということである。

日本の隣が発展アジアである。発展アジアと同じ率で輸出が伸びなければ、「国際社会での日本の影響力」が低下するのは当然である。

円高が日本の経済的地位を引き下げた

なぜこんなことになってしまったのだろうか。図には円と韓国ウォンの対ドルレートを右目盛りで示している（作図のために韓国のウォンの値は一〇分の一にしてある）。円もウォンも大きく変

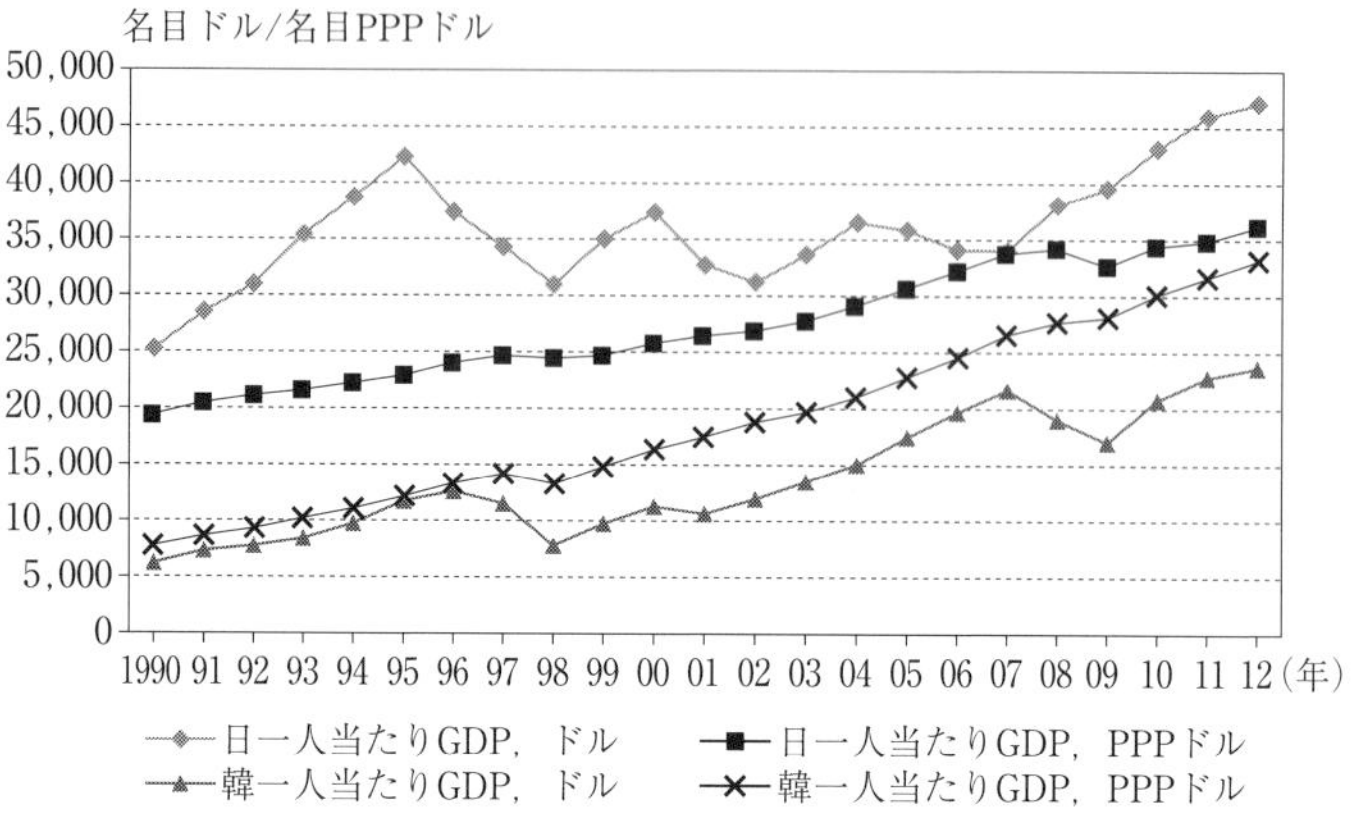

図5-3　日韓の一人当たり GDP（名目ドル，名目購買力平価ドル）の推移
（注）2012年は IMF 予想。
（出所）IMF, World Economic Outlook Database.

動しているが、一九九〇年から現在までドルに対して、円が一・九倍に増価しているのに、ウォンは四割減価している。ウォンは対円では三分の一に減価していることになる。これが日本の輸出を減退させ、韓国の輸出を急増させたことに間違いはないだろう。

なぜ円高、ウォン安になったのかと言えば、日本の金融政策が一貫して引締め、デフレ的であったのに対して、韓国の金融政策がデフレ政策を取らなかったからである。

ウォン安で韓国人は豊かになった

ウォン安で一部の輸出大企業は繁栄しているが、普通の韓国人の暮らしは苦しくなっているという人もいるが、事実ではない。図5-3は、日本と韓国の、為替レートと購買力レートでの一人当たりＧＤＰの推移を見たものである。購買力平価とはその国の物価水準を考慮して、真の生活水準を表すように調整したレートである（この購買力平価はアメリカの物価水準を基準とした名目値である）。為替レートでの一人当たりＧＤＰを日本と韓国で比べると、現在、韓国はまだ日本の五〇・四％に過ぎないが、購買力平価で見ると韓国は日本の九二・〇％にまで近づいている。韓国の生活水準が日本を追い抜くのは時間の問題である。

韓国で、豊かさが普通の人々に広がったからこそ、面白いＴＶドラマを作り、エンターテイメントのスターを輩出できるようになったのである。一方、日本はどうか。円高で、日本人は貧しくなった。デフレ的金融政策の副作用で、日本は貧しくなり、国際的地位を低下させた。

3　東アジア全体での日本経済の位置

市場としての日本の役割は低下

前節では、韓国と比べての日本経済の地位が低下したことを見たが、東アジア（日本、中国、韓国、シンガポール、香港、インドネシア、タイ、フィリピン、マレーシア、ベトナムの一〇カ国・地域）全体に対してはどうだったのだろうか。東アジア（中国、香港を除く）にとっての、日本、NAFTA（北米自由貿易協定参加国の米国、カナダ、メキシコ）、EU二七カ国（オーストリア、ベルギー、ブルガリア、キプロス、チェコ、ドイツ、デンマーク、スペイン、エストニア、フィンランド、フランス、ギリシャ、ハンガリー、アイルランド、イタリア、リトアニア、ラトビア、ルクセンブルク、マルタ、オランダ、ポーランド、ポルトガル、ルーマニア、スロバキア、スロベニア、スウェーデン、イギリス）、中国（香港を含む）について考えてみよう。

ここで中国と香港を一緒にしたのは、東アジアの消費財の輸出相手先として、香港が非常に大きくなっているからである（通商白書二〇一二：一八〇）。これは、実際は多くが中国向け、あるいは再輸出を前提とした中国からの輸入と考えられ、実態を反映してないように思われる。そこで、中国と香港を一国とみなし、中国向けと香港向けを合計して中国（香港含む）向け、とする一方で、中国―香港間の輸出入を中国国内取引とみなして差し引いている。

アメリカについても、例えばメキシコへ部品を輸出して組み立ててアメリカ市場にといったパターンもあるので、これをまとめてNAFTAとしている。

図5－4は一九九五年から二〇一〇年について、東アジアの輸出に占める各国・地域のシェアを示したものである。日本市場のシェアは過去一五年低下傾向にあり、二〇一〇年時点ではNAFTA、EU二七のシェアは日本の約二倍、中国を除く東アジアからの輸出に占める中国市場のシェアは日本の約二・五倍となっている。

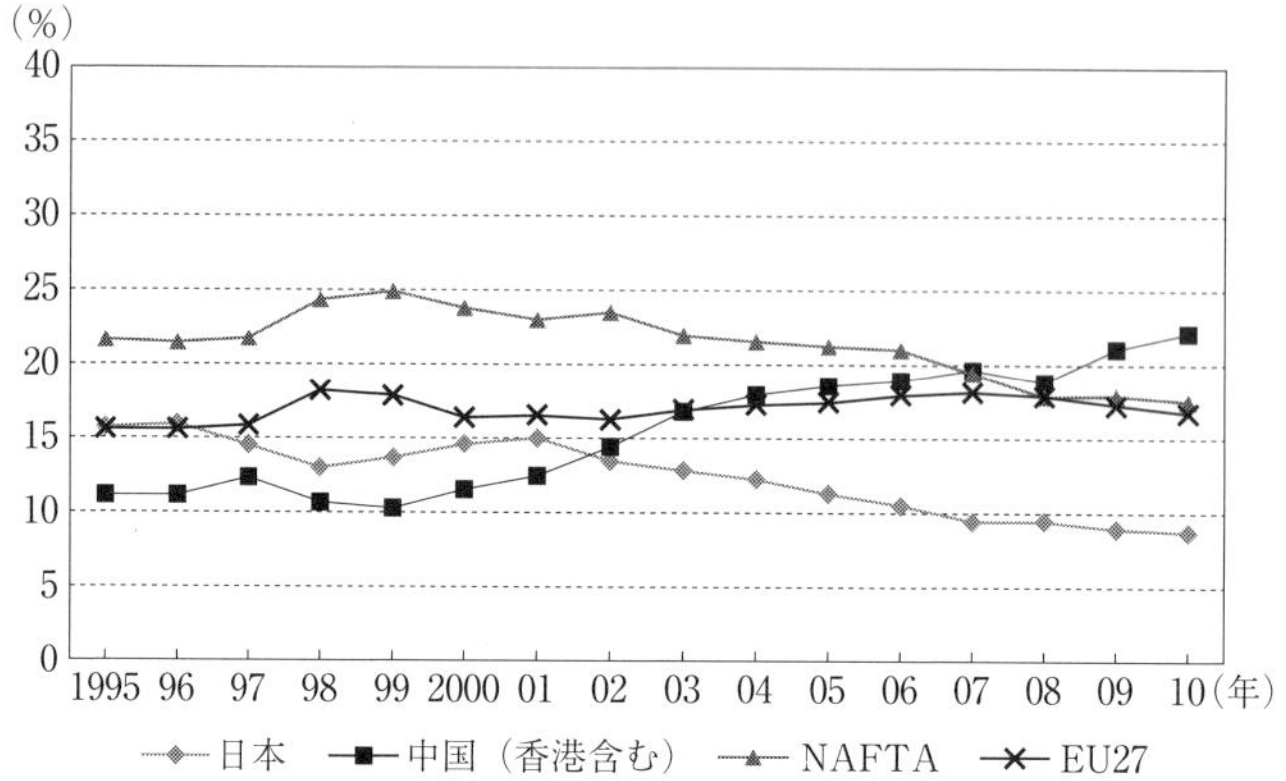

図 5 - 4　東アジアからの輸出に占める各国・地域のシェア

（出所）　COMTRADE データベースより作成。

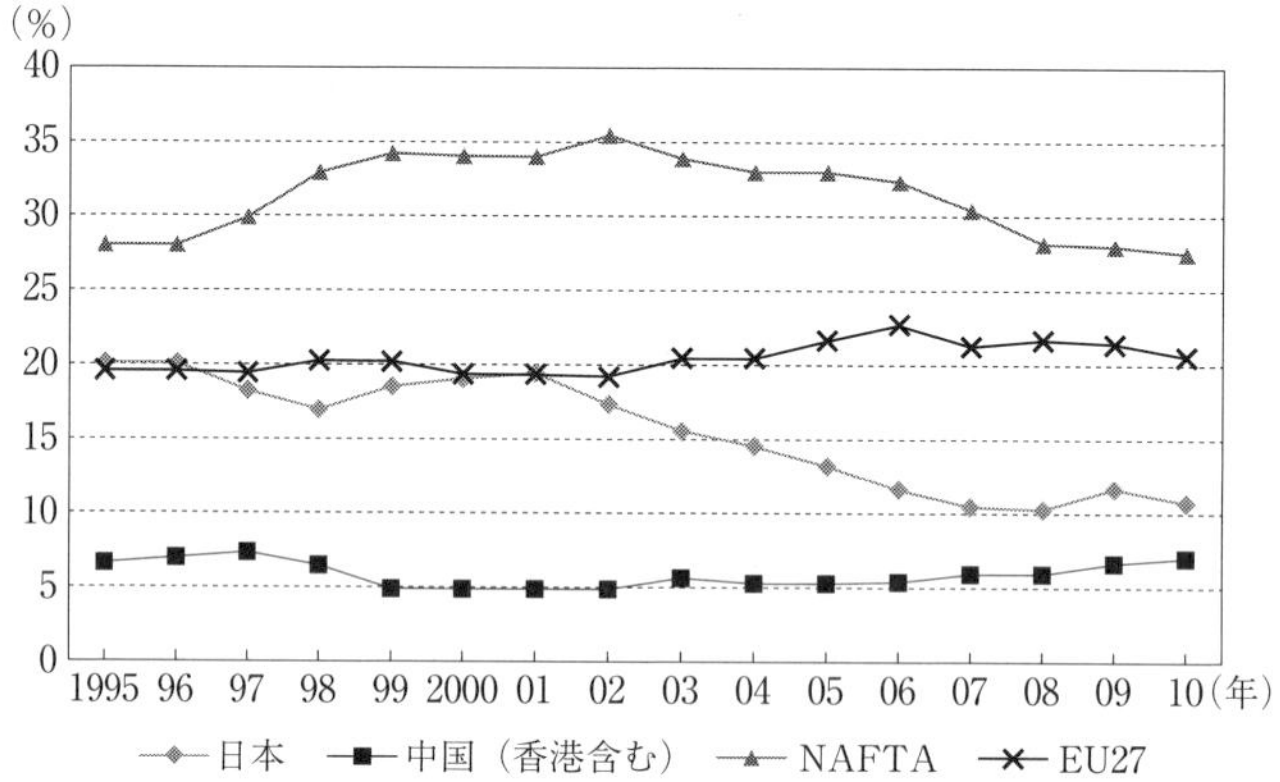

図 5 - 5　東アジアからの輸出に占める各国・地域のシェア（消費財）

（出所）　COMTRADE データベースより作成。

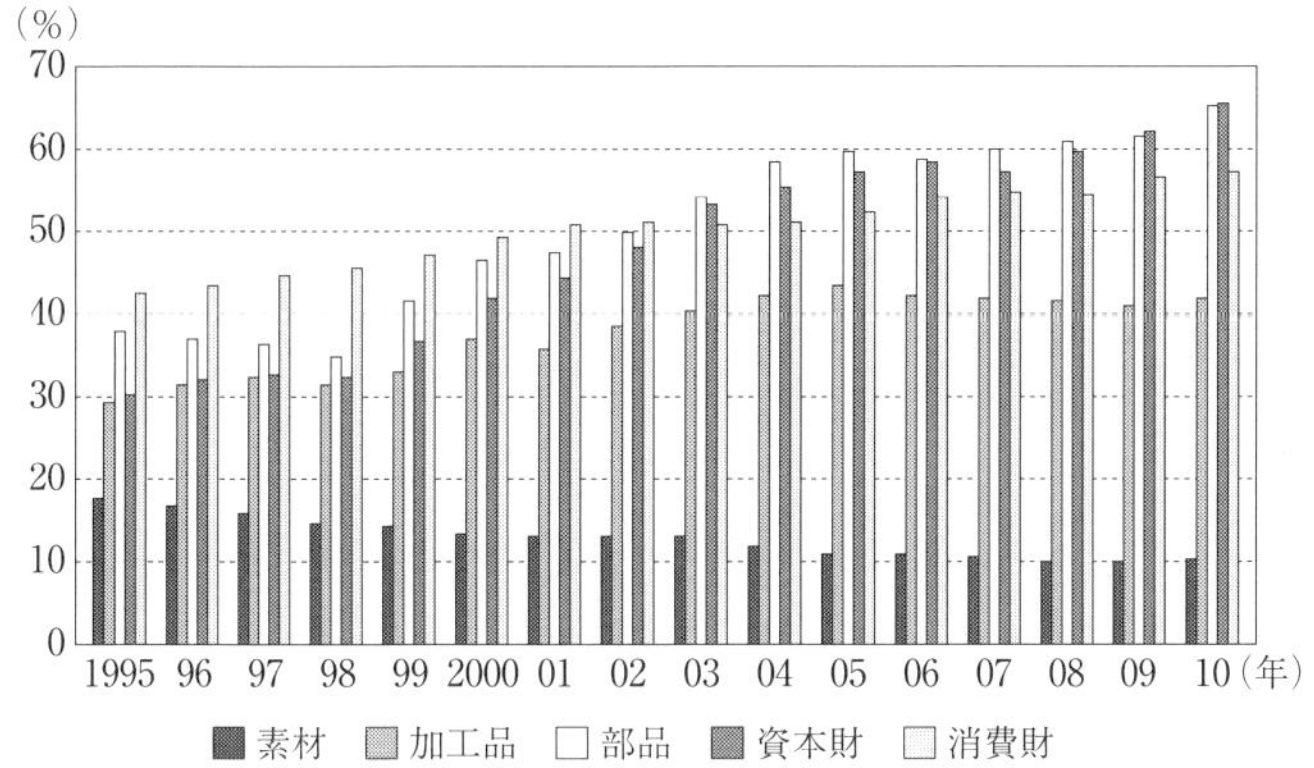

図5－6　日本の輸入に占める東アジアのシェア（用途別）
（出所）COMTRADEデータベースより作成。

これは全体の輸出で見たものだが、図5－5で消費財について見ると、やや異なった構図が描ける。ＮＡＦＴＡのシェアは低下しているが二五％以上、ＥＵ二七は横ばいながら二〇％、日本は減少しているが一〇％以上なのに、中国は上昇しながらも七％である。すなわち、消費財については、依然として中国は東アジアにとって大きな市場となっていない。一方で、米国のシェアは依然として大きく、消費財の主な輸出先は米国という構造は維持されている。

以上の結果は、近年では日本は市場としてアジアの発展に貢献するようになってきており、東アジア経済の核となっているというような一般にもたれているイメージとは大きく異なっている。というのは、東アジアにとっての消費財市場は今も昔も米国が圧倒的に大きな存在であり続けており、市場としての日本の役割は非常に限定的で、そのシェアは低下しているのである。

また、資源に乏しい日本は素材の市場として東アジアにとって大きな存在であるものの、そのシェアはここ一〇年で低下しており、絶対額も一五年前と比べてむしろ減少している。では、なぜ我々は、「日本は市場としてアジアに貢献している」という感覚を抱くのだろうか。

図5－6は日本の輸入に占める東アジアのシェアを用途別に示したものだ。素材については前述のように低下し、二〇一〇年では一〇％となっている。一方、資本財のシェアは六六％へ、部品のシェ

アは六五％へと上昇している。消費財のシェアも五七％へとなっている。すなわち、ここ一五年で、日本は消費財の過半を東アジアからの輸入でまかなうのみならず、資本財、部品についても、東アジアからの輸入が過半を超える状況になったのである。

日本は多くの輸入品において、東アジアに依存するようになった。だから、東アジアも日本に依存している、日本は東アジアにこれまでにないほど重要な市場を提供していると漠然と思うようになったのだろう。しかし、「東アジアは日本市場に依存していないが、日本は東アジアからの輸入に依存するようになった」というのが、ここ一五年の真実である。

また、日本は消費財とともに、部品・資本財を通じて東アジアとの結びつきを強めつつある。東アジアから中国への輸出シェアが大きく伸びていることを見ても、従来は日本から東アジアへ資本財・部品が輸出され、それが最終財となって米国に流れるという状況から、日本を含めた東アジア域内では、資本財や部品が相互に供給される生産ネットワークが緊密になった、と言うことができる。一方で、図5－5でも見たように、最終市場としての米国のプレゼンスは依然として大きく、日本市場は東アジアでは最も大きいものの、米国の半分のシェアにとどまっており、そのシェアは低下しているというのが実情である。

日本の輸入の東アジアへの依存

ここでもう一度、日本にとっての東アジア、東アジアにとっての日本の地位を確認しておこう。図5－7に見るように、全品目の場合、日本の東アジアからの輸入は一九八五年には輸入全体の二三％であったが、二〇一〇年には四〇％を占めるようになっている。一方、東アジアの日本への輸出比率は一九八五年の二〇％から二〇一〇年には九％にまで低下している。

日本の輸出の東アジアへの依存

次に、逆に、日本はどれだけ東アジアへの輸出に依存しているだろうか。また、東アジアはどれだけ日本からの輸入に依存しているだろうか。図5－8を見ると、図5－7とほぼ同様の傾向を示していることが分かる。

図に見るように、全品目の場合、日本の東アジアへの輸出は一九八五年には輸出全体の二一％であったが、二〇

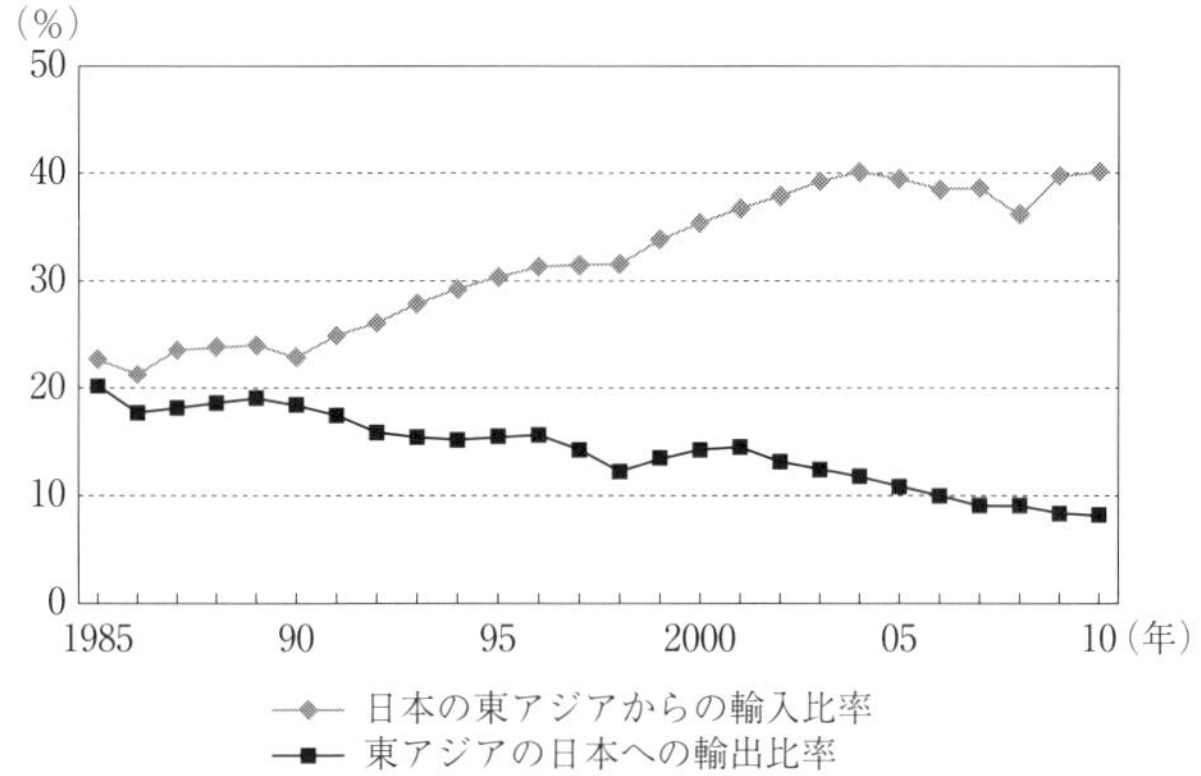

図5-7　日本の東アジアからの輸入の全輸に占める比率と東アジアの日本への輸出の全輸出に占める比率の推移

（出所）COMTRADE データベースより作成。

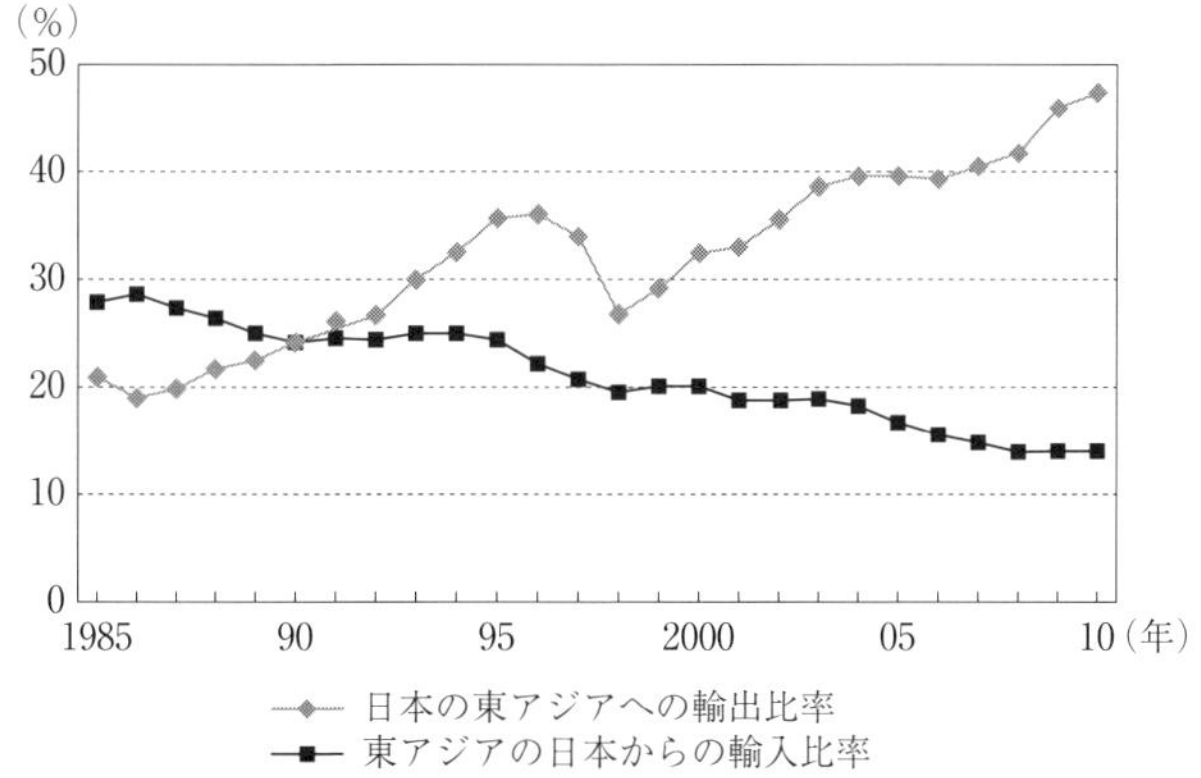

図5-8　日本の東アジアへの輸出の全輸出に占める比率と東アジアの日本からの輸入の全輸入に占める比率の推移

（出所）COMTRADE データベースより作成。

一〇年には四八％を占めるようになっている。一方、東アジアの日本からの輸入比率は一九八五年の二七％から二〇一〇年には一四％にまで低下している。

すなわち、日本はアジアに依存しているが、アジアは日本に依存しなくなっているというのが一九九〇年代以降現在までの現実である。これは、円高で日本の経済力が低下し、日本以外のアジアが発展を続けていたことの当然の結果である。

4　日本とアジアとの競合

日本のアジア経済に対する見方は、ここ二〇年で大きく変わった。一九九〇年代初めまでは、雁行形態論が主流の見方だった。日本が先頭を飛ぶ雁で、その後にアジアNIES、ASEAN、中国が行儀良く並んで飛ぶというイメージだ。しかし、九〇年代央以降、アジアの中でも韓国や中国の力が高まり、日本は競争力を失ってしまうのではないかという議論が生まれてきた。その議論は二〇〇〇年を越えてさらに高まっている。

競合指標はどうなっているのか

では、アジアの国と日本との競合状態は、どのような段階にあるのだろうか。図5-9は、一九九五年、二〇〇〇年、二〇〇五年、二〇一〇年について、日本と他の国との輸出競合度を示す指標を試算したものである。この指標は、もし様々な輸出品の全輸出に占める割合が日本と同じであれば一、まったく違っていればマイナス一となる。資源のない日本と資源のある国を比べるのは意味がないので、輸出のうち工業製品だけに着目して、工業製品内での割合を考えている。

日本の工業輸出品の主要な項目は、鉄鋼、事務用機器、電子部品、自動車などであり、これらの品目の工業品輸出に占める比率は高い。韓国は同じような財を輸出しており、これらの財の製造業輸出に占める比率も日本と同じようになる。中国（図5-9では香港を含まない）は、事務用機器、電子部品は輸出しているが、鉄鋼や自動車はほとんど輸出していない。したがって、これらの比率は日本とは異なる。図5-9を見れば、韓国や米国は日本との

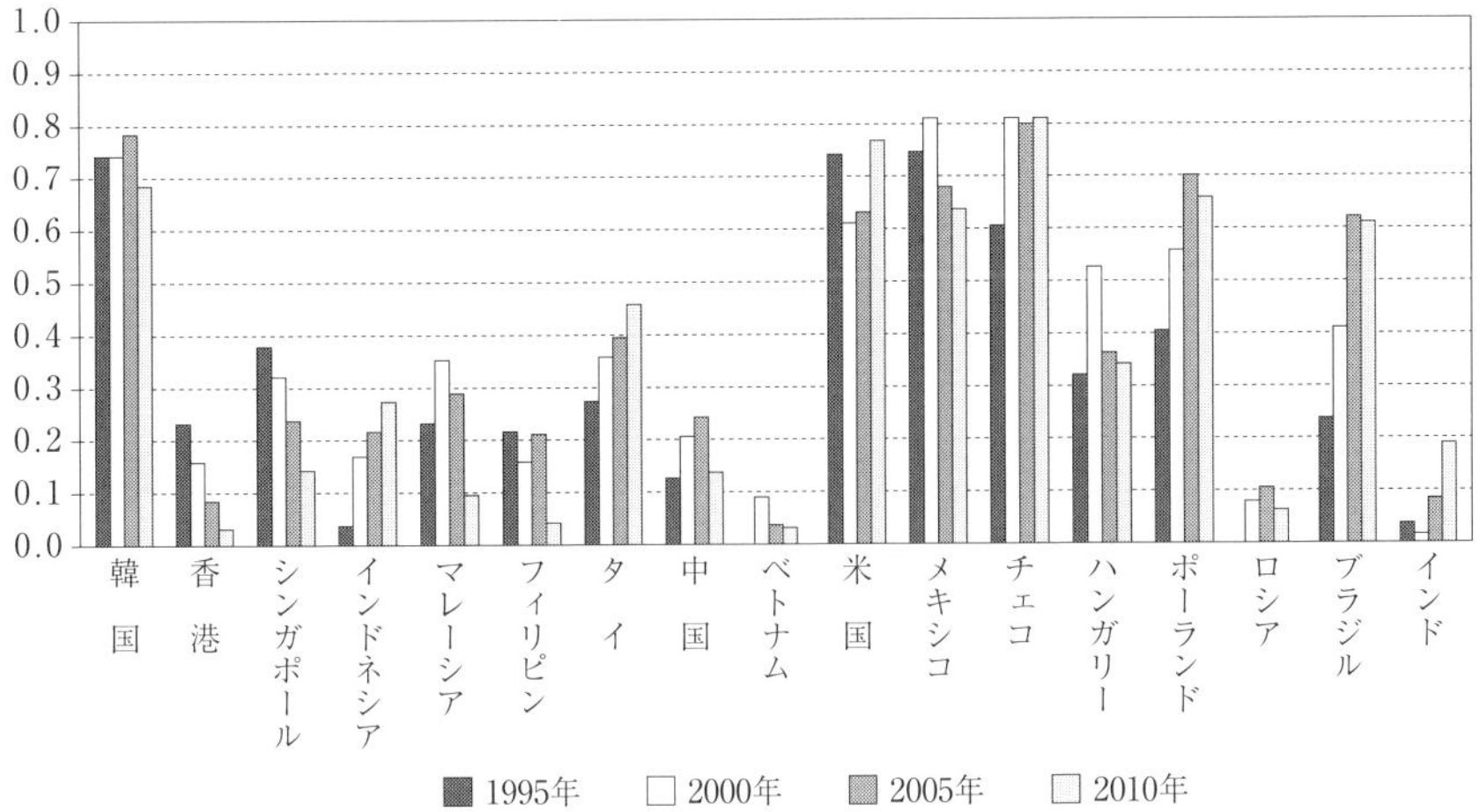

図5-9　日本とアジア諸国等との輸出競合度

（出所）COMTRADE データベースより作成。

競争者だが、中国やＡＳＥＡＮはそうではないと分かる（この分析方法の詳細については、原田・熊谷、二〇〇四、参照）。日本と米国、メキシコなどとの関係を見ても競合度が高いことが分かる。

日本の脱落を意味するのか

では、将来はどうだろうか。中国が近い将来に日本の恐るべき競争相手となるだろうか。正直な答えは、「分からない」である。しかし、「自然は飛躍しない」と考えるのが、まずは正しいだろう。中国は着実な発展を続けるだろうが、飛躍することはできない。毛沢東時代の大躍進政策は悲惨な失敗だった。

ただし、ここで興味深いことがある。インドネシア、タイのように日本との競合度を徐々に高めている国があるとともに、香港、シンガポールのように日本との競合度を下げている国がある。第1節で述べたように、香港もシンガポールも、一人あたりの実質購買力平価ＧＤＰで日本以上に豊かな国である。これらの国は、むしろ日本とは異なるものを輸出することによって豊かになっていると考えられる。

中国も、韓国も、二〇一〇年になって、むしろ日本との競合度を低下させている。これは、両国が日本と異なる輸出品を拡大させたというより、日本が韓国、中国との競合に負けて輸出品を変えざるを得なくなったということを示しているのかもしれない。これに円高が大きな影響を与えているのは当然である。

5　日本はアジアに行くしかないのか

日本がアジアで生きるには二つの問題がある

停滞する日本に比べて，アジアは発展している。ロシアもそうである。日本はアジアに行くしかない。アジアの発展とともに，日本はアジアとともに生きるしかない。しかし，それもまた困難な途である。

まず，所有権の安定性の問題から説明しよう。問題は二つある。所有権の安定性と海外投資の国内の所得分配に与える影響である。イギリスが衰退したとき，イギリスは米国に投資した。しかし，日本が衰退するとき，日本はアジアに投資すれば良いのだろうか。米国は私的所有権を絶対に守る国である。しかし，アジアはそうではない。特に中国は，革命によって海外資産を接収し，自国民の資産も没収することによって成立した国である。ロシアもそうである。もちろん，鄧小平の改革開放路線以来，私的所有権を認め，資本主義を取り入れつつ，素晴らしい発展をしている。しかし，そこで巨大な富を築いた人々には，もちろん，自らの才覚と努力と運とによって富を築き上げた人々も多いのだが，少なからぬ人々が，共産党が接収した資産（多くは土地）を外国企業などの新興企業に売却して，その鞘で富を築いている。その富には何の正当性もない。共産党が，正当性のある富を収奪したなら，次の政権が，何の正当性もない富を収奪することに不思議はない。その混乱の過程で，正当性のある富も収奪される危険がある。

第二の問題は，海外投資の国内の所得分配に与える影響である。国内に投資をするのであれば，必ず，国内の雇用を拡大する。製造業への投資であれば，中間的な能力のある人々への多大な労働需要を生み出す。ところが，海外への投資であれば，利益を生んでも，雇用は生まない。海外直接投資が国内の雇用をむしろ拡大する効果があるという分析があるが（例えば，Tanaka, 2012 ; Yamashita and Fukao, 2010 : 88-97），これは海外に進出できるような企業は，国内の研究開発，マーケティングのための雇用を残すということであって，海外に進出できない企業の膨大

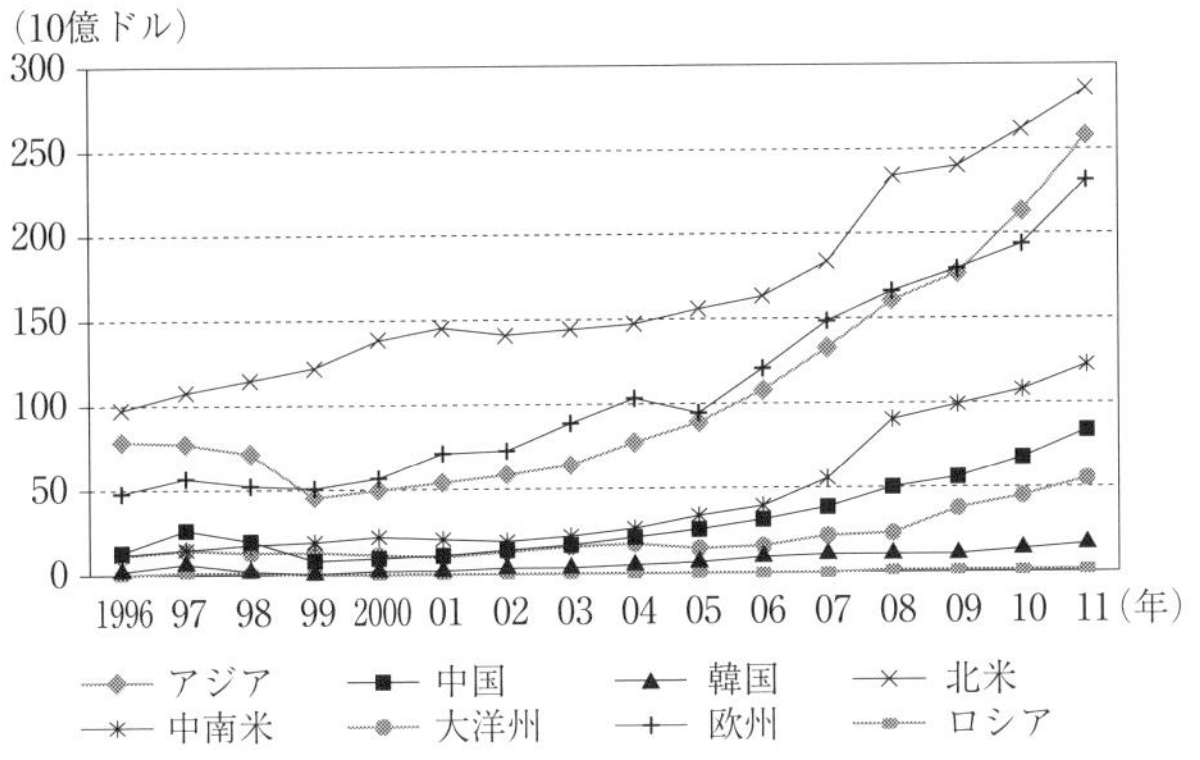

図5-10　日本の対外直接投資残高

(注) 1.「本邦対外資産負債残高統計」(財務省，日本銀行)，「外国為替相場」(日本銀行) よりJETRO作成。
2. 円建てで公表された数値を日銀インターバンク・期末レートによりドル換算。

(出所) JETRO (日本貿易振興機構)「直接投資統計」。

な雇用が失われていることを忘れている。

海外直接投資が国内雇用を必ずしも削減しないという論文を書いている深尾京司も、「アジア向けの輸出代替・逆輸入型直接投資は、製造業全体では五八万人国内雇用を減少させる効果があった」としている（深尾・袁、二〇〇一）。もちろん、国内の賃金水準の上昇によってなされる海外直接投資は、それがなければ国内の研究開発、マーケティング、経営戦略に関わる雇用も消失してしまうのだから、海外投資を制限するべきではない。しかし、第2節で述べたような過度の円高によって生じる国内空洞化は避けるべきである。

対外投資は強さでもあるが弱さでもある

日本の企業は世界中に投資をし、その結果、世界中に資産を持っている。日本の対外直接投資残高を見ると図5-10のようになっている。二〇一一年末で、北米に二八六二億ドル、アジアに二五七八億ドル、欧州に二三一〇億ドル、合計で九六四七億ドルである。中国には八三四億ドル、韓国には一八〇億ドル、ロシアに一七億ドルである。中国への直接投資は全体の一割以下であることが分かる。直接投資の額は、海外においてどれだけの規模の企業を直接経営しているか、または経営に大きな影響力を持っているかを示している。

これは日本の強さでもあるが、弱さでもある。他国が、国外の企業の所有権をどれだけ尊重するか、どれだけの自由を与えるか、規制をするとしてそれが自国企業との不公平がないものか、規制の手続きがどれほど法にのっとったものか、また手続きに透明性があるか、に依存するからである。

欧米先進国の外国企業に対する制約があるとしても限度があり、法に基づく手続きが透明性をもって行われるという保証がまずある。しかし、そうではない国はいくらでもある。

経済的取引は、通常は互恵的なものであるから、取引の条件を事後的に一方的に破棄するのは自国にとっても損害を意味する。また、そのようなことをすれば、投資国は相手を変える。ミャンマーは海外投資を受け入れなかったから、他のアジア諸国に比べて発展が遅れた。他のアジア諸国は、経済的取引は互恵的なものであって、契約を破棄するのは自国にとっても損失だと分かっている。しかし、中国のような大国は、その規模に匹敵する代替的投資先や市場を探すことが不可能であることから、交渉力を持っている。また、民主主義の国でなければ、他国がより大きな損をするなら自国が損をすることを甘受するという戦略を持てる。

日本の右派の批評家が、中国は反日政策によって自滅すると議論するのは矛盾している（例えば、「中国は反日で自滅する」『選択』二〇一二年一一月号）。中国が独裁政治であると批判するその理由によって、中国は自ら損害を受けても、他国により大きな損害を与えることが可能になるのである。

一方、日本への対内直接投資残高を見ると図5-11のようになっている。二〇一一年末で、北米から七二九億ドル、アジアから二六七億ドル、欧州から一〇一九億ドル、合計で二二六二億ドルである。これは日本の海外投資の四分の一以下である。中国からは六億ドル、韓国からは二二億ドル、ロシアから一億ドルである。中国から日本への直接投資は日本から中国への投資の一四八分の一以下にすぎない。これは、日本は中国社会の安定（特に所有権の安定）に依存しているが、中国はそうではないということを意味している。

日本の弱さは、日本が一方的に海外に投資していることによっても生まれている。異常な円高は、日本企業が過度に海外に投資する要因である。円高は、外国通貨で見た国内コストを引き上げ、海外でのコストを引き下げるか

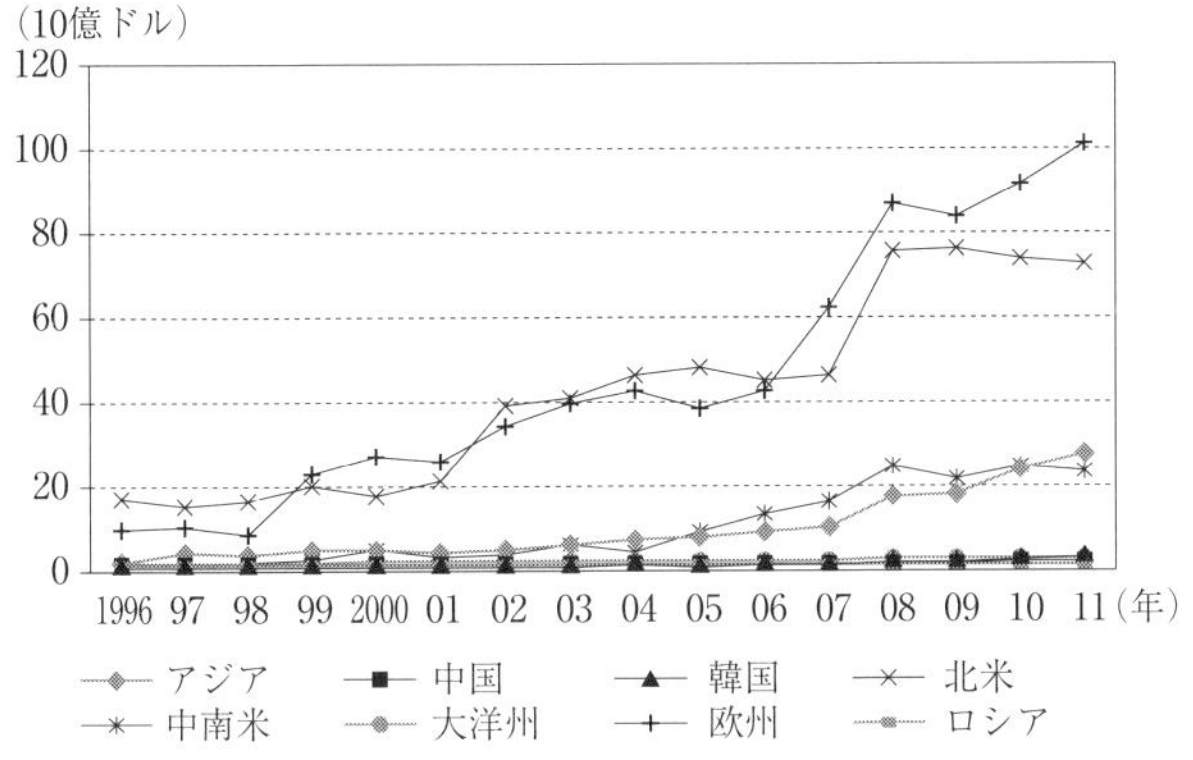

図5－11　日本への対内直接投資

（注）1．「本邦対外資産負債残高統計」（財務省，日本銀行），「外国為替相場」（日本銀行）よりJETRO作成。
2．円建てで公表された数値を日銀インターバンク・期末レートによりドル換算。
（出所）JETRO（日本貿易振興機構）「直接投資統計」。

らである。
　海外資産が日本にあれば、その資産を持つ外国人は、日本の繁栄と安定を望むようになる。多くの日本人が、外国人による日本の資産の買収に批判的である。たしかに、国家安全保障に関わりのある技術が海外に流出することには気をつけなければならない。しかし、ゴルフ場やオフィスビルや水源が外国人に買収されることが問題なのだろうか。水源を勝手に堰き止めたり、周辺の環境を汚したりしてはいけないことは、日本人だろうが外国人だろうが同じである。必要な法律とその執行体制がなければ、誰が所有していようが問題は起きる。ゴルフ場やビルならなおさら必要な法律とその執行体制を作るのが容易であろう。
　もちろん、私はハイテクの大企業よりも贅沢品、高級果樹農園、高級米の水田、吟醸酒、オーディオ、豪華なマンション、オフィス、ホテル、リゾート、旅館、高級住宅などを外国人に所有してほしい。安全保障と関わらず、日本の繁栄と安定が侵されれば、より大きく値下がりしそうなものだからだ。

人口減少に対処するのは輸出や投資ではなくて輸入

　日本の人口は減少していく。特に、働く年齢層が大きく減少していく。減少していく労働人口を補うために、外国人の単純労働者の入国を認めるべきか、認めないべきかという論争がある。しかし、労働者を入れなくても、労働を輸入することはできる。様々な製品は技術と資本と労働で作られる。そして、労働をより多く含んだ製品とあまり含んでいない製品がある。労働をより多く含んだ製品を輸入すれば、それは労働を輸入しているのと同じことである。

産業ごとに年に一〇〇万円の付加価値を生み出すのに、どれだけの数の労働者が必要か、また一〇〇〇円の付加価値を生み出すためにどれだけの時間働かなければならないかを試算した結果によると（原田、二〇〇九）、全産業の平均が〇・一二八人なのに対し、農林水産業では〇・三八四人、繊維産業では〇・三〇五人、金属製品では〇・一九六人の労働が必要となる。建設業、小売業、サービス業でも平均より多くの労働者が必要になる。

労働時間で見ると、一〇〇〇円の付加価値を生み出すために農林水産業では〇・六七八時間、繊維産業では〇・六〇四時間、金属製品では〇・四〇二時間の労働者が必要となる。建設業、小売業、サービス業でも平均より多くの労働時間が必要だが、残念ながらこれらは産業の生産物・サービスは輸入できない。

農産物を一兆円輸入することは、三八万四〇〇〇人の労働者を輸入することと同じである。代わりに一〇〇万円当たり〇・〇七三人の労働者が必要な輸送用機械製品（主として自動車）を同額輸出すれば、差し引き三一万一〇〇〇人の労働者を輸入できることになる。日本にいる合法の外国人労働者が六九万人であることから見て（厚生労働省「外国人雇用状況の届出状況（平成二三年一〇月末現在）」二〇一二年一月二七日）、かなりの人数である。

より多くの労働を含んだ製品を輸入することは、労働人口の減少に対処するだけでなく、労働生産性を引き上げるという有益な効果がある。輸入可能な産業のうち、労働生産性が平均よりも低い産業を輸入に置き換え、平均よりも高い産業で輸出を増やせば、労働生産性は平均として上昇する。労働人口が減少しても、輸入に置き換えることによって、日本の豊かさは維持できる。それどころか、一段と生産性を高めてより豊かになることもできる。

6　日本の弱さの現れとしてのデフレ円高問題

新しい法の執行体制の必要性

中国の台頭というアジアの新しい変化に対して、日本の対抗策として、対外直接投資よりも対内直接投資、海外生産よりも輸入、海外生産よりも輸出という方策が考えられる。しかし、それはこれまでの政策を大きく変えることである。対内投資においては、技術流出や安全保障、水源の保護など安全規制、さらには美観景観規制、騒音やゴミ出しについての社会的規範規制までも整える必要がある。日本人には、同じ日本人なら大丈夫と考える志向が強いが、誰が水源の環境を破壊しようが社会にとって危険なのは同じである。これまでのような、法の執行を考えない官僚体制、国民ではなく自分の監督する業者しか見ていない官僚体制ではやっていけない。

その一つとして、日本銀行の問題もある。円高が日本の輸出を減退させ、貿易の拡大を通じて可能となるべき生産性の上昇を引き下げ、経済を停滞させ、世界経済での日本の地位を低下させた。しかしながら、政治はこれに対応できていなかった（二〇一二年一二月の安倍晋三内閣の成立と安倍総理が黒田東彦日銀総裁を指名し、黒田総裁が二〇一三年四月に大胆な金融緩和政策を打ち出したことで状況は全く変わった）。利害に固執する少数グループの力をそぎ、日本全体としてリーダーシップを発揮することができないでいる。このことを日本銀行の金融政策を例として考察しよう。

デフレ脱却はどれほど危険か

長いデフレによって物価が下がり、景気が悪化し、その結果、日本には世界史的な名目低金利が生まれた。景気対策と金利低下によって、膨大な国債が発行されるようになった。その国債を資金運用難に悩む銀行が大量に保有するようになった。この状況で、デフレを阻止するために大胆な国債の買いオペ増額を行ったらどうなるだろうか。

金融緩和によって、名目金利が上昇した場合、長期債の価格が下落する。長期債を保有している金融機関のバランスシートが毀損する危険がある。すなわち、日本銀行がインフレターゲット政策を採用し、消費者物価上昇率が二％になるまで断固として国債の買切りオペを続ければ、マネーサプライが上昇し実質金利が下がるが、やがて景気が回復し、物価も名目金利も上昇する。名目金利が上昇すれば、国債価格が下落する。銀行が多大な国債を抱えている現状では、それによって多くの銀行は損失を被るかもしれない。しかし、銀行が、一％の一〇年物国債（利付債）を残存期間五年でもっていて、金利が五％に急上昇するというあり得ない状況を考えても、平均では総資産が三・七％減少するにすぎない（この計算根拠は、原田（二〇一二）にある）。

銀行の資産の多くは貸出である。デフレが収まり、景気回復の結果、金利が上がるなら、銀行の貸出先企業の経営は好転して、普通の貸出資産の健全度は上昇する。すなわち、普通の銀行を考えれば、金利が上がったときには、銀行の経営状態は良くなっているはずである。

もちろん、普通でない銀行もあるかもしれない。しかし、貸出をせず、長期の国債ばかりで運用している銀行とは奇妙な銀行である。一％の一〇年物の国債ばかりを持っているということは、日本経済が永久に不況であり、永久に金利が上がらないと思っている銀行である。金融政策は普通の人々や普通の企業や普通の銀行のためになされるべきもので、そのような奇妙な銀行のためになされるべきものではない。

銀行ではなくて、経済全体のことを考えれば、銀行が損をするからデフレを終わらすことはできないとは許容できない主張である。国民の経済水準は、国債価格に依存するわけではない。デフレ期待が消滅すれば、支出が拡大し、実物資産の価格が上昇し、実質賃金が低下しても雇用は拡大する。要するに景気が好転する。

であるにもかかわらず、金融政策を転換できないということは、日本が小さな業界の利害にからめ捕られて、正しい政策を取れないということである。金融緩和が十分でないことが円高をもたらし、貿易を縮小させ、日本の国際的地位も低下させた。円高は海外に投資と雇用を流出させた。それを通じて技術も流出させた。

7　小さな利害を越えて日本の復活を

ここ二〇年間の日本経済は停滞している。韓国に追撃され、アジアの中でもその地位を低下させている。その原因として、不十分な金融緩和による円高という問題がある。円高は、日本の経済的地位を低下させ、必要以上に海外直接投資を拡大させ、それが日本を脆弱にさえしている。金融緩和ができないのは、日本が小さな利害に捉えられて、全体の利害を調整できないからである。日本の復活には、この体質を改める必要がある。それは日本が世界の中での経済的地位を取り戻すということであるが、同時に、輸出輸入ともに拡大させてアジア、環日本海経済圏をさらに発展させるということでもある。

参考文献

厚生労働省「外国人雇用状況の届出状況（平成二三年一〇月末現在）」二〇一二年一月二七日。

通商白書二〇一二（http://www.meti.go.jp/report/tsuhaku2012/2012honbun_p/2012_02-2.pdf）

浜田宏一・堀内昭義・内閣府経済社会総合研究所編『論争 日本の経済危機』日本経済新聞社、二〇〇四年。

原田泰・熊谷聡「中国の発展は日本の利益になっていた」大和総研、二〇〇四年四月二七日。

原田泰「人口減少に輸入拡大で対応できるか」『日本はなぜ貧しい人が多いのか』新潮選書、二〇〇九年。

原田泰「どうすればデフレ期待から脱却できるか」『景気とサイクル』第五四号、二〇一二年九月。

原田泰・東京財団『ＴＰＰでさらに強くなる日本』ＰＨＰ研究所、二〇一三年。

Harada, Yutaka, "An Economist's View of Japanese Politics," presented at "Japan Russia Conference: Russia and Japan in Transition," Feb 13, 2013, at Sanjo Conference Hall, University of Tokyo.

深尾京司・袁堂軍「日本の対外直接投資と空洞化」経済産業研究所ディスカッションペーパー、二〇〇一年九月、01-J-003

「中国は反日で自滅する」『選択』二〇一二年一一月号。

Harada, Yutaka, "Policy Issues regarding the Japanese Economy — the Great Recession, Inequality, Budget Deficit and the Aging Population," *Japanese Journal of Political Science,* vol. 3, No. 2, pp. 223-253, 2012.

Tanaka, Ayumu "The Effects of FDI on Domestic Employment and Workforce Composition," RIETI Discussion Paper Series 12-E-069, 2012.

Yamashita, Nobuaki and Kyoji Fukao "Expansion abroad and jobs at home: Evidence from Japanese multinational enterprises," *Japan and the World Economy* 22, pp. 88-97, 2012.

*第3節、第4節の分析については、アジア経済研究所の熊谷聡氏に協力していただいた。

第6章　中国の経済発展
――高度成長とその持続可能性――

李　佳

一九七八年以降、改革・開放戦略に転換することによって中国は著しい経済成長を遂げてきた。一九七八年から二〇一〇年までの間、中国の一人当たりGDPの年平均成長率は、八・八％にも達していた(1)。これは、過去の三〇年間中国人の所得水準が一五倍近くも増えたことを意味する(2)。貧困率は一九八一年の五三％から二〇〇一年の八％まで減少し、おおよそ四億人の人口は貧困の生活状態から脱出した（Ravallion and Chen, 2007）。中国のGDPは、二〇一〇年に日本を追い抜き、世界第二位にまで上昇した。

表6－1は、中国を含む世界の主要国・地域の実質GDPの年平均成長率を示したものである。一九八〇年から二〇一〇年までの間、世界の実質GDPの年平均成長率は三・三％であったのに対して、中国は一〇％の高い水準を維持した。同時期の先進国および途上国のGDP成長率はそれぞれ三％未満、五％未満であった。アジアの中では、第二次世界大戦後に、日本が初めて高度経済成長に成功した。その後、アジア新興工業経済群（ＮＩＥｓ）と幾つかの東南アジア諸国連合（ＡＳＥＡＮ）の国が相次いで高度経済成長を開始した。中国は一九七〇年代末期からその継起的な過程を追いかける形で仲間に加わった。韓国を例にとると、八〇年代に八・七％であった実質GDPの年平均成長率は経済の成熟化につれて二〇〇〇年代の四・六％まで鈍化してきた。一方、中国の経済成長は加速して二〇〇〇年代には一〇・三％のGDP成長率に達した。こうして、中国の経済発展はアジアにおける戦後の経済奇跡とその雁行形態的発展過程の中で確認できる(3)。

このような背景のもとで、本章では歴史的な視点から中国経済が今日まで辿ってきた道を概観し、その成長する要因を考察する。さらに、中国経済が直面している諸課題を整理してその成長持続性を検討する。

1　歴史の視点で見る中国経済

中国における近代経済成長

近代経済成長（Modern economic growth）とは、一九七一年にノーベル経済学賞を受賞したサイモン・クズネッツが提唱した概念である。イギリスで始まった産業革命を経て、一九世紀中頃西欧諸国では一人当たり実質ＧＤＰが急上昇し、その趨勢は米国や、オーストラリア、日本まで波及した。クズネッツは、この工業化以降の経済成長を人類歴史上の画期的なものと位置づけ、前近代の経済成長と区別して、近代経済成長と名付けた。近代経済成長でとくに注目すべき特徴は、人口と一人当たりの所得がともに急成長することである。(4)

中国では、一九七八年の改革・開放以降に近代経済成長が始まったと言える。マディソン（Maddison, 2007）の推計によると、一九世紀前半までの長い間、中国は高い技術力を持ち、世界最大の経済体であったが、一人当たりの所得水準に関して他の地域と大差がなかった。表６‐２の上段と中段が示しているように、一七〇〇年には中国が世界のＧＤＰおよび人口の五分の一程度を占めていたが、一八二〇年は三分の一程度となった。生産の割合の増加は人口の割合の増加とほぼ歩調を揃えていた。中国の一人当たりの所得水準は、一四世紀から一九世紀までの五〇〇年以上の間、六〇〇米ドル程度で停滞していた。その後は長い戦乱に巻き込まれ、一九五二年の五三八米ドルまで減少した。一九四九年に中華人民共和国が建国されたが、一九七八年の改革・開放までの一人当たり所得水準の増加幅は二倍弱にとどまった。他方、世界の主要国・地域のうち、ヨーロッパ、日本、米国の一九世紀中頃から一九七八年までの一人当たり所得水準はそれぞれ一〇倍、一九倍、一五倍も増えた。中国では、このような一人当たりの所得水準の長期にわたって持続する急成長は、一九七八年以降にしか観察されない。一九七八年は中国経済の分水嶺だと言える。

二つの経済移行

一九七八年以降の中国にとって、二つの大きな経済移行があった。一つは農業国から工業国への移行であり、もう一つは計画経済から市場経済への移行である。

農業国から工業国への移行は、前述した中国の近代経済成長を意味する。この移行と関連して、ジョセフ・ニーダムは中国の科学技術史に関する大作の中で興味深い疑問を提起した。一四世紀には既に初期条件を満たしたにも関わらず、なぜ産業革命は中国で起こらなかったのか。これは「ニーダムの謎」(Needam Puzzle) とも知られており、多くの学者はその解明に力を注いだ。マディソン (Maddison, 2007) は、中華帝国時代の官僚システムの早期発達が中国の前近代の経済成長に貢献したと指摘した。とくに、官僚は農作物の品種改良や農具開発などの技術革新を行い、その成果を積極的に普及した結果、農業生産力を向上させた。他方、官僚はエリート層 (知識人または貴族) であるためレント・シーキング活動を行い、産業革命の原動力となる中間層 (工商階級) の出現を抑制し財産権の保護制度の確立を阻止した。

さらに、リン (Lin, 1995, 2012) は、官僚選抜のための科挙制度が儒教的な教育を重視したため人々の科学への関心が次第に薄れて、官僚システムは逆に科学技術の進歩を妨げたと主張した。帝国時代の官僚システムは前近代の経済成長に貢献したか否かについて意見が分かれるが、権威主義的な

表6-1　主要国・地域の実質GDPの年平均成長率の推移 (1980～2010年)

(%)

	1980～90年	1990～2000年	2000～10年
世　界	3.2	3.2	3.7
先進国	3.1	2.8	1.9
途上国	3.5	3.8	6.2
NIEs	8.1	6.4	4.6
ASEAN-5	5.5	5.1	5.1
米　国	2.9	3.3	1.8
日　本	4.5	1.5	0.9
ドイツ	2.2	2.3	1.2
韓　国	8.7	6.9	4.6
シンガポール	8.0	7.5	6.0
香　港	7.1	4.0	4.5
台　湾	7.6	6.3	4.1
ロシア	—	−2.1	5.4
中　国	9.2	9.9	10.3

(注) アジア新興工業経済群 (NIEs) は韓国，シンガポール，香港，台湾を指している。ASEAN-5は東南アジア諸国連合のインドネシア，マレーシア，フィリピン，タイ，ベトナムを指している。1990年代のロシアのGDP年平均成長率は1993年からの計算になっている。

(出所) IMF World Economic Outlook (WEO) Database より作成。

表6-2　主要国・地域の経済パフォーマンスの比較（1700〜2003年）

		世　界	ヨーロッパ	中　国	日　本	米　国
世界 GDP に占める割合（%）	1700	100.0	24.9	22.3	4.1	0.1
	1820	100.0	26.6	32.9	3.0	1.8
	1952	100.0	29.3	5.2	3.4	27.5
	1978	100.0	27.8	4.9	7.6	21.6
	2003	100.0	21.1	15.1	6.6	20.6
世界人口に占める割合（%）	1700	100.0	16.6	22.9	4.5	0.2
	1820	100.0	16.3	36.6	3.0	1.0
	1952	100.0	15.2	21.8	3.3	6.0
	1978	100.0	11.2	22.3	2.7	5.2
	2003	100.0	8.2	20.5	2.0	3.0
1人当たり GDP（1990年米ドル）	1700	615	923	600	570	527
	1820	667	1,090	600	669	1,257
	1952	2,260	4,342	538	2,336	10,316
	1978	4,432	10,972	978	12,585	18,373
	2003	6,516	16,750	4,803	21,218	29,037

（出所）　Maddison（2007：44），より作成。

統治は工業化が必要とする技術革新を促進しなかったのが事実であろう。この議論は一九七八年以降の中国の経済発展にも援用できる。中国の改革・開放は社会主義の政治体制を維持した上での経済発展戦略の転換である。過去の三〇年間の中国経済における飛躍的な変化は、権威主義的政治体制の元で実現したものである。しかし、そのような政治体制は一九四九年から七八年までの間に持続した経済成長をもたらさなかった。したがって、権威主義は経済成長の十分条件ではなくて、それより統治者の政策目標は経済優先である否か、統治の質は良いか否かが重要であろう。

　計画経済から市場経済への移行は、冷戦後の元社会主義国の資本主義体制の経済システムへの路線転換を指す際にも良く使われる[5]。中国の場合には、社会主義陣営の中で最も早くかつ自主的に市場経済へ移行した[6]。中華人民共和国建国後の中国の現代経済発展史は、一九四九年から七八年までの計画経済期と七八年以降の改革・開放期に分けることができる。計画経済期に中国は、前ソ連の制度を導入し、農業国という現実を無視し重工業優先の経済発展戦略を遂行した[7]。その戦略の下では、強力的な政府は経済的余剰を最大限に動員し基幹（基本）産業と指定された重工業に投資した。これはローゼンスタイン＝ロダン（Rosenstain-Ro-

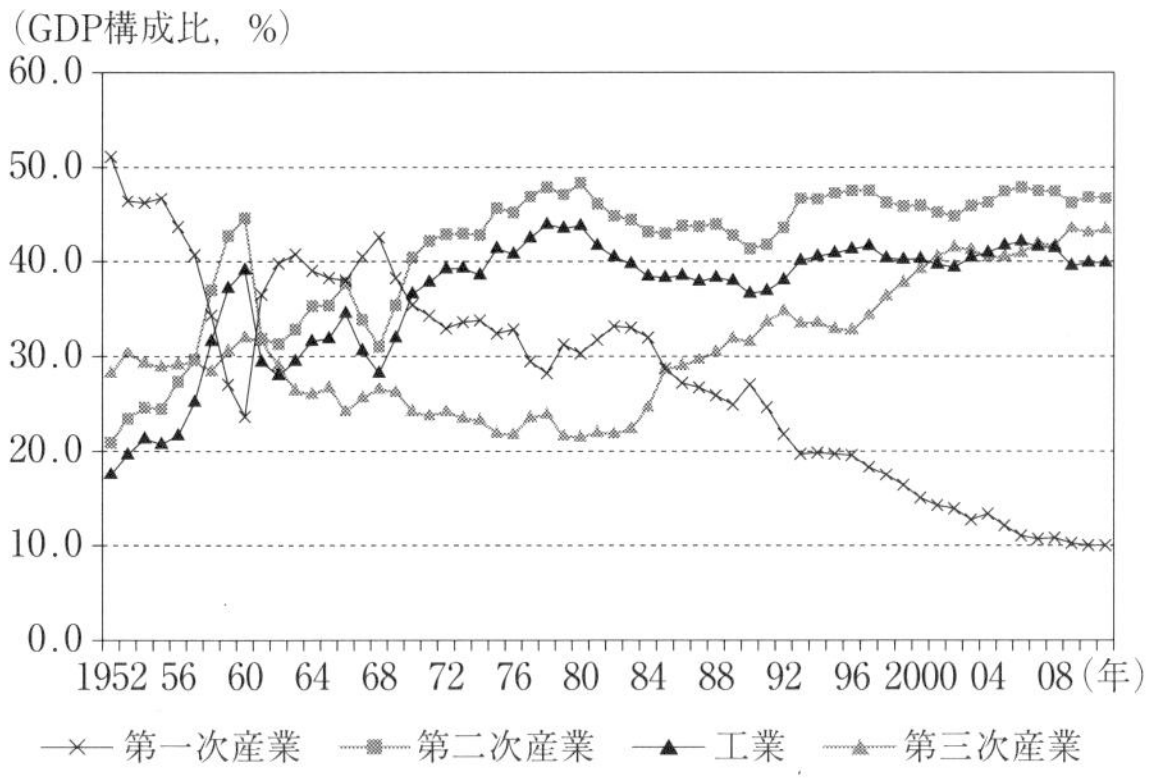

図6－1　国内総生産産業別構成（1952～2011年）
（出所）『新中国六十年統計資料彙編』，『中国統計年鑑』（各年版）より作成。

dan, 1943）のビッグプッシュモデルに影響されており、鉄鋼業などの生産財産業を優先的に発展することによってその外部効果を期待できると考えられていた。

しかしながら、資本集約的な重工業の建設期間が長い上初期の資本投資が巨額であり、主な技術や設備を外国に依存せざるを得ないため豊富な労働力を有する中国の比較優位と相反する（Lin, 2012）。その結果、計画経済期の中国では第二次産業とりわけ工業が飛躍的に成長したと見えるが、国民の生活水準や雇用構造が改善されないままであった。図6－1が示しているように、大躍進や文化大革命の際には大きな変動を経験したものの工業のGDPに占める割合は一九五二年の一七・六%から一九七八年の四四・一%まで増えた。一九五二～七八年にGDPは平均四・五%成長して国民所得が四・七倍増加したが、国民の消費は一・八倍しか増加しなかった[8]。農業部門に大量の労働力が滞留して、一九七八年には依然として七割以上の労働力が農業に従事していた。さらに、計画経済期では国家が生産、分配、金融諸システムを統制して工業化を遂行しようとしたが、供給と需要のミスマッチがたびたび発生して、実際には非効率的な資源配分となった。その時期の最も大きな悲劇は一九五八年から六〇年まで施行された農工業の大増産を目的とした大躍進政策である。その政策は、強引な集団農場化や農村部での鉄鋼生産などを進めた結果、推計二〇〇〇万～五〇〇〇万人ともいわれる餓死者を出し大失敗に終わった。このような大飢饉を引き起こした原因について、生産よりも分配に問題があったと指摘されている（Sen, 1981; Meng et al, 2010）。かくして、中国の市場経済への移行は、計画経済期に毛沢東が採用した経済発展戦略が失敗したため、やむを得ず政策転換したと言える。

一九七八年以降の経済改革
――漸進主義とショック療法

計画経済から市場経済へ移行した国々は、大きく分けて二つのアプローチを採った。ロシアや東欧諸国は全面的かつ短期間に市場経済への移行を目指す急進的なビッグバン・アプローチ（ショック療法とも呼ばれる）を採用した一方、中国やベトナムは段階的に改革を実施する漸進主義的アプローチを採用した。ビッグバン・アプローチは元々国際通貨基金（ＩＭＦ）をはじめとするワシントンに本拠地を置く国際機関が推進した改革戦略（いわゆる「ワシントン・コンセンサス」）であったが、ロシアや東欧諸国は移行後の一九九〇年代前半には経済危機に見舞われた[9]。一方、中国は一九七八年から長期にわたって持続的な高成長を遂げてきた。この経済パフォーマンスの違いから、漸進主義的アプローチはより効果的な移行戦略であるという考えが主流となった（Roland, 2001）。

なぜ異なるアプローチを選択した中国とロシアは、移行直後に異なる経済パフォーマンスを示したのであろうか。この疑問について数多くの研究が行われたが、なかでも改革が行われた時点における初期的経済条件の違いに注目するものが興味深い（Sachs and Woo, 1994; Sachs et al, 1999）。中国は農業国であったため、経済改革に伴い伝統的な農業部門から余剰労働力が現代的な工業部門へ移転し、産業構造と雇用構造の転換を実現できた。一方、ロシアや東欧諸国の場合には、改革当初から工業化水準が高く国有企業は八割以上の労働者を雇用して、中国のような労働力の移転による経済成長が期待できなかった。また、チェンほか（Qian, et al, 1999）は、組織論の観点から東欧諸国の中央集権的な体制に比べて中国は実質的に分権的であったため、特定の地域や企業において実験的に改革が行われ、それが成功してから全国に普及していくような段階的な改革が実行できたと指摘している。しかし、どちらのアプローチであろうと改革の帰結は同じはずである。中国の改革は緩やかであるが、改革当初に実行していなかった国有企業の民営化、財産権保護の確立、法の支配の確立などに向かって確実に進んでいる。この意味では、中国の改革は決して「ワシントン・コンセンサス」と相反するものではないと言える。

表6－3は改革・開放以降の経済政策や戦略の転換を大まかに四つの時期に分けて概観するものである。明らかに一九七八年以降の改革目標は常に調整して深化してきた。まさに「石を探りながら川を渡る」という鄧小平の言葉とおり、移行の青写真を持たずに改革を着手している。

まず、改革のシークエンス（順序）を確認してみると、改革は農村部から始まり、徐々に都市部へ波及した。改革の初期段階に当たる一九七八年から八四年までは、集団農業体制が解体され戸別請負制が導入された。それは安徽省鳳陽県小崗村の農民たちの自発的な試みだったが、瞬く間に全国に波及した。農業における請負生産方式の導入は、農民の生産への積極性を引き出し、農業の生産力向上に貢献した。[10]さらに、農業生産の飛躍的増大は工業化のための労働力・資金の余剰を生み出したため、農民の共同経営または個人経営の非国有企業（郷鎮企業）が目覚ましく発展した。初期の農村改革の成功を収めた政府は、一九八五年以降に改革の重点を都市部に移した。一九八〇年代中頃から九〇年代中頃までは、工業部門（国有企業）改革の方針は「放権譲利」と現代企業制度の確立を中心に展開された。それまで中央政府が握っていた権限を地方に委譲して、企業による利潤への追求が認められるようになった。しかし、市場化が進展する中で、国有企業は急成長する民営企業や外資系企業の競争に耐えられず、経営が悪化の一途を辿った。彼らに融資していた国有銀行には多額の不良債権を抱えるようになった。こうした背景を受けて、中国政府は一九九七年から「抓大放小」（大をつかまえ小を放す）と「国有経済の戦略的再編」という政策を打ち出し本格的な民営化を開始した。中小の国有企業を民営化するだけでなく、一部の重要産業を除けば、大規模の国有企業も民間との競合から撤退する方針が示された。[11]一方、金融改革では銀行部門に滞留した不良債権の処理に着手して、株式会社組織への移行と株式市場上場を通じて国有銀行の民営化も動き出した。

次に、地域政策を確認してみると、中国の対外開放は「点」から「線」へ、「線」から「面」へ徐々に広がっていった。一九八〇年には華南地域に位置する広東省の深圳、汕頭、珠海、福建省の厦門の四カ所に「経済特区」が設立された。それらの「経済特区」は、単なる輸出加工基地だけではなく、改革を先行する実験場としての役割も

表6－3　改革・開放以降の経済政策転換

時　期	主な政策変更	要　点
1978～84年	・請負生産方式（「家庭聯産承包責任制」）の導入。 ・郷鎮企業の出現。 ・「経済特区」の設立：1980年に深圳，厦門，汕頭，珠海は対外開放の拠点として4つの経済特区に指定された。1984年に14の「沿海開放都市」まで範囲拡大。外資導入の開始。	・農村改革 ・沿海地域優先発展戦略
1985～91年	・「放権譲利」：分権化改革。中央政府が握っていたマクロ経済管理の権限を地方政府や企業に委譲。 ・国有企業（当時国営企業と呼ばれた）改革の始動：経営請負制度や労働契約制度の導入。 ・「価格双軌制」の廃止：市場価格と計画価格の統合。統制価格と二重価格構造の撤廃。 ・財政システムの改革：国有企業の投資資金は財政支出から銀行有償借入方式へ切り替え。「利改税」改革が推進され，利潤上納方式は所得税納付方式へ転換。 ・金融システムの改革：商業銀行や証券市場などの恢復と設立。中央銀行と商業銀行（当時専門銀行と呼ばれていた）の役割の区分。	・都市改革への重点移行
1992～2000年	・長江デルタや上海浦東新区の開発。 ・外国直接投資の積極的な誘致・導入。 ・国有企業改革の深化：株式会社制度や社会保障体系（都市部）の導入。国有企業の民営化。 ・財政システムの改革：「分税制」（中央税と地方税の区分）や中央財政移転支払制度の導入。 ・金融システムの更なる改革：政策銀行が設立され，政策意図の融資と商業ベースの融資を区分されるようになった。不良債権問題の処理。 ・憲法改訂：私有財産権の確立。	・社会主義市場経済システムの確立 ・地域均衡発展路線への転換
2001年以降	・金融システム改革の深化：国有株の流通。人民元切り上げ（管理変動相場制への移行）。大手国有銀行の株式会社組織への移行と株式市場上場。 ・「走出去」：外国直接投資の流入を選別する一方，国内企業の海外進出を促す。国際競争力のある産業を育成。 ・「和諧社会」建設や「科学的発展観」の提起：持続可能な発展戦略への転換。経済格差の是正，産業構造の高度化，内需拡大。西部大開発，東北振興戦略，新農村建設などの戦略を打ち出し，内陸部や農村部の経済発展に焦点を当てる。	・全面的開放（WTO加盟） ・経済発展パターンの転換

果たしていた。外国資本・技術の受け入れや、土地の賃借、税制面の優遇、外貨留保などの措置が実行された。成功を収めた場合は、デモンストレーション（顕示）効果が働き他地域へ普及しやすくなるが、失敗する場合には改革のリスクを最小限に抑える。一九八四年になると、一四の沿海港湾都市が「沿海開放都市」として指定され、その翌年には珠江・閩南・長江の各デルタ地域は「沿海経済開放区」として指定された。これにより対外開放地域が四つの「点」から沿海地域という「線」へ拡大した。一九八八年以降になると遼東半島、山東半島も続いて開放された。対外開放は沿海地域という「線」からさらに「面」へと拡大した。一九九二年になると、対外開放地域は沿海部から内陸辺境地域へ広がり、中国全土は対外開放の局面を迎えた。さらに二〇〇〇年代になると、地域格差の是正のために西部大開発や東北振興といった内陸部に焦点を当てた政策が打ち出されて、地域政策は改革当初の沿海地域優先発展戦略から地域均衡発展路線へ転換された。

最後に、産業構造の高度化を目指して労働集約型産業から技術集約型産業へ段階的に産業育成の政策を変化していたことを取り上げる。改革・開放に転換した初期段階では、中国政府は重工業優先の経済発展戦略を放棄して、より比較優位が発揮できる労働集約的な軽工業（繊維産業など）に重点を置いた。一方、その時期には経済成長につれて電力を含むエネルギーの供給不足や公共交通設備の不備などといった問題点が顕在化し始めた。こうした問題を解消するため、一九八〇年代半ばから交通インフラ、石炭、石油、鉄鋼などの基本産業が注目されるようになった。特筆すべきことは、一九八九年に国務院が「当面の産業政策の要点に関する決定」を発表して、中国で初めて「産業政策」という言葉が使われ優先的発展産業と制限的発展産業がリストアップされたことである。一九九四年になると、「中国国家産業政策綱要」が発表され、機械・電子、石油化学、自動車、建築が「支柱産業」とされた。この「綱要」は一九九〇年代の中国の産業発展のガイドラインとなり、産業構造の調整に関する目標を明確にした。さらに、一九九七年以降に対外開放の深化と国有企業の民営化を受けて、国際競争力のある産業の育成が重要視され、自主技術の創出や国内企業の海外進出を積極的に促すようになった。また、第一二次五カ年計画（二〇一一～一五年）では七大戦略産業（省エネ・環境保護産業、次世代情報技術（ＩＴ）、バイオ、先端装備製造、新エネルギー、新素材、新エネルギー自動車）が公表されている。環境問題の深刻化からグリーン産業の育成を意識していることが窺える。

2　経済成長の決定要因

需要面で見る経済成長の源泉　中国の経済成長の要因を需要面から明らかにするために、一九七八年以降の支出ベースのGDPの構成を検討する（図6－2）。注目すべきは、以下の二点である。

第一に、中国の経済成長は高投資、高貯蓄、低消費という特徴がはっきり表れている。一九七八～二〇一一年の固定資本形成はGDPの三八・五％を占めており、一貫して高い水準を維持した。一方、同期間の民間消費、政府支出（消費）はそれぞれGDPの四五・三％、一四・二％を占めていた（図6－2）。長期的なトレンドを見ると、民間消費は一九九〇年代以降減少傾向であるが、政府支出（消費）はきわめて安定した動きを見せている。二〇〇四年以降になると、固定資本形成は民間消費を上回る。その強い投資志向は高い貯蓄率によって支えられている。二〇一一年の中国、韓国、日本および米国の粗貯蓄のGDP比は、それぞれ五一・〇％、三一・八％、二一・九％および一二・九％で、二〇一一年の中国、韓国、日本および米国の粗投資のGDP比は、それぞれ四八・三％、二九・五％、一九・九％および一五・九％であった(12)。他の国に比べて中国の国内貯蓄率がいかに大きいかが分かる。

また、改革・開放の中国経済は外資依存であるとしばしば指摘される。輸出増加への貢献や技術・経営ノウハウの移転を通じるスピルオーバー効果が観察されたことが、外資依存という主張の根拠である。しかし、外国直接投資のGDPに対する割合が低く、国内投資と比較するとその一割にも及ばない（図6－2）。つまり、国内貯蓄の不足を補塡する形で外資が中国に流入しているわけではない。

第二に、中国経済の輸出志向が強いことを取り上げる。その成長戦略は、アジア新興工業経済群と同様に、輸出主導工業化であると言える。とくに一九九〇年代以降には東アジアにおいて工程間分業と中間財貿易が大いに進展

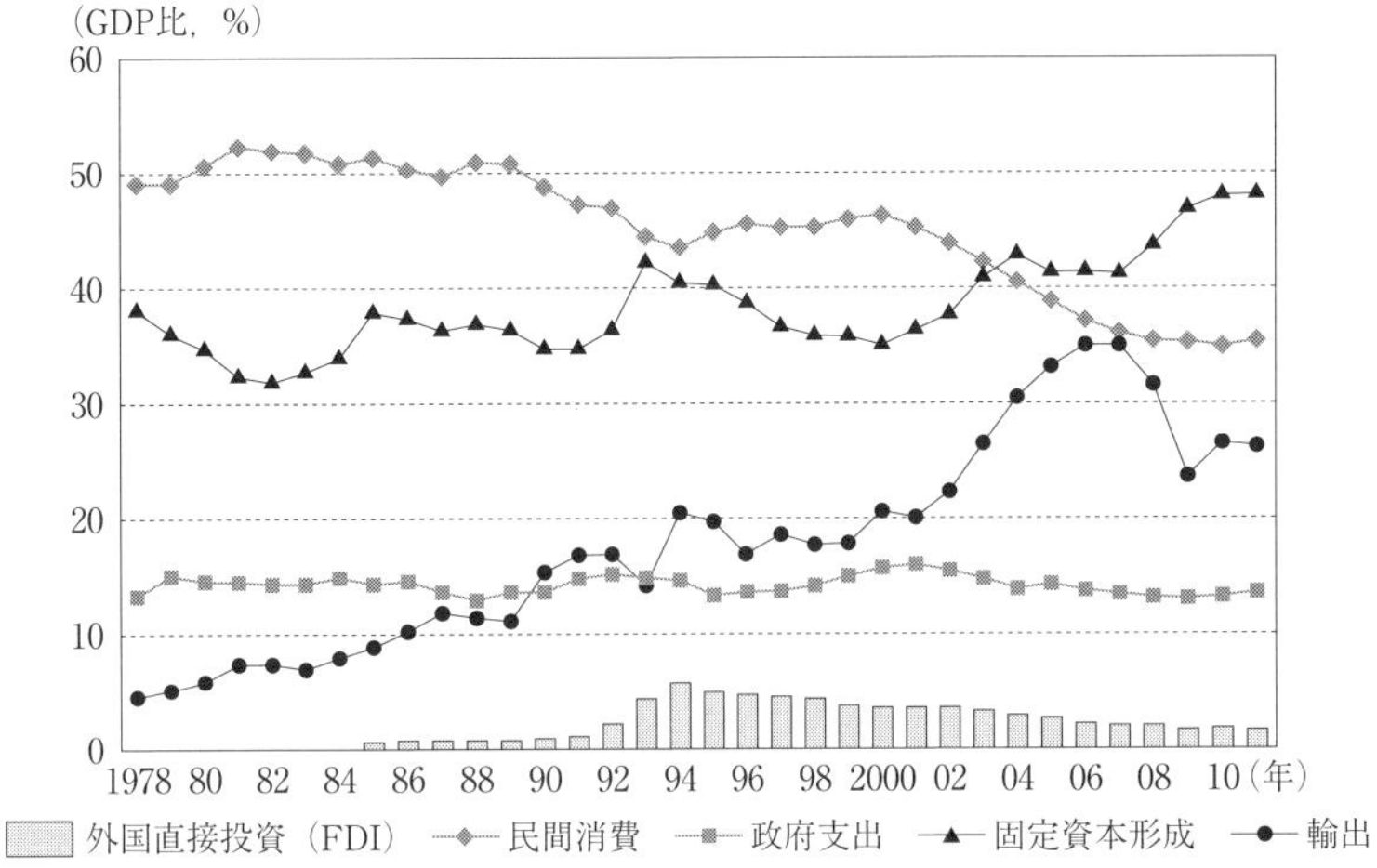

図6－2　総需要の構成の推移（1978～2011年）

（出所）『新中国六十年統計資料彙編』，『中国統計年鑑』（各年版）より作成。

して、中国はその東アジア生産ネットワークのダイナミクスに取り込まれ「世界の工場」としての地位を確立できた（深尾・伊藤、二〇〇九）。図6－2が示すように、GDPに対する輸出の割合（輸出依存度とも呼ばれる）は一九七八年の四・六%から二〇一一年の二六・五%まで上昇した。また、貿易依存度（輸出入額／GDP）は、計画経済期の一〇%未満からピーク時（二〇〇六年）の六三・三%まで急速に上昇し、サブプライム金融危機の影響を受けていったん四三・二%（二〇〇九年）まで低下したが、二〇一〇年には再び五〇%強の水準に戻った。内需に依存している日本と比較すれば、日本の二〇一〇年の輸出依存度および貿易依存はそれぞれ一四・一%および二六・八%にとどまっており、中国経済がいかに外需依存型であるかを確認できる。(13)

　生産工程別貿易財の構成を見ると、中間財を輸入して最終財を輸出するという、中国経済の組立・輸出主導の特徴が表れている（表6－4）。二〇一〇年には、資本財と消費財の合計である最終財が輸出の六〇・九%、輸入の二一・四%を占めていた一方、加工品と部品の合計である中間財は輸出の三八・一%、輸入の四九・四%を占めていた。素材と中間財の輸入を合わせると、輸入全体の七八・六%を占めることになる。一九八五年からの輸出の変化を見ると、資本財の割合の

表6-4　生産工程別貿易財の構成の推移

（%）

	素　材	中間財		最終財	
		加工品	部　品	資本財	消費財
輸　出					
1985年	31.6	27.6	1.5	4.0	35.2
1990年	9.7	22.7	3.6	9.8	54.2
1995年	4.2	20.6	6.8	11.9	56.5
2000年	3.0	17.8	12.2	18.2	48.8
2005年	1.8	18.3	16.9	26.8	36.2
2010年	1.0	19.5	18.6	29.1	31.8
輸　入					
1985年	11.8	59.5	2.5	15.8	10.5
1990年	9.6	36.9	16.9	28.6	8.0
1995年	10.9	42.0	14.7	26.4	5.9
2000年	15.6	38.4	23.7	17.6	4.8
2005年	19.5	31.3	26.4	18.6	4.1
2010年	29.2	27.7	21.7	15.8	5.6

（出所）経済産業研究所 Trade Industry Database「RIETI-TID2011」より作成。

増加幅は目覚ましいものであったが、その一方で一九九五年以降には、消費財の割合は低下し続けてきた。これは、産業構造が高度化したことを示唆すると同時に、所得向上によって生産された消費財が国内で消費されるようになってきたと考えられる。

さらに、貿易構造の変化を見ると、工業化が確実に進展していることが窺える（表6-5）。一九八〇年以降、輸出における第一次産品（農産物、鉱物など）の割合が激減した一方、第二次産品（軽工業品を含むあらゆる工業製品）の割合が増加してきた。とくに、一九九〇年代半ばから機械・輸送設備といった資本集約的製品の割合が飛躍的に増えており、現在では輸出の半分を占めるようになった。つまり、改革・開放以降に重工業優先から軽工業発展の戦略に転換することによって、一九八〇年代後半から九〇年代前半までは軽工業製品の輸出が伸びていたが、一九九〇年代半ばから貿易構造の高度化が起きた。古典派国際貿易理論によれば、一国の貿易構造はその国の生産要素の賦存状況によって決められる。中国のような労働力が比較的に豊富なアジアの発展途上国では労働集約的製品が生産・輸出され、資本が比較的に豊富で技術水準の高い先進国では資本集約的製品または技術（知識）集約的製品が生産・輸出される。中国の一九九〇年代半ばからの労働集約的製品から資本集約的製品への転換はこの比較優位理論に則していないように見えるが、その原因は中国が東アジアの生産ネットワークの一環として資本・技術（知識）集約的生産の生産・輸出に携わっているからである。輸入面から貿易構造の

表6-5　貿易構造の変化

（%）

	輸出			輸入		
	第1次産品	第2次産品	うち機械・輸送設備製品	第1次産品	第2次産品	うち機械・輸送設備製品
1980	50.3	49.7	4.7	34.8	65.2	25.6
1985	50.6	49.4	2.8	12.5	87.5	38.4
1990	25.6	74.4	9.0	18.5	81.5	31.6
1995	14.4	85.6	21.1	18.5	81.5	39.9
2000	10.2	89.8	33.1	20.8	79.2	40.8
2005	6.4	93.6	46.2	22.4	77.6	44.0
2010	5.2	94.8	49.5	31.1	68.9	39.3
2011	5.3	94.7	47.5	34.7	65.3	36.2

（出所）『中国統計年鑑』（2012年版）より作成。

変化を見ると、機械・輸送設備を含む第二次産品の輸入が長期にわたって八〇%程度の割合を占めている。

供給面で見る経済成長の源泉

供給面から経済成長の要因を考察する際に、成長会計（Growth Accounting）という手法が用いられる。これは経済成長率を生産要素の投入とその他の要因に分解して、それらの成長率に対する寄与度を測るものである。一般的に生産要素を労働Lと資本Kの二種類しかない前提として、新古典派的ソローモデルのコブ・ダグラス（Cobb-Douglas）型の生産関数を仮定する。

$$Y=AL^{\alpha}K^{\beta} \cdots\cdots(1)$$

ここでは、αとβのそれぞれが労働分配率と資本分配率に等しい。もしこの生産関数が一次同次であり、つまり規模に関して収穫不変であるとすると、$\alpha+\beta=1$になる。式(1)の対数をとり両辺を時間に関して微分して、さらに近似的に成長率の形にすれば、次のようになる。

$$\frac{\Delta Y}{Y}=\frac{\Delta A}{A}+\alpha\frac{\Delta L}{L}+\beta\frac{\Delta K}{K} \cdots\cdots(2)$$

式(2)は成長会計の基本式である。$\Delta A/A$は労働と資本が説明しきれない経済成長率（$\Delta Y/Y$）であり、Aを全要素生産性（Total factor productivity, TFP）と呼び生産技術の水準を表す変数とみなす。したがって、$\Delta A/A$を技術進歩と捉えることができる。現実には技術進歩をマクロ・データとして観測することができないため、通常はその増加率（$\Delta A/A$）を式(2)の残差として求める。経済学者ロバート・ソロー（Robert Solow）の名をちなんで、ソロー残差（Solow residual）とも呼ばれる。このようにして、成長会計の手法は、経済成長率を労働、資本、技術進歩のそれぞれの寄与度（貢献度）に分解することができる。

一九九〇年代にはアジア諸国において成長会計に基づく実証研究が行われるようになり、その経済成長における技術進歩の貢献の大きさについての議論が繰り広げられた。最初に問題提起をしたのはクルーグマン（Krugman, 1994）の「まぼろしのアジア経済」（The Myth of Asia's Miracle）と題した論文であった。その論文は主にヤング（Young, 1994）に依拠したものであり、韓国、台湾、香港、シンガポールといったアジア新興工業経済群諸国の経済成長は資本と労働の投入の増大によるものであり、技術進歩等の生産効率の改善が経済成長に貢献した度合いは小さいと主張した。[14] 資本と労働の投入量の増加には限界があるので、その主張はアジア諸国の高い経済成長率は持続不可能であることを示唆している。

こうした背景のもと、中国に関する成長会計の研究が数多く行われた。それらの研究によると、他のアジア諸国と比べて中国では生産要素とりわけ労働の投入による経済成長率への寄与度が相対的に小さく、技術進歩の効果が大きかった。先行文献の計算結果は一致しているわけではないが、改革・開放以降には全要素生産性（ＴＦＰ）が急速な改善を示しており、その平均成長率は二・七～四・六％となっている（表６-６）。全要素生産性が経済成長への貢献度も大きく二五・五～五五・六％となっており、投資による経済成長への貢献度と比べてやや低いが、基本的に大差が観察されない。一方、無理に重工業化を図っていた計画経済期では、全要素生産性の増加率が激しく変動して経済成長への貢献度がほとんど見られず、強い投資依存のパターンが表れていた。

なぜ中国の経済成長は主に投資と技術進歩の増加率によって説明されるだろうか。前者に関しては、先述したように中国経済の投資志向が高いことによって理解できる。後者に関しては、その説明は難しい。全要素生産性の定義に戻れば、技術進歩とは言え技術進歩そのものを計測しているわけでなく、あくまでも計算上生産要素の投入量の増加で説明できない経済成長率の残差である。様々な制度の変化（Institutional changes）がもたらす生産性の向

表6－6　主な先行文献のまとめ（成長会計）

	期間（年）	成長に対する貢献度（%）			TFP上昇率（%）
		労働	資本	TFP	
パーキンス（1988）	1953～1957	25.3	12.7	62.0	4.1
	1957～1965	78.0	89.5	－67.5	－1.4
	1965～1976	32.9	55.0	12.1	0.6
	1976～1985	19.2	37.6	43.2	3.8
ボレンシュツテイン・オストリー（1996）	1953～1978	20.9	91.0	－11.9	－0.7
	1979～1994	18.3	40.4	41.3	3.8
クラフツ（1998）	1960～1994	27.9	33.8	38.2	2.6
	1984～1994	19.6	37.4	43.0	4.6
チョウ（2002），チョウ・リン（2002）	1952～1978	15.4	79.3	0.0	0.0
	1978～1998	10.6	62.9	28.9	2.7
	1952～1998	12.8	70.3	15.9	1.2
ボスワース・コリンズ（2008）*	1978～1993	6.3	38.1	55.6	3.5
	1993～2004	3.6	50.0	46.4	3.9
	1978～2004	4.2	45.1	50.7	3.6
パーキンス・ロースキー（2008）*	1952～1978	32.7	56.3	11.0	0.5
	1978～2005	16.2	43.7	40.1	3.8
	1952～2005	21.4	47.7	30.9	2.1
ホルツ（2006）	1953～1978	24.0	85.8	－9.8	－0.6
	1978～2005	10.0	49.8	40.2	3.9
	1953～2005	16.0	65.0	19.0	1.5
中兼（2012）	1978～1988	12.3	59.4	28.3	2.9
	1991～2001	4.3	55.3	40.4	4.2
	2002～2010	1.8	72.7	25.5	2.8

（注）＊は，当該研究が教育による労働者の質の向上を考慮していることを示す。

（出所）Perkins（1988: p. 628）Table 4, Borensztein and Ostry（1996: p. 225）Table 1, Crafts（1998: p. 18）Table 5, Chow（2002: p. 98）Table 5.3, Chow and Lin（2002: p. 528）Table 7, Bosworth and Collins（2008: p. 49）Table 1, Perkins and Rawski（2008: p. 839）Table 20.2, Holz（2006: p. 187-190）Table 31 and 32, 中兼（2012: p. 63）表2－3より作成。

上もその中に含まれており、技術進歩と全要素生産性を完璧に同一視することはできない。究極的に言うと、データベースを構築する際に起こりうる資本・労働の計測誤差まで含まれているのであろう。中国に限って言えば、改革・開放以降には労働や資本が生産性の低い分野（農業、国有企業など）から生産性の高い分野（工業、民間企業など）へ移動したこと、外国資本を積極的に誘致し優れた技術を導入した結果として産業構造と貿易構造の段階的な高度化を遂げてきたこと、また労働参加率の上昇、教育水準の改善による人的資本の蓄積（労働者の熟練度の向上）、経営効率あるいは組織効率の改善、全国統一市場の形成による規模経済の実現などが、全要素生産性の改善をもたらしたと考えられる。ヤング（Young, 2000a）は、そうした制度的変化の効果を考慮した場合、中国の経済成長はそれほど目覚ましいものではなく、一九七八～九八年の間の全要素生産性増加率は一・四％に過ぎないと指摘している。さらに、リン（Lin, 1992）の農業生産に関する実証研究では、制度的変化の経済成長への影響は一時的（一回限り）なものであり、持続的ではないことを示唆している。(15) 既に完了した制度的改革が今後も経済成長に貢献するとは考えにくい。

総じて言えば、中国の経済成長に対する全要素生産性の寄与度と資本の寄与度を比較すると、資本によるものが依然として大きいと言える。つまり、中国の経済成長は、投資牽引の粗放的なものであり、質的充実より量的拡大をより重視する非効率的なものだと考えられる。かくして、これまでの中国経済は制度的変化によって長期にわたる持続的高度成長を実現したが、今後に更なる成長を実現するためには技術開発・革新が急務である。

3　中国経済の持続可能性を考える

米中間の経常収支不均衡の是正と内需拡大

先述したように、一九七八年以降には中国が輸出指向戦略のもとで高度成長を遂げてきた。相手国・地域別の貿易動向では、中間財を輸出して最終財を輸出する貿易構造の特徴が表れるように、一九九〇年代以降には米国とEUに対して貿易黒字が蓄積されている一方、日本、韓国、台湾

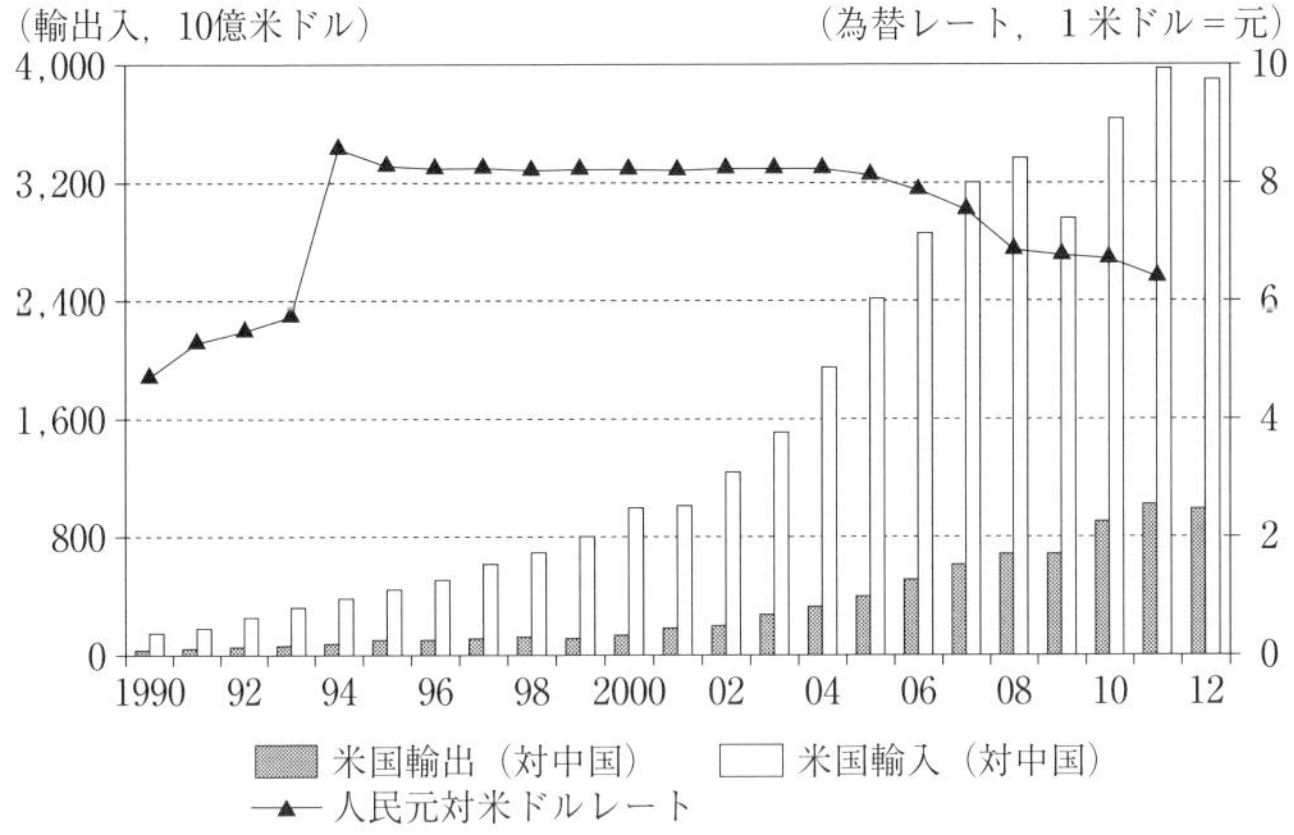

図6－3　米中貿易収支および人民元対米ドル為替レートの推移（1990～2011年）

（出所）U. S. International Trade Data（U. S. Census Bureau, Department of Commerce），『中国統計年鑑』（2012年版）より作成。

をはじめとするアジア諸国に対して貿易赤字が蓄積されている。とくに、二〇〇〇年代では米国に対して多額な貿易黒字を計上した結果、中国の経常収支[16]の黒字が急速に拡大した（図6－3）。また、経常収支の黒字拡大に並行して、中国の外貨準備保有額が顕著に増加し二〇一一年は世界総保有額の約三分の一を占めている。さらに、社会保障制度の不完備から貯蓄性向が高く過剰貯蓄となる一方、資金の運用面では国内金融市場が未発達であるため、中国政府が保有する外貨準備は主として安全性・流動性の高い米ドル建ての資産（米国債など）で運用されている。

　こうした背景から、経常収支の不均衡をめぐる米中経済摩擦が繰り返されるようになった。中国は輸出指向の経済成長戦略を採用しているために、ドル買い自国通貨売りの為替市場介入を行い、自国通貨の増価を抑制して貿易収支の黒字を実現した。このような公的な為替市場介入を通じて中国が価格競争力を維持している状況に対して、米国国内の中国と競合する一部の産業や労働組合は、不公正貿易と呼んでいる。また、二〇〇五年には米国政府の考えを窺える出来事があった。それは、FRB議長のバーナンキが示した人民元が過小に評価されているという見解である（Bernanke, 2005）。

米中間の経常収支不均衡の是正のための外交交渉は一九八〇年代以降の日米間の貿易摩擦問題に似たような展開をしており、米国は中国に対して、(1)輸出入の規制に見られる数量規制、(2)内需拡大や市場開放・規制改革を求めるマクロ経済政策や人民元改革を求める為替政策、(3)経常収支不均衡に数値目標を導入することを要求している（田中・及川・奥田・中園、二〇一一）。こうした圧力の中、二〇〇五年七月には、中国政府が為替制度を固定相場制から通貨バスケットを参考した市場の需給に基づく管理フロート制へ移行し、人民元の対米ドル相場を二・一％引き上げた[17]。しかし、二〇〇八年のリーマン・ショックを受け、経済成長の鈍化を懸念した中国政府は管理フロート制を停止して、事実上ドル・ペッグ制といった実質的な固定相場制に戻った[18]。二〇一〇年六月に、中国の中央銀行である中国人民銀行は人民元の為替レートの弾力性を高めるとする声明を発表した。その具体的な内容は、通貨バスケットを参照し、一日当たりの変動幅を基準値（中間値）の上下〇・五％として人民元レートを調整すること、また現時点では大幅な切上げを行わないことであった。その後、人民元相場は緩やかな上昇を続けている（図6-3）。

しかしながら、人民元の切り上げだけで米中間の経常収支不均衡は改善されるのか。たしかに人民元が大幅に切上げられるならば、中国製品の国際競争力が弱まり、両国間の貿易収支のギャップが改善されよう。しかし、米国の製造業の国際競争力を取り戻すことがなければ、対中貿易赤字が他国・地域に移転して、国全体の経常収支赤字は改善されないであろう。さらに、中国のマクロ経済構造の観点から見ると、多国籍企業の生産拠点として多額な外国直接投資を受け入れてきた反面、内需の伸びが鈍く輸出額の増加が輸入額の増加を上回っているため、輸出が経済成長の牽引役になった。しかし、人民元の切上げの圧力に加えて、昨今のサブプライム経済危機により世界景気はいまだ不安定な状況が続いており、輸出のさらなる拡大を期待し難い。したがって、中国の持続可能な発展のためには、外需依存・投資主導型から内需依存・消費主導型経済成長に向けての経済構造変化が必要である。

中国の民間消費は様々な政策・制度的要因によって制約されており、不十分な社会保障制度の整備、労働分配率の低下、所得格差の拡大などが挙げられる（朱、二〇一一）。とくに、厳格な戸籍制度[19]のもとで、農村人口の都市部

表6－7　主要耐久消費財の保有数・普及率の推移

		洗濯機		冷蔵庫		カラーテレビ	
		都市部	農村部	都市部	農村部	都市部	農村部
中　国（家庭100戸当りの保有数）	1985	48.3	1.9	6.6	0.1	17.2	0.8
	1990	78.4	9.1	42.3	1.2	59.0	4.7
	1995	89.0	16.9	66.2	5.2	89.8	16.9
	2000	90.5	28.6	80.1	12.3	116.6	48.7
	2005	95.5	40.2	90.7	20.1	134.8	84.1
	2011	97.1	62.6	97.2	61.5	135.2	115.5
日　本（普及率，％）	1959	33.0	6.8	5.7	—	—	—
	1964	63.7	47.0	48.0	14.5	—	—
	1969	88.9	86.4	88.2	68.6	16.0	6.2
	1974	97.5	97.3	96.5	96.8	86.7	81.3

（出所）中国統計年鑑，内閣府経済社会総合研究所「消費動向調査」より作成。

への移住は限定的となり、消費拡大が阻害されている。つまり、所得格差・消費不振の背後には都市・農村の二元社会構造が存在する。表6－7が示すように、高度成長期の日本と比べ、改革・開放以降の中国の農村家計における主要耐久消費財の保有数は伸び悩んでいる。中国も日本も農村部の耐久消費財の普及は都市部に遅れが生じているが、日本の場合は比較的に早く遅れを緩和した。他方、中国の場合は、三〇年間の高度成長を実現したにも関わらず、二〇一一年の農村家計における洗濯機および冷蔵庫の普及率はいずれも六割程度にとどまっている。このような消費性向が高い低所得層の多い農村部における消費低迷の理由は、戸籍制度のために農村人口の都市部への移住（主に出稼ぎ労働者として）の多くが一時的なものであり、都市部の福利厚生制度から排除されていると考えられる。「第一一次五カ年計画（二〇〇六～一〇年）」から、中国政府は「新農村建設」を掲げ、インフラ整備、医療、教育、年金などの福利厚生制度整備、耐久消費財普及の促進[20]などを通して、農村部における購買力の向上を図ろうとしている。また、近年では戸籍制度改革[21]が進み、都市・農村の二元社会構造が緩和されつつある。将来的に、もしこうした政策が功を奏するならば、都市化率および個人消費が向上し、中国経済に求められる投資・輸出主導から消費主導型への転換を実現できるであろう。

中国は「中所得（国）の罠」を超えられるか

過去の三〇年間、中国は農業国から工業国への移行、計画経済から市場経済への移行という二つの歴史的移行を経験し、目覚ましい経済成長を遂げてきた。その成長が今後も続くかをめぐって、関心が高まっている。二〇一一年には、中国の一人当たりＧＤＰが五四四五米ドルに達し、世界銀行の基準に基づけば、上位中所得国の仲間入りを果たした[22]。しかし、今後に高所得国に向けてさらに成長していくだろうか。

二〇〇七年に世界銀行が『東アジアのルネッサンス――経済成長の理念』（An East Asian Renaissance: Ideas for Economic Growth）という報告書を刊行し、その中で「中所得（国）の罠」（Middle-income trap）という概念を提示した。それは、中所得になったアジア諸国が、要素蓄積をベースとする発展戦略を今後も堅持していくならば、資本の限界生産力の低下に伴い経済成長の停滞を余儀なくされる可能性があることを指摘したものである（Gill and Kharas 2007 : 18）。さらに、罠を回避するための方策として、地域統合、技術革新と教育の質の向上、金融機関およびその機能の強化、都市機能の改善、社会的結束（格差の縮小）、法の支配の貫徹による汚職撲滅などの重要性が強調されている（Gill and Kharas 2007）。

中国では、中所得（国）の罠が大きな反響を呼び、議論が巻き起こった（例えば、Cai 2012, Eichengreen. et al. 2012）。なぜなら、『東アジアのルネッサンス――経済成長の理念』が指摘する罠を回避するための政策のほとんどが、中国に当てはまるからである。議論の焦点となるのは、発展方式の転換である。今までの中国経済はいわゆる量の拡大を重視する粗放的な発展方式を採用しており、高貯蓄、高投資、農業部門（内陸部）から工業部門（沿海部）への非熟練労働者の大規模な移動、安価な労働力がもたらす比較優位性が成長の主な要因となっている。その結果、生産効率の低下、外需依存、所得格差の拡大、環境破壊などの問題が顕在化している。中国政府はこうした問題点を認識し、ここ数年、改革・開放戦略の転換に取り組んでいる。二〇一一年三月の第一一期全国人民代表大会第四回会議で採択された「第一二次五カ年計画（二〇一一～一五年）」では、経済発展方式の転換を掲げ、今後五年間の実質ＧＤＰ成長率の目標をこれまでを下回る年平均七％として、量的拡大より質的充実を目指す姿勢を示した。とくに、新農村建設の加速を前面に打ち出し、消費促進のための政策方針を明確にしている。また、産業の高度化[23]および科学技術の振興といった目標も掲げており、技術水準の向上を目指す姿勢が鮮明になっている。こうした政策が導入されることによって、中国経済が投資・輸出依存型成長から消費主導型成長へと転換を果たせるのかは今後注目していきたい。

ただし、発展方式の転換が実現できても、中国経済が抱えている全ての問題は解決されるわけではない。中国の漸進的経済移行は政治体制を維持した上での改革であり、経済システムに関しては改革が次なる改革を呼び起こす形で路線修正しながら進展してきた。他方、中国式の権威主義体制のもとでは、国民の政治参加度が低く、政府の権力と企業の資本の暴走を防ぐ仕組みが欠如している。今でも国民経済の命脈となる産業や資源（例えば、土地）が政府機関や国有企業によって支配されている。また、生産要素市場（土地、労働、資本・金融）の統合は遅れており、レント・シーキングや汚職行為の温床が作り出されている[24]。一九九〇年代中頃から始まった国有企業の民営化は、結局二〇〇〇年代に入り政府と企業の絡み合いで形成された国家資本主義（クローニー資本主義と指摘する人もいる）の構造に癒着したと見られる。こうして経済移行の過程の中で形成した国有企業の経営者などの既得権益集団は、もともと改革の推進派であったが、現在では既存の利益構造を維持するためによりいっそうの改革を阻止するようになっている。したがって、中国の権威主義体制は改革・開放の初期に経済発展のための政治の安定に大きな役割を果たしたが、今後逆に経済の更なる発展の妨げになる可能性がある。これからの中国の経済成長あるいは市場経済への完全移行は、極端には政治体制の変革に依存していると言えるだろう。

注

（1）『中国統計年鑑』二〇一一年版より計算。
（2）$(1+8.8\%)^{32}=14.9$
（3）中兼（二〇一二）は雁行形態の三つの類型を述べた。第一類型は輸入→国内生産→輸出という生産と貿易に関する継起的発展過程を指す。第二類型は労働集約→資本集約→技術集約という産業に関する継起的発展過程を指す。第三類型は先発国と後発国の経済発展に関する継起的な過程を指す。本文中の説明はこの第三類型に基づくものである。

（4）浅沼・小浜（二〇〇七）は、近代経済成長について詳しく説明している。彼らによると、近代経済成長のプロセスは六つの特徴にまとめられる。第一に人口と一人当たりの所得がともに急成長すること、第二に明らかな生産性の上昇が見られること、第三に経済構造の急激な変化が起こること、第四に人口の都市化による社会構造とイデオロギーの変化が生じること、第五に技術革新によって経済成長が国際的に伝播すること、第六に伝播した生産技術は条件が整った一部の地域でしか使用できないこと、を特徴としている。

（5）計画経済と市場経済の区別について、一般に以下三点からなると考えられる。第一に、所有制の違い。計画経済は国有企業を中心とした公有制であるが、市場経済は私有制である。第二に、資源配分の違い。計画経済では国家が価格を決定し計画に基づいて資源を配分する。そのため、国家が生産から消費・投資までの一連のシステムを統制する。市場経済では、各経済主体は自己責任で行動する。財・サービスの価格と取引量は、市場で決定される。第三に、分配システムの違い。計画経済では、結果平等を重視されるため労働または需要に応じて所得分配をする。市場経済では、機会平等が重視される。

（6）ソ連崩壊以前、ハンガリー、ポーランド、ソ連ではそれぞれ一九六八年、一九八〇年、一九八五年に経済改革の動きがあったが、失敗に終わった。Qian（1999）や Kornai（1990）はそれらの失敗の理由について不十分な改革（not as "comprehensive" and "radical" as reforms of China, "half-hearted"）であったと指摘した。

（7）計画経済期の中国の発展戦略は東アジアの奇跡と呼ばれる日本やアジア新興工業経済群の消費財産業（軽工業）を優先的に発展する戦略とは大きく異なった。詳しく Naughton（2007：58-59）参照。

（8）『新中国六十年統計資料彙編』より計算。

（9）「ワシントン・コンセンサス」の内容について、次の一〇カ条にまとめられる（Williamson 1990）。⑴規律的な財政、財政赤字の是正、⑵補助金カットなど財政支出の変更、⑶税制改革、⑷金利の自由化、⑸競争力のある為替レートの維持、⑹貿易の自由化、⑺直接投資の受け入れの自由化、⑻国有企業の民営化、⑼企業の市場参入や競争を妨げる規制の緩和、⑽財産権の保護。

（10）Lin（1992）は、省レベルのデータに基づき回帰分析を行った結果、請負生産方式の導入が一九七八年から一九八四年までの中国の農業成長の約四七％を説明できることを見出した。

(11)　一九九九年九月の中国共産党第一五期中央委員会第四回全体会議で採択された「国有企業の改革と発展の若干の重要問題に関する決定」によると、中国政府は国有経済が主導する産業を以下の四つに限定した。第一は、国家の安全にかかわる産業である。国防・軍事、エネルギー備蓄などの産業が含まれる。第二は、自然独占および寡占産業である。電気通信、郵政、電力、鉄道、航空などの産業が含まれる。第三は、重要な公共財およびそのサービスを提供する産業である。水道、ガス、公共交通などの産業が含まれる。第四は基幹産業とハイテク産業における中核企業である。石油採掘、鉄鋼、自動車などの産業が含まれる。

(12)　*IMF World Economic Outlook Database* より計算。

(13)　総務省統計研修所『世界の統計』二〇一二年版より。

(14)　Young (1994) による全要素生産性推計結果は以下のとおりである。

(15)　Lin (1992) によれば、戸別請負制の導入は一九七八年から一九八四年までの中国の農業部門の全要素生産性上昇と生産増加をもたらしたが、一九八四年以降その効果が消えていた。

(16)　経常収支は、貿易収支、サービス収支、投資所得収支、移転収支からなる。

(17)　固定相場制とは、定められた固定為替レートの維持を政府が国際公約している制度である。

(18)　ドル・ペッグ制とは自国通貨と米ドル通貨との間の通貨交換比率を一定に保つ為替制度である。

(19)　中国の現行の戸籍制度は、一九五八年一月に『中華人民共和国戸籍登記条例』の施行により定められた。都市戸籍と農村戸籍の区別は都市・農村の二元社会構造を生み出している。

(20)　具体的に家電製品、オートバイ、自動車のそれぞれに関して補助金制度（「家電下郷（家電製品を農村に）」、「摩託車下郷（オートバイを農村に）」、「汽車下郷（自動車を農村に）」）を打ち出している。

(21)　戸籍制度改革の具体的な取り組みは地方政府に委ねられているため、地域によって施策が異なる。例えば、安定した職業と決まった住所を有するものに対して都市戸籍を与える場合もあるが、都市戸籍と農村戸籍の区別を一括で撤廃する場合もある。

(22)　世界銀行は、一人当たりＧＮＩ（国民総所得）を用いて世界各国の所得分類を行っている。具

	期間（年）	平均 TFP 上昇率（％）
日　本	1952～1973	4.1
香　港	1966～1991	2.3
シンガポール	1966～1990	−0.3
韓　国	1966～1990	1.6
台　湾	1966～1990	1.9

体的に、低所得国（一〇二五ドル以下）、下位中所得国（一〇二六〜四〇三五ドル）、上位中所得国（四〇三六〜一万二四七五ドル）、高所得国（一万二四七六ドル以上）の四つのグループに分けられている。中国の二〇一一年の一人当たりGNIは四九四〇ドルである。

(23)　七つの戦略的振興産業（省エネ・環境保護、次世代情報技術、バイオテクノロジー、ハイエンド設備製造、次世代エネルギー、新素材、新エネルギー自動車）の育成と発展を掲げ、これら産業のGDPに占める割合を二〇一〇年の三%から二〇一五年の八%まで引き上げる目標を打ち出している。

(24)　市場の分断化（Fragmentation）は改革・開放以降絶えず議論されてきた。一九八〇年代には、地方政府は域外製品の流入を阻止するために様々な貿易規制を強化した。そのような地域保護主義に準ずる現象は「諸侯経済」と呼ばれている。Young（2000b）は、最も早く市場分断化の背後にある構造的理由を考察し、漸進的改革（増量改革）がレント・シーキングの機会を作り出し、経済システムの歪みを強化させると指摘した。最近の研究では、一九九〇年代以降に市場の分断化が次第に薄れて国内市場が統合されたのではなく、商品市場の表舞台から要素市場とりわけ資本市場へ移動したことが指摘されている（Boyreau-Debray and Wei, 2004, Li, 2006, Zhang and Tan, 2007）。

参考文献

浅沼信爾・小浜裕久『近代経済成長を求めて——開発経済学への招待』勁草書房、二〇〇七年。

朱炎「持続性に向けた内需拡大の政策・制度的課題」『中国経済の成長持続性』勁草書房、二〇一一年。

田中将吾・及川景太・奥田岳慶・中園善行「経常収支をめぐる理論的展開とマクロ計量モデルにおける海外部門の概要　独立行政法人経済産業研究所 RIETI Policy Discussion Paper Series 11-P-017、二〇一一年。

中兼和津次『開発経済学と現代中国』名古屋大学出版会、二〇一二年。

深尾京司・伊藤恵子「東アジアにおける工程間分業と中間財貿易の進展」『JBIC国際調査室報』第一号、二〇〇九年二月。

Bernanke, Ben S.（2005）"The Global Saving Glut and the U. S. Current Account Deficit", speech delivered for the Sandridge Lecture at the Virginia Association of Economists, Richmond, March 10, www.federalreserve.gov/boarddocs/speeches/2005/200503102/default.htm.

Bosworth, Barry and Susan M. Collins（2008）Accounting for Growth: Comparing China and India, *Journal of Econom-*

ic Perspectives Vol. 22(1) : 45–66.

Boyreau-Debray, Genevieve and Shang-Jin Wei (2004) Can China Grow Faster? A Diagnosis of the Fragmentation of Its Domestic Capital Market. IMF working paper No. 04/76.

Borensztein, Eduardo and Jonathan D. Ostry (1996) Accounting for China's Growth Performance, *The American Economic Review* Vol. 86(2) : 224–228

Cai, Fang (2012) Is There a "Middle-income Trap"? Theories, Experiences and Relevance to China, *China & World Economy* Vol. 20(1) : 49–61.

Chow, Gregory C. (2002) *China's Economic Transformation,* first edition. Malden, Massachusetts: Blackwell Publishers.

Chow, Gregory and An-loh Lin (2002) Accounting for Economic Growth in Taiwan and Mainland China: A Comparative Analysis, *Journal of Comparative Economics* Vol. 30 (3) : 507–530.

Crafts, Nicholas (1998) East Asian Growth Before and After the Crisis. IMF Working Papers WP/98/137.

Eichengreen, Barry, Donghyun Park, and Kwanho Shin (2012) When Fast-Growing Economies Slow Down: International Evidence and Implications for China, *Asian Economic Papers* Vol. 11 (1 : 42–87).

Holz, Carsten A. (2006) Measuring Chinese Productivity Growth, 1952–2005. Mimeo Social Science Division, Hong Kong University of Science and Technology.

Gill, Indermit and Homi Kharas (2007) An East Asian Renaissance: Ideas for Economic Growth. Washington: World Bank.

Kornai, Janos (1990). The Affinity Between Ownership Forms and Coordination Mechanisms: The Common Experience of Reform in Socialist Countries, *Journal of Economic Perspectives* Vol. 4(3) : 131–147.

Krugman, Paul (1994) The Myth of Asia's Miracle, *Foreign Affairs* Vol. 73 : 62–78.

Li, Jia (2006) China's Financial Market Fragmentation, 1978–2004, *Forum of International Development Studies* Vol. 32 : 115–135.

Lin, Justin Yifu (1992) Rural Reforms and Agricultural Growth in China, *American Economic Review* Vol. 82 (1) : 34–51.

Lin, Justin Yifu (1995) The Needam Puzzle: Why the Industrial Revolution Did Not Originate in China, *Economic Development and Cultural Change* Vol. 43 (2): 269-292.

Lin, Justin Yifu (2012) *Demystifying the Chinese Economy.* Cambridge: Cambridge University Press.

Maddison, Angus (2007) *Chinese Economic Performance in the Long Run,* 2nd edition. Paris: Development Centre of the OECD.

Meng, Xin, Nancy Qian and Pierre Yared (2010) The Institutional Causes of China's Great Famine, 1959-1961. NBER Working Paper No. 16361.

Naughton, Barry (2007) *The Chinese Economy : Transitions and Growth,* Cambridge: The MIT press.

Perkins, Dwight H. (1988) Reforming China's Economic System, *Journal of Economic Literature* Vol. 26(2): 601-645.

Perkins, Dwight H. and Thomas G. Rawski (2008) Perkins and Rawski, X in Brandt, Loren and Thomas G. Rawski (ed.), *China's Great Transformation,* Chapter 20. New York: Cambridge University Press.

Qian, Yingyi (1999) The Institutional Foundation of China's Market Transition. Stanford University, Department of Economics Working Papers No. 99011.

Qian, Yingyi, Roland Gerard and Chenggang Xu (1999) Why is China Different from Eastern Europe? Perspective from Organization Theory, *European Economic Review* Vol. 43 (4-6): 1085-1094.

Ravallion, Martin and Shaohua Chen (2007) China's (uneven) progress against poverty, *Journal of Development Economics* Vol. 82 (1:1-42).

Roland, Gerard (2001) Ten Years After … Transition and Economics, *IMF Staff Papers* Vol. 48:29-52.

Rosenstein-Rodan, P. N. (1943) The Problems of Industrialisation of Eastern and South- Eastern Europe, *The Economic Journal* Vol. 53, No. 210/211:202-211.

Sachs, Jeffery and Wing Thye Woo (1994) Structural Factors in the Economic Reforms of China, Eastern Europe, and the Former Soviet Union, *Economic Policy* Vol. 9(18): 101-145.

Sachs, Jeffrey D., Wing Thye Woo and Xiaokai Yang (1999) Economic Reforms and Constitutional Transition, *Annals of Economics and Finance* Vol. 1:435-491.

Sen, Amartya (1981) Poverty and Famines: An Essay on Entitlement and Deprivation. New York: Clarendon Press.

Similar remarks with updated data were presented for the Homer Jones Lecture, St. Louis, April 14, 2005, www.federalreserve.gov/boarddocs/speeches/2005/20050414/default.htm.

Williamson, John (1990) What Washington Means by Policy Reform, in John Williamson (ed.), *Latin American Adjustment : How Much Has Happened ?* Chapter 2. Washington D.C.: Peterson Institute for International Economics.

Young, Alwyn (1994) The Tyranny of Numbers: Confronting the Statistical Realities in the East Asian Growth Experience, NBER Working Paper No. 4680.

Young, Alwyn (2000a) Gold into Base Metals: Productivity Growth in the People's Republic of China during the Reform Period, NBER Working Paper No. 7856.

Young, Alwyn (2000b) The Razor's Edge: Distortions and Incremental Reform in the People's Republic of China, *The Quarterly Journal of Economics* Vol. 115 (4:1091-1135).

Zhang, Xiaobo and Kong-Yam Tan (2007) Incremental Reform and Distortions in China's Product and Factor Markets, *The World Bank Economic Review* Vol. 21 (2:279-299).

第7章　韓国の経済発展
――冷戦後の危機と発展――

黄　仁相

1　冷戦前後の韓国経済の概観

一九六〇年以後の経済発展

戦前の植民地の経験をもつ国として韓国の経済成長と発展は、開発途上国においては素晴らしいモデルのような存在となった。戦後の混乱期と朝鮮（韓国）戦争の廃墟からの過程は簡単ではなかったが、奇跡的な経済発展といえよう。特に、一九六〇年代初めからの輸出主導型の経済成長[1]を通して貧困から脱出し、いまやOECD[2]加盟国として先進国の仲間入りに成功した途上国としては今までも例がない。九一年の冷戦終結後の世界経済を迎えては、自由化とグローバリゼーションの波に乗り、八〇年代から引き続いて順調な経済の滑り出しを見せた。しかし、六〇年代の高度成長期から累積してきた政府主導の経済発展による歪んだ経済構造の後遺症は重傷になっていた。企業と産業の財務構造とガバナンスは負債が資本を何倍も上回る不健全な経営状態であり、その悪性の財務構造と企業体質は改善できないままであった。そのような歪んだ企業体質を後ろで支えたのは、政府による政策金融であり、金融システムの非効率性と累積する外債の問題は九七年のアジア金融危機を韓国に持ち込む火種となって、結果的に韓国経済は破綻した。

しかし、国際通貨基金（IMF[3]）の救済プログラムによる厳しい財政・金融構造改革と大企業中心の構造にメスを入れることによって、多くの経済専門家の予測とは異なり、韓国経済は、すばやい回復を見せて、金融危機以降二一世紀に入ってもまた新しい経済成長と繁栄の道を歩みはじめた。そして、韓国経済のシステムと企業は、特に財閥と金融機関は金融危機以前とは比べられないほどの競争力をもつ経済システム構築を可能にできた。韓国経済の現在は、国際貿易はＧＤＰの約一〇〇％までに上る世界でも有数の貿易大国になった。同時に、周辺国である中国の目覚ましい経済発展により、日本を含む北東アジアの経済規模も同時に拡大し成長した。北東アジアの貿易とＧＤＰ規模は米国市場を超え、これからの二一世紀の世界経済の中心的な場となることは明らかである。そして、この三カ国におけるＦＴＡ[4]による経済協力は、何よりもこの地域の発展と相互理解に役立つ。この章では、そのような二一世紀を迎えたいま、北東アジアの経済と貿易の中心国の一つである韓国経済の冷戦後の経済発展と課題と将来を見つめることにしたい。[5]

一九六〇年代初めからの朴正熙政権による産業化と近代化政策による経済発展は、現在の韓国経済のすべての基盤となっている。工業化、輸出主導型経済成長モデル、重化学産業育成、農村近代化など政治経済社会すべての部門において画期的な発展をもたらした。しかし、北朝鮮と向き合う冷戦の構造の中での独裁政治による近代化・工業化は同時に様々な負の遺産をのこしていることも否定できない。表７‐１は、冷戦前後の韓国の主要マクロ経済指標である。一九六〇年にわずか八〇ドルぐらいであった一人当たり国民所得が、二〇一一年現在は約二万五〇〇〇ドルまで伸びている。経済成長率は、六〇年代から七〇年代は、平均して毎年一〇％近い二桁成長を維持し、農業中心の貧困構造から克服し、製造業中心の産業化に成功した。しかし、賃金上昇と他の途上国からの競争の中で繊維などによる労働集約的な技術水準が低い産業による輸出と成長が限界に達し、七〇年代からは、莫大な設備投資と技術導入が必要になる重化学産業中心の産業構造転換に臨んだ。七〇年代と八〇年代は、成長の速度は少し落ちたといっても、それでも七〜一〇％台の高い成長率を維持した。この重化学産業中心の国家の投資戦略により、現在の韓国の財閥の台頭も始まった。財閥は政府の政策金融の恩恵を受けながら、政府と財閥の協力によって、重化学産業の受け皿産業を育成した。政府の管理による政策金融の影響で韓国金融市場は長い間、市場による利子率の決定よりは、政策的な金利采配が行われた。財閥は、政策金融の最大の受給者であった。このような金融市場の本来の市場機能を失われた対価は、後々アジア金融危機の時に韓国経済を破綻するきっかけとなったといえる。

表７-１　韓国の主要マクロ経済指標（1985～2011年）

	1985	1988	1991	1994	1997	1998	2001	2003	2006	2009	2011
一人当たり所得（US$）[1]	2,242	4,295	6,757	7,840	11,018	10,824	13,755	16,029	18,787	21,655	24,852
実質経済成長率（%）[2]	6.5	11.3	9.1	8.8	5.8	−5.7	4.0	2.8	5.2	0.3	3.6
消費者物価指数（%）	4.2	6.7	9.3	6.3	4.4	7.5	4.1	3.5	2.2	2.8	4.0
利子率（%）	10.0	10.0	18.9	10.5	11.8	15.2	7.7	6.2	6.0	5.7	5.8
失業率（%）	4.0	2.5	2.3	2.4	2.6	6.8	4.0	3.6	3.5	3.6	3.4
国内総貯蓄率対 GDP（%）[3]	29.8	39.3	36.2	35.2	35.0	37.1	31.3	32.2	31.0	29.9	31.8
国内総投資率対 GDP（%）[3]	30.3	31.1	39.1	36.4	35.7	25.2	29.3	30.0	29.7	26.2	29.4
経常収支率対 GDP（%）[3]	−0.2	6.3	−2.8	−0.8	−1.5	11.9	1.7	2.4	1.5	3.9	2.4
輸出率対 GDP（%）[3]	28.9	33.1	24.7	21.8	26.0	37.4	30.0	31.0	35.4	42.9	49.5
総外債率対 GNI（%）[4]	51.3	17.3	13.4	19.3	31.6	44.2	24.1	22.0	23.6	32.3	32.1
為替レート（won/US$）[5]	890.2	684.1	760.8	788.7	1,695.0	1,204.0	1,313.5	1,192.6	929.8	1,164.5	1,151.8

（注）　１）名目 GDP，２）実質 GDP 成長率，３）名目 GDP，４）GNI は名目国民総所得[6]．５）期末基準。
（出所）　韓国銀行，韓国統計庁，アジア開発銀行。

輸出による経済成長を掲げる韓国は、輸出の成長と同時に輸入もより速く成長することになった。重化学産業中心の経済成長戦略を始めた一九七〇年代からは、海外からの設備と機械などの資本財と素材と部品のような中間財の輸入が大きな割合を占めることになった。それによって韓国の貿易は、構造的な貿易赤字の体質になり始めた。[7]その貿易赤字の大きな部分を占めたのは、日本からの重化学産業の生産に必要な資本財と中間財の輸入であった。そのため、日本との恒常的な貿易赤字は一度も改善されたことはない。現在も、韓国の重化学製品の輸出のかなりの部分は、日本からの素材・部品に頼っている。

冷戦後のマクロ経済

マクロ経済から見る韓国経済は、安定的な物価水準と低い失業率を維持しながら、長い間成長し続けた。それを支えたのは、高い貯蓄率と投資率である。表7－1から分かるように、一九九〇年代から二〇〇〇年代に入っても平均して三〇％を超える国内貯蓄率であった。しかし、国内の高い貯蓄率はそれを超える高い投資を満たすことができなかったので、いつも国内貯蓄の不足分は海外からの債務によって補塡することになる。その多くの超過投資は貿易赤字の部分であり、機械・素材・部品などの重化学産業のための輸入であったと解釈される。一九八〇年代末の数年間だけ、韓国は初めての貿易黒字を経験したが、それもあっという間に消えて九〇年代に入ってまた赤字に転落することになった。その原因となったのは、九〇年代初めからの韓国ウォンの切り上げとそれによる韓国企業の国際競争力低下である。それで、九七年度にはタイから始まったアジア金融危機は、韓国経済までに影響し、企業と銀行の短期外債の累積による外債の支給能力を示す韓国の外貨準備高も底をついてしまい、[8]ついにＩＭＦによる救済プログラムの助けを求めることになった。しかし、大きなマクロ経済の構造転換をもたらした九七年のアジア金融危機を経てから、韓国経済の最大の問題であった政策金融による財閥と金融機関の非効率的な経営問題は改善され、韓国経済は新しい飛躍をすることになった。経済成長率はもはや高くても五～七％ぐらいであったが、貿易赤字は消えて、貿易黒字の連続である。危機以降、短期外債も長期外債も急落しはじめ、韓国銀行などの中央経済部署は外債率と外貨準備高をいつも管理するようになった。外貨準備高も貿易黒字の影響で毎年安定的に増加していて、アジア金融危機のような様子はない。アジア金融危機以降、韓国経済の自由化・成熟化は進んでおり、より国際競争力を持ち、安定的な経済構造になったといえる。韓国の貿易対ＧＤＰの割合は二〇一一年にはほぼ一〇〇％に近い。しかし、国際金融市場と為替の影響に敏感に左右されているが、それを事前に察知し、敏感に反応する経済システムも働いているといえる。

2　韓国の高度経済成長の源泉と後遺症

高度経済成長の二重性

韓国経済成長の源泉とは何か。いままでの研究成果などを吟味すると、以下のような要因に絞ることができる。第一に、勤勉で質の高い労働力の存在と高い教育熱による人的資本の蓄積である。一九六〇～七〇年代の経済成長は、労働集約的な製造業の影響が大きい。それ以後の経済成長には韓国の高い教育投資による優秀な人材の供給ができたからである。第二に、輸出主導型の経済戦略である。国内の市場の制約を乗り越え、世界市場に進出による規模の経済と貿易による様々な利益を共有できる。しかし、貿易依存度が高くなる一方で為替などの国外のマクロ経済事情が韓国経済にリスクとして現れることになる。第三に、市場機能を維持しながらも、政府の強力なリーダーシップによる経済・産業育成政策の施行である。政府の役割は、市場の機能を監視と管理だけの働きを超え、国家による産業政策の施行と金融資金の調達と配分に深く介入することによって金融システムは歪むことになり、金融機関の本来の機能である融資の審査・査定、競争的で効率的な資金配分の役割を学ぶことはできないまま、アジア金融危機を迎えることになる。第四に、企業群の育成と企業による技術革新である。財閥の誕生と成長はまさに、韓国経済成長と共にしてきた。しかし、アジア金融危機には財閥の無謀な事業拡大による経営悪化と外債の増大による金融リスクは急激に増え、韓国経済破綻の直接的原因となった。財閥もまた構造調整を迎えることになった。以上に説明したように、韓国経済成長の要因は、人的資本を除いては、すべての要因には、正と負の働きが両立することに注目する必要がある。新古典派経済学のソローの成長理論（一九五七）では技術革新が一番の重要な成長のカギであるが、その技術革新を行うためには、人的資本なしに

表7-2　韓国経済成長率の分解（1963～95年）[1)]

（%）

	1963～73年	1973～86年	1979～95年
実質 GNP 成長率[2)]	9.5	7.8	8.0
労働成長率	3.2（33.6）[3)]	2.2（28.2）	2.6（32.5）
資本成長率	2.2（23.1）	1.9（24.4）	1.8（22.5）
全要素生産性成長率[4]	4.1（43.2）	3.7（47.4）	3.6（45.0）

（注）　1）ソローによる経済成長率の分解。2）GNP 成長率は年平均成長率，3）寄与率は年平均成長率に占める各要素の割合，4）全要素生産性成長率といい，技術進歩率として利用される。

（出所）　1963～73年の結果は Song（1982）の論文から，1963～95年と1979～95年の結果は Kim and Hong（1997）の論文からの引用である。

は果たせないので、人的資本と技術革新は、まさにコインの表と裏のような関係であるといえる。

表7-2は、一九六三年から九五年までの韓国の経済成長の源泉をソローの成長理論（一九五七）によって紹介する。生産要素としては、労働と資本だけである。労働の成長率と寄与率は、六〇年代から八〇年代に入り減少したが、九〇年代になると少し回復したように見える。資本の成長率は、九〇年代までに安定的な成長率と寄与率を見せている。ソロー成長理論の核心である全要素生産性[10]の成長率は、技術進歩率として解釈されるが、六〇年代から九〇年代までの韓国経済成長率は、四〇%以上の技術進歩率の寄与によるとの結果である。これは、クルーグマン（Krugman, 1994）によるアジア経済成長は、技術によるものではなく労働と資本という投入要素の蓄積によるものであったとの結果を否定している。韓国経済が五〇年間も成長を続けている背景に生産要素成長だけでは説明できない。むしろ、七〇年代以降の重化学産業化と八〇年代以降の電子産業、自動車産業およびIT産業の成長は、技術革新と技術導入がなければできない結果である。特に、財閥企業は過度投資などで批判もされたが、韓国の最先端技術の開発と研究に対するR&D投資と技術革新は、主に財閥中心に行われたのも事実である。特に、財閥企業によるR&D投資はそのような技術進歩を可能にしてきた。また、韓国の伝統的に強い教育熱は新しい技術学習、技術導入、技術革新を支えてきた根本的な要因であったといえる。

表7－3　年齢別後期中等教育履修率（2008年）（％）

年齢別	韓国	日本	米国
26～64歳	79	84	89
25～34歳	98	94	88
35～44歳	98	94	89
45～55歳	68	82	89
55～64歳	40	65	89

（注）　後期中等教育は高等教育を意味する。履修率は，該当する年齢帯における人口の中での後期中等教育を履修した人口の割合である。2）日本は2003年のデータである。
（出所）　The Ministry of Education and Science,（2010）「OECD Education Index」.

表7－4　学生一人当たりの教育費年間比較
（単位：US$）

		韓国	日本	米国
小学校	1997	3,308	5,073	3,490
	2002	3,553	7,231	4,537
	2007	5,437	7,383	5,548
中等学校	1997	3,518	6,284	6,149
	2002	5,882	7,568	7,025
	2007	7,860	8,004	7,841
高等学校	1997	6,844	5,972	9,466
	2002	6,047	8,636	10,999
	2007	8,920	8,673	13,823

（注）　購買力指数換算。全日制学校のみ。アメリカは，公立学校と独立形私立学校である。
（出所）　The Ministry of Education and Science,（2010）「OECD Education Index」.

教育投資と人的資本の成長　では、韓国の人的資本の形成に関する結果を見てみよう。表7－3は、年齢別の後期中等教育の平均履修割合である。年齢が高くなるほど後期中等教育履修の割合は下がる。それは、五十代以上の年齢ではその本人たちが若い頃の両親の低い所得水準を反映し、それで後期中等教育履修は難しかったことを示す。しかし、二十代から四十代半ばまでの中等教育の履修率は、その人たちの両親の時の所得水準が高くなったことを反映して非常に高い九八％であり、日米の水準を超えている。

また表7－4のように、教育費支出(11)による韓国、日本および米国と比較しても、韓国の政府による教育支援が大きかったことが確認できる。二〇〇七年基準では、初等教育と中等教育は米国の水準を超えている。大学教育では、日本を超えているが米国水準にはまだ達していない。全体的に、韓国政府による教育費支出はすでに先進国並みになっていることが確認できる。特に興味深いのは、どの段階の教育が韓国経済成長に直接影響を与えているかである。様々な教育機関による経済成長に対する影響に関する研究結果（Jang and Kim, 2006）によると、初等教育よりも中等教育の影響が経済成長により大きな結果を示している。

しかし、大学教育の効果を確認することはできなかった。これからの課題は、大学教育の質と水準を米国などの先進国水準に向上させることが国家的な課題であるといえる。それなしに、韓国経済と社会の持続的な発展と成長は不可能であると見ている。なぜなら、韓国経済はいまや製造業でも最先端の製品の生産と輸出に頼っていること、金融産業も国際競争力を持つためには、より才能ある人材を国内から供給されなければ、その産業と製品の質の向上と技術革新を行うことはできない。大学教育から輩出される優秀な人材が将来の企業の技術開発と金融サービスなどの高度の製品とサービスに直接加わるので、大学教育の水準は、将来の韓国経済の持続的な経済発展に直接影響するであろう。

3　アジア金融危機と構造改革

金融自由化と金融危機

一九九七年度の初め頃から東南アジアに始まった金融危機は、韓国までは及ばないと当初は傍観されていたが、結局は韓国もその災難に伝染された。韓国がＩＭＦの金融支援プログラムに頼ることになったのはなぜか。それを簡単にまとめてみる。

第一に、韓国は長い期間、国内の金融市場を市場の論理により強化せず、政府による管理によって金融資金を配分したので、金融機関本来の機能である投資先に対する監査・査定、そして競争的で効率的な金融産業の育成ができなかった。第二に、当時の金泳三政権は、ＯＥＣＤ加盟を目標とし、国内の金融市場を監視・管理機能などの準備措置もなしに、金融市場の国際化と自由化を先に行った（Choi, 2009）。その結果、各企業と銀行は独自で短期資金を海外から直接調達できたが、韓国の中央銀行と担当部署は、国全体での外債の運営と管理など詳しい情報を入

図７－１　アジア金融の時のアジア各国の為替レート

（注）　マレーシア・リンギット，タイ・バーツ，インドネシア・ルピア，そして韓国ウォンの US ドルに対する毎月の為替レート。期末レートである。1997年の１月基準。

（出所）　韓国銀行。

手することはできなかった。第三に、財閥の無謀な投資傾向である。財閥は政府の保護により成長したので、絶対倒産しないとされていた。それで、財閥の多くは採算性や競争性などを考慮なしに、無謀にも事業多様化と規模拡大によって、国内企業同士でも採算性も国際競争力も考慮しないで中腹投資が多く行われた。そのための金融資金の新しい供給先として、財閥と銀行は、金融自由化による投資資金をより短期外債に頼るようになる。結局、利益を上げても利子払いにまかなう費用が大きくなっていく悪循環で、実際の事業採算性は悪くなるばかりの構造である。第四に、九〇年代に入ってからの韓国経済の競争力の低下である。ウォンの価値は上昇しはじめ、輸出は伸び悩み、それで経常赤字は大きくなる。韓国政府と企業は透明性と信頼性を国際社会に示すことができないまま、海外投資家の信用が急落し、海外からの金融資金はどんどん韓国から流出し始め、各企業と銀行の短期外債[12]の期間延長（Roll Over）ができなくなり、外貨準備高も底を示し、ついにＩＭＦの救済プログラムに頼ることになった。図７－１は、

表7-5　韓国の外債，外貨準備高，経常収支

区分（年）	1994	1997	1998	2001	2004	2007	2010	2011
短期外債 （%）[1)]	38,451 (149.77)	63,757 (312.45)	39,580 (76.06)	40,293 (39.19)	56,348 (28.31)	160,249 (61.11)	139,763 (47.93)	137,369 (44.83)
長期外債 （%）[1)]	45,171 (175.95)	103,524 (507.33)	115,882 (222.68)	81,053 (78.83)	94,278 (47.36)	173,179 (66.04)	219,995 (75.45)	261,355 (85.30)
総外債 （%）[1)]	83,622 (325.72)	167,281 (819.79)	155,462 (298.73)	121,346 (118.02)	150,625 (75.67)	333,428 (127.15)	359,757 (123.39)	398,724 (130.13)
総外貨準備高 （%）[2)]	25,673 (　5.91)	20,405 (　3.86)	52,041 (14.78)	102,821 (20.42)	199,066 (27.47)	262,224 (24.95)	291,571 (28.70)	306,402 (27.37)
経常収支率 （%）[3)]	−0.81	−1.55	12.11	1.67	4.46	2.07	2.89	2.37

（注）100万 USドル基準。1）各外債の外貨準備高に対する比率。2）総外貨準備高対名目国民総所得（GNI）の割合。3）経常収支率は，韓国の経常収支額の国民総所得（GNI）に占める割合である。

（出所）韓国銀行。

アジア各国のドル表示通貨の急な切り下げを示している。韓国のウォンは、他のアジア各国よりは遅く、九七年一〇月頃から急な切り下げを経験した。それは、他のアジアの国よりはマクロ経済はすべての面において健全であったとの見解から、金融危機は当初は韓国までには及ばないと見ていたことがうかがえる。

　韓国が金融危機に入る直接の原因は、金融自由化による急激な短期外債の増加であり、それに比べて保有する外貨準備が不足していたことである。表7-5と図7-2にそのような外債と外貨準備高の流れを紹介している。一九九七年には、短期外債は外貨準備高に比べ三一二%、長期外債は五〇七%であり、総外債対外貨準備高の割合は八二〇%までに上った。外貨準備高をはるかに超える外債の増加であり、特に短期外債の増加は、韓国の外貨準備高を圧迫し、国家破産の危険を増すことになった。一九九七年一二月にIMFの救済プログラムに助けを求め、それからIMFによる厳しい構造調整を経験する。その影響はすぐ現れた。一九九八年の短期外債は一九九七年の三一二%から七六%までに急激に下がり、長期外債も五〇七%から二二三%までに[13]下がった。それ以降、構造改革と輸出の伸びにより、経常収支は黒字に変わって、二〇〇一年にはIMFから導入された資金を予定よりも何年も

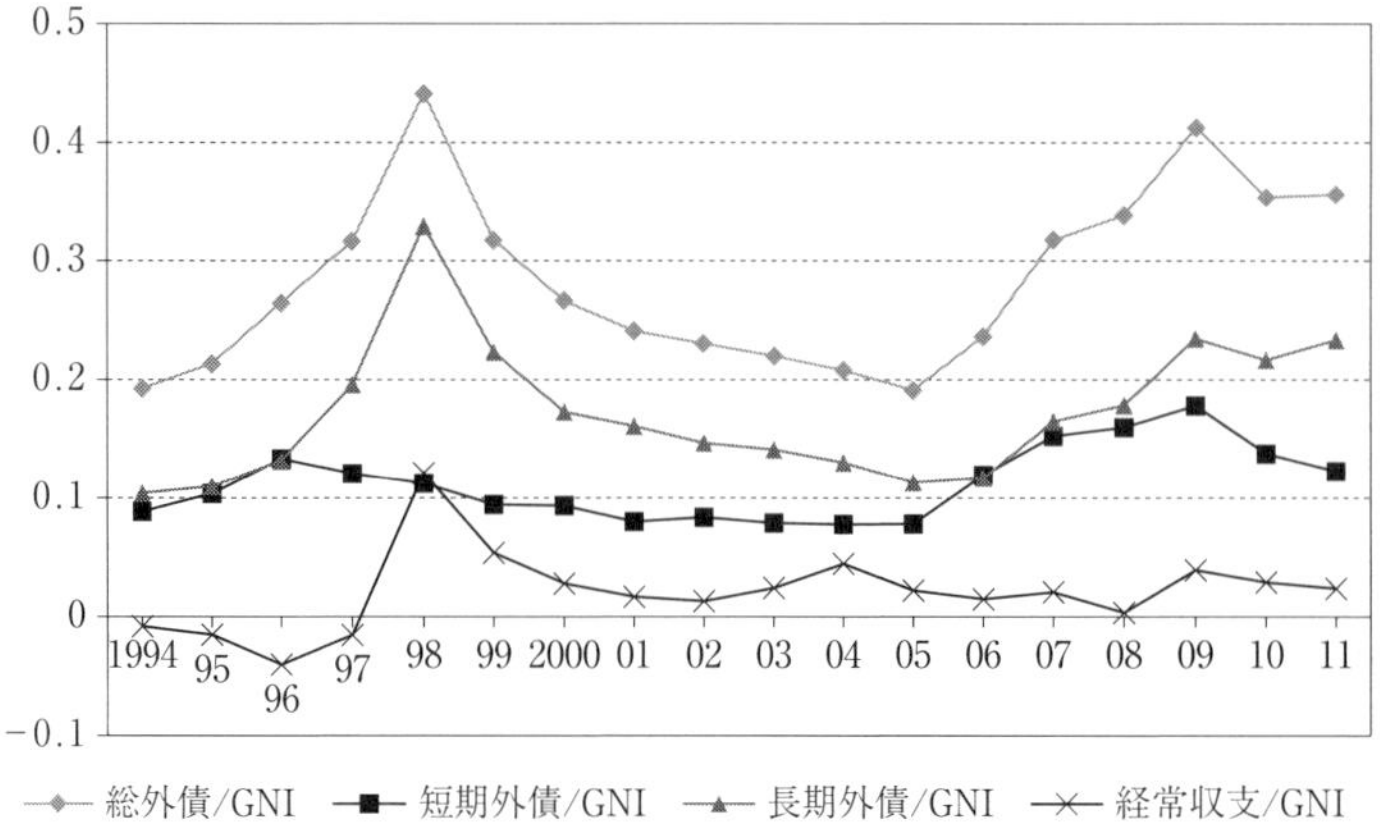

図7－2　アジア金融危機の時の韓国の外債のトレンド

（注）GNI（国民総所得）は名目額である。

（出所）韓国銀行。

早く完済できた。それでＩＭＦ管理からも完全自由になった。二〇一一年には、総外債率も一三〇％までに下がっているし、経常収支率は二・四％であった。

ＩＭＦによる韓国経済にメスを入れる構造改革は、大きく四つの部門に分けられる。

マクロ構造改革

第一に、マクロ経済全般の健全化。第二に、金融市場と金融機関の改革。非効率的で非健全な経営状態の金融機関を退出させ、また金融機関同士の合併による金融機関の健全化を図る。特に、ＢＩＳによる自己資本比率[14]を八％以上にすることで金融機関の健全化を図った。第三に、財閥の構造調整。財閥間の取引により、より競争力を持つような部門に集中できるような事業の整理を行う。それで財閥の負債資本比率（Debt Equity Ratio）[15]の削減と売上純利益率（net profits on sales）[16]の向上を図った（Lee and Lee, 2008）。第四に、労働市場の改革である。企業の経営状況によって一時解雇（Lay off）[17]ができるように制度を整備した。ＩＭＦによる韓国経済に対する厳しい構造調整の一部項目にはその実効性と根拠から内外からの批判もあった。特に、韓国の財政収支は危機以前からも黒字があるにもかかわらず緊縮財政は国内景気をさらに悪化させ、同時に高利子率による緊縮金融政策は、国内企業の倒産に拍車をかけた。さらに、労働市場の改革も、労働者からの大きな抵抗があった。アジア金融危機の後は、すぐマクロ経済は回復していたが、所得の不平等を表すジニ係数（GINI coefficient）[18]は危機以前より高くなり、所得の分配は偏っていることが分かった。また、金融危機直後の失業率は六・八％までに上り、企業は正規雇用を減らし、非正規雇用は増やすことになった。不安定な雇用状態は韓国社会全体に様々な社会問題をもたらした。

4　北東アジアの貿易の中心地としての韓国経済

北東アジアの貿易と韓国経済

韓国経済成長の原動力はやはり国際貿易である。国際貿易なしには韓国経済を語ることはできない。表7-6は日本、中国、米国との貿易関係と韓国の貿易依存度を紹介している。韓国の貿易はアジア金融危機以降、中国との貿易が著しく伸びるようになり、二〇〇四年からは韓国の最大の貿易相手国は、米国を抜いて中国になった。それで、以前の一九九〇年代までの日本と米国中心の貿易構造からはだいぶ変わっている。同時に、中国との貿易では貿易黒字を毎年実現し、韓国の貿易黒字の形成に大きな割合を占めるようになった。反面、日本との貿易では慢性的な貿易赤字は変わっていない。アジア金融危機以降の韓国経済はより国際貿易中心の経済構造が明らかになった。二〇一一年では総貿易がGDPに占める割合は九六％になり、世界でも有数の貿易中心の国になっている。総貿易黒字も危機以降堅調な形で定着している。

このような状況で韓国、中国、日本の貿易が世界全体に占める割合も年々伸びている。表7-7と図7-3は韓国、中国、日本および台湾の世界貿易量に占める割合を見せている。二〇〇八年には、台湾までも入れた四カ国の世界貿易に占める割合は一七％に上った。特に二〇〇四年からは、世界貿易に対する中国が占める割合は、日本を超えることになった。それで、これからの北東アジア地域の貿易量と経済規模は世界一となり、二一世紀の世界経済と国際貿易の中心地域といえるであろう。九〇年代前はアメリカによる世界経済の成長が実現したいといえば、これからの二一世紀は中国を中心とする北東アジアの経済と貿易により、世界経済の繁栄は持続するようになると

表7-6　主要貿易相手国との貿易比重及び韓国の貿易依存度

区分（年）	1994	1997	1998	2001	2004	2007	2010	2011
中　国 （%）[1]	11,665.2 (5.73)	23,546.4 (8.15)	18,469.2 (8.16)	31,492.9 (10.78)	79,348.1 (16.57)	145,013 (19.85)	188,411.6 (21.02)	220,630.8 (20.28)
米　国 （%）[1]	43,200 (20.77)	51,842.4 (17.95)	43,498.8 (19.22)	53,788.7 (18.41)	71,945.3 (15.03)	83,277.5 (11.40)	90,580.6 (10.11)	101,232.8 (9.30)
日　本 （%）[1]	38,912.4 (19.10)	42,607.2 (14.75)	29,104.8 (12.86)	43,139.2 (14.77)	67,845.8 (14.17)	82,620.3 (11.31)	92,472.4 (10.32)	108,014.4 (9.93)
貿易依存度（%）[2]	44.33	52.66	62.70	57.34	66.53	70.71	87.00	96.22

（注）　1）100万 US ドル基準。韓国の総貿易額に占める中国，アメリカ，日本との貿易比重である。総貿易とは輸出と輸入の合計である。
　　　2）貿易依存度は，韓国の GDP に対する総貿易の割合である。
（出所）　韓国銀行とアジア開発銀行。

表7-7　東アジア主要4カ国の世界貿易シェア

（%）

区分（年）	1988	1991	1994	1997	2000	2003	2006	2008
韓　国	0.0189	0.0220	0.0237	0.0251	0.0257	0.0246	0.0261	0.0268
日　本	0.0823	0.0792	0.0802	0.0678	0.0662	0.0564	0.0505	0.0482
中　国	0.0187	0.0195	0.0282	0.0290	0.0366	0.0561	0.0723	0.0799
台　湾	0.0201	0.0200	0.0213	0.0210	0.0222	0.0179	0.0175	0.0155
合　計	0.1399	0.1407	0.1534	0.1429	0.1507	0.1550	0.1663	0.1703

（注）　100万ドル基準。各国の輸出額が世界総輸出額に占める割合。
（出所）　アジア開発銀行と韓国銀行。

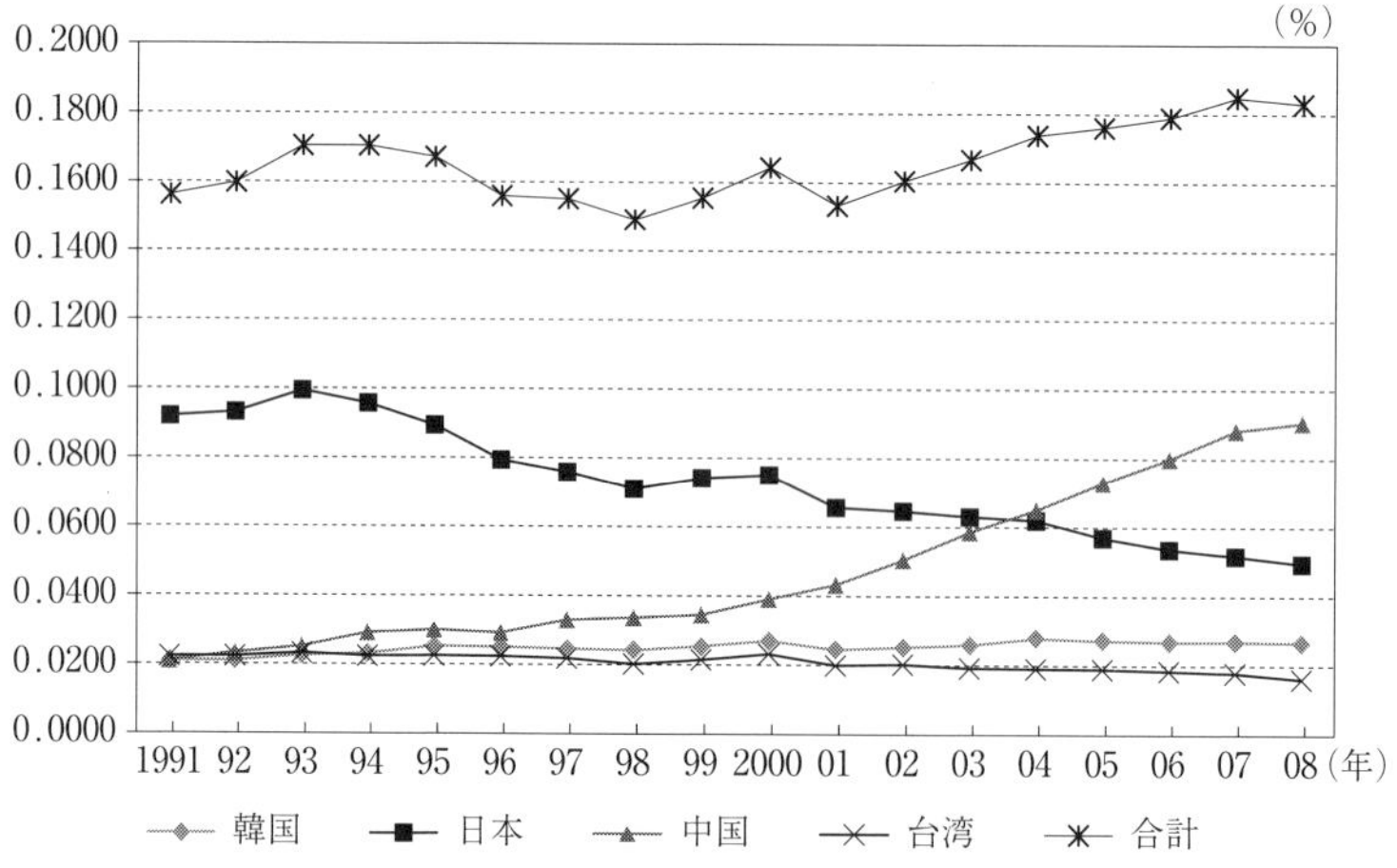

図7-3　東アジア主要4カ国の世界総輸出額に対する輸出シェア
（注）　100万 US ドル基準。
（出所）　アジア開発銀行と韓国銀行。

予測する。

また、韓国、中国、日本の間では、近年域内貿易の増加が著しい（小平、二〇一〇）。同時に、日中韓での分業形態の確立により、それぞれの国においての競争力のある産業中心の成長をしてきたことがうかがえる（金、二〇一〇）。しかし、中国と韓国の技術水準の上昇により、本来それぞれの国が得意とした産業の区別も当然少なくなるであろう。韓国は日本からの中間財と資本財の輸入に頼る産業構造であり、日本との貿易は慢性的な赤字である。日本は中国から大量の中間財と消費財の輸入が先行し、貿易赤字になっている。中国は、韓国からの中間財と資本財の輸入により対韓国貿易は常に赤字である。上記のような三カ国の技術水準と相対的競争優位などを考慮すると、いち早く三カ国間でFTAを締結し、FTAによる恩恵を受けることによって韓国、日本と中国すべての国の経済発展と成長によい影響を与えることは間違いない。

北東アジアの発展と安定に向けて

冷戦後の韓国経済の成長と危機と展望をこの章では分析した。韓国経済の成長と発展は冷戦後にも栄えることになったが、しかし、冷戦後に迎えた金融セクターの自由化と韓国の企業のグローバリゼーションは十分な準備と必要な自制能力を伴わないで進んだ結果、金融危機を招いた。それで、韓国経済と社会は大きな被害を被むることになった。しかし、IMFの緊急救済のプログラムによる大手術ではあったが、韓国経済の再生には必要であったことも否定できない。アジア金融危機後の韓国経済の回復ぶりはまた驚くべきものであった。特に韓国の貿易総額は、二〇〇〇年には世界一三位だったが、〇三年に一二位、〇七年一一位、〇九年一〇位、一〇年には九位と上昇し続けてきた。二〇一二年には世界で八番目の貿易大国になる予測で、一人当たり国民所得の水準においても先進国の仲間入りに成功している。

しかし、現在の韓国経済の上昇局面を維持することはそう簡単ではない。韓国は、近年アメリカとユーロなど世界各国とのFTA提携を利用して韓国企業の海外進出と輸出拡大に向けて積極的である。韓国経済の貿易依存度がこれからもさらに高くなることは必至であり[19]、それに伴い国際金融市場の影響も懸念される。しかし、二〇〇八年に起きた世界金融危機（Global Financial Crisis）の嵐の中でも韓国経済は堅調なマクロ経済環境と経済成長をし続けることで以前のような金融危機におかれることはないかのように見える。そのためには、経常収支の黒字の持続と企業経営の健全性とグローバル経済に勝ち抜くまでの国際競争力の維持が重要である。財閥など企業の企業革新と技術革新にもっと集中するべきであり、国としては大学教育の改革などを通して人的資本育成に邁進するべきである。同時に、北東アジアの貿易と生産の中心地域として韓国・中国・日本の経済の発展、そして三カ国のＦＴＡは、これらの国の発展と安定とともに世界経済に貢献するであろう。

注

（1）輸出のための生産と輸入には金融と税金などのいろいろな面からの特別な恩恵を優先的に与えて、輸出向けの産業に特化し、経済成長を目指す経済成長の一つのパターン。

（2）ＯＥＣＤ（Organization for Economic Co-operation and Development：経済協力開発機構）はヨーロッパ諸国を中心に日・米を含め三四カ国の先進国が加盟する国際機関である。

（3）国際通貨基金（IMF：International Monetary fund）は、通貨と為替相場の安定化を目的とした国際連合の専門機関本部はアメリカ合衆国のワシントンＤＣ。二〇一一年九月現在の加盟国は一八七カ国。

（4）ＧＤＰ（Gross Domestic Product：国内総生産）は、一年間に国内で生産された付加価値の合計を指す。

（5）ＦＴＡはFree Trade Agreementのことで自由貿易協定を指す。二カ国以上の国や地域が相互に関税や輸入割当など、その他の貿易制限的な措置を一定の期間内に撤廃あるいは削減することを定めた協定である。関税や非関税障壁をなくすことで締結国・地域の間で自由な貿易を実現し、貿易や投資の拡大を目指すものである。

（6）国民総所得（GNI：Gross National Income）とは、ある一定期間にある国民によって新しく生産された財（商品）やサービスの付加価値の総計。国内総生産（GDP：Gross Domestic Product）に「海外からの所得の純受取」を加えたものである。

（7）貿易赤字は輸出と輸入の差がマイナスの時をいい、その反対は貿易黒字である。

（8）外貨準備高（foreign reserve）とは、中央銀行あるいは中央政府などの金融当局が保持している外貨の量である。ＵＳドルで表記する。

（9）貿易依存度は、輸出と輸入の合計額をＧＤＰで割ったものである。
（10）全要素生産性（Total Factor Productivity）の成長率とは、労働と資本のような投入要素以外による成長率である。ソロー残差（Solow Residual）ともいう。
（11）教育費支出と教育履修率は経済学でいうフローの概念であり、人的資本の影響を正しく計測したい場合は、フローデータよりもストックデータが望ましい。
（12）短期外債とは、借入期間が一年以内の外債を指す。
（13）経常収支は、経常取引に伴って生ずる受け払いの関係を示す勘定の収支。貿易収支、貿易外収支、移転収支からなる。
（14）ＢＩＳ（Bank for International Settlements：国際決済銀行）による総資本に対する自己資本の比率。
（15）負債（Debt）は資本（Equity）でまかなえることが望ましいという見方から、長期の支払い能力（安全性）を見るときに使われる指標。値が一を上回ると負債が多く、一以下なら資本が多いことである。
（16）売上純利益率は、直近の報告期間の売上高に対する帰属利益の比率を表わすもので、以下のように計算される。売上純利益率＝（純利益÷売上高）×一〇〇（％）
（17）不況による操業短縮などに際し、余剰となった従業員を景気回復後に再雇用する条件で一時解雇する制度。
（18）主に社会における所得分配の不平等さを測る指標。ジニ（Gini）というイタリアの統計学者が開発。ジニ係数は〇から一までの数字を表す。〇になると、完全平等で一になると完全不平等を示す。
（19）二〇〇七年のアメリカの住宅バブル崩壊に端を発し、二〇一二年現在に至るまで続いている国際的な金融危機のことである。これを発端とした経済不況の世界的連鎖は世界同時不況とも呼ばれる。

参考文献

小平雄平「東アジア内需と九州県」福井県立大学編『東アジアと地域経済二〇一〇』京都大学学術出版会、二〇一〇年。

金昌男「二一世紀北東アジア地域の国際分業体系と韓国の選択」福井県立大学編『東アジアと地域経済二〇一〇』京都大学学術出版会、二〇一〇年。

Choi, Ji Young (2009), Rethinking Economic Development and The Financial Crisis in South Korea and the State in an Era of Globalization, *Journal of Third World Studies*, Vol. XXVI (2), pp. 203-226.

Jung, Duck-Koo and Eichengreen, Barry (2004), *The Korean Economy Beyond the Crisis,* Edward Elgar.

Krugman, Paul (1994), The Myth of Asia's Miracle, *Foreign Affairs*, 73, pp. 62-78.

Lee, Keun and Lee, Chung H. (2008), The Miracle to Crisis and the Mirage of the Postcrisis Reform in Korea, *Journal of Asian Economics* 19, pp. 425-437.

Solow, Robert M, "Technical Change and the Aggregate Production Function," *The Review of Economics and Statistics,* 1957, Vol. 39(3), pp. 312-320.

Song, Byung Nak (1982), The pattern of Korean Growth, 1963-1973: An International Perspective with Special Consideration of the Japanese Pattern," *Korean Economic Journal.*

Song, Byung Nak (2003), *The Rise of the Korean Economy,* Oxford University Press.

Kim, Kwang Suk and Hong Sung Duk (1997), *Accounting for Rapid Economic Growth in Korea 1963-1995,* Seoul, Korea Development Institute.

Kang, Soonhee, Yun, Sukchon, and Park, Sungjun (2011), *The Evaluation of Human Capital Investment in Korea,* Korea Labor Institute.

The Ministry of Education and Science of Korea (2010), *OECD Education Index.*

Jang, Changwon and Kim, Sangho (2006), *Human capital Development and Economic Growth,* Korea Research Institute of Vocational Education and Training.

第8章　ロシアの経済発展
——「資源の呪い」という課題——

小山洋司

他のポスト社会主義諸国と比べると、ロシアの際立った特徴はその地理的な広大さと豊富な天然資源にある。マイケル・エルマンは著書『ロシアの石油と天然ガス——大当たりか、それとも呪いか』で、豊富なエネルギー資源を持つ国々はその資源から大きな利益を得る場合もあるが、逆にそうでない場合（「資源の呪い」）もあると述べている。[1] 一九九〇年代のロシアはその後者の事例に相当するかもしれない。

本章では、次の点を考察する。まず、ノーメンクラトゥーラ（赤い特権階級）が存在したものの、旧ソ連はかなり平等主義的な社会であった。それが市場経済化のプロセスで短期間に格差社会に変わり、とくにオリガルヒと呼ばれる億万長者が出現したが、どうしてそのようなことが起きたのかという問題を考察する。次に、プーチン政権下での経済発展の動因は何か、そしてその経済政策の特徴は何かを考察し、最後に、環日本海経済圏の重要なアクターであるロシア極東を見ていくことにする。

1　エリツィン時代

市場経済移行

エリツィン大統領の下で、それまでの国家主導の計画経済という極端から開放的な市場経済というもう一つの極端へと動いた。国家の役割は著しく低下した。ガイダール首相代行の主導の下で経済改革が一九九二年一月にスタートした。ポーランドで実施されたショック療法型改革を二年遅れでロシアで実施したことになる。それは、ＩＭＦのアドバイス（ワシントン・コンセンサス）に従っていた。ワシントン・コンセンサスとは、(1)価格、貿易、為替、資本移動の自由化、(2)マクロ経済の安定化、すなわちインフレ克服のための財政・金融政策、(3)構造改革（企業民営化）の三つの政策パッケージであった。ガイダール自身、市場原理主義者であった。ジェフリー・サックス（ハーバード大学教授）やＩＭＦのエコノミストたちが市場経済移行を非常に安易に考えていたことは、「中央計画化の官僚たちが場を明け渡すやいなや市場がわき出てくる」(2)というサックスの言葉からも明らかである。ガイダールやサックスはナイーヴであった。

カルチャーの違いを指摘する西側エコノミストも多い。例えば、アメリカのロシア経済研究の権威であるゴールドマンは、「今日のロシアにふさわしいビジネス・コード（基準）をつくる土台となるようなそれが、歴史上ロシアに欠けている」と指摘し、「生体内部に有機的な受け入れの条件を欠いたまま肝臓移植をしても、拒絶反応が起きてしまう。質の違うビジネス・コードを移植しても、同様」（ゴールドマン、二〇〇三：六七～六八）だと述べている。実際、ガイダールが主導したショック療法型改革は猛烈なインフレ（一年間に二六倍）と生産の低下（一九九七年まで続く）を引き起こした。彼は、価格を自由化しても物価は最初の一年間に三倍程度上昇するだけだと国民に説明していたので、この猛烈なインフレは本当にショックであり、国民の強い不満を招いた。一年後の九二年一二月にガイダールは更迭された。しかし、首相がチェルノムイルジンに代わってからも、民営化（私営化とも訳すことができる）のスピードは変わらなかった。アナトリー・チュバイスが国営企業民営化の責任者であった。ポーランドの場合、その準備に五年もかけているのに対して、彼は民営化を非常に急いだ。その際の彼の主たる関心は、共産主義への復帰を阻止するという政治的なものにあった。

一九九二年秋、額面価値一万ルーブルのバウチャー（株式と交換できる民営化小切手）が国民全員に一人一枚ずつ配布された。ところが、数年もしないうちに、オリガルヒ（新興財閥）が出現した。結局、バウチャーは大きな役割を果たさなかった。ゴールドマンによると、ロシアに新たな登場したオリガルヒは、三種類に大別できる。第一は国有企業の元企業長たち、第二は共産主義時代の「ノーメンクラトゥーラ」（赤い特権階級）の上層幹部、第三は八七年までソビエト社会の外まわりにいた人たちであった（ゴールドマン、二〇〇三：一七九）。彼らはすでにペレストロイカの時期、とくに事実上の私企業を認めた八七年の協同組合法以降、素早くかつ巧妙に動き出した。例えば、ガス工業省の大臣であったチェルノムイルジン（九二年五月から副首相、同年一二月から九八年三月まで首相）は、すでに八九年八月、ガス工業省の生産・精製・供給各部門の資産をまとめて、独立した単一の国有株式会社「ガスプロム」を設立した。これの株式は一〇〇％国家が所有するが、彼自身はこの会社の取締役会会長兼ＣＥＯ（最高経営責任者）に就任した（ゴールドマン、二〇〇三：一八四）。九二年秋のバウチャー配布で、ロシアの国民全員が市場経済化に向けて同じスタートラインについたように見えるが、実はそうではなかった。さらに、市場経済とは何か、バウチャーとは何かを理解できない多くの人々がいる一方、資源のありかや役所の権限などを熟知し、人的ネットワークを持つ「ノーメンクラトゥーラ」がおり、両者の間には情報の非対称性が存在した。

小売商店やレストランの民営化は一九九二年前半に実施された。問題は大企業の民営化であった。当初の案（第一方式）は、企業の労働集団に議決権のある株の一五％、議決権のない株の二五％を配分するというものであった。これではアウトサイダーによる乗っ取りを許すだけだと企業幹部層は反発し、ロビー活動に乗り出した。ロシア産業家・企業家連盟の会長のヴォリスキーの警告を受けて、ロシア最高会議は修正・拡大した民営化法を採択し、第二方式と第三方式が生まれたが、重要なのは第二方式である。これは、企業のおよそ七五％が採用したが、ゴールドマンに言わせると、企業長ら経営幹部に対して降伏した方式であった。株式の五一％はまず労使双方からなる労働集団が買い取り、その残りが一般に開放された。価格は発行価格ではなく九二年七月一日現在の簿価の一・七倍とされた。ハイパーインフレのおかげで、一株当たりの株価ははなはだ低額となった。しかも株の購入は現金でなくとも半分は国から無償交付されるバウチャーで支払ってもよいとされ、しばらくすると八〇％まで可とされた。体制転換後、ロシアでは雨後の竹の子の如く数多くの銀行が出現したが、企業の多数株を獲得するために、経営者たちは自分たちが作ったいわゆる「ポケット銀行」に資金を用立てさせた。この時点では、石油などのエネルギー産業の企業、電力企業、一部の軍需産業の企業は民営化の対象外とされた。

大いに問題だったのは、「ローン・フォー・シェアズ」(loan for shares) プログラムである。一九九〇年代半ば、ロシア政府は深刻な財政赤字で苦しんでいた。これは、ロシア政府自らが保有する垂直統合石油企業の株式を担保にした政府への国内金融機関による融資するプログラムである。この方式は、オリガルヒの一人であるポターニン（外国貿易省の役人を経て、オネクシムバンクやノリリスク・ニッケル社のオーナーになる。九六年八月から九七年三月まで第一副首相を務める）が九五年三月に提案したものであった。この入札はオリガルヒが仕切り、自ら落札した。ロシア政府は国内金融機関から借り入れた借金を期限内に返済することができず、担保として差し出されていた株式は結局、これら金融機関の手に渡ることとなった（小森、二〇〇八：三六）。ゴールドマンは、ロシアで行われたのは私有化 (privatizaiton) ではなく、強奪化 (piratization) であったと言う。「国有財産——なかでも国の天然資源——の所有権をむしりとって自分のものであると宣言しただけ」（ゴールドマン、二〇〇三：一一）であった。こうして、ロシアは瞬く間に平等社会から格差社会へと変わった。オリガルヒの類は他のポスト社会主義諸国のどこでも見られるが、ロシアほど天然資源に恵まれない分、その規模は小さく、その弊害も少なかった。

不況下で国外に持ちされた資産

私有化された資産と売上げの多くは、国外へ持ち出された。「資本逃避」を直接示すデータはない。しかし、上垣彰は、ロシアの国際収支表を丹念に分析している。体制転換後、貿易収支は一貫して黒字であった。一九九〇年代の不況の中で輸入は縮小した。輸出について見ると、資源・エネルギーの輸出が好調であり、世界的な原油価格が低いときでさえ、輸出を牽引し、貿易黒字をもたらした。経常収支も一貫して黒字であった。彼は、九三年から二〇〇二年までほとんどすべての期間で三つの項目、すなわち、(1)「ロシア連邦で流通している現金外貨」、(2)「輸出代金・輸入品未受取・未払い」、(3)「誤差脱漏」でマイナスを記録していることに注目している。「誤差脱漏」は不自然なほど毎年マイナスで、しかも額が大きい。彼は、(2)と(3)が資本逃避の主要なルートと見ている。彼は、若干の留保付きではあるが、(1)を「資本逃避」の予備軍と見ており、上記三項目を「非生産的資本流出」と名づけている（上垣、二〇〇五：一二九〜一三一）。

多額の資本がキプロス、ルクセンブルグなどへ逃避したが、その額は一九九七年には二〇四億ドルに達した（表

表8-1　非生産的資本流出（100万ドル）

	1993	1994	1995	1996	1997	1998	1999	2000	2001	2002
非生産的資本流出	−6,252	−4,076	−14,352	−17,827	−20,399	−17,776	−13,609	−14,449	−15,869	−18,745

（出所）　上垣（2005），132頁。ここでは前記の②と③を合計した額を挙げている。

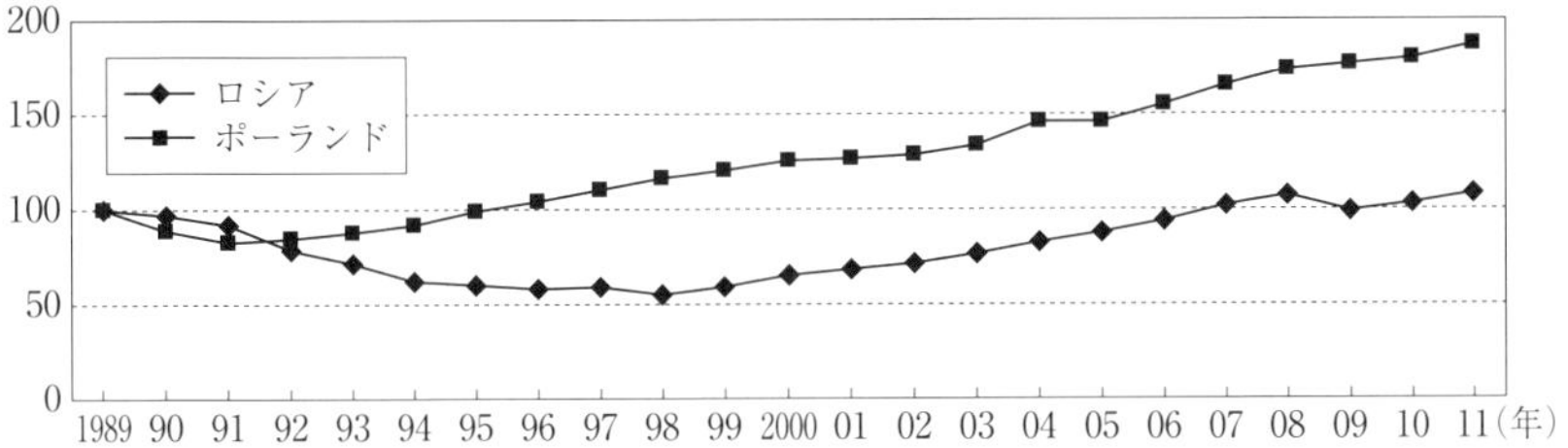

図8-1　ポーランドと対比したロシアのGDPの推移（1989年＝100）
（出所）　EBRDのTransition Reportの各号のデータに基づき，筆者作成。

8-1参照)。ところで、九〇年代、国内投資は激減した。フィンランドの研究者ティウサネンとユンポネンが挙げるラフな数字を紹介しよう。ロシアでは九〇年には国内粗貯蓄はGDPの三〇%であり、国内粗投資も三〇%であった。九九年には国内粗貯蓄は二九%であり、大きな変化はなかったのに、国内粗投資は激減して一四%であった(3)。つまり、国内貯蓄は十分な投資先を見出せず、過剰であった。

このときIMFのアドバイザーたちの主要な関心は、安定化であり、ハイパーインフレを収束させるために、ルーブルの固定相場制導入（「コリドール制」で、正確に言うと、ターゲット・ゾーン制）を提唱した。財政赤字は中央銀行の通貨発行によってカバーされてきたが、それもインフレの一つの原因であった。九五年にそれを止め、外国からの借り入れや国債によってファイナンスするように政策転換がなされた。同年六月、ルーブル建て国債を発行して財政赤字をまかなうことになった。同年七月、政府は、為替レートの安定のために、「コリドール制」（九八年一月のレートでは中心値一ドル＝六・二ルーブルで、変動幅上下一五%）を採用した。IMFのアドバイザーの勧告に従い、政府は国債市場に非居住者（外国人）を積極的に迎え入れようとした。高利回りのため、またたく間に短期国債市場は活況を呈すようになった。この市場では外国人が三〇%も占めるようになった（上垣、二〇〇五：一七一～一七七）。銀行は主に国債売買で手数料を稼いだ。当時のロシア社会は、ロシアの銀行から見ても非常にリスキーであり、銀行は本来の役割である金融仲介、つまり産業への資金供給には非常に消極的であった。産業は金詰まりで苦しんでいた。

国際金融を過度に自由化したことは大いに問題であった。前述のように、国内には過剰貯蓄が存在した。ＩＭＦと政府が外資を導入しようとしているときに、ロシア国内から大量に資本が外国へ流出していたのである。上垣は、厳密なＢＩＳ規制の下に銀行システムを整備し、人々の金融機関に対する信頼を確保し、短期国債を発行し、それを居住者に消化させることによって財政の補塡を行う道がありえた、と言う（同上書：一九七）。九七年、国際的な投機筋は、固定相場制（ドルにリンク）をとっている東アジアの国々に攻撃をしかけ、金融危機を引き起こした。次のターゲットとなったのはロシアであった。九八年八月、ロシアの株式市場が崩壊し、ロシア政府は内外の国債の支払いを停止した。「コリドール制」は放棄され、ルーブリの対ドル為替レートは大幅に下落した。

ロシア経済は一九九七年に久しぶりにプラス成長（一・四％）を記録したのに、この金融危機の影響で九八年にＧＤＰは五・三％も低下した。八九年のレベルと比べると、ＧＤＰは四五％も落ち込んだことになる（図８－１参照）。この落ち込み幅は三〇年代のアメリカの大恐慌に匹敵する。中東欧のポスト社会主義諸国（例えば、ポーランド）も九〇年代に体制転換不況を経験したが、ロシアほどひどくはなかった。

2　プーチン時代

プラス成長に転じた経済

プーチンは一九九九年八月に首相に就任した。エリツィンの突然の辞任を受けて、プーチンは二〇〇〇年一月に大統領代行になり、三月の選挙を経て正式に大統領に就任した。それ以前に一九九九年には経済はプラス成長に転じていた。経済成長のきっかけとなったのは、第一に、世界的な原油価格の上昇である。九八年に一バレル当たり一一・八ドルであった原油価格は二〇〇〇年後半には三三ドルを超えた。ロシアの石油輸出価格が短期間に三倍に跳ね上がったこと、その点では、プーチンはラッキーであった。第二に、ルーブルの急激な切り下げ効果が作用した。さらに、輸出企業に利益の五〇％をロシアに送金することを求めた九八年一〇月のロシア中央銀行の決定がある。これによりロシア国内に資金が流入し、その後の経済成長が可能になった(4)。

プーチンが政権を受けついだ時点での経済構造を見ておこう。九〇年代初め、産業構造の転換も図られた。ソ連時代、経済に占める軍需産業のウェートが非常に大きく、巨額の資金や最も優秀な人材が軍需産業に投入された。この産業は最高度の技術を持ち、武器以外にも最先端の家電製品も生産していた。広義の軍事支出はGDPの二〇％を超えていた。八九年に冷戦は終焉し、その後ソ連自身が体制転換した。米国はもはや仮想敵国ではなくなった。そうなると、巨額の軍事支出は経済にとって重荷であり、軍需生産の民需生産への転換（軍民転換）が必要となった。しかし、それは容易ではなかった。ウラジーミル・イワノフは、九〇年代前半のロシア極東における軍民転換の苦しい実情を紹介している（イワノフ、一九九六）。九一年のレベルを一〇〇とすると、二〇〇〇年において機械・設備の生産は三二・三％、輸送機器（自動車）は五三・一％にすぎなかった。一九九〇年代初めに貿易が自由化された結果、中国など東アジア諸国の安価な製品の流入により、ロシアの軽工業がとくに大きな打撃を受けた。二〇〇〇年において食品工業の生産は五四・六％、繊維・衣服の生産は二三・四％、という悲惨な状況にあった（図8－2参照）。エネルギー・資源産業だけが順調に発展した。誇張して言えば、上垣のように、「グローバル・リベラリズムのもとで、ロシア経済のモノカルチャー構造が温存された」（上垣、二〇〇五：二二九）と言えるだろう。

プーチン時代に入ってから、ロシアは政治的には安定した。ユーコス事件や戦略的政策の実施にもかかわらず、対内FDI（外国直接投資）は活発化した。一九九八年に三三・六億ドルであったが、二〇〇三年以降急増し、二〇〇七年には二七八億ドルに達した。ここには資本逃避先のキプロスやルクセンブルグからの資本の還流も含まれる（表8－2参照）。二〇〇五～〇八年のデータを見ると、FDIが多く流入する分野は鉱業（一八～五〇％）、製造業（一五～四六％）、不動産（七～一三％）、商業（六～一五％）であった。製造業も多額のFDIを受け入れているように見えるが、食品加工や非鉄金属が比較的大きな割合を占め、機械・設備や輸送機器への投資は非常に少なかっ

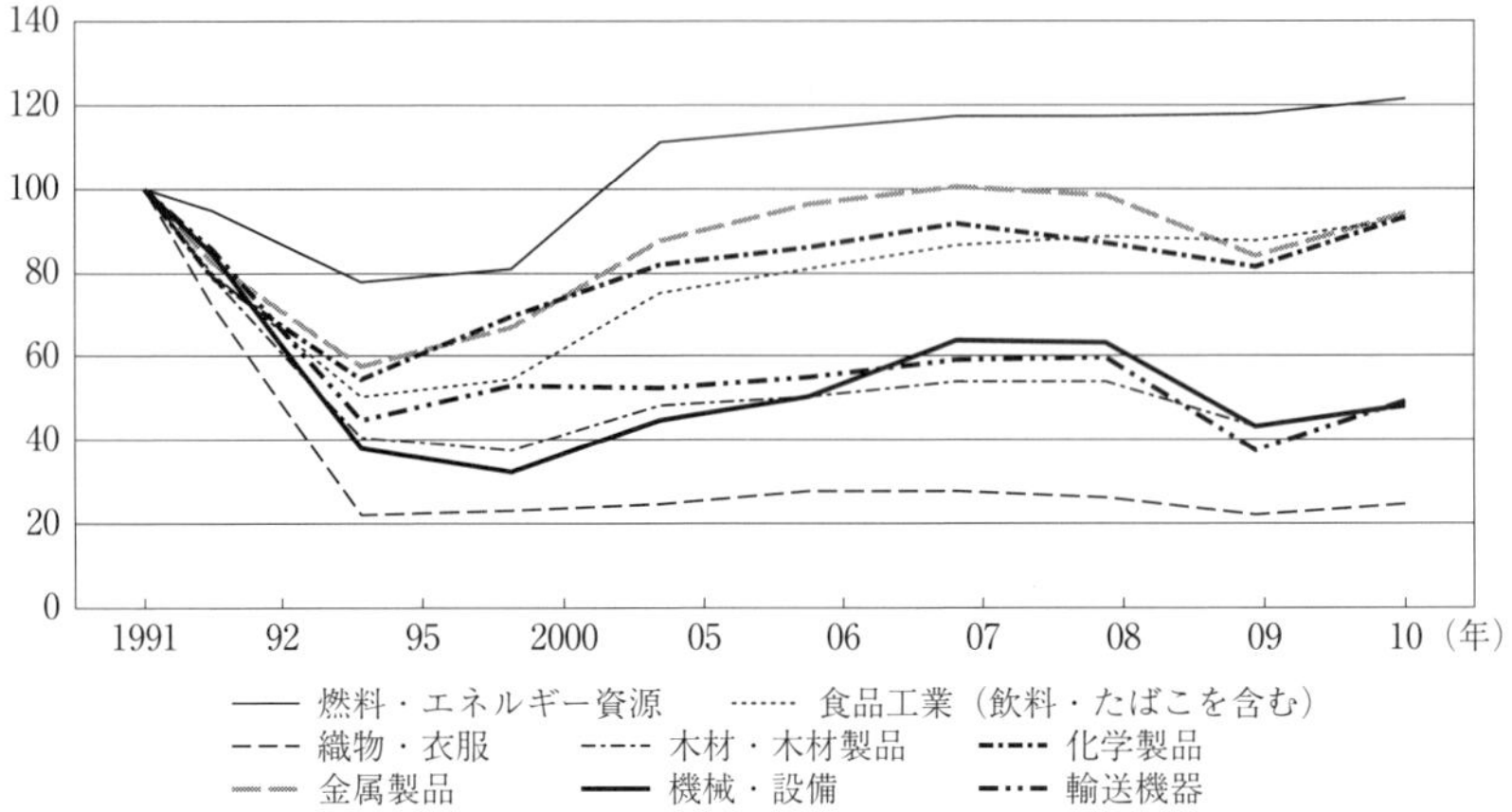

図8-2　鉱工業生産（1991年＝100）

（出所）　Rosstat, Russia in figures のデータに基づき，筆者作成。

表8-2　ロシアへの対内FDI

（単位：100万ドル）

年	1998	1999	2000	2001	2002	2003	2004	2005	2006	2007	2008	2009	2010
FDI	3,361	4,260	4,429	3,980	4,002	6,781	9,420	13,072	13,678	27,797	27,027	15,906	13,810

（出典）　環日本海経済研究所（2011）22頁。

た。[5]

グローバル金融危機までは、ＧＤＰは年平均約六％の成長率で成長し、民間消費は二桁の成長率で増加した。成長したのは、エネルギー・資源産業とサービス業であり、製造業は全般的に伸び悩んだ。二〇一〇年になっても、製造業の多くの部門が一九九一年の生産レベルの五〇％に達していない[6]。例えば、輸送機器は四九・六％、機械・設備は四八・六％、木材・木材製品は四七・九％、皮革・靴は三一・七％であり、そして繊維・衣服に至ってはわずか二四・五％であった（移行期のロシアの軽工業、とりわけ繊維産業については、藤原（二〇一二）が非常に詳しい）。

ここで問題となるのは、オランダ病である。田畑伸一郎と塩原俊彦は次のように言う。石油・ガスなどの輸出は、ロシアの経済成長を妨げるメカニズムを内包している。外貨収入はルーブルの実質レートを引き上げる作用を及ぼし、この結果、競争力のない産業（とくに製造業）が輸入品によって駆逐されるというオランダ病が発生した。競争力のきわめて高いエネルギー産業と競争力のきわめて低い製造業という二重経済が生まれたというのである[7]。久保庭はこのような見方を否定する。彼は、「オランダ病」は「対外的健康と国内的病気のコントラスト」を意味すると述べたうえで、次のように説明する。ロシアで実際に起こったのは、「対外的健康と国内的健康の調和」であり、病気は国内的健康の対外的健康への過度の依存であった。病気だとするならば、むしろ「ロシア病」だと言う。彼が問題にするのは、資源依存経済であり、ロシア経済が油価の動向に過敏に反応して急成長と急落を示してきたことである[8]。

ここでは、この問題に深入りするつもりはない。いずれにせよ、以上の議論は、ロシアは天然資源に過度に依存した状態（極端に言えば、モノカルチャー経済）から脱却する必要があることを示している。

プーチンの経済発展戦略

前述のように、一九九〇年代のエリツィン時代の自由放任に近い政策は、民営化のプロセスでオリガルヒの跋扈を許した。明らかにこれとは違って、プーチンはオリガルヒの抑制に方向に進んだ。だが、彼らをすべて消滅させたわけではなく、ベレゾフスキーのようなメディアも支配し、政治にも大きな発言力を持つオリガルヒを外国に追放し、政治的な野心を持った石油王ホドルコフスキーを脱税容疑で逮捕し、投獄した。その代わり、アブラモヴィチのように政治的野心を示さず、プーチン政権に協力的なオリガルヒは活動の自由が制約されることはなかった。

天然資源への過度の依存から抜け出し、他の産業を育成するためにも、しばらくは天然資源セクターに依存せざるをえない。プーチン政権は、天然資源セクターでは、国家の支配を重視している。フィンランドの研究者カリ・リュートは論文「ロシアにおける経済ナショナリズムの起源」の中で、プーチンの統治下で経済ナショナリズムが強まりつつあると論じている。彼の主張のエッセンスを紹介してみよう[9]。

二〇〇四年春にプーチンが大統領に再選された後、ロシアの戦略課題を重視する姿勢が明らかになった。プーチン政権は、国家が戦略的に重要な天然資源をコントロールする必要を強調し出した。リュートによると、二〇〇八年初めまでに、ロシアは次のような六つの国家法人を作った[10]。(1)開発銀行（戦略的プロジェクトへの投資）、(2)ロスナノテク（国家のナノテク政策を支援）、(3)自治体・住宅セクター改革のための基金、(4)オリンプストロイ（ソチ二〇一

化する)、(5)ロステフノロギー(ロシアの重工業を発展させる)、(6)ロスアトム(主要な核資産を強化する)。なお、国家法人とは、株式会社と連邦国有会社のハイブリッドをさす。国家法人は、権限のある国家機関による直接的な監督から免除されているが、その代わり、ロシア連邦大統領によって直接的に監督される。

リュートは、戦略的に重要なセクターからの外国企業の排除や国家の介入のほかに、明示されていない戦略的政策があると論じている。すなわち、外国の競争相手やクレムリンに忠実でないロシア企業に対抗して、資金供給または行政的措置を用いて、主要産業においてロシア人が所有する民間企業を育成していくという政策である。彼は、これをナショナル・チャンピオン政策と呼んでいる。GDPに占める民間セクターの割合は二〇〇〇年には七〇%であったのに、二〇〇八年には約六五%へと低下した。その落ち込みはわずか五%にすぎないように思われるかもしれないが、その間にGDPが非常に急速に増加したことを考慮に入れると、国家は絶対額でより多くの経済的力を手中に集めたことがわかる。

リュートは、どの程度一つの産業が国家安全保障にとって戦略的に重要であるか、そして国民経済にとって戦略的に重要であるか、という二つの次元を用いることによって、ロシアの主要産業を戦略的統治マトリックスに配置している(図8-3)。これら二つのパラメーターで、ロシア経済は次の四つのセクターに分割される。(1)軍事的にセンシティヴなセクターはロシアの国家安全保障にとって大いに戦略的に重要である。(2)経済的にセンシティヴなセクターは国の経済的機能にとって大いに戦略的に重要である。(3)最高度にセンシティヴなセクターは国家安全保障と経済安全保障の両方にとって戦略的に大いに重要である。(4)反対に、非センシティヴなセクターはこれらの次元の両方で比較的低い戦略的重要性をもつ。

具体的な産業を非センシティヴなセクターから戦略的に重要なセクターへと見ていくと、(4)の非センシティヴなセクターには、伝統的な建設業、小売業と卸売業、消費財生産とサービス業が位置づけられ、さらに農業と化学工業が入る。ただし、化学工業は経済的安全保障と国家安全保障の観点から重要性はやや高い。(2)の経済的にセンシティヴなセクターには、戦略上重要でない天然資源、漁業、戦略的に重要でない金属、林業、そして銀行業と保険

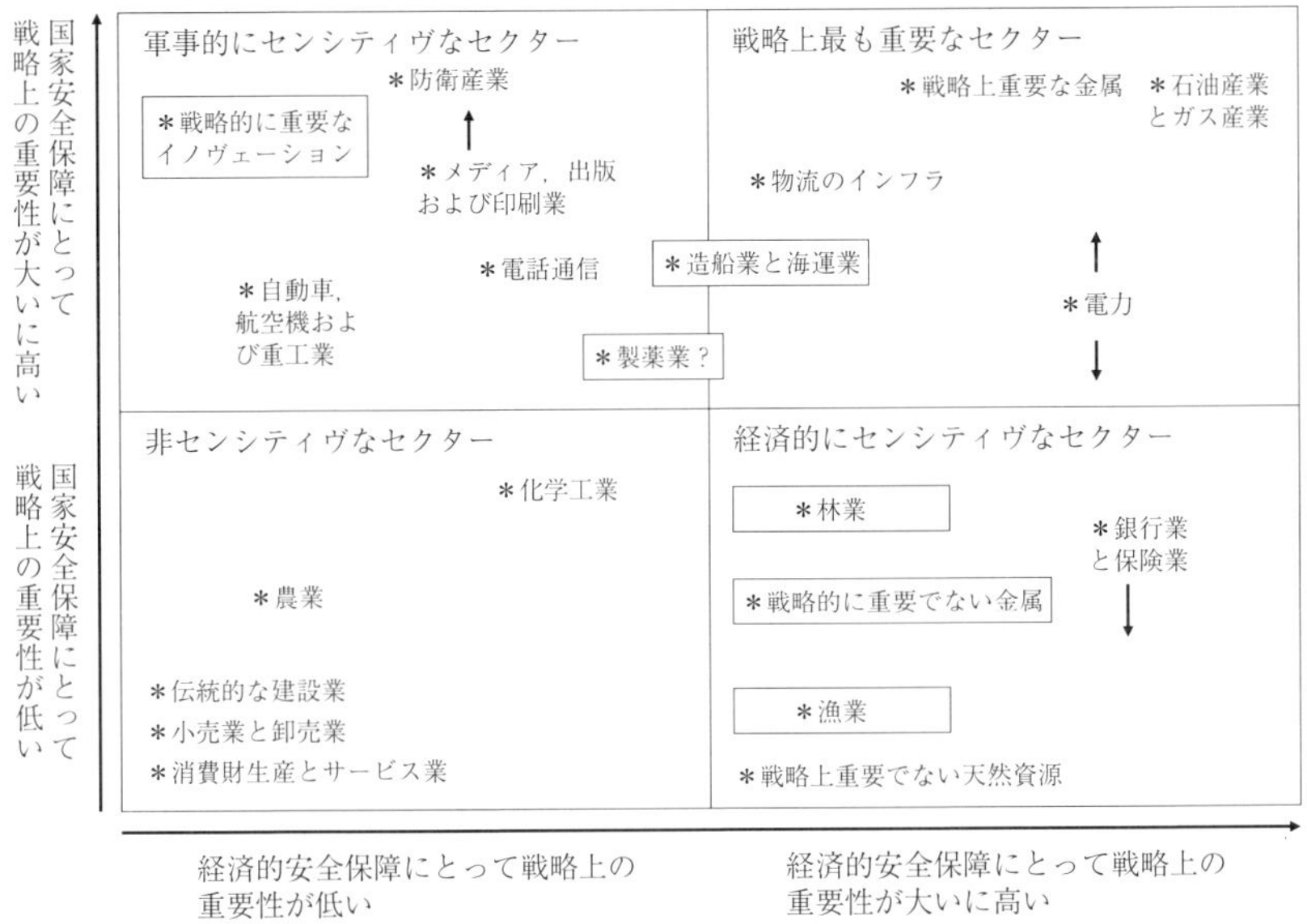

図8-3　戦略的統治マトリックスにおけるロシアの主要産業の位置づけ

（出所）Liuhto（2008）, p. 14.

業が入っている。その中で、林業は国家安全保障の観点から重要性はやや高い。⑴の軍事的にセンシティヴなセクターに防衛産業が入るのは当然だが、メディア、出版および印刷業が入っているのは意外である。これらの他に、自動車、航空機および重工業、電話通信が入っている。疑問符つきではあるが、製薬業もこのセクターに位置づけられているが、⑶の戦略上最も重要なセクターにもまたがっている。造船業と海運業も両方のセクターにまたがっているが、どちらか言えば、⑶のセクターに位置づけられている。その他に、電力、物流のインフラ、戦略上重要な金属（レア・メタル）もこのセクターに入っている。経済的安全保障と国家安全保障の両方の観点から最高度に重要なセクターとして位置づけられているのは、石油産業と天然ガス産業である。

　右で紹介した戦略的統治マトリックスから分かることは、ロシアは豊富な資源を重視しながら、資源だけに依存しない経済発展を目指しているということである。

3　アジア太平洋国家としてのロシア

ロシアはヨーロッパとアジアにまたがった広大な国であり、ウラル山脈以東がアジアである。一般にウラル山脈以東がすべてシベリアだと思われているが、ロシアでは、バイカル湖以東はロシア極東と呼ばれている。行政的には次の三つに分けられる。すなわち、ウラル地方（面積：一七九万平方キロ、人口：一二三八万人）、シベリア（面積：五一二万平方キロ、人口：二〇〇六万人）、ロシア極東（面積：六二二万平方キロ、人口：六四四万人）、である。一九八六年七月、ゴルバチョフ書記長はウラジオストークで演説し、ソ連は「アジア太平洋国家」だと宣言し、ソ連経済をアジア太平洋地域の経済と統合する必要性を述べていた。その後、ロシア極東の経済発展プログラムが何度か策定されたが、連邦政府にはそれを実現するための十分な資金がなく、掛け声だけで終わった。ロシア極東について論じる前に、「シベリアの呪い」について説明しておきたい。

「シベリアの呪い」

アメリカのブルッキングス研究所の研究員のフィオナ・ヒルとクリフォード・ガディは共著『シベリアの呪い』で、経済における地理的要因を非常に重視して、ロシア経済を分析した。「シベリアの呪い」は「資源の呪い」の一種である。彼らの主張は次のように要約される。(11)

ユーラシア大陸では、等温線は水平方向ではなく縦に（正確には、斜めだが）に走っている。したがって、だいたい北緯五五度線上にあるモスクワの一月の気温はマイナス一〇・三度だが、そこから水平に東へ移動し、モスクワから遠ざかり内陸に入れば入るほど寒くなり、モスクワから六五〇〇キロも離れた地点ではマイナス三二・七度になる。さらに一〇〇〇キロ離れたニコラエフスク・ナ・アムーレ（ハバロフスク地方）では気温は幾分上がるが、それでもマイナス二三・五度である。今日、約四五〇〇万の人々が、一月の平均気温がマイナス一五度ないしマイナス四五度の範囲にある地域にあるウラル山脈およびその東に住み、働いている。これは、ロシア経済に莫大なコストを課している。

シベリアは「宝庫」であり、同時に不毛の地であった。シベリアの冬は寒く、厳しく、その植物生育の季節は極端に短いので、この地域は一九世紀までは主として、狩人や遊牧民の領域であった。帝政ロシアは新たに併合した領土への移民を奨励し、ロシア帝国の辺境地に軍事拠点や町を建設した。帝政国家の集権的で行政的な性格にもかかわらず、ツァーリたちは基本的には市場志向であった。この極寒の地にはそれほど多くの人々は住んでいなかった。ところが、ソ連時代、ソビエト工業「ユートピア」に取りつかれた共産主義のプランナーたちは、市場原理を無視し、計画的に産業と都市を配置しようとした。シベリアに居住させ、国家のためにその資源を開発するために多数の人々をウラル山脈を越えて移動させた。当時、工業化と農業集団化が進行中で、労働力不足であった。シベリアには人々がなかなか定住しなかった。それを補ったのがGULAG（強制収容所）システムであった。一九四〇年代末から五〇年代にかけてのピーク時に、GULAGは全ロシアの工業産出高と工業の従業員の推定一五～一八％を占めていた。スターリンの死（一九五三年）以後は、強制的手段の代わりに、優遇策（「極東手当」や「極北手当」のような）を用いて、人々をこの寒冷の地へ人々を送り込んだ。都市を建設し、この地域のエネルギー資源（石油、天然ガス、石炭）を利用して、セントラル・ヒーティングによって都市を暖かく保ち、シベリア横断鉄道を走る汽車やシベリアの川を航行する船、および最も僻遠の集落に向かう飛行機やヘリコプターによって数千キロも物資を輸送した。

一九七〇年代になるとソ連内外の研究者たちは、シベリア開発の高いコストを指摘し、疑問視し始めた。シベリアと極東における平均的な建設コストは、労働、据え付け、メンテナンスおよび輸送のような関連するインプットのためのコストが高く、ヨーロッパ・ロシアにおけるよりも五〇％も高かった。シベリアや極東での生活費はロシア連邦の他のどこよりも三五～五〇％高かった。寒さへのコストがあるので、共産主義のプランナーによってロシアへ受けつがれた立地構造は、今日の経済にとって一種の税金のようなものである。ブルッキングス研究所の研究プロジェクトが開発した「住民一人当たりの気温」（TPC）という尺度を用いると、ロシアの「過剰な寒さ」は最大でTPC一・五度と推計される。アメリカの推計では、TPC一度当たりGDPの一～一・五％の追加的なコストが経済全体にかかる。ここから、コスト総額は少なくとも、一・五×一～一・五＝年間ＧＤＰの一・五～二・二五％と計算される。極度の強制がないところでは、シベリアの苛酷な生活・労働条件において資源を開発するために必要な労働は非常に高くつくようになっていった。正しい対応は、カナダのように、必要とされる労働者の数をドラスチックに減らすような技術を用い、大きな定住人口を必要としない一時的労働スキームを採用することだったであろう。ソ連のプランナーたちは、正反対の方向に動いた。彼らは、非常に低い技術を用いながら、莫大な量の安価な労働を持ち込むというスターリン時代のアプローチを続けたがっていた。しかし、強制がなければ、それは動かなかった。

広大な領土は長所ではない。市場経済の発展は、ある程度の人口密度や都市間の緊密な連絡を必要とするのであり、そのとてつもない距離はいかにインターネットが普及しようとも埋めることができない。そこで、ヒルとガディは、次のように勧告する。もしロシアが統治可能で経済的に生存可能であるためには、それは、領土を捨てることによってではなく、その経済を違ったやり方で組織することによって、自分自身を「縮小する」必要がある。その目的は、距離を縮め、新たな結びつきを作り出すことである。人々は大規模に西方へ移住する必要があり、そして、最も寒く、最も僻遠の地域における大きな都市は規模縮小しなければならないであろう。とはいえ、ヒルとガディは、「自己矯正」への障壁はかなり大きいと見る。現地の指導者たちは、シベリア再開発と人々の再定住を主張する。だが、それは問題を解決するよりもむしろ多くの問題を生み出すと考えるヒルとガディは、「シベリアの富はシベリアのものではない。それはロシアの富である」と指摘する。たしかにその指摘は重要な点を突いている。

われわれから見ると、ヒルとガディは、ヨーロッパ・ロシアと西欧市場を重視する立場に立っているように思われる。彼らは、ロシア極東の南部についてはやや違うニュアンスで述べている。ハバロフスクやウラジオストークを含む極東の南部地域の利点として中国市場への近さを挙げている。海洋の影響のおかげで、南部地域は北部ほど寒くはなく、シベリアの内部ほど寒さが厳しくはないはいえ、それでも、決して「暖かく」はない。彼らはこのように述べているが、ロシア極東の発展の可能性についてはそれ以上言及していない。彼らの書物は二〇〇三年に出版されたものである。それから一〇年近くの間に中国のGDPは三倍近くに増加し、世界第二位の経済大国になり、市場としての重要性はかつてなく高まった。同時に、近くに位置する日本と韓国は中国に次ぐ大きな市場であり、また、高い技術と豊富な資本を持っている。ロシア、とくにロシア極東にとっては、以前にもまして日中韓をはじめとするアジア太平洋諸国と経済的に結びつく必要性が高まっている。

ロシア極東

社会主義時代、ロシア極東はソ連の経済空間における天然資源と重工業製品の供給機能とアジア太平洋に対する軍事基地の役割を果たすことが求められた。自然条件の厳しいこの地域に人をソ連の西部から呼び寄せるために、極東手当などの特別割増賃金制度が用いられた。ところが、社会主義の崩壊と市場経済移行により、特別割増賃金制度は廃止された。また、ロシア極東をヨーロッパやその他の共和国と結び付けてきたシベリア横断鉄道も国家予算からの援助を失ったため、物価上昇以上に大幅に運賃を引き上げざるをえず、このことも広大なロシアの東西間の物資輸送を困難にした。一九九〇年代に機械製造業や加工業の比重は顕著に縮小した結果、相対的に燃料・エネルギー、非鉄金属、食品（水産）の比重が増加した。

日本の総面積の一六倍強もある広大な地域に、二〇一〇年の時点でわずか六四四万人しか住んでおらず、人口密度は一平方キロあたりわずか一人である。一九九〇年の時点で人口は八〇四・五万人であったので、二〇年間に約一六〇万人も減少したことになる（減少率は二〇％）。ロシア極東の九つの連邦構成主体の全部で人口減少が記録されたが、なかでも減少率が二〇％を超えるのは、自然環境の厳しい極北のチュコト自治管区（六九・八％）、マガダン州（五八・七％）、カムチャツカ地方（二八・三％）であり、それにサハリン州（二八・四％）も加わる。[12] サハリンは極東へのFDIの大半を吸収しているにもかかわらず、人口の流出が多いのは、石油・天然ガス開発プロジェクトが現地に十分な雇用拡大をもたらさないからであろう。このように著しい人口減少の背後には、住民の生活水準の悪化が挙げられる。ロシア極東に限らず、シベリア、極北地域からヨーロッパ・ロシアへの住民の流出が止まらないことを見ると、いまのところ、これらの地域は「シベリアの呪い」に圧倒されているかのように見える。広大な極東において人口流出が止まらないのに対して、中国東北三省の人口が一億人を超え、しかも増加傾向にある。

ロシアの学者は口々に中国からの「人口圧力」を述べる。

一九九六年には、「一九九六〜二〇〇五年における極東ザバイカル地域社会経済発展連邦特別プログラム」が策定された。このプログラムでは、極東とアジア太平洋地域、とくに北東アジア諸国との協力、この地域の経済システムへの極東経済の統合が最も重要視される。このプログラムの主要な目的は、外国投資の誘致、インフラと投資環境の整備、貿易の拡大である。具体的な課題として、輸送回廊の構築、石油ガス採掘部門の発展とパイプライン網の構築、海洋資源の再生産と保全、主要セクターの構造近代化と発展が挙げられた。

プーチンは二〇〇六年のAPEC首脳会議で、二〇一二年の会議をロシアで開催することを引き受けた。環境の整ったサンクト・ペテルブルグという見方もあったが、ウラジオストークを会場とすることに決めたのは、ロシア指導部のロシア極東重視の姿勢の現れである。二〇一二年九月の開催に向けてウラジオストークに重点投資がなされた。「二〇二五年までの極東ザバイカル社会経済発展戦略」が二〇〇九年一二月に正式承認された。極東地域の産業の高度化・多角化と住民の定住の促進という方向性が打ち出された（堀内・斎藤・濱野編著、二〇一二：一五〜一六）。「二〇二〇年までのロシア連邦社会経済発展コンセプト」では、イノヴェーション指向型発展を想定している。航空機、宇宙、造船をはじめ軍需産業に関連する部門がイノヴェーション型発展に貢献しうる優先部門として重要視している（同上書：八〇）。二〇一二年に「極東開発省」が連邦政府に設置されたことも、ロシア指導部が極東の開発に本腰を入れたことの表れと見ることができよう（同上書：一九。レオーノフ（二〇一〇）も参照されたい）。近年、北東アジア諸国に向けて、サハリンからの石油・天然ガスの供給ならびにESPO（東シベリア・太平洋）プロジェクトによる石油の供給が増加しつつある。同時に、ロシア政府は税制面での優遇策をとりながら、日本や韓国から投資を呼び込み、極東での自動車、造船、航空機産業などの製造業の再生・育成をはかろうとしている。それに応えて、二〇一〇年、韓国の自動車メーカーがウラジオストークでロシア企業と合弁で生産を始め、日本の自動車メーカーのマツダも二〇一二年一〇月、ウラジオストークでロシア企業との合弁で生産を開始した（斎藤、二〇一二：二六）。やがてサハリンに代わって、ウラジオストークを中心とする沿海地方が極東でのFDIの最大の受け入れ先となるかもしれない。

5　国家主導の経済発展

以上述べてきたことをまとめてみよう。体制転換後、エリツィン政権の下で、ロシアはＩＭＦの市場原理主義的なアドバイスに従い、制度的な諸要因に十分な注意を払うことなくラジカルな自由化を実施した。それが結局はオリガルヒの出現と跋扈を許し、社会における格差は拡大した。一九九〇年代、国内には過剰貯蓄が存在し、他方で、製造業は資本を必要としていた。だが、両者を媒介する有効な金融的なメカニズムが構築されず、オリガルヒによって大量の資本が国外に持ち出された。そのことは、中東欧諸国（例えばポーランド）と比べたときのロシア経済の貧弱なパフォーマンスに表れている。その間、エネルギー産業とサービス・セクターだけが発展した。

天然資源に依存する経済は世界的な石油価格の変動に影響されやすく脆弱である。プーチン政権は国家主導の経済発展の方向を追求している。ナショナル・チャンピオン政策もその一つである。当面、ロシアはエネルギー輸出に頼るほかはない。そうすることにより、ロシア政府は経済の高度化と多様化を図ろうとしている。

ヒルやガディはシベリア（およびロシア極東）における人々の再定住化には批判的であるが、プーチン政権の下でロシア経済は彼らが勧告する方向には動いていないようである。ロシア政府が発表するプログラムは極東のすべて連邦構成主体での住民の定住促進や経済発展を謳っているが、実際問題として極北に近い地域では実現困難であろう。今後、沿海地方および隣接する地域が北東アジア諸国と協力しながら発展することであろう。

注

（1）Ellman, Michael（ed.）,（2006）, *Russia's Oil and Natural Gas : Bonanza or Curse ?*, London and New York : Anthem Press. pp. 3-5.

（2）Sachs, Jeffrey (1993), *Poland's Jump to the Market Economy*, MIT (USA), p. xiii.
（3）Tiusanen, Tauno and Jari Jumpponen (2001), *The Investment Climate in Russia – Part I – General Features*, Lappeenranta University of Technology (Finland), p. 35.
（4）Ellman, op. cit., p. 6.
（5）Hunya, Gabor, *FDI in the CEECs under the Impacts of the Global Crisis : Sharp Declines*, Vienna: wiiw (Vienna Institute for International Economic Studies), 2009, p. 99.
（6）Rosstat, Russia in figures. http://www.gks.ru/bgd/regl/b11_12/IssWWW.exe/stg/d01/14-03.htm.
（7）田畑伸一郎・塩原俊彦「ロシア：石油ガスに依存する粗野な資本主義」西村可明編（二〇〇四）第一章。
（8）久保庭真彰（二〇一〇）はしがき。
（9）Liuhto, Kari (2008), Genesis of Economic Nationalism in Russia, Electronic Publications of Pan-European Institute 3/2008. http://www.tse.fi/pei
（10）Ibid., p. 7.
（11）Hill, Fiona and Clifford Gaddy (2003), *The Siberian Curse : How Communist Planners Left Russia Out in the Cold*, Washington, D.C.: Brookings Institution Press.
（12）環日本海経済研究所（二〇一一）三二頁。

参考文献

イワノフ、ウラジーミル「ロシアの軍民転換と北東アジアの協力」小山洋司編『ＡＰＥＣ時代への戦略——環日本海経済圏の新局面』有信堂高文社、一九九六年。

上垣彰『グローバリゼーション下のロシア』日本評論社、二〇〇五年。

環日本海経済研究所『北東アジア経済データブック　二〇一一』二〇一一年。

久保庭真彰『ロシア経済の成長と構造』岩波書店、二〇一〇年。

ゴールドマン、マーシャル・Ｉ（鈴木博信訳）『強奪されたロシア経済』日本放送出版協会、二〇〇三年。

小森吾一「石油企業」田畑伸一郎編著『石油・ガスとロシア経済』北海道大学出版会、二〇〇八年。

斎藤大輔「ロシア極東の製造業――プーチン戦略の次の一手」『ロシアＮＩＳ調査月報』二〇一二年一一月号。

西村可明編『ロシア・東欧経済――市場経済移行の到達点』国際問題研究所、二〇〇四年。

藤原克美『移行期ロシアの繊維産業――ソビエト軽工業の崩壊と再編』春風社、二〇一二年。

堀内賢志・斎藤大輔・濱野剛編著『ロシア極東ハンドブック』東洋書店、二〇一二年。

レオーノフ、Ｓ「二〇二五年までの極東バイカル発展戦略」『ロシアＮＩＳ調査月報』二〇一〇年五月号。

第Ⅲ部　歴史文化的背景から見る環日本海

第9章　日本政治の「中国化」
——揺らぐ議会制民主主義——

與那覇潤

1　議会政治の黄昏？——二一世紀の環日本海から

議会主義、すなわち討論による政治に対する信念は、自由主義の思想に属し、民主主義に属するものではない。近代の大衆民主主義という異質の要素から合成された体制を明らかにするためには、この両者、すなわち自由主義と民主主義とは相互に区別されなければならない。

（シュミット、一九七二：一四）

シュミットの亡霊？

一九二〇年代、政変と小党分立によって混乱するワイマール共和政の下で、カール・シュミットは「議会は民主主義に必要か」という命題を提起した。実際に三〇年代、複数政党間での対等な討論よりも、単一政党の鉄の規律への服従を説くナチ党が「大衆民主主義」に支持されたことによって、議会みずからが議会主義を放棄するという逆説が生じ、ドイツは「自由主義なき民主主義」としてのファシズム体制へと移行してゆくことになる。そしてシュミット自身もまた、同党の桂冠学者としてかような「民主主義」を言祝いだのであった。

そのナチス・ドイツの挑戦を打ち破った第二次世界大戦後、西側陣営で維持された自由民主主義（リベラル・デモクラシー）の体制の下で、このシュミットの問いは、ある種の危険思想として長らく封印される。そして、（ファシズムと同様に）議会ではなく党による人民民主主義の実現を掲げていた、ソビエト連邦を中心とする共産圏の崩壊によって冷戦が終焉したことで、「自由主義なき民主主義」は規範としてのみでなく、実態としても過去のものになったと思われてきた。それは、ドイツやロシアといったヨーロッパ世界の内部で遅れて近代化を開始した諸国が、二〇世紀前半の世界戦争の時代を生き延びるために創出した異形のリヴァイアサンに過ぎず、もはやかような歴史は繰り返されないという認識が、先進諸国の共通感覚となったのである。

しかしながら二一世紀の最初の一〇年を経たいま、そのような甘美な幻想から醒めようとしている地域こそ、実はこの環日本海にほかならないと考えられる。そもそも東欧圏で共産党の一党支配が打ち砕かれた一九八九年に、中国では天安門事件によってむしろ自由民主主義への欲求の方が抑圧され、一九九四年にはやはり一党体制を敷く北朝鮮で権力が「世襲」された。同じ時期、自由主義陣営の下での反共権威主義という矛盾を抱えていた韓国・台湾が、民主化運動の成功によってリベラル・デモクラシーの導入へと向かったのに対し、北東アジアの「人民民主主義」はそもそも揺らがなかったのである。さらには西ヨーロッパと同様の政治体制の自由化が進むかにみえたロシアも、二〇〇〇年から始まったプーチン体制の下で、むしろ「独裁」への回帰が指摘されるようになった。

そして現在、かようなシュミットの亡霊の帰還は、「戦後民主主義」の名の下に一貫して議会政治を中心におくデモクラシーを営んできたとされる日本にも、ひそやかに及び始めたとさえ考えられるのである。

激化するポピュリズム

二〇〇三年という比較的早い段階で、ポスト冷戦期の日本政治の展開を「ポピュリズム」と名指して分析した大嶽秀夫は政治不信のレベルを、⑴自由主義や民主主義といった政治体制とその理念に関するもの、⑵官僚制や政党といった政治組織に対するもの、⑶組織内部の個々の官僚や政治家に対するもの、の三つに分類し、日本で高まっているのは第二・第三（特に後者）のレベルにおける不信感であって、「議会制民主主義体制への不信は、現在のところほとんど生まれていないようにみえる」と記した（大嶽、二〇〇三：v）。しかしその後の一〇年を経て、ポピュリズム的な国民感情による憤懣と攻撃の対象は、徐々に第一のレベルにまで近づきつつあるように思われる。

その契機は二つに分けて指摘できよう。一つは二〇〇九年に起こった、自由民主党から民主党への「選挙を通じた政権交代」が、当初の高い期待に反して、満足のいく成果をあげ得なかったことへの失望である。もう一つは二〇一一年三月一一日に発生した東日本大震災と、それに伴う福島第一原発事故に対する、政府対応への不満である。特に事故の反省を踏まえた脱原発政策が、院内政治家の能力ないし意欲の欠如によって遅々として進まない（と国民に観念された）ことが、代議政治（間接民主主義）の正統性に対する根本的な疑念をかき立てることになった。結果として、戦後の高度成長下で失われて久しい院外政治＝デモの復活がみられるとともに、脱原発の如何を国民投票、住民投票で決定することを求める直接民主主義への志向や、街頭の大衆行動のなかで生まれるアナーキー（無政府的）な自主管理によるオルタナディヴな秩序への憧憬が、日本の民意を覆うこととなった（五野井、二〇一二）。

このような現象は、戦後長らく語られてきた「日本社会における民主政治の不定着」というタームの指し示す位相が、静かに、しかし決定的にこれまでとはズレはじめていることを物語る。従来問題とされてきたのは、西欧諸国における「政権交代のある議会制民主主義」と、自民党一党支配下での「政権交代のない議会制民主主義」とのあいだのギャップであり、そうであればこそ衆議院への小選挙区制の導入を通じた「政権交代可能な二大政党制」への移行（＝西洋化）による解決が、一九九〇年代から一貫して追求されてきた。しかし、その実現をみてもなお収束しない政治不信は、当事者に自覚されているか否かは別として、もはや議会制民主主義のさらなる徹底（＝西洋化路線の定着）によるものとは根本的に異なる、別個の体制への欲求を生み出しつつあるように思われる。そして、実はそのような非西洋的な民主化への回路（＝中国化、と仮に呼ぶ）こそ、一見すると近代以来、西洋化に邁進してきたと思われる日本を含めた環日本海地域における、より長期の歴史の水脈を受け継いでいると考えられるのである。

かような展望の下に、本章ではまず、従来は「不徹底な西洋化」として論じられてきた戦後日本の政治構造を、むしろ前近代以来の伝統を引き継ぐ統治の様式――「江戸化」であったとして再定義する（第2節）。続いて、その体制の行き詰まりを克服するために、当事者たちの意識においては「西洋化」だと観念されて実行された一九九〇年代以降の政治改革の試みが、よりマクロな歴史的視座の下では、むしろ日本ではなく中国の近世以来の伝統へと政治文化をシフトさせる結果（＝中国化）に帰結する過程として、ポスト冷戦期の政治史を叙述しなおす（第3節）。最後に議論を総括し、混乱する日本政治の現状に対してあるべき展望を提示することで、まとめとする（第4節）。

2　江戸化していた日本――戦前・戦後の憲法体制と「拒否権の民主主義」

グローバル・ヒストリーをはじめとする近年の歴史学では、近代における世界の諸地域の体制の基層が、実際にはその一歩手前の近世＝初期近代（early modern）の段階で決定されていたとする視角が有力になっている。そうだとすれば、近代に西洋から輸入した議会政治の機能不全がしばしば指摘されてきた日本社会の構造もまた、その起源は近世、すなわち江戸時代に遡ることになる。

今日に至るまでの日本政治に引き継がれた「江戸時代の遺産」は、大きく言って、①意識面での治者と被治者の乖離、②法理ではなく拒否権（veto）で自己の権益を守る体制、③機能分化をとげず地域割で統治機構が編成される構造、④地位の一貫性の低さに公平感（fairness）を覚える心性、の四点に分けられよう。それらが相互に強化しあいながら維持されるのが、いわば「江戸化」の初期近代レジームである。

江戸時代の遺産

徳川日本は世襲制社会であったため、治者は武士身分に限定され、それ以外の被治者身分に生まれたものは原則として、政策決定に参与する権利を認められなかった（①）。しかし、まさにそうであるがゆえに、武士は定免法の採用や百姓一揆の一部合法化によって、百姓の側に実質的な「増税拒否権」を認めることで、みずからの統治に対する合意を調達した（②）。土地ごとの支配者（藩主）が家系によって固定される「封建制」（東洋史上における郡県制の対語であり、領主の強い私的所有権に基づく西洋の feudalism とは異なる）が採用されたために、地域ごとの治者（領主）と被治者（領民）の拒否権に関する「暗黙の契約」が長期にわたって保障された反面、全国的な法令の統一や絶対権力の確立は遠のくことになった（③）。これらの前提の下で、優位な地位の独占を嫌うエートスが定着し、例えば政治権力を握る武士身分が経済的には貧窮する一方で、経済的に有力な商人身分は政治的には無権力のままとされた④。

かような状態において、政治秩序の隠れた要となったのは治者身分と被治者身分の媒介者として位置づけられた庄屋（村役人）層である。彼らは「最下層の治者」として年貢の割り付け、徴収を担うとともに、「被治者の最上層」として税率をめぐる交渉や、必要に応じて百姓一揆の指導にあたることで、「増税拒否権」の行使が体制全体を揺るがさないようにコントロールした。特に一八世紀の一〇〇年間に象徴される江戸時代の長期の安定は、こうして成立し、維持されていた。

この体制は、全国的かつ全分野にまたがって富と力を独占する統一権力を生み出さなかったという点では「分権的」であったが、近代西洋的な三権の分立＝機能分化という性格を備えるものではなかった。立法府は設けられず、武士身分も藩主の家産官僚として行政府の構成員（往々、町奉行のように司法官も兼ねた）となることで、法制定ではなく施政上の裁量によって自己の権益を確保したためである。

明治憲法への継承

この江戸化レジームは明治維新という形で一度打破されるが、その伝統としての生命力によって、後に制定された大日本帝国憲法体制の内部にも復元されたと考えられる。牧原憲夫が「客分意識」と呼ぶ、もっぱら被治者であることを以て任じ、ただ治者に対して仁政のみを要求する前近代的な民衆意識は、憲法制定や議会開設を求めたとされる自由民権運動の内部においても持続し続けた（牧原、一九九八）。天皇主権が建前とされ、「国民主権」を謳うことの許されなかった戦前日本では、被治者とされてきた国民全員が主権者としての治者意識を備えるという形の国民化は、おのずと制約されていたといえよう。

伊藤博文の主導で起草された明治憲法もまた、失政が生じた際に天皇に責任が帰されることを防ぐための配慮から、やはり江戸時代と同様に権力分立的で、拒否権プレイヤー（veto player）の多い統治機構を設計することになった。内閣規定が盛り込まれず、首相に罷免権がないため各省庁を統括する国務大臣がそれぞれに総理に対する拒否権を持ち（いわゆる官僚内閣制）、首相指名権（議院内閣制）を認められなかった帝国議会も、内閣提出法案を否決するという形での拒否権を有した。さらに軍部には、陸相・海相の引き揚げによる倒閣が随時可能という最大の拒否権が認められた（統帥権の独立）。また（特に初期の）選挙に際しては、村人による相互監視や饗応・買収によって、かつての庄屋層に相当する地方名望家が地域代表として議席を獲得する例が目立ち、議会政治は地方ごとのエゴによって、財政の配分を争う場となった（季武、二〇〇七：七九、一一一）。

かように多方面に分散した拒否権保有者の多さを乗り越えて政治的な意思決定を行うしくみとして、最大の効果を発揮したのは元老による斡旋と調停であり、大正～昭和初期にかけて成立した「政党内閣」はそれを代替する役割を果たさぬまま衰退した（福元・村井、二〇一一）。憲法体制自体に起因する欠陥を、改憲ではなく政治的な人脈を通じた運用で埋め合わせようとする行動パターンは、「君側の奸」（元老）や政党勢力の排除を呼号した軍ファシズムの前で危機に瀕し、憲法改正を視野に入れた近衛文麿の新体制運動も未発に終わった（源川、二〇〇九：一二〇～一二四）。

鎖国下のオリジナルの江戸化レジームが長期の平和を招来したのに対し、開国後の明治憲法体制における拒否権プレイヤーの多さは、陸海軍それぞれが撤収に対して拒否権を行使したことによる、対外戦争の野放図な拡大に帰結した。太平洋戦争中、東條英機首相は陸相のみでなく参謀総長をも兼任することで、権力分立状態の克服を試みたが、それ自体が「統帥権の独立違反」との批判を浴びて退陣し、統一的な戦争指導に基づく戦略転換を行えないままでの敗戦を迎えた（鈴木、二〇一一）。

戦後民主主義への変奏と破綻

愚かな敗戦に対する反省の下に出立した戦後の日本国憲法体制は、冷戦という相対的に単純化された国際環境（日米同盟という選択肢の不可避性）と、その平和主義的精神にもとづく対外紛争からの切断によって、いわば近世期の鎖国と同様の「江戸化レジームが機能する状況」の再生をもたらした（実際に、野中尚人はこれを「新しい江戸」と呼ぶ。野中、二〇〇八：二三一）。逆にいえば、戦前の失敗の根源だった江戸時代的な「拒否権の民主主義」自体を克服する試みは、結局のところなされなかったといえる。

日本国憲法では軍部が廃止されたほか、議院内閣制（国会による首班指名）が規定され、首相に閣僚の任免権が与えられることで、拒否権保有機関の数は見た目上は削減されたが、第二院である参議院が予算と条約批准以外の全

表9-1　日本型民主主義（江戸化レジーム）における拒否権プレイヤーの変遷

	江戸時代	明治憲法体制	戦後憲法／五五年体制	ポスト戦後体制
統治者	武　士	超然内閣制（官僚内閣制）	建前：議院内閣制＝自民党 実態：官僚内閣制	連立与党
主たる拒否権保有者	農　民（百姓一揆）	大臣（閣内不一致） 政党（法案否決） 軍部（大臣引揚）	非主流派閥（党内抗争） 革新政党（改憲拒否）	参議院（ねじれ国会）
調停者	村役人	元　老	派閥長老	不　在
帰　結	長期の安定	無謀な戦争	財政の放漫	政治の停滞

（出典）池田・與那覇（2012：217）を一部修正。

法案を否決できるという、異例の拒否権プレイヤーとして出現した。これを憲法改正ではなく、両院で恒常的に過半数を維持できる巨大政党（自民党）の樹立という形で克服したのが、保守合同以降のいわゆる（一九）五五年体制であるが、そのことは戦後の議会運営のあり方を強く制約することになった。

日本の社会主義化を防ぐという以外に確たる理念の統一もなく、数合わせの合同によって出発した与党・自民党は、実質的に複数派閥の連合政権といってよい状態となり、総理総裁を出さない非主流派閥が常に党内野党として、内閣に対する拒否権を保有する形となった。さらに、自民党の絶対多数の前に政権獲得を事実上諦め、平和憲法の改正阻止に必要な三分の一の議席確保を優先するようになった社会党などの革新政党は、まさしく「治者ならぬ被治者」の論理でのみ行動する、典型的な拒否権行使者となった。

一九六〇年、新安保条約を単独強行採決した岸信介が民意の憤激を浴びて辞任に追い込まれ、かつ高度成長と都市化の進展によって農村地盤の自民党が議席数を減らし、七〇年代前半に保革伯仲の状況が生まれると、これら党内外の拒否権に配慮しない政治は不可能となった。その帰結として定着したのが、傍流派閥や野党に対しても利益分配を約束することで、審議中に拒否権を行使しないよう説得する、いわゆる国対政治である。田中角栄とその派閥によって大成されたこの手法は、地域共同体や業界団体、労働組合といった中間集団の代表者どうしを相互に妥協させるという、江戸化レジームの運営を円滑化する効能を発揮すると同時に、やはり戦前の戦線拡大と同様の理由によって、国家戦略的な見地のない財政の放漫に帰結した。

財政健全化、すなわち拒否権保有者を押し切っての歳出削減（ないし増税）の必要は七〇年代末から指摘されていたが、消費税導入の反動によって八九年に自民党が参議院の単独過半数を失った時点で、この戦後版の江戸化レジームはいったん破綻したといえよう。以降、自民党であれそれ以外の政党であれ、他党と連立を組む形でしか参議院での過半数を維持できない状態が恒常化し、それでも選挙結果や政局に応じて、衆参両院で多数派が入れ替わってしまう「ねじれ国会」が頻繁に生じている（自民党政権下の二〇〇七〜〇九年、および民主党政権時代を含む二〇一〇年以降）。五五年体制下で与野党間調整を得意とした「元老」的な政治家の多くが引退したこともあり、ついに江戸時代の系譜を引く「拒否権による民主主義」がなんらの政治的決定をも下し得なくなったことが、近年の日本でみられた議会政治への不満の根源であった（表9-1）。

3　中国化する日本――政治改革の試みとその蹉跌

米国型・英国型・中国型？

むろん連立という彌縫策以外に、拒否権プレイヤーの重層という障害を乗り越えて、民主的決定を可能にするメカニズムの構築が試みられてこなかったわけではない。一九八〇年代から提唱され、九〇年代以降に本格化した「政治改革」とはそのためのプロジェクトであり、実際に二〇〇九年の本格的政権交代という成果を上げた。しかし、多くの国民がその後の結果に失望している以上、往時のように改革を「より進んだ西洋型民主主義へのキャッチアップ」としてナイーヴに捉えるのではなく、むしろその失敗の要因と合わせて、歴史のなかへ冷徹に位置づける必要があろう。

待鳥聡史によれば、与野党にまたがる拒否権に拘束されて従来弱かった日本の首相のリーダーシップを強化する試みは、政治学的に大別すると二つの方向性があったという。ひとつは⑴米国のような「大統領的」要素を首相のパフォーマンスに加味するものであり、もうひとつは制度自体の変革によって与党と内閣を一元化し、執政中枢の指導力を高める⑵英国式の「ウェストミンスター化」である。中選挙区制下の一九八〇年代に長期政権を担った中曽根康弘が前者、小選挙区制導入後の二〇〇〇年代にやはり五年間にわたって首相の座にあった小泉純一郎は後者の代表となる（待鳥、二〇一二：八八、九四）。

一般的な印象とは逆に、（特に米国の）大統領は厳格な三権分立下での行政の長に過ぎず、立法府の解散権や議案提出権を持たないなど、その権限は議院内閣制下の首相に比して弱いことが多い。したがって大統領制の下での政治運営は、むしろメディアを通じて院外の国民に直接訴えかけることで、自らのビジョンに則した世論を喚起し、間接的に議会を誘導してゆくという手法となる。これは、当初は傍流派閥の長として自民党に対する統制力が弱く、積極的なテレビ出演や第二臨調をはじめとする有識者グループとの議論を通じて、行政改革への支持を調達した中曽根のスタイルに通じるものであり、物質的な利益分配による拒否権プレイヤーの懐柔が困難になるなかで、言論やシンボル操作を通じた象徴的充足感によって「不利益分配」を有権者に納得させるという、新自由主義時代のニーズにも適合していた（高瀬、二〇〇五：四・五章）。

一方、自民党内の拒否権の前に不可能と思われていた郵政民営化を強行した小泉の権力はメディア政治という以上に、むしろ一九九四年に一時的な非自民連立政権（細川護熙内閣）の下で衆議院に導入された小選挙区制と、九八年に橋本（龍太郎）行革によって中央省庁等改革基本法に結実した内閣機能の強化に支えられていたとするのが、標準的見解である（竹中、二〇〇六）。特に重要なのは前者であり、一選挙区からの当選者が一名に絞られたことで党公認権を握る執行部の権限が大幅に強化されたため、派閥の集金力や業界団体の集票力の弱体化と相まって、非主流派の拒否権行使を抑制する効果を持った。結果として、小泉政権下では与党の一般党員は最初から執行部に従属するものとみなされて、五五年体制下で盛んだった根回しが減少するとともに、郵政政局での造反者に対しては党本部で選考された落下傘候補が送り込まれて、小泉に抵抗した地元の（元）自民党議員が落選するという事態が頻発した（二〇〇五年総選挙）。

しかし、かように急激に強化された首相のリーダーシップにはむしろ強すぎる、「独裁」ではないかとの国民感情も当時から広がり、政治制度自体は同一であるにもかかわらず、小泉退任後の首相が短命政権に終わる一因となっている。二〇〇七年参院選に自民党が大敗した際、争点形成の失敗や野党間協力の進展という真の敗因とは乖離した「小泉改革下での地方切り捨てが農村票を離反させた」とする分析がメディア上で定説化したことは（菅原、二〇〇九：二・三章）、党中央の権力独占を嫌いむしろ地域代表制の積み重ねとしての秩序を志向する江戸時代由来のエートスが、いまだ払拭されていないことを示すものであろう。

そして民主党政権の挫折とともに二大政党化への失望が広がる今日、まさに問われているのは江戸化レジームのコアにある「拒否権」の解消・剝奪を推進してきた、一九九〇年代以降の政治改革の当否である。そもそも衆議院の小選挙区制自体、一国平和主義の立場から対外政策に拒否権を行使し続ける社会党の解体を意図した、細川内閣当時の小沢一郎の保守二党的ビジョンに従って導入され（かつ狙いを果たし）たものだったが、いまやその小沢自身が二大政党から離れて新党を結成するなど、西洋政治学の通説とは異なり「小選挙区制下での小党分立」という事態が進展している。

本章は、これまでアメリカ的な「大統領制化」もしくは政党政治の「イギリス化」として論じられてきた上記の政治改革の流れを、近代よりも深い歴史的文脈において「中国化」と位置づけることで、より日本人の実感に沿った把握が可能になると提唱したい。実際、西洋モデルの政治学では米国型と英国型とに分けて分類される首相強化策も、中国の歴史社会に材をとって前者を「一君万民」、後者を（封建制に対する）「郡県制」として捉えるのであれば、むしろ表裏一体のものとして位置づけられることになる。

もうひとつの近世（初期近代）としての中国

近代以降の明治憲法、および現行憲法体制下の日本の民主主義が、初期近代としての江戸時代に規定されてきた半面、環日本海地域にはその日本近世とも、また欧米諸国の自由民主主義の基底となった西洋近世とも異なる、もうひとつの有力な近世モデルが存在した。それこそが「中国化」とも呼ぶべき、東洋史学の視角によれば宋朝（九六〇～一二七六年）の治世以来、大陸で持続しているレジームである。

拙著でも論じたとおり（與那覇、二〇一一）、それは①′治者と被治者との擬似人格的な一体化、②′法の支配のみならず有効な拒否権も欠く専制体制、③′しかし地域共同体や中間集団への束縛は弱い社会の流動性、④′地位の一貫性は高いが、むしろ独占的ポジションが過酷な競争にさらされることで公平感を享受する心性、という形で、日本の「江戸化」レジームとは正反対の特色を持つ。内藤湖南以来の指摘があるように、中国では宋の時代に科挙（試験による官僚登用）の全面化がなされて貴族政治が廃止され、人々の移動や職業選択も自由化されたため、地域の統治者も世襲の貴族ではなく、中央から科挙合格者が派遣され短期で異動となる「郡県制」のしくみが導入された（③′）。

貴族が排除されたため皇帝に対して拒否権を行使できる有力者は不在となり（②′）、一般民衆は科挙の基準である儒教思想に基づく「一君万民」的幻想――君主こそが各種の中間集団を排して、人民全体を平等に扱う民意の体現者として振る舞うはずだという期待によって、生活を守ることになる（①′）。その皇帝によって選ばれた科挙合格者は、拒否権も法の支配をも超越した存在としてあらゆる権力や富を独占したが、しかし科挙自体が数十万人の受験者のうち合格者は数百人、さらに継続的に合格者を出さない限り一族が衰亡するという厳しい実力主義で営まれていたことが（平田、一九九七）、競争社会的な「機会の平等」という形で公平感を担保していた（④′）。

この議会（立法府）を設けず、もっぱら単一の統治イデオロギー（儒教思想）の下で一体化された君主と行政官僚が「民意」の体現者として振る舞う体制は、儒教を共産主義に、官僚の選抜法を科挙から「党」に切り替えれば、今日の人民中国でもそのまま通用しているといえよう。実際に近年は、中国共産党自身が自らのモデルとして儒教思想や郡県的な官僚制を再評価し、その一党体制を「過去の統一王朝の中で最も啓蒙的だった時代の正当な後継者」にして中国版の「民主主義」と位置づけるようになっている（マグレガー、二〇一一：四八、六六、一三二）。

そして、われわれはそれを安易に笑うことはできない。実際に、西洋人であるシュミットすら、かつて以下のように述べたのだから。

独裁は民主主義の対立物ではないということをそれが示しているからである。このような独裁によって支配される過渡期においても、民主主義的な同一性は維持され得るし、人民の意志だけが標準的であることも（また）可能である。（シュミット、一九七二：四〇）

西洋化か中国化か

近世のモデルとして中国型があるのと同様、「民主化」のひとつの経路としても「中国化」を想定しえるという立場から振り返ると、「西洋化」の外見をまといつつ実際には「江戸化」レジームに沿って発展してきた日本の民主主義にも、密かにその影が差していることを指摘できる。そもそも「一君万民」とは戦前の国体論の中から生まれた和製漢語であったが、明治初年に行われた天皇の巡幸とは、朝鮮半島で中国以上の発展をとげていた、君主と民衆とを無媒介に触れ合わせることで民意の体現者として王を位置づける統治術の、遅ればせの模倣にほかならなかった（原、一九九六）。

西洋的な議会制デモクラシーの訳語として吉野作造が創案したとされる「民本主義」も、本来はそのような儒教的名君による民との一体化を指す語彙であり、さらに吉野の議会重視には同時代から、エリート民主主義に過ぎないとの批判が寄せられていた。反動思想とされる上杉慎吉の天皇主権説は、むしろそのような間接民主政を否定し、ルソー的な一般意志の具現者として天皇を位置づける擬似的な直接民主政を志向したものであり、その系譜は形を変えて、戦後の象徴天皇制にまで続く伏流となっている（住友、二〇一一：一一二、二二三）。実際に東日本大震災後、民主党政権の首相による被災地視察が党利党略の「特殊意志」に過ぎないとして嫌悪される反面、天皇によるそれが国民全体を表象するものとして広く受け入れられたことは、記憶に新しい。

むろん今日の日本で戦前のような君主政体や、中国と同様の文字どおりの一党制が成立する可能性は低い。しかし、北東アジアの歴史的文脈における「議会ではなく王を共同体全体の表象＝民意の執行者とみなす民主化」の回路（マルクス風にいえばアジア的共同体）の伝統は、なぜいま議会への信頼が揺らぐ一方で、独任制的な「強いリーダー」への期待が高まっているのかを理解する上でも、重要な示唆となろう。

表9－2　日本・中国・西洋の発展ルートを規定した「近世社会」の異同

	江戸化	西洋化	中国化
権力の集中性	天皇と将軍の乖離	国家や貴族の分立	皇帝一極専制
権力のコントロール	複数集団の拮抗	法の支配	徳治への期待
既得権益の保護	行政優位（身分）	立法優位（身分）	行政優位（競争）
秩序への合意の調達	地位の非一貫性	法の下の平等	独占的地位の流動化
経済体制の自由度	身分による規制	近代化による自由化	前近代から自由化

（出典）　池田・與那覇（2012：287）を一部修正。

近代の大衆民主主義は、民主主義として、統治者と被治者の同一性を実現しようと努めるものであるが、議会制は、その行く手に、もはや理解し得ない、時代遅れの制度として横たわっているのである。（シュミット、一九七二：一二三）

ヒトラーの台頭以前、シュミットはかく述べて議会制の失墜を「近代の大衆民主主義」の必然として位置づけたが、そもそも封建貴族が身分制議会での法制定を通じて、王権にも「法の支配」に服することを要求することで始まった議会制民主主義は、もともと西洋の近世に限定された発展経路（＝西洋化）にほかならない。むしろ近世に貴族身分が一掃された中国でははじめから議会制自体が存在せず、儒教規範の主宰者を名乗る皇帝を通じて「統治者と被治者の同一性」が仮想されることで、民意が政治に反映する（とみなされる）秩序が成立していた（表9－2）。

そのルートこそが本章のいう中国化にほかならないが、それは現在、戦後以来（国政と異なり）もともと大統領制的な首長公選制を備えていた地方自治の現場における「議会軽視」、ないし議会の首長への一方的従属という形で、姿を現しつつあるように思われる。政党を作り議会に進出してから首長を目指すのではなく、逆に首長としての権力を握ってから民意の名の下に個人的な新党を結成して議会を支配するという手法は、二〇一〇年の橋下徹大阪府知事（翌年より大阪市長）の「大阪維新の会」、河村たかし名古屋市長の「減税日本」の結成として具現化され、特に後者は市民に直接リコール署名を呼び掛ける形での市会解散を経て、ともに最大会派の獲得に成功した。さらに、国政における二大政党への失望が広がる中で、前者は「日本維新の会」として二〇一二年末の衆議院選挙に進出、大敗した民主党とわずか三議席差の五四議席を獲得し、第三党に躍進する。

4　日本は西洋化できるか――環日本海の憂鬱のなかで

新しい一君万民？

特に注目されるのは、全国的にも支持が高く一時は未来の首相候補とまで目されるにいたった、橋下の政治スタイルであろう。大阪府市の職員労組や教員組合との労使慣行を続々破るその手法は、いわば江戸化レジームの「拒否権の民主主義」の清算であるがゆえに（橋下自身は、「決定できる民主主義」という語法を好む）、日本政治の停滞を打破するものとして一部の快哉を浴びるが、その改革志向は議会での自由討論に基礎をおく、西洋化したリベラル・デモクラシーの流れに沿うものではない。

府知事時代の二〇一一年五月二四日、橋下は「鳥取県議なんて六人でいい」と発言して同県知事に反発されたが、地方交付税交付金の形で「府民の金も鳥取に行っている」と述べて、持論を譲らなかったという挿話がある（田村、二〇一二：二〇六～二〇七）。国政進出に際しても「首相公選制導入」「参院廃止、衆院議員半減」という大胆なビジョンを掲げて注目されたように、大統領制的な直接投票で首長に選任されたことを以って、民意の一元的な信託を誇る橋下には、複数の党派が併存する討議の空間としての議会の意義を軽視するところがある。

シュミット風にいえば「自由主義なき民主主義」への傾きであるが、これは現行の日本で展開している民主化が「西洋化」ではなく「中国化」のルートに沿うものだと考えれば、ごく自然な流れということになろう。事実、「税金の投入」を根拠として自己の主張を共同体の一般意志と同一化し、反論を拒絶する思考様式は、私的所有権に立脚した封建貴族どうしの合議から始まった西洋の議会政治よりも、王土王民という観念の下、臣下に不可侵の私的領域が認められず、君主に無制約な発言権が与えられた中国の徳治専制に近い。「税金を受けとる以上は当該共同体の首長に従え」とする論理は、江戸化レジーム的な拒否権のみでなく、近代西洋的な個人のプライバシーをも否定しかねない危うさがある。

むろん、橋下やその支持者には、それでも首長の意志が民意と一致しているから問題はないとする発想——まさしく「一君万民」への志向があるのであろう。実際、自らの決断への批判を許容しない半面で、橋下には多種多様なブレーンを揃え、一〇〇万人を超すフォロアーに向かってSNSで主張を発信するなど、大衆の意見に開かれた側面もある。議論は可能な限りオープンに、ただし最終決定を下す権利は独占し制約を認めないというこの姿勢もまた、立憲政導入以前の明治初年、多数決ではなく廟堂の議論を踏まえた天皇の宸断によって政策を決する「議会」を構想した、儒教思想家による君主親政の構想（池田、二〇〇六：一九～二〇）に類似する。

二〇〇九～一二年の民主党政権が掲げた政治主導（議会政治家による行政運営）が不振に終わり、むしろ官僚主導への回帰が言われるなかで、行政府の長が直接民意を吸い上げて公務員を指揮するのなら、議会で「拒否権」を行使する諸政党はむしろ統治者と被治者の一体化を妨げるものであり、不要だという感覚が広がる蓋然性は高い。天皇の代わりに首長を、儒教ではなく民意をアクターとした「新しい一君万民」の体制として、江戸化レジームの賞味期限の切れた日本の民主政が、西洋化ではなく中国化へと向かう未来は、十分に想定しえると考えられる。

非西洋としての日本？

京極純一は『日本の政治』で、日本の政治運営の特異性を欧米圏の社会科学ではなく、むしろ民俗学や思想史の語彙によって伝統の文脈のなかで分析しようと試みた際、随所で「東アジア」との対比を行っている。例えば一族で支援して科挙合格者を出すための中国的な大家族（宗族）制を持たず、身分制社会の下で形成された小規模な「イエ」を単位としていたため、日本の官僚はネポティズムで親族を養う必要がなく腐敗を免れたように、中国との「近世」の形の相違が近代化にあたって、日本の利益となる局面は存在した（京極、一九八三：二六）。

しかし、一方で同書はこうも述べて、むしろ日本人の政治秩序観の根本には、もともと中国との共通性があったことを論じている。

久しく中国文明圏で暮してきた日本人にとって、道、理、法、さらには、道理、理法、天理、人道など馴染み深い言葉である。そして、相即コスモスを主宰する実在には、その名前として、生命、生命力などと並んで、これらの言葉が古くから用いられてきた。（京極、一九八三：一六六）

相即コスモスとは、丸山眞男であれば日本思想の古層と呼んだような、森羅万象を「相即不二」として予定調和的に捉え、解消不可能な他者性の存在を否認する秩序を指している。したがって、そこでは生命や道理といった単一の原理が奔放に追求されるという形の「自由」は存在しても、西洋のリベラル・デモクラシーが依拠するような、対立関係にある複数の思想や党派が互いに尊重しあうという意味での「自由」は存立し得ない。

民主政が「多数者の専制」と化すことに警鐘を鳴らし、その予防策として中間集団の活用を説いたトクヴィルを引くまでもなく、江戸化レジームの下で地域ごとに被治者が保有していた拒否権は、西洋的な法の支配や自由主義の伝統を有さない環日本海世界で、治者による完全な権力の占有を防ぐ役割を果たしてきた。しかし、郡県化（小選挙区＝ウェストミンスター化）によって党中央に対する地域代表の力は削がれ、議会を飛び越してメディア経由で有権者と首長が一体感を共有する一君万民的（大統領的）な政治手法の進展により、かような中間集団のバッファー機能は失われつつある。

決断できる首相や政権交代可能な政党といった「西洋化」を目指して進められた諸改革は結果的に、行政の長である個人の意志と群衆の集合的民意とが「相即不二」的に直結して、両者のあいだを調整する議会の機能が空洞化するという「中国化」へと帰結した。それは首相や首長に中間集団の拒否権を押し切るだけの集権性を与えると同時に、民意に対する脆弱さ（vulnerability）をも、もたらしたといえよう。自己と民意の同一化のみを権力の源泉とする中国化した政体は、中間集団の積み重ねに支えられた江戸化レジームと比べて、「民意と乖離した」とみなされた際のダメージが直接、執政中枢に及ぶのであり、世論調査に政局や首相の進退が左右されるのはその典型である。さらにこれが、もっぱら政治指導者個人の人格やライフストーリーによって、多様化した民意の統合を図るポピュリズムの一般的特徴と結びつくと（吉田、二〇一一：四五〜五二）、支持率目当ての「君主」のスタンドプレーに激しく左右される政局が常態化しかねない。

二〇一二年夏に日中韓のあいだで発生した領土問題は、環日本海が抱えるこの共通のリスクを如実に示した。当時の李明博大統領が韓国ナショナリズムと自らを一体化させるために竹島（独島）に上陸し、石原慎太郎都知事（現・日本維新の会共同代表）が尖閣諸島購入構想を打ちあげると、アジア重視を謳って成立したはずの民主党政権の野田佳彦首相も、尖閣国有化をはじめ強硬な対応を示さざるを得なかった。中国共産党もまた、国内の反日デモの要求を汲み上げる対応を迫られ、沸騰した民意を「利用する」というよりも、むしろその矛先が自らに向くことを「恐れる」政権どうしのあいだで、チキンレースにも似た綱渡りが展開されたことは、記憶に新しい。

かつて議会政治の定着や経済成長の達成によって、近代化の優等生と目された日本が、はたして真の意味での「西洋化」を実現して混迷を抜け出し、他国に範を示すのか。それとも結局は「中国化」（ないしは、いま一度の「再江戸化」）という形でしか民主政を営めない地域として、環日本海地域は西洋自由主義圏の外部へと回帰するのか。かような歴史の分岐の前でこそ、われわれはいま決断を迫られている。

参考文献

飯尾潤『日本の統治構造——官僚内閣制から議院内閣制へ』中公新書、二〇〇七年。

池田信夫・與那覇潤『「日本史」の終わり——変わる世界、変われない日本人』PHP研究所、二〇一二年。

池田勇太「公議輿論と万機親裁——明治初年の立憲政体導入問題と元田永孚」『史学雑誌』一一五巻六号、二〇〇六年。

大嶽秀夫『日本型ポピュリズム——政治への期待と幻滅』中公新書、二〇〇三年。

蒲島郁夫『戦後政治の軌跡——自民党システムの形成と変容』岩波書店、二〇〇四年。

京極純一『日本の政治』東京大学出版会、一九八三年。

五野井郁夫『「デモ」とは何か——変貌する直接民主主義』NHKブックス、二〇一二年。

シュミット、カール（稲葉素之訳）『現代議会主義の精神史的地位』みすず書房、一九七二年（原著初版一九二三年、再版一九二六年）。

季武嘉也『選挙違反の歴史――ウラからみた日本の一〇〇年』吉川弘文館（歴史文化ライブラリー）、二〇〇七年。

菅原琢『世論の曲解――なぜ自民党は大敗したのか』光文社新書、二〇〇九年。

鈴木多聞『「終戦」の政治史――一九四三～一九四五』東京大学出版会、二〇一一年。

住友陽文『皇国日本のデモクラシー――個人創造の思想史』有志舎、二〇一一年。

高瀬淳一『武器としての〈言葉政治〉――不利益分配時代の政治手法』講談社選書メチエ、二〇〇五年。

竹中治堅『首相支配――日本政治の変貌』中公新書、二〇〇六年。

竹中治堅『参議院とは何か――一九四七～二〇一〇』中公叢書、二〇一〇年。

田村秀『暴走する地方自治』ちくま新書、二〇一二年。

内藤湖南『東洋文化史』中公クラシックス、二〇〇四年。

野中尚人『自民党政治の終わり』ちくま新書、二〇〇八年。

原武史『直訴と王権――朝鮮・日本の「一君万民」思想史』朝日新聞社、一九九六年。

平田茂樹『科挙と官僚制』山川出版社（世界史リブレット）、一九九七年。

福元健太郎・村井良太「戦前日本の内閣は存続するために誰の支持を必要としたか――議会・軍部・閣僚・首相選定者」『学習院大学法学会雑誌』四七巻一号、二〇一一年。

牧原憲夫『客分と国民のあいだ――近代民衆の政治意識』吉川弘文館、一九九八年。

マグレガー、リチャード（小谷まさ代訳）『中国共産党――支配者たちの秘密の世界』草思社、二〇一一年（原著二〇一〇年）。

待鳥聡史『首相政治の制度分析――現代日本政治の権力基盤形成』千倉書房、二〇一二年。

丸山眞男『忠誠と反逆――転形期日本の精神史的位相』ちくま学芸文庫、一九九八年（原著一九九二年）。

源川真希『近衛新体制の思想と政治――自由主義克服の時代』有志舎、二〇〇九年。

吉田徹『二大政党制批判論――もうひとつのデモクラシーへ』光文社新書、二〇〇九年。

吉田徹『ポピュリズムを考える――民主主義への再入門』ＮＨＫブックス、二〇一一年。

與那覇潤『中国化する日本――日中「文明の衝突」一千年史』文藝春秋、二〇一一年。

＊本章は、科学研究費補助金（若手研究Ｂ、課題番号２２７２００３５）による成果の一部を含むものである。

第10章　中国の「現代化」

——躍進は限界に来ているか——

朱　建榮

1　「罠」だらけの未来をめぐる論争

中国では今、「罠」の話が流行っている。経済高成長を三〇年間続けてきたが、ここまできていくつかの罠にはまる危険に直面しており、それを脱出できなければ経済と社会の混乱、外交の孤立に陥ってしまう、との危機意識が高まっている。

よく言われる「罠」は三つある。

一つ目は、「中所得の罠」だ。世界銀行と中国政府の国務院発展研究センターが二〇一二年二月に共同発表した「二〇三〇年の中国」（China 2030: Building a Modern Harmonious, and Creative High-Income Society）と題するレポートは、中国がその「罠」にはまる兆候をすでに呈していると警告した。この概念は世銀が二〇〇七年に発表した報告書「東アジアのルネッサンス」の中で提起されたもので、高成長する国の国民所得の水準が世界の中レベルに達した時、市場化の徹底など発展戦略を転換できなければ、成長の低迷、貧富格差の拡大、官僚の腐敗といった経済と社会の停滞と混乱をもたらすとの意味だ。これまで主にブラジル、アルゼンチンなどラテンアメリカの国がその典型例とされているため、「中所得の罠」は中国で「拉美化」（ラテンアメリカ化）とも呼ばれている。

二つ目は「体制移行の罠」だ。北京・清華大学の研究チーム（主査：孫立平教授）が二〇一二年三月に発表したレポートは、中国が直面する構造的な問題はラテンアメリカの二の舞になるというより、東欧諸国が抱えている共通の問題にむしろ性格が近いと指摘した。計画経済から市場経済へ移行する過程で国有企業などの既得権益集団が改革の深化を妨害し、移行期の「混合型体制」を固定化させようとした結果、環境破壊と資源の浪費を代価とする成長パターンに留まり、体制改革が停滞し、社会構造が硬直化し、社会崩壊が始まる、といった深刻な状況がこの「体制移行の罠」にあたるが、中国の移行過程でも同様な問題が先鋭化していると警告した（「中所得の罠か体制移行の罠か」、北京『開放時代』誌二〇一二年三月号）。

三つ目は対米関係を念頭に置いたものだが、二〇一〇年、中国の国内総生産（GDP）総額が日本を抜いて世界二位になった時、中国の学者は「中国は世界二位の罠に陥った」という警告を発した（江湧論文、『世界知識』誌二〇一〇年第二二号）。二〇世紀を振り返れば、世界二位の経済実力をもった英国、ドイツ、旧ソ連そして日本はいずれもナンバーワン大国の米国から強烈な妨害・打撃を受けて、発展が失速したが、現在の中国も米国から、経済面の追い上げ、軍事力と安全保障面の摩擦、「中国モデル」の衝撃、心理的圧力という四側面で「脅威」と感じられ、米国による妨害、揺さぶりが今後強まっていくだろうとの警戒感を示すものだ。

その延長で二〇一二年に入って中国の国際関係学者はまた、「三分の二のジンクス」という概念を提起した。二〇世紀においてドイツ、旧ソ連、日本のいずれもそのGDP総額が米国の三分の二に到達した時期に、米国から強く警戒され、執拗に妨害され、結局、「潰されていった」とし、今の中国もこの段階に差し掛かったと警鐘を鳴らした（王緝思・張維迎他「未来一〇年の中国と米国」、北京『財経網』二〇一二年五月九日）。

この一連の「罠」説は、中国の政府からオピニオンリーダー層に至るまで、高成長を遂げた今直面している数々の問題への危機意識を示すとともに、今後の発展方向を見定められず、有効な問題対策を打ち出せないことによる焦り、さらに一種の心理的な不安感を反射させたものと見ることができる。近年、中国は世界経済を牽引する高成長が持続する一方、成長の減速、社会の不安、対外関係の緊張など一連の問題も激化している。中国の成長はこれで限界に到達したのか、一連の問題への処方箋はあるのか、今後はどの方向に向かうのか。これらの質問に中国自身が答えなければならず、全世界もこれらの問題に関心を集めている。

中国が現代化の限界と壁を乗り越えられるかどうか、という問題を検討するため、これまでの三〇年間、中国はどのように大方の悲観的な予想・展望を覆して数多くの「罠」を乗り越えてきたか、その経験について中国の内外でどのように総括されているかをまず再検証してみたい。その上で、中国が今直面している「現代化の壁」に対して、これまでの成功経験は将来にとって依然有効かどうか、また、中国はどういう新しい対策を打ち出しているかについて検討したい。

2　「中国の奇跡」はどのように達成されたのか

「三段階発展戦略」の制定

一九四九年に建国した中華人民共和国の政治・経済システムは大きく二つの段階に分けられる。政治重視で鎖国的な毛沢東時代と経済最重視で対外開放にも積極的な鄧小平時代とそれ以降である。七六年に毛沢東の死去に伴って前者の時代が終わりを告げたが、後者の時代は七八年一二月に開かれた「三中全会」（中国共産党第一一期第三次中央委員総会。この会議で戦略の大転換を決定）が起点だと一般的に区分される。鄧小平は一九九七年に死去したが、今日に至るまで、鄧小平時代に決定された発展戦略は依然継承されているので、今も広義的に鄧小平時代に属すると言ってよいだろう。

今日の経済大国の地位に直結する方針転換の起点は「三中全会」だが、「現代化」の戦略は毛沢東時代にすでに打ち出されていた。一九五七年三月、毛沢東主席は初めて「現代工業、現代農業、現代の科学文化を有する社会主義国家」を発展の目標に掲げたが、一九六〇年初め、「国防」を加えて「工業、農業、科学技術、国防という四つの現代化」という表現に修正された。一九六四年一二月に開かれた第三回全国人民代表大会（全人代、中国の国会に当たる）で、周恩来首相が行った政府活動報告は初めて二〇世紀末までに「四つの現代化」を実現する目標を正式に提示した。

一九七六年に毛沢東が死去し、その後の数年間、華国鋒が主席を務める過渡期を経たが、七八年以降、鄧小平が

表10－1　中国の「三段階の現代化戦略」

順　序	時　期	目　標	スローガン
第一段階	1980～2000年	経済規模の４倍増で「まずまずの小康社会」を実現：低レベルの現代化	「先富論」
第二段階	2000～20年	経済規模と国民所得の４倍増で中レベルの現代化	「共同富裕論」
第三段階	2020～50年	世界トップレベルの高度な現代化	「中華民族の偉大なる復興」

（出所）　筆者作成。

中国の政治と経済の主導権を握るようになった。そこで「改革」（国内経済体制の抜本的見直し）と「開放」（全世界から資本と技術を導入し、国内で生産する製品を海外に輸出する戦略）への取り組みを両輪に、経済発展最優先という方針が党中央の決議として決定された。その間、現代化戦略の再設定に際し、最初のきっかけを作ったのは実は日本だった。

一九七九年一二月、大平正芳首相が訪中した。彼は七二年の国交正常化の立役者の一人で、中国から今も尊敬されている。大平は長く通産省のトップとして戦後日本経済の高度成長に貢献し、日本の長期発展戦略の制定に関わっていたが、北京の人民大会堂で鄧小平と会見した際、「中国は広大な近代化計画を打ち出したが、将来的にどういう未来像をもっているのか」と質問した。この「誘導質問」を受けて一分間以上考え込んでから、鄧小平は有名な長期発展戦略を語った。

「中国は二〇〇〇年までに経済規模の四倍増とともに、一人当たりのGDPを今の四倍、一〇〇〇ドルのレベルに引き上げる考えだ。これで『小康社会』（安定した生活環境）を実現する」（『鄧小平文選』第二巻、人民出版社、一九九四年一〇月）。

これは新時代における中国の現代化構想の始まりとされている。この談話以降、もともと戦略構想に長ける鄧小平以下の中国指導部は長期的な経済戦略の制定に力を入れ、一九八七年一〇月の第一三回党大会で鄧小平は「第一段階（八一～九〇年）はGDPを倍増させ、人民の衣食問題を解決する。第二段階（九一～九九年）はGDPを再度倍増させ、「小康社会」を実現する。第三段階（二〇〇〇～五〇年）は一人当たりのGDPが先進国の中クラスのレベルに達し、現代化を基本的に実現する」と提示した。続いて九七年九月に開かれた第一五回党大会では、二〇〇〇～一〇年、二〇一〇

〜二〇年、二〇二〇〜五〇年という三段階の発展戦略を打ち出した。

二〇〇二年に開かれた第一六回党大会では、それまでの提示をまとめる形で、この「三段階発展戦略」が定型化した（表10-1）。

目を見張る中国の躍進

今日までの中国の成功は鄧小平が決定した経済発展最優先の路線と、鄧が打ち出し、歴代の指導者が微修正し具体化した長期発展戦略を忠実に守ってきたことが第一の要因に挙げられよう。その結果、中国自身すら予想しなかったような平均年率一〇％以上の高成長を実現し、一挙に世界二位の経済大国に躍り出た。

中国の躍進ぶりは「戦後の奇跡」と言われた日本のかつての高成長よりもスピードが速く、スケールが大きい。この二〇年余りの日中経済規模の推移を比較すれば、中国の発展の猛烈な勢いは一目瞭然だ。購買力平価（PPP方式）による計算だと中国の経済規模は二〇〇〇年より前にも日本を超えたことになるが、その分析方法に異論もあるため、ここでは、比較しやすい米ドルベース（実勢レート）による比較を行う。

一九九〇年、日本のGDP（国内総生産）は三万二〇〇億ドルだったのに対し、中国は三九〇三億ドルで、日本の一三％未満で、約八分の一だった。その当時、日本はバブル経済を謳歌するまっただ中で、韓国の経済規模とさほど変わらない中国は取るに至らない存在だった。

二〇〇〇年になると、日本の名目GDPは四兆六六七五億ドルとなり、一〇年間で五四％伸びたのに対し、中国は三倍以上に急成長して一兆一九八四億ドルとなり、日本の二五％強すなわちその約四分の一に上昇した。その間、日本の経済界では「中国経済脅威論」が一部出たが、全体的にはまだ中国に対して「慌てる必要がない」という余裕があった。「中国のこれまでの奇跡ともいえる成長を認めよう。しかしその成長はすでに限界に来ており、政治・経済・社会のあらゆる面に問題が山積しているから、これから大変ではないか」といった見方が支配的だった。「中国のすべてがうまくいくとしても日本に追いつくのは二〇二〇年以降だろう」というのが経済学者の予測だった。

ところがそれ以後、日本の経済低迷、社会と政治の閉塞感は持続し、二〇〇八年に始まった世界金融危機でさらに追い打ちを受けて日本経済がマイナス成長に落ちたが、中国は依然一〇％以上の高成長を保ち、日本との距離を一気に縮め、二〇一〇年の日本のGDP総額は五兆四五八九億ドルだったのに対し、中国は五兆九八四七億ドルとなり、経済規模が逆転した。

中国の急速な台頭は、同じ新興国のインドや旧大国諸国と比較してもその勢いは衝撃的だ。一九九〇年、中国のGDPはインドの一・一倍だったが、一人当たりの国民所得はインドの八割に過ぎなかった。二〇一〇年になると、中国のGDP総額はインドの約四倍となり、一人当たりの国民所得もその三倍と差が大きく開いた。

二〇〇四年の中国のGDPはまだ米国、日本、ドイツ、英国、フランス、イタリアに次ぐ第六位だったが、その後ほぼ毎年、旧大国を一カ国ずつ追い抜いた。二〇一〇年以降、中国GDPの毎年の伸びた分がスウェーデンやベルギーのようなヨーロッパの中等国のGDP総額に相当するほどのスケールになった。二〇〇六年、中国は七〇カ国にとって最大の貿易相手だったが、二〇一一年、一二四カ国の最大の貿易相手になった。同時期に米国が最大の貿易相手だった国は一二七カ国から七六カ国に下がった。米国はいまだに世界最大の輸入国だが、中国が最大の輸出相手である国は二〇〇〇年の二〇カ国から二〇一一年の七七カ国になり、その逆転も必至と見られている。

ここに来て、中国の経済規模が米国を追い抜くのも時間的な問題との見解が増えている。IMF（国際通貨基金）は、購買力平価で計算すれば二〇一六年に米中逆転が起きると予測しており、一一年一二月三一日付英国『エコノミスト』誌はドルベースでも一八年に中国の経済規模が米国を超えると推定した。OECDが二〇一二年一一月に発表した長期的経済報告書によると、一一年の中国の経済規模は全世界の一七％を占めるようになっており、早ければ一六年にも米国を追い抜くと予想している。

長期戦略を持続・実施する能力

長期戦略の制定は大事だが、それをぶれずに継続させ、また進展や内外状況に応じて長期戦略を具体的な目標に細分して実施し、その成功を確保する能力とメカニズムをもっていることは中国の成功を保障した第二の要因と挙げられている。

一般論的に「長期戦略」「強力な指導力」と言えば、世界の多くの途上国、独裁政権も同様に持っているが、では中国共産党はどのように他の大半の国と異なる結果、成果を出したのか。そこに稀世の指導者鄧小平の存在がよく言及され、今日の中国で「二〇世紀の中国の最も偉大な指導者は誰か」と訊けば、九割以上の国民は「鄧小平」と答えるだろう。しかし鄧小平の貢献は、長期戦略を提出したことに止まらず、その継続と実施、段階的推進に対してその後の指導者も守らなければならない体制を作り、軌道を敷いたことなのである。

これまで三〇年の間、中国をめぐる政治と社会環境および国際環境に幾度もの危機が起きた。とりわけ一九八九年前後、最大の試練が訪れた。国内では民主化運動を実力で抑え込んだ天安門事件が発生して経済が停滞し、外部では旧ソ連の崩壊で中国が唯一の社会主義大国となって孤立した。しかしその中でも鄧小平は経済再優先路線を貫き、九二年になると、「社会主義市場経済」体制への移行を目指す新しいラウンドの改革方向を決定し、高成長の勢いを持続させた。中国がＷＴＯ（世界貿易機関）に加盟すべきかどうかをめぐって、今日の日本でＴＰＰ（環太平洋戦略的経済連携協定）問題をめぐって世論が二分化したような激しい論争があったが、鄧小平路線を継承した江沢民指導部は長期発展戦略の必要性に基づいて決断し、二〇〇一年、その加盟を果たした。経済の国連といわれるＷＴＯへの加盟は中国にとって国際貿易ルールの国内適用を求める大改革という痛みを伴ったが、結果的に中国経済の国際化を推し進め、数年後、世界一の貿易大国、世界最大の外貨準備保有国、米国の最大の債権国になった。

二〇〇〇年まで、中国は「先富論」をスローガンに、生産責任制、個人請負制などの競争原理を導入し、まず沿海地域を発展させ、二〇年間で経済規模の四倍増という所期目標を達成した。しかし高成長の陰に、失業者の急増、貧富格差の拡大、環境破壊といった問題も顕在化した。そこで鄧小平死後の〇二年に開かれた第一六回党大会では、第二段階の発展戦略への移行が決定され、その実施手段として「共同富裕論」（先に豊かになった地域と人は、遅れた地域と個人を支援する義務があり、全土でともに豊かになろう、という意味）が提示された。それ以降、〇三年には、都市部の貧困層を支援する「都市住民の最低生活水準」が設置され、〇四年からは農業税の廃止、農村人口の都市部移住規制の緩和、内陸部支援などの新しい政策が次々と打ち出された。チベット、新疆などの西部の少数民族地区に対し、沿海部の一九の省と市は現地ＧＤＰから一定のパーセンテージの金額を拠出して支援することも義務づけられた。一二年末、全国民が加入する医療保険制度が導入された。

中国はまた人事制度、具体的には「幹部選抜基準」の調整をもって長期発展戦略の実施を確保した。二〇〇〇年以前は、各地方リーダーの業績をめぐる評定やその抜擢に関する基準の多くは当時の第一段階の経済戦略と関連して、どれぐらいの外資を導入し、ＧＤＰはどれぐらい伸びて、新規道路や雇用がどれほど増えたかがその幹部が有能かどうかであった。〇〇年以降になると、第二段階の発展戦略に基づいて、その評価・判断の基準は、環境対策、民生の改善、教育の強化、低所得者向けの住宅建設などの指標に修正された。今の中国では少なくとも一八の一級行政区と一〇〇以上の都市で「幸福指数」が地方政府への評価基準として導入されており、「中国都市競争力研究会」は近年、「中国の最も幸福感ある都市ランキング」のアンケート調査結果を公表している（新華社二〇一二年一一月九日記事）。このような幹部の抜擢に直結する評価基準の調整によって中央から地方政府まで幹部役人の全員が、長期戦略下の現段階における政策の遂行、指標の達成に動員されるようになっている。中国官僚層全体の質は日本のそれに及ばないが、その考え方の共有と各個人のインセンティブを引き出したことによって達成される成果は予想以上に大きいものだった。

中国共産党の強力な指導体制は人的・物的資源を総合的に運用し、大事件、大問題、予想外の危機に対処する能力に特に優れていると指摘される。二〇〇三年、中国全土を襲いかかったＳＡＲＳ（新型肺炎）という大事件があったが、見事に克服できた。〇八年に北京オリンピックが、また一〇年に史上最大規模の上海万博がそれぞれ成功裏に開催された。特に〇八年九月に始まった国際金融危機が全世界を席巻した中で、ほぼ中国の「一人勝ち」となり、経済大国、金融大国の地位を不動なものにした。〇八年五月、中国の四川省でＭ８の世界最大規模の地震が発生し、三〇〇〇万人以上が家屋を失い、九万人以上が犠牲者となったが、中央政府からの巨額な資金と物資の援助だけでなく、各地方とも支援を分担したため、被災地では「一年で被害対策を完了し、二年で平常の生活を回復し、三年で現地を新生させた」と言われるほどの大変貌を遂げた。

「中国の秘訣」に関する諸研究

二〇一一年初頭、スイスのジュネーブ外交と国際関係学院に務める中国人教授の張維為が書いた『中国震撼——一つの文明型国家の台頭』という話題作（上海人民出版社、二〇一一年）が出版された。これまでの対中分析の方法論と異なって、中国の経済成長と社会・政治の特徴について、「西洋医学がいまだに漢方医の原理を説明できないのと同じように、西洋の発想と国民国家のモデルを今の中国に当てはめても説明できない。中国は一つの独特な『文明型国家』なのだ」と提起している。中国の経済改革と高成長の成功要因については、同書は以下の八つの特徴を指摘した。

(1) イデオロギーにこだわらない、束縛されない「実践的理性」（実事求是の精神）を持っていること。
(2) 経済、社会を全般的にコントロールしている脱イデオロギーの、全国民的な理想を集約して追求する政府が構成されていること。
(3) 社会の安定を、いかなる時でも最重視すること。
(4) 民生（中身は時代によって調整するが）を政府の主要な政策目標に掲げていること。
(5) 漸進的改革という手法を採ること。
(6) 政策の制定、改革の実施にあたって、軽重、難易を吟味したうえで着手の手順を重視すること。
(7) 全世界のよいものなら何でも取り入れる混合経済体制をとっていること。
(8) 思い切った対外開放政策を継続させていること。

台湾紙『旺報』が中国の第一八回党大会に合わせて出した社説（二〇一二年一一月一三日）は、中国が長期的な安定高成長を実現した要因として、(1)欧米モデルを参考しながらも本国の状況に合わせた独自な理論と戦略の発展と創新を貫いてきたこと、(2)社会的混乱を回避しつつ漸進的な民主化を推進する「秩序ある政治改革」「鳥かご型政治改革」を行ってきたこと、(3)世界のあらゆるいい経験を取り入れる「学習型政権与党」を堅持したことを挙げている。

欧米の政治家、企業家の間でも「中国の奇跡」の原因を真剣に考える動きが出ている。元ドイツ首相シュミットは『未来の列強』と題する著書（二〇〇四年出版）の中で、「中国の現行体制は政治と社会の安定を確保し、国民に今までのあらゆる時代より多い自由を与えた」とし、「中国共産党が全国民に自信とプライドを持たせることに成功し、自信とプライドはこの民族に莫大な活力をもたらした」と評価した。

米国の元中国駐在大使ロイ（Stapleton Roy）は二〇一二年一一月八日、米国の世界問題協会（World Affairs Councils of America）の年度大会で行った講演で、中国の体制における多くの問題を指摘し、習近平政権の時代で改善されるとの期待を述べるとともに、「中国に比べて米国は多くの面で優位に立つが、中国指導部は『予想以上のでき』（over-performing）を見せているのに対し、米国自身は『予想以下のでき』（under-performing）だ」と残念がった。

米国の民間経済調査機関の一つ「全米産業審議会」（Conference Board）が二〇一二年六月、七〇人の米大手企業のＣＥＯに対して行ったアンケート調査の結果を公表したが、「経済と金融の危機を最も有効に処理する能力をもつ組織や個人」という質問に対し、一位は「自分」、二位は「連邦準備銀行」に続き、三位に「中国共産党」を挙げた。彼らの多くが挙げた理由は「中国共産党が近年、様々な政治・経済のチャレンジに応対したパフォーマンス」「長期戦略をもち、ぶれない」ことだった。皮肉なことに、米国の大統領と議会の得点数は中国共産党よりかなり低かった。

3　「現代化の限界」に来たか

「未曾有の厳しい挑戦」

しかし北京五輪と上海万博の成功、世界経済二位の地位獲得で世界の称賛を得て酔いしれる暇もなく、本章冒頭で紹介したように、多くの「罠」説が一斉に生まれた。第一八回党大会の政治報告も「我々は発展のチャンスに依然恵まれているが、直面する挑戦も未曾有の厳しいものである」と認めた。直面する挑戦すなわち「現代化の限界」を突破できなければ、二〇二〇年や五〇年について設定した目標と夢も「描いた餅」に終わってしまう、との危機意識が高まっている。

高成長を遂げた中国はいま、どういう「現代化の限界」に遭遇しているのだろうか。

まず経済面では、これまで三〇年間続けてきた発展モデルが持続できなくなったことが挙げられる。安い人件費を武器に輸出主導で経済を牽引してきたが、国内の人件費急上昇に加え、欧米市場の委縮と中国からの輸入に対する規制強化、人民元切り上げ圧力などによって、輸出主導路線は持続できなくなった。環境対策を犠牲にし、大量な資源とエネルギーを低効率的に使ってＧＤＰ数値の拡大を追求したことでもたらされた深刻な環境汚染は国民の強い反発を呼ぶようになり、経済発展の足を引っ張るようにもなっている。

言いかえれば、中国は低レベルの途上国経済からの脱出に成功し、「新興国」「中進国」の段階に入ったが、ここからさらに先進国のレベルに上がっていくのに、これまでの発展方式は有効でないばかりでなく、足を引っ張る阻害要因にもなりつつある。

社会面でも大転換期を迎えている。社会分野に関して二つの側面に分けて見たほうが分かりやすいが、一つは民生、福祉の面であり、もう一つは中間層の拡大に象徴される社会構造と国民意識の変化という側面である。

前者に関して、「一人っ子政策」の実施により、「少子高齢化」時代が早く到来し、若い労働人口は二〇一五年以後減少傾向に転じる、いわゆる「ルイス転換点」に差し掛かっている問題がある。高齢化人口がすでに二億人に達したことに対する社会保障システムの構築も大幅に遅れている。また、エリート育成を優先してきた教育制度の改革、所得・分配・就職の「機会の不平等」の問題、地域格差の是正、環境汚染対策と「食の安全」問題などが挙げられる。

後者に関しては、国民の権利意識が台頭するという普遍的な社会現象、年間一〇万件以上の「集団争議事件」の発生に示される「民意」の表現と政策へ反映させるシステムの構築問題、ネットユーザーが五億人以上、携帯電話利用者が一〇億人以上という情報化社会の到来、幹部・役人の汚職腐敗問題への根強い不満などが挙げられる。

情報化時代の中国社会はいかに大変貌しているかを語るのに、ネット社会の「草の根民主主義」の急速な台頭が典型的な例となる。日本では「中国のネット社会も当局の厳しい管理下に置かれている」との認識が一般的だが、ネットの世界は本質的には政府当局がコントロールできないものである。当局が設定したいくつもの制限や監視の仕組みを、ネットユーザーの大半はそれを巧みにかわして自分の意思を自由に表現する方法を知っている。「微博」（中国版ミニブログ）といった数十万人ないし数百、数千万人が同時に利用する新しい媒体も出現している。近年、むしろ当局がネット社会に動かされている現象が現れており、一部の「悪い役人」に対して、互いに知らないネットユーザーが協力してその悪事を暴露し、集めた証拠を政府や党の上級部門に提出し、その結果、暴露された役人の大半が免職されるといったこと（「人肉捜索」と呼ばれる）が頻発している。

未来の課題

以上のような経済面、社会面および政治面の大転換期に見られる諸問題について、中国の内外でも多くの分析がなされている。

中国で発行部数が多い人気紙『参考消息』は、二〇一二年五月一七日付紙面にシンガポール国立大学の黄靖教授が書いた「中国が直面する六大挑戦」と題する記事を掲載し、「突破できなければ中国の持続的発展は不可能になる」として六つの主要課題を列挙した。

(1)　八〇〇〇万人以上の共産党員が特権階級化しないための「与党管理システム」の構築
(2)　中央政府が財源を牛耳っていることによって生じる、各地方政府が土地使用権の売却に頼る歪んだ財政システムの問題
(3)　中央集権と地方自治との関係の再構築
(4)　所得分配の不公平問題の解決
(5)　経済発展モデルの転換

(6)　開放的、多元的、民主的な現代社会システムの構築

一方、全国政治協商会議の経済委員会副主任鄭新立は、「中所得の罠から脱出して先進国の仲間入りを果たすには経済面において、都市と農村の格差、歪んだ産業構造、投資と消費のアンバランス、サービス業の立ち遅れという四大問題を解決しなければならない」と指摘している（北京『人民政協報』二〇一二年一一月二六日）。中国に多大な影響力を有する米国発の中文サイト「多維新聞網」は二〇一二年一一月一五日付社説で、中国が政治の民主化を実現するのに以下の一〇大課題を乗り越えなければならないと指摘している。

(1)　多元的価値観を容認する社会主義体制の構築
(2)　歴史問題に直面し、過去の非を潔く認め、反省すること
(3)　「革命政党」を「政権与党」に転換すること
(4)　権力に対する制約が利く政治システムを作り上げること
(5)　「官本位」の文化を「士文化」に変え、官僚制度を再建すること
(6)　言論の自由を保障し、党と民衆との相互信頼関係を回復すること
(7)　所得分配の平等を実現し、真の社会主義に復帰すること
(8)　「人間本位」の経済構造への脱皮
(9)　実力信仰の強権政治を打破し、新しい国際観を確立すること
(10)　新時代の賢明なリーダー像を提示すること

ここで挙げられた課題のいずれも、中国が「現代化の限界」を突破するのに避けて通れないものばかりであり、しかしその達成はこれまで解決した諸問題に比べてもっと現体制の根幹、深層に関わり、はるかに難しい。そして

経済発展と民意の台頭に突き上げられ、外部世界の変化にも押され、中国共産党は今後一〇年、「不進即退」すなわち「前進するか後退して体制崩壊するか」の分かれ目に差し掛かっている。第一八回党大会の政治報告が「空前な挑戦に直面している」ことを認め、「汚職腐敗対策をしっかりやらなければ党と国家が滅びる」と警告したのも、中国はいま、時間限定で克服しなければならない多数の課題と困難を抱えていると認識しているからだと解釈できよう。

第一八回党大会の出した処方箋

ではこれらの諸問題に対して中国自身はどういう処方箋を提示しているのだろうか。

経済面では、中国政府は一連の新しい改革方向を打ち出している。二〇一一年に始まった第一二次五カ年計画の制定にあたり、胡錦濤前主席は二〇一〇年二月に中央党校で演説を行う中で、「経済発展パターンの転換」に向け八項目の方針を示した。それはすなわち、

(1)　国民所得分配構造、都市・農村構造、地域内と地域間の経済構造の調整を含む「経済構造の調整の加速」

(2)　伝統産業の技術改造、近代的産業システムの整備、戦略的新興産業・サービス業の発展、産業技術水準と国際競争力の全面的向上を含む「産業構造の調整の加速」

(3)　開発能力の向上、科学技術成果の生産力への転化、科学技術体制の改革、科学技術の人材の育成などを含む「自主イノベーションの加速」

(4)　食料安全保障システムと近代農業体制の構築、農業における科学技術開発の強化、農業経営体制の刷新、総合的生産能力の向上、生産経営コストの削減、持続可能な発展能力の強化などを含む「農業の発展パターン転換の加速」

(5)　省エネ・排出削減・汚染対策・資源節約型の技術体系と生産体系の構築、エコプロジェクトの実施などを含む「エコ文明建設の加速」

(6)　教育水準の向上、雇用拡大、社会保障システムの整備、民生向けの公益的社会サービスの発展を含む「経済

と社会の調和の取れた発展の加速」

(7)　経済効果と社会効果の統一、文化体制改革の深化、公共文化サービス・システム作り、営利的文化産業の発展、文化市場の開拓などを含む「文化産業の発展の加速」

(8)　国内の発展と対外開放の協調、輸出入構造の調整、外資利用の質と水準の向上、「海外進出」戦略と開放型経済の推進を含む「対外経済発展パターン転換の加速」

という八項目である。

二〇一二年一二月九日、習近平総書記が広州市の視察中に「憂患意識も強化し、一刻の猶予もならない緊迫感で経済構造の戦略的調整を加速せよ」と呼び掛けており、さらなる経済改革は一刻の憂慮も許されない緊迫感を表した。

ただ、経済面のネックからの脱出はそれだけでなく、市場経済化改革を深めていくことも必要だ。富が国（国有企業を含む）に集中することによって、消費を抑え、また民営企業の発展を阻害しており、国家が国有企業などを通じて市場に介入し過ぎることによって公平な市場競争を妨げていると指摘されている。国有企業の改革、市場経済に対する政府の役割の再調整を断行できなければ、「体制転換の罠」の克服はもはや無理である。

「社会の民主化」は今後一〇年の主要課題　社会面の改革に関しては第一八回党大会の政治活動報告で集中的に提起された。民生、福祉の部分に関する対策も多く言及されたが、特に国民の不満、社会のゆがみに対して以下のいくつかの対策が強調された。

(1)　「民意の重視」。「人民の知る権利、参加する権利、表現の権利、監督の権利を保障せよ」と提起し、現政権に対する「党内の監督」「民主的監督」「法律による監督」「世論の監督」という四つの監督を導入して「人民が権力を監督し、権力を白日の下で（透明性をもって）運営する」方針を示した。

(2)「五位一体」改革の同時推進。政治報告は「中国の特色ある社会主義」の体制を建設するため、これまで「四位一体」と言われた経済・政治・社会・文化という四分野の取り組みに加え、新たに生態文明（環境）建設という項目を加えて同時に推進せよと求めた。社会問題の対処を政治、文化、経済などと関連づけて総合的に進めていく発想の現れだ。

(3)共通価値観の再建。一九八九年に発生した天安門事件以降、共産主義のイデオロギーによって社会的求心力を作ることは無理となった。その後提唱した「愛国主義教育」も限界を呈していると認識されたようで、社会的なモラルの低下、価値観の喪失に対して、今回は二四文字の漢字からなる「社会主義の核心的価値観」を正式に打ち出した。それは国家レベルでは富強、民主、文明、和諧の実現を、社会レベルでは自由、平等、公正、法治の実現を、個人レベルでは愛国、敬業、誠信、友善の実現を求めるものだ。そのうち、「富強」「愛国」の二つを除けば、ほとんど西側諸国の言う「普遍的価値観」に通じるもので、「中国の特色」を強調しつつ、先進国の長所も取り入れるとの姿勢の現れだとも解釈できる。なお、「人類運命共同体の意識を共有せよ」という表現が初めて政治報告で使われた。

(4)「中国ドリーム」の提示。中国指導部はこれまで未来のビジョンを提示する際、必ず「西側の政治体制とは違う」ことをことさら説明しており、あくまでも「中国の特色ある社会主義体制」だと強調している。国内の保守派、改革派による論争を避けたい計算があるとともに、「アメリカンドリーム」と異なる「中国ドリーム」を国民に持たせる狙いもあろうと思われる。そこで政治報告は「二〇二〇年までGDPと国民所得の二倍増」を公約して、中国版「所得倍増」計画をもって国民に目に見える夢を提示し、その上で、前述の三段階発展戦略を国民が分かりやすい表現で二つのビジョンを提示した。一つは二一年、すなわち中国共産党の結党一〇〇周年に際し、「全面的な小康社会」を創り上げること、もう一つは四九年、すなわち中華人民共和国の建国一〇〇周年に際し、「中国の特色ある社会主義の現代化した強国」「中華民族の偉大な復興」を実現することだ。

4　「中国モデル」に未来はあるか

中産階級の伸長は中国の未来を測るバロメーター

近年の中国では「中産階級」をめぐる研究が盛んである。二〇一二年の第一八回党大会の政治報告でも「中所得層グループの持続的拡大」が努力目標として盛り込まれた。中国共産党指導部は中産階級の育成を、社会を安定するための基盤作り、また政治民主化に向かう土台の構築と見なしているようだ。

二〇一一年の時点で中国のおよそ一三億七〇〇〇万人の総人口のうち、「金持ち」と呼ばれる富裕層（年収が日本円一五〇〇万円以上）は大体一〇〇〇万人（総人口の一％以下）であり、世界銀行の基準でいう貧困層は六〇〇〇万人から七〇〇〇万人である。ほかに七億人余りは生活が改善したものの、まだ余裕のない「低所得層」に属している。これとは別に、三〇年前はほとんど存在しなかった新しい「中間層」が存在し拡大している。一〇年二月に発表された中国社会科学院の研究レポートによれば、中国の「中所得層」は毎年一％ずつ増えており、一九九九年は人口比率一五％だったのが二〇〇三年には一九％、〇九年には二三％を占め、三億人以上に達したという。そして「中流意識の持ち主」は全国人口の四割以上に上り、五億人以上との計算になる。

ここでいう「中所得層」は通常、収入、財産などの面において余裕をもつ「中産階級」の概念と置き換えられる。一方、「中流意識の持ち主」は、実際の生活水準はそこまでに至っていないが、「ほかの人に比べれば自分の生活はましだ」「前に比べればだいぶよくなった」と、意識の面で自分はミドルクラスと考える人たちである。全国では人口の四割、上海などの大都市では八割の住民は「自分は社会のミドルクラスに属する」と答えるようになっている。「中産階級」と「中流意識の持ち主」を合わせて社会の「中間層」と呼ぶ見方もある。

「中間層」「中産階級」の問題が政治・社会の進路に密接に関係するという視点は「東アジアモデル」と呼ばれる国と地域の発展の共通特徴から生まれたものだ。韓国、台湾の発展軌跡が示しているのは、まず経済が発展し、生活水準の向上に伴って中産階級が拡大し、そして「中所得層」の人口数が全人口の過半数を占めた時点で政治の民主化が到来し、軟着陸する可能性が高くなるということだ。

中国はもちろん韓国、台湾とのスケールの違い、体制の違いがあるが、文化や思考様式、発展パターンなど同じく「東アジアモデル」に属する多くの共通点をもっている。今からの延長でいくと、中国の中間層が全人口の過半数を超える転換点は二〇二〇年頃に到来する。言い換えれば、その時点で中国の政治の民主化も避けて通れない現実問題になる。中国の少数民族問題や複数政党制になるか否かの問題はみなその時点で俎上に上がる課題となろう。ちなみに、中国の外交学院とEU安全問題研究所が共催した「グローバルトレンド二〇三〇国際フォーラム」が一二年五月、北京で開かれたが、そこで両主催者が共同発表した研究レポートは、三〇年、中国人の八〇%から八五%が中産階級の仲間入りをするとの予測を出している。

政治の民主化が着実な時点では、中国における「経済の民主化」と「社会の民主化」は決定的な進展を有することを前提とする。言いかえれば、「現代化の限界」をめぐる中国の挑戦は今日から二〇二〇年代にかけて正念場であり、中産階級が全人口の過半数まで拡大できるか否かはその進展を測る主要な指標の一つとなる。順調にいくシナリオであれば、三〇年頃、中国における国政レベルの直接選挙、少数民族の高度な自治といった「政治の民主化」の問題も答えを見出すことになろう。

「中国モデル」か「世界の中の中国」か

今回の第一八回党大会に行われた政治報告や、新指導者習近平の一連の発言は「中国の特色ある社会主義」というモデルの構築を明らかに意識している。香港の学者も、中国共産党は「毛沢東時代」への復古でもなく、欧米のシステムをそのまま導入する「西洋化」でもない「第三の道」、すなわち「中国の特色ある社会主義の道」を歩むことを決定したと分析した（許百堅、香港『明報』紙二〇一二年一一月一五日）。

これで中国の未来を見る上で二つの問題が提示された。一つは、中国は真に「現代化の限界」を超えられるか。もう一つは中国の発展の勢いが今後も持続すると仮設したうえで、「中国モデル」が世界に取って代れるか。

著書『歴史の終わり』で知られるフランシス・フクヤマ教授は、「東アジアモデル」の特徴を重視する角度から中国のこれまでの成功および今後の可能性を分析した。彼は、東アジアの政府は法治と社会からのチェックが欠けているため権威的になりやすいが、欧米の民主先進国より能率的に政策を遂行することができるとし、反対に欧米諸国は社会からのチェック能力が高すぎて能率的に遂行できないと比較した。中国政府に関しては「道徳政治の伝統があり、それが官僚体系に浸透し、時には君主の権力を抑制することができた」と指摘し、今後も、多くの挑戦を受けるが前進していくと展望した（台湾、中央通信社記事「フクヤマ教授――東アジア政府は能率的」、二〇一一年八月二五日付）。

彼はまた二〇一一年九月二五日付『読売新聞』の「地球を読む」コラムで「中国モデル」を取り上げたが、中国首脳部の人事交替において制度化が進んでいること、集団指導体制が採られていること、民意をある程度吸収する柔軟性があることを列挙して、中国は近い将来崩壊する可能性が少ないことを示唆した。「中国モデル」は長期的な面において「克服できない課題に直面するだろう」と厳しく指摘する一方、「民主主義国家の政治体制も行き詰まっている」とし、「中国モデルは、中国の成功だけでなく、民主主義的な競争相手との比較で魅力的かどうかが決まるのだ」という今後の体制間競争の可能性を予測した。

たしかに、今後の二〇年間、イデオロギーと関係なく、東アジア諸国とも、経済モデルの転換、少子高齢化時代への適応といった共通の課題に直面している。社会主義は悪、資本主義・民主主義は善という単純な分類ではなく、共通する経済、社会の問題への対処の結果を見ていく必要があるし、体制の相違を越えた各国間、地域間の協力も求められている。

しかし、未来の中国が経済・社会問題において引き続き素晴らしいパフォーマンスを見せるとしても、それはイコール独特な『中国モデル』が成功し、世界にとって普遍的意義をもつ存在になるとは断言できない。これまでの「中国の奇跡」は「東アジアモデル」の範疇に属するものと見たほうが妥当である。今後も中国は産業文明、民主主義体制といった全世界の文明の蓄積から養分を吸収しつつ融合的に発展していかなければならない。その意味で、未来中国の実験は、同じように難しい課題と困難を抱える日米欧諸国にとって鏡となり刺激となるが、三〇年、四〇年後に振り返れば、互いに相手を意識し、相手の長所を取り入れ、競争しながら、結果的には一つの新しい未来世界を共同で創っているプロセスである。中国はやはり「世界の中の中国」である。

参考文献

関志雄・朱建栄他編『中国は先進国か』勁草書房、二〇〇八年一一月。

朱建栄『中国外交――苦難と超克の一〇〇年』ＰＨＰ研究所、二〇一二年一〇月。

「二〇三〇年の中国」レポート（China 2030: Building a Modern Harmonious, and Creative High-Income Society）、世界銀行・中国国務院発展研究センター、二〇一二年二月。

第11章　北朝鮮の王朝社会主義
——国際関係からの視点——

重村智計

1　北朝鮮研究の意味

国際的視点で考える

北朝鮮は、「王朝体制維持」が最優先政策である。公式には、「北朝鮮による統一」を国家目標に掲げている。軍や党も「金ファミリー支配体制維持」のために、存在している。「主体思想《チュチェ》」は、父親への絶対服従の儒教の教えを統治に巧みに取り入れた、「王朝」支配の道具である。指導者を「父親」とし国家を疑似「家族」と見る考えを徹底している。「主体性」は、指導者である「父親」にしか認められない。だから、朝鮮半島の特殊な儒教文化が理解できないと、北朝鮮はわからない（金容雲、一九八八）。

北朝鮮について、多様な言説がある。一般には「軍事大国」「軍事的脅威」と報じられ、「経済破綻」「近い将来に体制崩壊」が語られる。だが、過去のステレオタイプ的な言説は、多くが誤りであった。また、「拉致日本人救出よりも、日朝国交正常化優先」の主張もある。多様な主張にまどわされず真実を解明するには、自分で再確認し再調査したうえで、判断と意見を構成する作業が大切だ。これから述べる事実と対応は、新聞、テレビの報道やステレオタイプな言説とは異なるが、取材と調査、確認した事実に基づいた内容である。

朝鮮問題は、国際問題である。だから、戦争と国際紛争はなぜ起きるのか、という視点を忘れるべきではない。ハーバード大学のジョセフ・ナイ教授は著書の『国際紛争』（二〇一二）で、ペロポネソス戦争の教訓から「恐怖」と「指導者の判断ミス」が、戦争と紛争の原因であるとの理論を紹介している。北朝鮮の核問題と、経済破綻は文字通り「恐怖」と「誤った判断」の結果であった。これについては第3節で詳しく説明する。

大学では、宿題として「リサーチ・ペーパー」を要求される。「research」の意味は、「re（再）」「search（探査）」である。つまり、専門家や有名な学者の判断を検証無しに受け売りするのでなく、自ら「調べ直す」姿勢が大切である。これが、大学で身につける「クリティカル・シンキング」の第一歩である。

韓国人や朝鮮人の分析や主張には、必ずしも正確でないケースがみられる。「自国をよく見せたい」思いや、「日本否定」の感情が隠されている。また、朝鮮半島内部の政治対立に日本人を巻き込む傾向もある。納得できない説明には、常に疑問を抱くことが必要である。

社会、文化、歴史、価値、伝統への理解が不可欠

北朝鮮の公式国名は、朝鮮民主主義人民共和国である。日本のメディアはかつて、記事の最初に「朝鮮民主主義人民共和国（北朝鮮）」と表記したうえで「北朝鮮」と使用していたが、現在は短い「北朝鮮」の表記を使用している。本章での表記もこれに合わせて「北朝鮮」とする。

北朝鮮と韓国は、同じ民族であり同じ言語を使用している。韓国で使われる「韓国語」と、北朝鮮の「朝鮮語」の違いは、発音や変化がやや異なる部分があり、また使用される言葉の意味が異なる場合もある、という程度の差異である。例えば、「李」は韓国では「イ」と発音されるが、北朝鮮では「リ」と言う。朝鮮半島では、ソウルで使われる「ソウル語」が標準語であった。

なぜ、北は「朝鮮民主主義人民共和国」との国名で、南は「大韓民国」なのか。なぜ日本のメディアは、正式呼称ではなく「北朝鮮」「韓国」と表現するのか。この背景には、儒教文化が生み出した価値観である「正統性」の争いがある。韓国は、日本の支配時代に中国の上海に設立した「大韓民国臨時政府」の正統性を引き継ぐ、との立場だ。北朝鮮は、「古朝鮮」「朝鮮王朝」以来の名称を引き継ぎ「抗日戦争」に勝利した事実を、正統性としている。

韓国では、日本人が使う「朝鮮」や「朝鮮人」「朝鮮語」の表現を、差別用語と受け止めている。一方、北朝鮮は自らを「朝鮮」や「共和国」と表現する。その理由については、後で詳しく説明する。日本人が韓国で「朝鮮人」や「朝鮮語」と言うと、嫌な顔をされる。北朝鮮で、「北朝鮮」や「韓国」「韓国人」と言うと怒られる。「朝

鮮」か「共和国」「南朝鮮」と言わないといけない。

北朝鮮は、自由民主主義国家ではない。だから、表現の自由や報道の自由はない。宗教活動の自由もない。指導者批判は、収容所送りだ。体制を批判した人々は、「政治犯収容所」に送られる。基本的人権は尊重されていない。現代の価値観からすれば、批判されて当然の国家体制である。拉致問題を含む人権問題については、その解決を要請する権利が日本にはある。

北朝鮮研究では、第一に北朝鮮の指導体制と考えを、そのまま理解する必要がある。日本的な価値観からの理解と批判は、国際政治研究では真実からはずれ、誤った理解やパラダイムを生み、誤解のステレオタイプを広げがちだ。地域研究と国際政治研究・分析の第一歩は、相手の立場で考えることだ。これを「内在的接近」と呼ぶ研究者もいるが、必ずしも適切な表記とは思えない。「他者の立場に立ってまず考える」との、「他者理解優先」の分析方法だ。そのうえで、国際情勢や外交駆け引きなどを加え、総合的な判断を行う。相手の文化や歴史、価値観、物の考え方、伝統の理解のうえに立った判断が大切だとの意味だ。これは、国際関係理論としての「構成主義的アプローチ」である。

日本的オリエンタリズム

第二に「運動論」による理解をしてはならない。朝鮮問題では、「運動論に偏らない」姿勢が最も重要だ。運動論とは、ある種の政治的目的を持って、北朝鮮と韓国について発言し語る立場である。研究者やジャーナリストが運動に加担したら、真理と真実を明らかにする本来の使命の放棄である。

例えば「北朝鮮は日本人を拉致していない」「北朝鮮の指導者は、世界的な偉大な人物だ」「北朝鮮経済は発展している」——といった根拠のない主張が、運動論としての北朝鮮論である。運動論は、北朝鮮を評価させるために「平気でウソをつく」。また反対に、全面否定させるために、ウソの情報を流す。運動とは、目的のためには「ウソ」が許される行動であるとのリアリティを忘れてはならない。かつて、日本の多くの学者やジャーナリスト、政治家は運動論で北朝鮮を理解し、「朝鮮戦争は韓国と米国が始めた」「韓国経済は破綻する」と主張したが、間違えた。

運動論が日本人に対してよく使うのは、「分断の固定化に手を貸さないで下さい。統一に協力してください」との言葉だ。「日韓の関係強化」を非難し、「日朝正常化」や「戦後補償」に賛同させ、運動に加わるように促す。

第三に、北朝鮮と韓国は儒教文化の国家である。北朝鮮の行動や判断の背景には、儒教的価値観がなお色濃く残されている。北朝鮮は「儒教社会主義独裁国家」であるが、現在は「儒教軍国主義国家」に変質している。北朝鮮や韓国の政治行動を決める最大の価値観は、儒教による「正統性」である。韓国と北朝鮮は、独立以来この「正統性競争」を続けている。朝鮮半島の儒教文化は正統性と大義名分、それに体面が政治を動かす重要な価値観である。

第五に、朝鮮研究の目的は「日本的オリエンタリズム」と「朝鮮的オリエンタリズム」の解消である。『オリエンタリズム』（二〇〇〇）は、エドワード・サイード博士の古典的名著で、欧米のイスラムに対する「差別と偏見」をえぐり出した。日本には、朝鮮半島を植民地にした時代から「朝鮮蔑視の意識」が存在するのは否定できない。韓国と北朝鮮にも、「日本人差別意識」がある。この差別意識を解消するのが、ジャーナリズムや朝鮮研究の目的の一つである。独裁者や悪辣な指導者たちへの批判と、一般の素朴な国民や民衆に対する理解は、区別すべきある。

第六に、朝鮮問題は国際問題である。北朝鮮の言動は、常に米国やロシア、中国と日本の外交政策に影響を受けている。また、北朝鮮と韓国は外国であるという現実を忘れてはならない。日本人が内政干渉できない他人の国である、との国際関係の理論と国際法からの理解が大切だ。日本の国内問題の感覚で扱うのは、「コロニアリズム」（植民地主義）的対応である。

国際関係理論を学ぶ

さて、こうした原則を理解したうえで、なぜ北朝鮮を研究するのかを考えてみたい。フランシス・フクヤマの『歴史の終わり』や、サミュエル・ハンチントンの『文明の衝突』（一九九八）に従えば、北朝鮮はやがて崩壊する国家である。そんな国家から学ぶことはないだろうし、研究する意味も無いと思われるだろう。

これは、「国際関係」をなぜ学ぶのか、との基本的な問いかけに繋がる問題だ。米国のコンドレッサ・ライス元国務長官は、スタンフォード大学の教授時代に、学生に「なぜ、米露関係を研究するのか」と、必ず訊いた。彼女の答えは「両国関係がどんなに悪化しても、決して戦争にならないシステムを構築するため」と説明した。

この理論に従えば、北朝鮮について学び研究する目的は、「日朝関係が悪化しても、決して軍事衝突しない関係の構築」であり、「友好な隣国関係を樹立する」ためである。これは、日韓と日中の関係でも簡単ではない。だからこそ、国際政治経済面からの建設的なアプローチと理論作りが重要で、そのためには「他者」に対する理解が不可欠になる。

北朝鮮を考える理論としては、⑴リアリズム対リベラリズム、⑵囚人のジレンマとゲーム理論、⑶構成主義的アプローチ、⑷ツキュディディース理論、⑸ナショナリズムと正統性、⑹独裁分析理論、⑺儒教的社会主義論、⑻社会主義体制論、⑼南北対話の理論、⑽戦争の起源に関する理論、⑾異質論と同質論――などがある。これらの理論的な取り組みが必要だ。

2　王朝社会主義の政治学

儒教文化と正統性

北朝鮮は、親子三代の世襲を実現した。金日成主席（一九九四年死去）、金正日総書記（二〇一一年死去）そして金正恩第一書記（二〇一二〜）という、金ファミリー支配の「独裁体制」が六〇年も続く、文字通りの「王朝」である。


社会主義には「世襲は無い」、というのが常識であった。「世襲」は封建制のシステムだから、旧ソ連や中国では認められなかった。だが、北朝鮮は「指導者の世襲」により「王朝社会主義」を続けている。社会主義なのに、どうして世襲が認められるのか。なぜ、反発や崩壊が起きないのか。

最大の理由は、社会主義の「党独裁」システムと、儒教の「父親に絶対服従」の伝統を巧みに組み合わせた「儒教社会主義」（重村、二〇〇二）だからである。金日成主席は、国民に自らを「オボイ」（お父上）と呼ばす「疑似家族思想」を徹底し、指導者に無条件に従うシステムを創り上げた。統治のために「伝統と社会主義」を利用した、

「儒教社会主義」である。これを「主体思想」と呼んでいる。

それが、一九八〇年に息子金正日を後継者にしたため「王朝社会主義」に変化した。そして、二〇〇〇年前後からは「軍優先」の「儒教軍事国家」に変質した。

北朝鮮が社会主義かどうかは、いまや大きな疑問である。社会主義の柱である「配給制」が崩壊したからだ。北朝鮮は、一般国民への食糧の配給や生活必需品の支給をやめてしまった。国民は、自分の力で食糧を獲得し、生活しなければならない。

さらに、社会主義は「党（共産党や労働党）が政府と軍を指導する体制」だが、北朝鮮は「先軍政治」を掲げ「軍事優先」を宣言している。このため、党に軍への指導力や人事権があるのかが、疑問視されている。

北朝鮮と韓国の政治行動を決定する最大の価値基準は、「正統性」である。さらに政治行動の根拠としては「大義名分」が必要だ。正統性とは、指導者の権威を認める根拠である。日本では、将軍は天皇によって「正統性」を与えられたが、天皇の正統性の根拠については論議されなかったためか、正統性理論は一般的ではない。欧州では、王様の権威の根拠として、神による正統性としての「王権神授説」が主張された。

かつて、朝鮮半島の歴代の王様は中国から国王として認められることが、指導者としての「正統性」であった。しかし、日本の植民地から独立した南北朝鮮は、中国からの承認を「正統性」にはできなくなった。このため「正統性の危機」に直面した。

韓国は、まず大韓民国臨時政府の正統性継承を掲げ、国名を「大韓民国」とした。李承晩政権は、国民投票と大統領選挙、それに米国からの承認を「正統性」にした。不正選挙や腐敗を批判されたが、形式的な民主主義を維持した。一方北朝鮮の指導者は、ソ連と中国からの承認を「正統性」とした。だが、独立後の南北朝鮮では、それだけでは「正統性」は満たされなかった。日本に対する独立運動や独立戦争への参加が、もう一つの「正統性」の要件になった。

北朝鮮では、金日成将軍を「抗日戦争」の英雄として押し立て、「日本帝国主義に勝利した」との「正統性」を主張した。一方韓国の李承晩大統領は、独立運動の指導者ではあったが、「日本に勝利した」わけではなかった。また、一九六一年にクーデターで政権を握った朴正熙大統領は、日本軍の軍人であった。つまり、韓国は国家と指導者の「正統性」では、北朝鮮に太刀打ちできない「正統性の危機」に直面した。この事実が、韓国の若者に北朝鮮への「あこがれ」を広げ、北朝鮮につながる「韓国的左翼」がいまなお根強いのである。

北朝鮮は、この「抗日戦争勝利」の「正統性理論」を、「金日成絶対主義」に発展させた。また「金日成民族」とのスローガンを掲げ、「王朝継続」を正当化するために「金日成主席の血統と革命思想の継承」を、後継者の条件にした。北朝鮮ではこれを「唯一指導体系」と表現している。金日成主席だけが指示・命令し、皆が従う体制である。これはまた「主体思想」とも呼ばれた。指導者にだけ「主体性」があり、国民の「自主性」を認めない思想だ。つまり、「正統性」を認める権威は金日成主席だけが握っていることになる。

この金日成主席の「正統性認定」の権威により、金正日総書記が後継者に指名され、さらに金正日総書記が金正恩第一書記を後継者に指名したのである。だが、三代世襲の維持は「金日成主席による指名」ではない。このため、「金正日総書記はすなわち金日成主席である」との理論を構築した。この「金日成＝金正日」により、金正恩第一書記が後継者に指名され、正統性を確立したとしているわけだ。

だが、三代世襲になると単なる「血統」と「革命思想の継承」だけでは、正統性の完成は難しい。後継者としての「偉大な業績」が必要だ。この業績作りが難しい。経済や国民の生活は、すぐには好転しない。このため、「人工衛星（を）発射」し「核実験」を行おうとした。

統一と反日ナショナリズム

北朝鮮は二〇一二年一二月に、「人工衛星発射」としてミサイル発射実験を行った。これは、明らかに国連安保理決議違反である。国連安保理決議一八七四は、「北朝鮮は、ミサイル技術を使ったいかなる発射もしてはならない」と規定した。北朝鮮が「人工衛星」を発射した理由について、日本のメディアは「日本の総選挙への脅し」「韓国の大統領選挙での保守候補落選狙い」「米国への対話要求のアプローチ」などの分析を行った。

しかし、これらは北朝鮮の価値観や思考様式への無知による解釈だ。二〇一二年一二月一七日は、金正日総書記の一周忌に当たる。朝鮮半島では、一周忌の「法事（齋＝チェ）」は大々的に行われるのが伝統で、後継者（息子）の義務である。北朝鮮では、数カ月前から一周忌の準備が大々的に進められていた。軍部は「一周忌にミサイル発射実験をしないと、金正日総書記の遺言に反する」「親への孝を失う」と主張した。この「大義名分論」と「正統性論」に、北朝鮮では誰も反論できない。だから、ミサイル発射は国際関係や日韓の選挙とは関係なしに、北朝鮮国内の「理屈」で決定されたのだ。

これでは、国際的な制裁が強化され、国際社会から孤立する。三代世襲は、「正統性」と「生き残り」という大きなジレンマに直面した。北朝鮮指導部は改革開放に踏み切り経済発展すれば、「世襲体制」が崩壊すると判断している。また、核開発を放棄すれば、周辺大国に崩壊させられると恐れている。

やや主題からはそれるが、「抗日戦争勝利」と「反日ナショナリズム」について説明しておきたい。日本と韓国の間では、「竹島」や「慰安婦」が大きな問題になっている。韓国では、このために「反日運動」「反日感情」が高まっている。ところが、北朝鮮ではあまり盛り上がらない。抑えているのかもしれないが、日韓を離間させ対立させるには、都合のいい問題であり、韓国での反日運動の背後には、北朝鮮の働きかけもあると指摘されている。

しかし、北朝鮮ではなぜ、「竹島」や「慰安婦」といった「反日」の問題が盛り上がらないのか。その理由は、北朝鮮は「抗日戦争」に勝利しており、「反日」を国家統合やナショナリズムの高揚に利用する必要性が低いと言うべきだろう。もちろん、北朝鮮では、一般国民が自分の意思でデモや集会を行うことは許されない。あくまでも、労働党の指示無しには「反日運動」を展開できない。

一方韓国には、北朝鮮のような「抗日戦争勝利」の成果と正統性がない。これが常に、韓国の国家としての正統性を不安にしてきた。この正統性を打ち立てるために、「反日ナショナリズム」が必要なのだ。「竹島」を日本から勝ち取り、慰安婦問題で日本に謝罪させ、「勝利」を確認しようとしている。だから、日韓の懸案は歴史問題ではなく、「反日ナショナリズム」による国家アイデンティティの確立と「抗日戦勝利」の要求なのである。また、儒教的価値観による「歴史を正す」作業なのだ。

3　経済力と軍事力

アジア最貧の経済力

北朝鮮研究と論議は、経済力や軍事力の「真実」を無視して行われがちだ。国家予算の規模や国内総生産（GDP）、石油の輸入量などの具体的な根拠や証拠無しに、「経済発展」や「軍事的脅威」が語られた。北朝鮮の経済力と軍事力は、数字で見る限りアジアで最小の水準にある。

経済力について見てみよう。日本の外務省が公開している北朝鮮についての二〇一〇年の基礎データは、次のようである（経済統計は韓国銀行推計）。

(1)　名目GNI（国民総所得）：二六〇億ドル（約二兆円）
(2)　一人当たりGNI：一七一四ドル（約一三万八六〇〇円）
(3)　貿易額：輸出三七億ドル（約三〇〇〇億円）、輸入四三億三〇〇〇万ドル（約三五〇〇億円）で、大幅な赤字が続いている。
(4)　為替レート：一ドル＝一〇一・六ウォン
(5)　人口：二四〇〇万人

実際に専門家は、「この半分程度の経済規模」と見ている。それでも、いかに小さな経済力であるかは、アジアの他の諸国と比較すれば理解できる。アジアの貧しい国と言われる、バングラデシュやミャンマーと比べてみよう。

バングラデシュ（二〇一一年、世銀統計）

(1)名目GDP（国内総生産）：一一〇六億ドル（約八兆九〇〇〇億円）で北朝鮮の四倍だ。(2)一人当たりGDP：七〇九ドル（約五六〇〇円）は、人口が北朝鮮の七倍もあるためだ。(3)貿易額：輸出二二二億九〇〇〇万ドル（約一兆八〇〇万円）、輸入三三六億六〇〇〇万ドル（約二兆七〇〇〇万円）は、北朝鮮よりはるかに多い。(4)人口：一億四〇〇〇万人

ミャンマー（二〇一一年、IMF推計）

(1)名目GDP：五〇二億ドル（約四兆円）で、北朝鮮の二倍だ。(2)一人当たりGDP：約八〇〇ドル（約六四〇〇円）で、北朝鮮より低いのは人口が三倍のため。(3)貿易額（二〇一〇年予測）：輸出八一億ドル（約六〇五〇億円）輸入七七億ドル（約六二〇〇億円）で、北朝鮮より多くかつ黒字だ。(4)人口：六二四二万人

実は、北朝鮮は経済統計を公表していない。韓国銀行が毎年、推計統計を発表しているに過ぎないので、この数字は必ずしも正確ではない。北朝鮮は、国家予算の額も公式発表していない。前年比の「増加率」が、公表されるだけだ。

その「増加率」を基礎に計算すると、北朝鮮の二〇一二年の国家予算は「六三億二二〇一万ウォン」と推計される。これは、北朝鮮の放送を傍受し分析しているラジオプレスがはじき出した推計予算額である。この数字を公式の為替レート（一ドル＝一〇一ウォン）で計算すると、国家予算はわずか「五〇億五八〇〇万円」だ。実は、北朝鮮の公式の為替レートは平壌のホテルやデパートでは適用されていない。取材記者の報告によると、ウォンとドルの交換レートは、市内では一ドル＝四〇〇〇ウォンにもなるという。ウォンの価値が激減しているのが現実だ。

一方、アジアの最貧国とされるミャンマーの国家予算は、「八四億五〇〇〇万ドル（約八七〇〇億円）」である。また、バングラデシュの国家予算は「約一七六億ドル（一兆四〇〇〇億円）」と報じられている。北朝鮮より、はるかに多い。

新潟県の二〇一二年の一般会計予算は、一兆三四二五億円である。北朝鮮の国家予算は、新潟県よりも少ない。しかも、新潟県の人口は約二三五万人で、北朝鮮の一〇分の一である。また、新潟県のGDP（二〇〇八年度）「八

兆七〇〇〇億円」と比べても、北朝鮮の経済力の小ささが理解できるだろう。

経済力の無い国家が、核開発やミサイル開発に巨額の資金を使えば、食糧生産や国民生活が犠牲になるのは当然だ。もし新潟県がミサイルや核開発に力を入れ、予算をつぎ込んでいると仮に考えてみると、北朝鮮経済と国民の苦境は簡単に理解できるだろう。

戦争できない軍事力と石油量

それでは、軍事力はどうだろうか。北朝鮮の核開発が明らかにされた一九九〇年代は、ほとんどの軍事専門家が「朝鮮半島で戦争が起きる」と主張した。当時「北朝鮮は、戦争を起こせない」と分析したのは、筆者一人であった。現在では、ほとんどの軍事専門家は「朝鮮半島で全面戦争は無い」との判断で一致している。北朝鮮の軍事力については、日本の防衛省の『防衛白書』や韓国の『国防白書』が参考になる。また、米ＣＩＡ（中央情報局）の報告書もある。

韓国の韓国経済研究院（ＫＥＲＩ）は、二〇一二年一月に「北朝鮮の軍事力は過去最高」との報告書を発表した。同研究所の『北韓の軍事力と軍事戦略』によると、北朝鮮の人民軍は一〇二万人の陸軍兵力で、韓国（五二万人）を圧倒している。最新鋭のミグ29が導入され、空軍力は最高水準で潜水艦も増強された――としている。そのうえで、北朝鮮が核兵器を保有すれば、韓国が対抗するのは難しいと展望した。

また、ＡＦＰ通信は二〇一二年一月に国際機関の推計として、「北朝鮮の年間軍事費は、四〇億ドル（約三二〇〇億円）から七〇億ドル（五六〇〇億円）と推計される」と報じた。それによると、各種ミサイルを一〇〇〇発保有し、数千トンもの生物化学兵器もある。『防衛白書』によると、兵員は、一七歳以上の徴兵制で正規軍一二〇万人、戦車三五〇〇両、潜水艦二三隻、空軍は作戦機六〇〇機、ミグ29が一八機、スホーイ25が三四機などである。

こうした通常兵器の数字からは、北朝鮮の軍事的脅威は高いように見える。あるいは、北朝鮮が韓国に戦争を仕掛ける可能性は、否定できないようだ。ただ、戦車や潜水艦、戦闘機を一つひとつ点検すると、あまりにも古い兵器で、韓国軍と米軍の兵器には太刀打ちできないと、軍事の専門家は判断している。

北朝鮮の軍事力の最大の弱点は、「石油不足」である。朝鮮人民軍は、アジアの中で最低量の石油しか確保できない軍隊である。石油が無いと飛行機は飛ばないし、戦車も走らない、艦船も航行できない。北朝鮮は、どのくらいの石油を確保しているのか。韓国や日本の一五〇分の一から二〇〇分の一である。

北朝鮮は、中国から毎年約五〇万トンの原油を輸入している。これは、中国側の統計で確認できる。また、ロシアから約二〇万トンの石油製品を輸入している。この他に、中国との国境貿易で約一〇万トンの石油製品を輸入している、と推計されている。最大約八〇万トンの石油を輸入していることになる。北朝鮮国内では、原油は一滴も生産されない。新潟県の燃料油の販売量は約三〇〇万トン（二〇一一年、通産省エネルギー統計）である。北朝鮮の石油保有量がいかに少ないか、理解できるだろう。

だが、八〇万トンが全て軍事用に使われるわけではない。原油は、精製しないとガソリンやディーゼル油などの製品にはならない。中国原油は、精製した場合に軍事用に使えるがガソリンなどの製品は、最大四〇％しか生産できない。残りは重油である。つまり、軍事用の石油製品は最大で二〇万トンしか生産できないのだ。

この数字からは、ガソリンなどの石油製品を民生用や産業用に一滴も回さず、軍事用に使用した場合には、朝鮮人民軍は六〇万トンの石油を確保できることになる。それはありえないわけで、最大で四〇万トンが軍事用に使われる、と計算できる。あるは、もっと少ないかもしれない。

この「四〇万トン」の数字は、桁外れに少ない量である。こんなに石油のない軍隊は、アジア諸国では存在しない。日本の自衛隊は、「年間一五〇万トン」の石油を消費している。自衛隊の陸海空三軍が通常の任務と演習に使うのが、この「一五〇万トン」だ。自衛隊の兵員は、北朝鮮の四分の一以下である。

この石油輸入量から、「北朝鮮は戦争できない」と指摘したのは、当時は筆者一人であったが、現在ではほとんどの軍事専門家が「全面戦争は無い」と発言している。この事実は、国際政治や軍事について考える際に、軍事や政治の要素だけで判断すると間違えかねない、との教訓を残した。軍事や朝鮮問題の専門家は、北朝鮮の石油について調べずに、「戦争の可能性」に言及したのである。

核開発の原因
――恐怖と判断ミス

北朝鮮は、なぜ核開発を始めたのか。結論から言えば、まず「世襲王朝体制」を維持するためである。また、韓国や米国からの攻撃を阻止するためである。しかし、米国と韓国が北朝鮮を軍事攻撃する可能性は、まずない。それなのに、なぜ核開発を進めるのか。

これを理解する国際関係学の理論がある。『ペロポネソス戦争』は、国際政治を学ぶ最古の教科書といわれる。著者のツキュディディースは、「戦争の原因は、スパルタのアテネに対する恐怖」であったと述べている（Thucydides, 1996）。ペロポネソス戦争は、約二四〇〇年前にギリシャ世界を二分した「大戦争」であった。強大な陸軍国家のスパルタは、新興都市国家アテネの海軍力の増強を恐れ、戦争に踏み切った。一方、アテネは「スパルタとの戦争は不可避」と、誤った判断を下した。

これに対し、アメリカのギリシャ研究の第一人者であるドナルド・ケーガン博士（プリンストン大学）は、恐怖に加え「アテネとスパルタの判断ミスが、戦争を引き起こした」と分析した。スパルタは、市民だけが戦争に出かける。ところが、スパルタは市民をはるかに圧倒する奴隷を抱えており、市民が戦争に出かける間に、奴隷が反乱することを恐れていた。だから、スパルタは戦争したくなかったし、アテネも戦争の準備が整ってはいなかった。アテネはスパルタの事情を理解できずに「判断ミス」をしたというのである。

この理論を適用すると、北朝鮮は「体制崩壊への恐怖」と「攻撃される恐怖」から、核開発という「誤った判断」を下したことになる。周辺諸国が、北朝鮮を軍事攻撃するはずはないのだから、「誤った判断」と言わざるをえない。北朝鮮が核開発をせず、改革開放政策に踏み切っていたら、中国やベトナムのような経済発展を実現できたのは、まず間違いない。これは、韓国と北朝鮮の共同事業である「開城工業団地」が成功している事実から判断できる。北朝鮮の労働者の質は、きわめて高い。

なぜ、北朝鮮は改革と開放に踏み切れないのか。最大の理由は、「王朝体制維持」のためである。北朝鮮の指導者と軍幹部、党長老たちは「改革開放すれば、体制は崩壊する」との恐怖を、強く抱いている。彼らが恐れているのは、「北朝鮮の崩壊」ではなく、「金ファミリー王朝」の崩壊である。北朝鮮の政治経済、外交の全てが「王朝体制維持」のために動いており、国民を豊かにし生活を安定させるのは優先事項ではないというのが現実だ。

4　北朝鮮の歴史

日本は、一九四五年八月一五日に米英などの連合軍に、無条件降伏した。この日は、韓国人と朝鮮人にとっては、日本の併合から解放され独立を回復した記念すべき日だ。この直後から、朝鮮半島は南と北に分断された。

分断の責任

朝鮮半島の分断をめぐっては、「国際型分断」と「内争型分断」との二つの分析がある。これは、分断の責任を大国に求めるのか、当事者に責任があるのかの問題である。

分断の発端は、米ソによる北緯三八度線による分割占領だった。なぜ、北緯三八度線だったのかについては、冷戦時代には、(1)日本責任説、(2)米国責任説、(3)ソ連責任説——などの論争が展開された。原因は、ソ連の予想外の朝鮮半島への進攻だった。また、三八度線を引いたのは、ディーン・ラスク元米国務長官であった（オーバードーファー、一九九八）。

ラスク元国務長官は、一九八〇年代になって「三八度線の真実」を証言した。それによると、旧ソ連は対日宣戦布告をした翌日の一九四五年八月九日に、朝鮮半島北部に進攻した。米国は、ソ連の朝鮮半島進攻をまったく予想していなかったので、ソ連軍の南下を阻止する必要に迫られた。米軍は沖縄におり、朝鮮半島にすぐには移動できなかった。

ラスク大佐（当時）は、戦争省のマクロイ次官補から「ソ連が南下出来る限界を設定するように」と、指示された。あわてて全米地理協会（ナショナル・ジオグラフィック・ソサエティー）の地図を参考に、三八度線による分割を報告した。三八度線が、朝鮮半島の中央部にあり、米軍が首都のソウルと港湾都市の仁川を押さえられることが、その理由であった。

その後、韓国は一八四八年八月一五日に大韓民国政府の樹立を宣言し、北朝鮮はその後の九月九日に朝鮮民主主義人民共和国を樹立した。

朝鮮戦争の起源

朝鮮戦争は、一九五〇年六月二五日に始まり一九五三年七月二三日に休戦した。国際法上は今も「休戦状態」にある。戦争終結には平和条約が必要だが、平和条約は締結されていない。日本の研究者や学会では、朝鮮戦争についての「立場」を基準に「北寄りだ」「南寄りだ」との不毛の「レッテル張り」が行われた。日本の研究者の中には、南北の当事者の「代理対立」を展開する風潮が、今もなお残っている。

朝鮮戦争は、金日成首相（当時）が決断した。その事実は、冷戦の崩壊後にロシアの公文書館に残されていた文書で確認された。それまでは、朝鮮戦争の原因と責任をめぐり、「内戦説」から「誘因説」など、様々な論争が展開された。

左翼系の研究者や学者は、「朝鮮戦争は米国が起こした」「日本の植民地支配に原因がある」と主張してきた。朝鮮戦争は米韓が始めた、との主張が学界や知識人の間で、一時期広く定着していた。

アメリカのカミングズ（Bruce Cumings）教授は、著書の『朝鮮戦争の起源』（一九八一年）で、戦争は三八度線周辺での大小の戦闘が大規模な戦争に発展した、との見解を展開した。カミングズ教授の主張は、韓国や日本の左翼系学者に多くの影響を与えた。この説に従えば北朝鮮の責任を回避できた。日本で、「北朝鮮の南侵」を主張したのは、慶應義塾大学の神谷不二教授と名古屋大学の信夫清三郎教授の二人だけだった（金学俊、二〇〇七：八七、八八）。

この理論は、一般には「修正説」と言われる。「修正説」は、北朝鮮の南侵説を否定するのが難しくなり、展開された分析だ。イギリスのジョン・ハリディーと、オーストラリアの代表的修正主義者のゲイバン・マコーマック教授らは、朝鮮戦争を内戦として、内戦に介入した国連とアメリカを非難した（金学俊、二〇〇七：一一二）。こうした修正主義者の主張と分析は、現在ではまったく評価されていない。

金学俊教授は、日本の桜井浩教授、永井陽之助教授、小此木政夫教授らを、「修正主義者」として分類する（金学俊、二〇〇七：八八、八九、一一六、一一七）。これらの学者は、「韓国と北朝鮮の国内冷戦に、北朝鮮がソ連と共謀して朝鮮戦争を引き起こした」と分析した。あるいは「朝鮮戦争は、北朝鮮が民族解放戦争として始まったが、米中の介入で、国際戦争に変化した」との理論を示した。「修正主義」は、「北朝鮮の南侵と同じ民族への殺戮の責任」を、回避する論理を含んでいた、と指摘される。

しかし、ロシアの公文書館で、北朝鮮の金日成主席が朝鮮戦争の開始を開戦の一年以上も前からソ連に強く求めていた、との公文書が発見され、いまでは評価されない理論になってしまった。

だが、この「修正説」を基本に朝鮮戦争を分析した学者は少なくなかった。いずれにしろ、日本の学界を支配した北朝鮮を何らかの形で擁護しようとした研究と主張は敗北した。ところが、日本の世界史教科書の記述には、北朝鮮責任説を回避させようとの意図を含む記述が、なお残っている。

歴史の教訓

一九五三年に朝鮮戦争の休戦協定が結ばれ、北朝鮮では金日成勢力と対立勢力の闘争が始まり、まず南朝鮮労働党系列の指導層が粛清された。さらに、中国派とソ連派も権力闘争に敗れ、金日成独裁体制が確立した。

一九六〇年代の中ソ対立時代は、北朝鮮はどちらの陣営にも組み込まれない政策を維持した。中ソ論争では、中ソの間を行き来する「振り子外交」（重村、二〇〇〇）を続け、ソ連中心のコメコン（経済援助相互会議）にも加わらなかった。このおかげで、ソ連東欧諸国が崩壊した一九九〇年代に、北朝鮮は崩壊を避けえた。

一九七〇年頃までは、北朝鮮経済は韓国よりも成長していた。中ソや東欧諸国が、多額の援助を行っていたからである。しかし、一九七二年には韓国の経済力が北朝鮮経済を上回った。北朝鮮の計画経済が、目標を達成できなくなった。社会主義経済が世界的に行きづまったうえ、北朝鮮は軍事重視に傾いた。

一九七二年に、ニクソン米大統領が中国を訪問した。この超大国の関係変化に、韓国と北朝鮮は南北対話に踏み切った。北朝鮮は、米中国交正常化や日中国交正常化、韓ソ国交正常化など周辺大国の外交関係が大きく変わると、南北対話に応じた。

一九七五年のベトナム統一前後に、北朝鮮は統一優先政策に転換した。軍事統一を辞さない路線である。朴正熙大統領暗殺未遂事件が起き、韓国へのスパイ派遣などの工作活動を活発化させた。この時期に、日本人拉致事件が多発している。また、一九八〇年代初めには、全斗煥大統領暗殺未遂のラングーン爆弾テロ事件、大韓航空機爆破事件を実行し、韓国の社会主義国への接近とソウル五輪を妨害しようとした。

一九九〇年代のソ連・東欧の崩壊で、北朝鮮経済は援助してくれる国家を失い、崩壊の危機に直面した。崩壊阻止のために、核開発を推進した。一九九四年に金日成主席が死去した。後継の金正日総書記は「軍事優先主義」を宣言し、「世襲軍事国家」に転換した。金正日総書記は、一九九四年に核開発を放棄する「米朝枠組み合意」を締結したが、ひそかに核開発を続けたため米国は「合意」を破棄した。

二〇〇三年からは、六カ国協議が開始されたが、北朝鮮の核実験とミサイル発射で暗礁に乗り上げた。金正日総書記は二〇一一年一二月に死去し、息子で二八歳の金正恩第一書記が後継者として登場した。

世襲体制の維持のために、改革開放政策を採用させず、崩壊阻止のために核開発を推進している。その結果、国民は飢餓状態に苦しみ、人権は抑圧され国民の自由も抑圧されている。なぜ、改革開放を採用しないのか。改革は、金日成主席と金正日総書記の政策間違いを認めることになる。北朝鮮の指導者は、絶対に間違えない神のような存在とされた。それに対する批判を認めると、体制が崩壊すると指導層は恐れている。

5　国際関係

中ロとの同盟解消

北朝鮮の歴史は、一九九〇年九月二日を境に劇的に変化した。ソ連のシェワルナゼ外相は暴風雨の中を、特別機で平壌に到着した（オーバードーファー、一九九八）。彼は、直ちに金永南外相と会見し、「一九九一年九月一日から、韓国と国交正常化する」と伝えた。金永南外相は激しい怒りを示し「ソ連との同盟関係は解消された。新兵器を開発する」と、核開発の意向を明らかにした。シェワルナゼ外相は、ゴルバチョフ大統領からの親書を手渡すため、金日成主席との面会を求めたが、拒否された。怒りの収まらないシェワルナゼ外相は、翌三日に予定を早め帰国し、韓国との国交正常化を四カ月早め、九月三〇日にしてしまった。

それまでは、中ソ両国は北朝鮮とだけ外交関係を維持し、韓国は日米との関係を維持してきた。南北分断以来、およそ四〇年以上も続いた中ソ朝 対 日米韓の対立の構図が崩壊した。ソ連が改革・開放と民主化政策に転換し、経済発展した韓国からの投資や技術導入を必要としたからだ。

歴史には、変化のタイミングがある。朝鮮半島の人々は、常に歴史の激変を経験してきた。指導者が、国際関係の変化をいち早く理解し、世界史的な激変に対応した決断ができると、国民は発展と繁栄を享受できる。反対に、歴史の変化に背を向けると、国民は苦難と苦労にあえぐことになる（咸錫憲、一九八〇）。米ソの冷戦体制崩壊後（一九九〇年）の韓国の発展と、北朝鮮の停滞はその典型的なケースである。

国際関係の変化は、ある日突然起きるわけではない。事前の兆候があり、次第に歴史が動き出す。冷戦崩壊の直前には、ソ連と中国が改革・開放に踏み切り、東欧諸国が韓国との関係を改善した。ソ朝の同盟は打ち切られ、その後のロシアとの関係も改善しなかった。

一九九二年には、中国が韓国との国交正常化を実現し、北朝鮮はまたしても同盟国を失った。韓中の経済関係が活発化し、中国が改革開放政策を推進した結果であった。当時中国は、日米と北朝鮮の国交正常化が、まもなく実現すると判断した。ただ、中国は韓国との国交正常化前に、事前に大物を派遣しきちんと説明するなど北朝鮮のメンツを立てる対策を取り、北朝鮮を見捨て崩壊させることはない、と約束した。中国は、北朝鮮の儒教文化を十分に理解しているだけに、北朝鮮の「メンツ」に配慮し「大義名分」に気を使った。

世界は、イデオロギーの対立に終止符を打ち、共産主義は市場経済と民主主義に敗北したが、北朝鮮はこの現実を認めなかった。国家の繁栄と国民の豊かな生活よりも、「世襲体制」の継続を選んだ。

南北関係

北朝鮮は、周辺大国の国際関係が変化すると、南北対話を必要とした。大国に取り残され、韓国が「軍事的行動」に出るのではないか、と恐れたからだ。冷戦が終結後の一九九〇年から九一年にかけ、南北首相会談が実現し「南北基本合意書」に調印したが、合意の継続は難しかった。その後も、何度となく南北対話が行われ離散家族の面会が実現したが、南北関係は進展しなかった。

金正日総書記は、二〇〇〇年六月に韓国の金大中大統領を平壌に招き、南北首脳会談を行った。金大中大統領は「太陽政策」を掲げ、北朝鮮への支援を明らかにしていた。両首脳は、南北共同宣言を発表し、離散家族の再会や南北交流と南北共同事業の推進などに合意した。南北共同事業として、開城工業団地の開発が進められた。開城工業団地は、南北の共同事業としては唯一成功した事業である。

開城工業団地では、約五万人の北朝鮮の労働者が働き、韓国企業一四〇社が操業している。労働者の平均月収は約一〇〇ドルで、北朝鮮の労働者としては、最も高い収入を得ている。

その一方で、金大中大統領が南北首脳会談の際に、金正日総書記に巨額の秘密資金を送金した疑惑が浮上した。韓国政府の調査で、約五億ドル（約五〇〇億円）の現金が金正日総書記の口座に送られた事実が、確認された。金大中大統領は、南北首脳会談の実現で二〇〇〇年のノーベル賞を授与された。金大中大統領を継いだ盧武鉉大統領は、北朝鮮への多額の支援を継続し、二〇〇七年一〇月に平壌を訪問し南北首脳会談を行った。

ところが北朝鮮は、二〇〇六年と〇九年に核実験を行った。韓国の世論は、北朝鮮に支援をしても成果は核実験だったと失望し、南北関係は冷却化した。

こうした韓国の世論を背景に、李明博大統領は「北朝鮮が核問題で譲歩しない限り、支援しない」との方針を貫き、南北関係は進展しなかった。

日朝首脳会談と米朝核交渉

一九九一年に北朝鮮はソ連の「裏切り」に対抗すべく、日朝国交正常化交渉に取り組み、一九九二年には米国との対話を実現した。北朝鮮が得意とする「振り子外交」の展開であった。中ロがだめなら、日米に傾斜する外交だ。しかし、日本人拉致問題と核開発が明らかになり、日朝交渉は打ち切られた。

一九九三年からの米朝核交渉は、九四年に「米朝枠組み合意」としてまとまった。この合意は、北朝鮮が核開発を放棄する代わりに、日米韓などが協力して二基の軽水炉による発電所を供与する内容であった。合意では、原子力発電所の炉心部分が建設されるまでに、北朝鮮は核開発を放棄する約束であった。合意では、米朝正常化も展望されていた。この時点では、北朝鮮は核放棄の意思がある、と判断された。

ところが、北朝鮮はこの約束を守らず高濃縮ウランによる核開発を継続している事実が二〇〇二年に明らかになり、米国は「米朝基本合意」を破棄した。一九九〇年代末から二〇〇〇年頃にかけ、北朝鮮は「核保有」に方針を変えた、とみられる。米国は、米朝合意は核開発のための時間稼ぎではなかったか、との不信感を強めた。

一九九一年一月から、日朝交渉が開始されたが、日本人拉致問題や戦後補償の問題などで対立し、進展しなかった。北朝鮮側は日本人拉致を認めなかった。

二〇〇二年九月に日朝首脳会談が実現し、「日朝平壌宣言」に合意し日本人拉致を認め、日朝正常化交渉を再開した。しかし、日本国民は蓮池薫さんや地村保志さん、曾我ひとみさんの帰国を求め、残りの拉致被害者を死亡とする北朝鮮の説明に納得しなかった。このため、日朝正常化交渉は暗礁に乗り上げ、決裂した。日本政府は、拉致被害者を公式に一七人と認定し、帰国できなかった拉致被害者についての再調査や証拠の提出を求めた。北朝鮮は、死亡とした横田めぐみさんの「遺骨」の一部を日本側に渡したが、検査の結果「偽遺骨」と断定された。

日朝正常化交渉決裂のもう一つ側面は、「日米同盟維持」への米国の意向である。米国は日本に、「核問題が解決しない限り、国交正常化しないでほしい」と申し入れた。日本が、核問題の解決を棚上げして国交正常化すれば、日米同盟は「共通の敵（核開発）」と「共通の価値観（人権尊重、市場経済）」を失いかねない。米国は、この同盟の柱が崩れることを恐れた。

北朝鮮と日米両国との関係改善は、拉致問題の国際法に従った処理と、核問題が解決しない限り、きわめて難しい。

六カ国協議

六カ国協議は、「六者協議」とも呼ばれる。北朝鮮は韓国を公式には「大韓民国」とは呼ばず、「南朝鮮」と言う。韓国も北朝鮮を「朝鮮民主主義人民共和国」とは言わず、「北韓」と呼ぶ。北朝鮮には、韓国を「国家」として認めたくない感情がある。あくまでも、朝鮮半島の一部の統一されない地域、という認識だ。これが、「六カ国協議」ではなく「六者協議」との表現にこだわる理由だ。英語でも「The six nation talks」と「The six party talks」の表現がある。

六カ国協議は、二〇〇三年八月から開催された。ブッシュ米大統領が中国の江沢民主席に、中国を議長にした六カ国協議の構成を要請した。その背景には、「北朝鮮の核開発は、中国が責任を負うもので、米国にとっての脅威ではない」との判断があった。北朝鮮は当初、「米朝協議をしたいので、他の国との協議は希望しない」と拒否したが、「六カ国協議の中で米朝協議が可能になる」との説得で応じた。

しかし、六カ国会議は進展しなかった。二〇〇六年と〇九年に、北朝鮮は核実験を行い、会議は事実上の休会状態にある。この間、米朝は二〇〇八年一〇月に核施設への核査察の受け入れ、サンプル採取で合意したと明らかにし、その見返りとして米国は北朝鮮へのテロ支援国家指定を解除した。しかし、その後この合意は守られず、北朝鮮は二〇〇九年に二回目の核実験を行った。こうした米朝の合意について、米国は「あくまでも六カ国協議の枠組みの中で行われる」と説明しているが、米朝直接交渉を求める北朝鮮の要求に応じた形になっている。

六カ国協議では、⑴北朝鮮の非核化、⑵核施設の申告、⑶原子炉冷却塔の爆破――などには合意したが、核問題の解決は実現できていない。解決しない理由は、査察受け入れや冷却塔の爆破など、部分的な合意の積み上げ交渉方式にある。核開発には、⑴研究、⑵施設稼働、⑶実験、⑷配備、⑸輸出――の五段階がある。これに加え、⑴査察、⑵施設破壊、⑶検証――の三つの要素が加わらないと、核問題が解決したとはいえない。つまり、この五つの開発段階の一括放棄と、確認の三つの要素が実施されなと解決しないのだ。

ところが、北朝鮮はこれらを「部分的に切り売り」して進展したようにみせ、見返りを獲得した。しかし、しばらくすると合意を反古にして元の状態に戻ることを繰り返してきた。このため核問題は解決しないのである。北朝鮮は、核開発と核保有を放棄したら「ただの貧乏国」でしかない。そうなると、周辺大国が「崩壊策を取る」と確信している。だから核兵器を放棄できない。その一方で、国家は疲弊していく「核兵器のジレンマ」に落ち込んでいる。北朝鮮は、リビアのカダフィ政権とイラクのフセイン政権の崩壊は、「核兵器を持たなかったからだ」と考えている。

6　拉致問題の解決

主権侵害と平壌宣言

小泉純一郎首相は二〇〇二年九月一七日、平壌を訪問し金正日総書記と会談し「日朝平壌宣言」を発表した。この首脳会談で、北朝鮮は日本人拉致被害者について、「五人生存、八人死亡」と初めて明らかにした。しかし、平壌宣言には北朝鮮による日本の主権侵害については、まったく言及されなかった。日朝双方は、拉致問題を「主権侵害」と認定しなかったのである。これが、その後の拉致問題の解決を停滞させた。

実は首脳会談前に日本側は、「日本政府が認定している一一人の拉致被害者」の「安否情報」を明らかにするようにと求めていた。この時点で、日本政府は拉致被害者の「帰国」と「真相公表」を求めていなかった。外交交渉では、要求されないものは答える必要はない。だから、北朝鮮は「拉致問題は解決した」との主張を繰り返しているのだ。つまり、日本政府の要求には全て答えた、との立場である。

これは、日本側が「主権侵害」を主張せず、「拉致被害者の帰国」を要求しなかったために起きたと指摘されている。また、平壌宣言には「拉致」の文言がまったく記載されず、拉致問題の解決についての言及がなかったため、世論やメディアから批判された。

平壌宣言で、北朝鮮はミサイル発射実験の中止を約束したが、守られなかった。また、核問題解決についての合意はなかった。外交文書では「合意」という表現が最も重要で法的な拘束力を持つが、平壌宣言は「合意」の文言がほとんどない文書であった。

その一方で、双方の請求権を放棄し日韓基本条約と同じ「経済協力資金供与」方式での問題解決を、「基本原則」として表明したが、「合意」との表現は避けた。また、国交正常化交渉の開始も宣言した。

日本は、国連の北朝鮮制裁決議を受け、独自の経済制裁を実施した。これは、日本人拉致問題の解決に応じない北朝鮮への日本の強い意向を示すために実施された。

北朝鮮制裁

主な制裁は、⑴日朝間の貿易全面禁止、⑵北朝鮮船舶の全面入港禁止、⑶北朝鮮からのチャーター便乗り入れ禁止、⑷北朝鮮への送金と現金持ち出し制限――などである。

国連安全保障理事会は、安保理決議一六九五（二〇〇六年七月五日）で、北朝鮮のミサイル発射を非難し、各国に北朝鮮へのミサイル関連物資・技術移転防止を求めた。また、二〇〇六年一〇月九日の一回目の核実験に対しては、安保理決議一七一八で「大量破壊兵器関連物資の禁輸」を、各国に求めた。さらに二〇〇九年五月二五日の二回目の核実験に対しては安保理決議一八七四で、「弾道ミサイル技術を使ったいかなる発射をしないよう」北朝鮮に求めた。このため、北朝鮮の「人工衛星発射」も国連決議違反として扱われ、一般的には国際法違反とみなされる。

対北朝鮮制裁の効果に関しては論議が分かれる。安保理決議に従わない国から、いくらでも物資を調達できるので効果はない、との主張がある。また、多くの国際紛争で経済制裁が目的を達したケースは、まれである。

制裁は、本来は「制裁する」と脅して譲歩させるのが、最も効果的だ。制裁を開始すると、相手も妥協しないで頑張る場合が多い。だが、制裁は一度実施したら、相手が譲歩するまで続けないと意味が無い。「効果がない」との批判を受け解除すると、その時が相手にとって最も苦しい時期であった事実が、後で明らかになったりしている。

制裁は、北朝鮮を崩壊させるために行うのではなく、あくまでも「問題解決」のための駆け引きであり、「譲歩すれば解除する」方針を常に明らかにすべきだ。

拉致問題解決と日米同盟

拉致問題の解決は、核問題の解決と同じで、積み上げ方式では解決できない。「一括解決方式」で、北朝鮮が拉致被害者を全て帰国させ真実を明らかにすれば、国交正常化と経済協力を実施する交渉しかない。北朝鮮は、長期間に及ぶ食糧不足に悩み、経済は事実上破綻している。だから、日本からの経済協力と食糧支援は、どうしてもほしい。だから、「一括解決方式」なら応じる可能性はある。

ただ、問題は「日米同盟」の維持である。国際政治における「同盟」維持の条件は、⑴共通の敵の存在、⑵共通の価値観を守る——の二つである。米ソの冷戦崩壊後、日米同盟が揺れているのはこの二つの条件が弱体化したからである。冷戦時代は、ソ連という「共通の敵」が存在し、「自由と人権」「民主主義」「市場経済」の共通の価値観を堅持していた。ところが、冷戦の崩壊で「共通の敵」が消え去り、また共通の価値観への脅威も失われた。

北朝鮮問題では、日本が米国より先に「日朝国交正常化」を実現し、制裁を解除し経済協力を実施すると、まず「日米共通の敵」が失われる。また、北朝鮮の「人権問題」を無視し「市場経済」導入も求めなければ、「共通の価値観」も失われ、日米同盟が弱体化する危険がある。

このため、米国は一九九一年の日朝正常化交渉に不快感を示した。また、二〇〇二年の日朝首脳会談前に「核問題が解決しない限り、日朝正常化はしないように」と要請した。日朝正常化は、単なる二国間問題を超えて日米同盟関係に影響を及ぼす問題である。

7　パラダイム・シフトを目指す

北朝鮮については、教科書的なテキストが少ないのが現実である。また、国際関係の理論から北朝鮮問題を取り上げた著作や論文も少ない。この章では、北朝鮮についての理論的な取り組みの参考になるように努めたつもりだ。北朝鮮について、南北朝鮮のどちらが正しいのかという「運動論」的な接近を避け、冷静に国際関係学としての取り組みを勧めたい。そのためには朝鮮問題研究のパラダイム・シフトが重要である（クーン、一九九七）。

また、新聞報道や乱れ飛ぶ情報に右往左往しないことが必要である。そのためには、どんな情報が流されても、驚いたり慌てないことである。確認されない報道や情報を、簡単に信用してはいけない。新聞は「信頼すべき情報筋」や「日朝関係者」などの表現を、記事の根拠にするが、こうしたソースは多くが「偽り」である。情報源について、新聞は「韓国大統領府高官」や「韓国国防省首脳」「総理官邸当局者」などのように、具体的に書かないといけない。「日本政府関係者」や「日朝関係筋」などの曖昧なソースを記述する記事は、信用してはいけない。

真実とウソを見分けるためには、信頼できる研究者や記者の書籍や論文、記事を数多く読みこなすことだ。朝鮮問題に関する本だけでなく、他の分野の古典的著作も読んでいただきたい。日本の朝鮮問題研究では、「教養」が不足がちだ。

参考文献

ドン・オーバードーファー（菱木一美訳）『二つのコリア』共同通信社、一九九八年。

咸錫憲『苦難の韓国民衆史』新教出版、一九八〇年。

ヘンリー・キッシンジャー（岡崎久彦監訳）『外交』日本経済新聞社、一九九六年。

金学俊『北朝鮮五十年史』朝日新聞社、一九九七年。

金学俊『朝鮮戦争』論創社、二〇〇七年。

金容雲『訪れる没落』情報センター出版局、一九八八年。

トーマス・クーン（中山茂訳）『科学革命の構造』みすず書房、一九九七年。

康明道『北朝鮮の最高機密』文藝春秋、一九九五年。

エドワード・サイード（今沢紀子訳）『オリエンタリズム』（上・下）平凡社、二〇〇〇年。

重村智計『北朝鮮データブック』講談社現代新書、一九九七年。

重村智計『朝鮮病と韓国病』光文社、一九九七年。

重村智計『北朝鮮の外交戦略』講談社現代新書、二〇〇〇年。

重村智計『最新・北朝鮮データブック』講談社現代新書、二〇〇二年
重村智計『外交敗北』講談社、二〇〇六年。

重村智計『朝鮮半島「核」外交』講談社現代新書、二〇〇六年。

重村智計『北朝鮮はなぜ潰れないのか』ベスト新書、二〇〇七年。

重村智計『金正日が消える日』朝日新聞出版、二〇一一年。

朱建栄『毛沢東の朝鮮戦争』岩波書店、一九九一年。

徐大粛『金日成と金正日』岩波書店、一九九六年。

徐大粛『金日成』お茶の水書房、一九九一年。

鈴木昌之『北朝鮮　社会主義と伝統の共鳴』東京大学出版会、一九九二年。

高瀬仁『拉致——北朝鮮の国家犯罪』講談社文庫、二〇〇二年。

高沢皓司『宿命』新潮文庫、二〇〇〇年。

玉城素『北朝鮮破局への道』読売新聞社、一九九六年。

ジョセフ・ナイ（田中明彦・村田晃嗣訳）『国際紛争』有斐閣、二〇一二年。

萩原遼『朝鮮戦争』文藝春秋、一九九三年。

林隠『北朝鮮王朝成立秘史』自由社、一九八二年。

サミュエル・ハンチントン（鈴木主税訳）『文明の衝突』集英社、一九九八年。

フランシス・フクヤマ（渡部昇一訳）『歴史の終わり』三笠書房、一九九二年。

ウォルター・リップマン（掛川トミ子訳）『世論』岩波文庫、一九八七年。

Bruce Cumings, *The Origin of The Korean War*, Princeton University Press, 1981

Oberdorfer, Don. *The Two Koreas*, New York: Basic Books, 2001.

Thucydides, *History of the Peloponnesian war*, New York: Touchstone, 1996.

第12章　グローバル化の中の韓国

――二つの「韓国モデル」――

木村　幹

1　分岐点としてのアジア通貨危機

拡大する世代間格差

二〇一二年一二月に行われた韓国の大統領選挙は、与党セヌリ党の朴槿恵と野党民主統合党の文在寅の大接戦となった。接戦は、投票日には両陣営の支持者動員競争を導き、投票率は前回二〇〇七年の六三％を大幅に上回る七五％に達することとなった。

両陣営の激しい競争の背景にあったのは、韓国社会に存在する世代間の深い亀裂だった。多くのメディアが報じたように、この選挙では三十代以下の若年層の多くが文在寅を支持したのに対し、五十代以上の中高年層の圧倒的多数が朴槿恵に投票した。このような状況が生まれた最大の原因は両世代間の経済的利益の相違だった。経済の急速なグローバル化の結果として進んだ労働市場の自由化は、雇用における正規労働の減少と、非正規労働の増加をもたらした。当然のことながら、このような変化は直ちに既に正規労働者として採用されている人々の大量解雇を意味しなかったから、その帰結は若年層の深刻な就職難に他ならなかった。だからこそ、若年層はこれまでのグローバル化一辺倒の経済政策の変更を求め、野党候補を強く支持することとなったのである。

しかしながら、中高年層の経済的利益はこれとは全く異なった。正規雇用からの退職が五十代から始まる韓国においては、中高年層にとって老後の生活をどう賄うかは重要な問題である。依然として福祉の貧弱なこの国において、彼らの多くは自らの蓄えと、それを利用した不動産等への投資により生計を維持しようと考えており、そのためには政府が従来から続くグローバル化への積極的対応策を継続し、一定以上の経済成長がもたらされることを期待している。

こうして韓国では、若年層が高い経済成長率よりも所得のより平等な分配を求めて従来からのグローバル化への積極的対応策の修正を求め、他方、中高年層が同じグローバル化について、従来からの積極的対応策を維持することにより高い経済成長率を実現することを要求する、という状況が生まれることになった。

アジア通貨危機で変貌した韓国

明らかなのは、今日の韓国においては積極的なグローバル化の対応とその結果としての経済格差の拡大が、人々の生活に大きな影響をもたらしていることである。とはいえ、それはこの国の経済政策が失敗してきたということを意味しない。二〇〇八年から始まったいわゆるリーマンショックからOECD加盟国の中で最初に立ち直ったことにも表れているように、所得水準の上がった今日でも韓国は相対的に高い経済成長率を維持している。そして、このような高い経済成長率をもたらしているのは、先に述べた積極的なグローバル化への対応政策なのである。つまり、高い経済成長率と経済的格差の拡大は、同じ経済政策がもたらした物事の両面だと言うことができる。

しかし、このような韓国の状況は以前より存在したものではない。かつての韓国はいわゆる「強い国家」が経済成長を主導する「韓国モデル」とも呼ばれた政治経済システムを有しており、また、OECD諸国の中でも日本と並んで所得水準が平準であることで知られた国だった。そのような韓国が今日のような政治経済システムへと変化した最大の契機は、一九九七年におけるアジア通貨危機に他ならなかった。

そこで本章では、このアジア通貨危機前後の二つの韓国の姿を比較することで、第二次世界大戦後の韓国が歩んで来た歴史の一面について説明して見ることとしたい。

2 「韓国モデル」の世界史的意義

経済発展と国家の役割の歴史的類型

最初にそもそも経済発展における国家の役割について、歴史的に整理してみよう。ここでのポイントは経済成長においては、後発国が先発国に追いつくためには、後発であればあるほど、より早い速度での成長を実現しなければならないことである。だからこそ、後発国は先発国とは異なる戦略を取ることになるし、また、取らなければならない、ということになる（図12-1）。

さて大雑把に言って、韓国が経済発展を開始するまでの世界各国の経済発展の類型は、大きく三つに分けることができる。第一の類型は、産業革命期のイギリスに典型的に見られるものである。ここではそれを「イギリスモデル」と仮に呼んでおくこととしよう。このモデルにおいては経済成長の過程において国家は、相対的に重要な役割を果たさず、経済成長は様々な偶然的要素の組み合わせにより「自生的」に行われたとされる。同様の例としては、米国の例も知られている。中央銀行設立の可否をめぐる論争に典型的に表れたように、かつての米国では経済に対する国家の介入そのものが忌避される傾向があり、一八世紀から一九世紀における経済成長において国家が果たした役割は、小さなものであったと考えられている。

第二の類型は、一九世紀のドイツや日本に典型的に見られたような、国内から動員した資源を利用して、国家が社会に積極的に介入していくことにより経済成長を実現しようとするものである。これにより経済成長のスピードを加速させ、先行する国々に追いつこうとしたわけである。仮に「ドイツモデル」とここではしておこう。この類型においては、金融政策面で中央銀行が重要な役割を果たしたのみならず、鉄道等の社会的インフラストラクチャーも国家により「上から」積極的に構築され、経済成長を牽引する役割を果たしたとされる。特徴的なのは、ここでは教育もまた明確に国家による経済成長のための手段として位置づけられていたことである。典型的な表れは主要な大学の多くが国家により設置されたこと、そしてその中で、工学部等の技術者養成課程が大きな比重を占めた

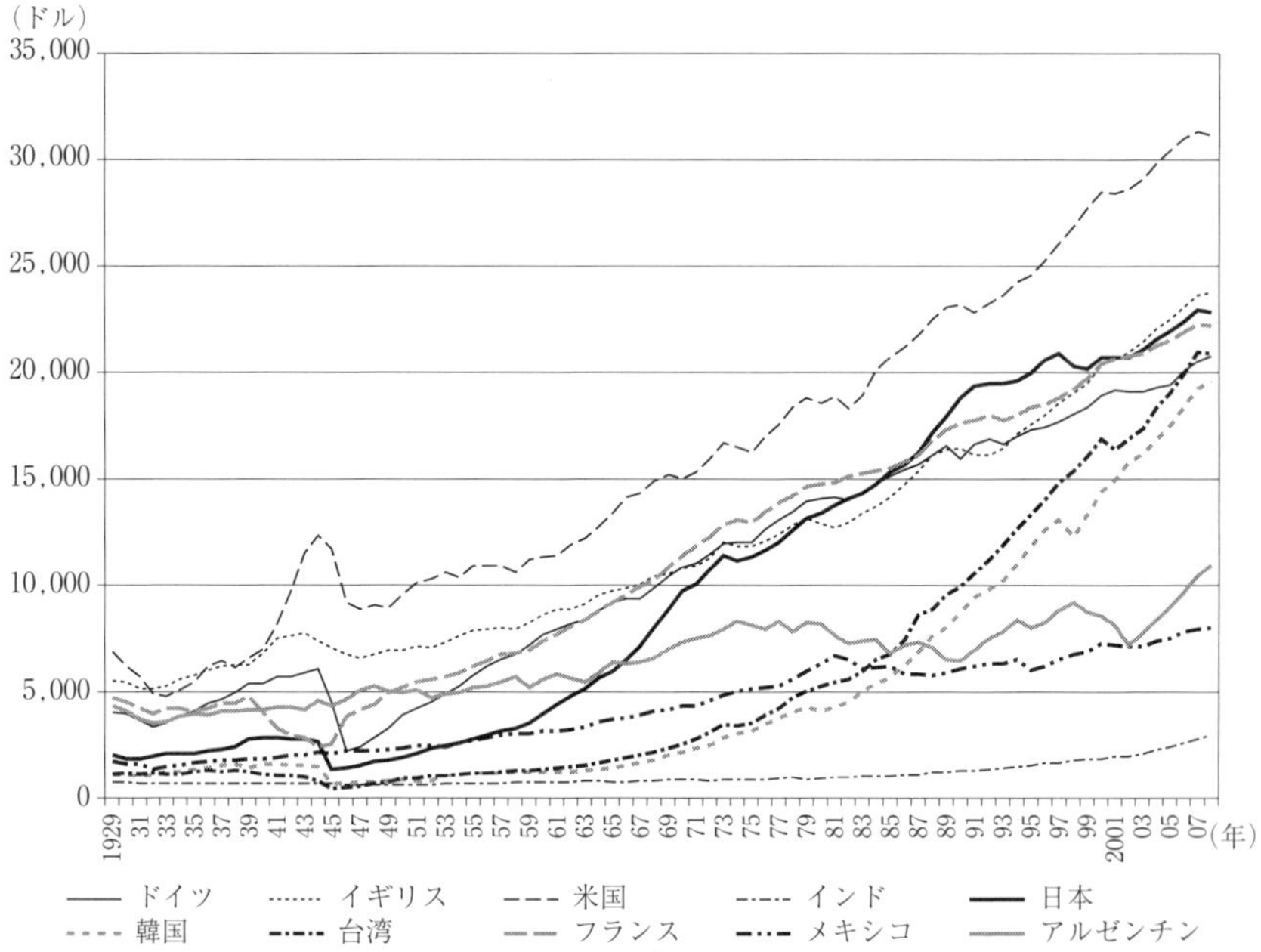

図12－1　世界各国の一人当たり国民所得推計（1929～2008年）
（出所）　Angus Maddison HP. http://www.ggdc.net/maddison より筆者作成。

ことである。この類型の中には、同じく一九世紀に産業革命を果たしたイタリアやロシア等を含めることができるであろう。

注意すべき点はこの「ドイツモデル」には幾つかの前提が存在した、ということである。一つ目はこの戦略が成功するためには相応の国家の規模、特に大きな人口が必要だということである。当然のことながら小規模な国家においては国内から動員可能な資源は限定されるから、国内資源のみに依存して効果的な「上からの近代化」を達成することは困難である。二つ目は国家そのものが一定以上の統制力を有さねばならないことである。もし国家の力が弱体で社会内部から十分な資本を動員することができないなら、国家そのものが相応の規模を有していてもやはり資源は不足することとなるからである。

第三の類型は、第二次世界大戦後、一九八〇年代前半頃までのアジア・アフリカ新興独立国に広く見られたものである。典型は一九四七年独立以降のインドだとされているから、ここでは「インドモデル」と呼ぶことにしよう。このモデルでは、第二の類型と同様に、国家が経済に積極的に介入するものの、同時に外資の排斥が伴うことが特徴である。背景にあるのは、植民地からの独立以降の新興独立国におけるナショナリズムの高揚である。「政治的独立から経済的独立へ」というスローガンに典型的に表れたように、当時のアジア・アフリカ新興独立国は、政治的独立を実現した後も継続した旧宗主国等への経済的従属の克服に力を注ぎ、いわゆる「輸入代替的工業化政策」を展開した。すなわち、それまで旧宗主国をはじめとした先進国からの輸入に依存していた工業製品等を、国内において生産し、輸入品に代替することを目指したわけである。

だが、この戦略を選んだ国家のほとんどは、この時期、大きな経済発展を実現することができなかった。そしてそこには明確な原因があった。第一は資本の問題である。外資を排斥した結果として、これらの諸国は国内から資本を調達しなければならなかったが、貧困な発展途上国の多くにとって、これは大き過ぎる負担だった。第二は技術の問題である。同じく外資排斥の結果、これらの諸国は先進国が有する最新技術を利用することが困難となった。勢い、これらの国々で生産される工業製品は、先進国と比べて技術的に劣後するものとなり、世界市場での競争力を失うことになった。第三は市場の問題である。多くの途上国では自国市場は狭隘であり、にもかかわらず、その市場に依存せざるを得なかったこれらの国々の工業的発展は大きく制約された。とりわけ大規模設備を必要とする重化学工業や一部機械工業においては、発展のためには大きな市場が不可欠であり、市場の問題は決定的な足かせとして作用した。

結果、一九七〇年代頃には多くの途上国は次の三つの状況のいずれかに帰着することとなった。一つ目の状況は、インドや中国のような「大きな発展途上国」の状況である。これら諸国では、各々の国家の規模を生かしてそれなりの量の資本を動員することに成功し、かつては先進国から輸入していた様々な産品を国産化することには成功した。しかしながら、その技術水準は先進国から大きく劣後することとなり、結果、「世界市場での競争力を甚しく欠如した工業化」が実現した。

二つ目の状況は、多くの発展途上国が直面した状況である。これらの国家では、その国家自身の規模の制約から

「上からの工業化」に必要な資本を集めることができず、そもそもの工業化が進行しなかった。結果、社会の状況は植民地からの独立直後から大きく変化することはなく、酷い場合には植民地期からむしろ生活水準が後退するとすらあった。

三つ目の状況は、ＯＰＥＣ産油国のような、豊富な一次資源を有する途上国の事例である。これらの諸国では一次産品の輸出により豊富な外貨を獲得することには成功したものの、主として技術的問題からこの資源を工業発展へと連結させることができなかった。

結局、第三の類型、すなわち「インドモデル」を選択した諸国はそのほとんどが自らの目指した経済発展を実現することができなかった。そしてそこにはこのモデルを選択した諸国が見逃していたことがあった。つまり、第二の類型、すなわち「ドイツモデル」を選択した国々には、第二次世界大戦後のアジア・アフリカ新興独立国とは異なる特徴が存在したことである。今日では世界の共通ルールとなっている「～国製」という表記が、本来、イギリス市場からドイツ製品を排斥するためにイギリス政府が求めたものである、という逸話に典型的に表れているように、ドイツや日本の経済発展においても、実は輸出が重要な役割を果たしていた。また、既に述べたように「ドイツモデル」において成功した国々、すなわち、ドイツ、日本、ロシア等がそれぞれ当時の段階で数千万人以上の人口を有する「人口大国」であると同時に、伝統的に強い統制力を有する国家を有していたことも重要であった。自らの内部から資源を動員し、国家がこれを利用して「上からの近代化」を行う、という「ドイツモデル」型の経済発展は、そもそも一定の人口を有し、「強い国家」を有する国においてのみ可能だったのである。

こうして考えるなら、自らの国家の内部から資源を動員して「上からの近代化」を行い、その結果としての生産物を自国内に販売する、という「インドモデル」型の経済発展戦略が破綻したのは、当然の結果というべきであった。それではこのような三つの経済発展戦略を前提とした上で、第二次大戦後の韓国の経済発展はどのように考えられるのであろうか。次にこの点について見てみよう。

「輸入代替型発展戦略」と対比して、韓国をはじめとするかつてのアジアＮＩＥｓ諸国（韓国、台湾、香港、シンガポール）の経済発展戦略は、通常「輸出主導型発展戦略」と呼ばれている。その特徴は以下の通りである。

第一にこの戦略では、工業化に用いる資本は国内からのみ調達されるのではなく、国外からも調達された。つまり、官民双方の外資を使うことが基本である。これにより各国・地域は、自らが発展途上国であり、また自国内の人口規模が工業化のための資本を動員するに十分ではない、という問題を回避することができた。したがってこの戦略はより正確には「外資を利用した輸出主導型発展戦略」とでも呼ばれるべきものである。第二に、生産物の市場は自国内ではなく、海外に求められた。これにより各国・地域は、自国の市場の狭隘性から逃れることができた。第三に、生産のための技術も国外から調達された。このために必要だったのは、外資に直接投資を行わせることであった。外資に最新の生産設備を作ることを許容することで、自国内に最新の生産技術がないことを回避することができたというわけである。

こうして見ると、韓国等が採用した「外資を利用した輸出主導型発展戦略」は、「インドモデル」に比べて多くの利点を有していたことがわかる。とりわけ重要なのは、これにより各国・地域が、自国の人口規模、統制能力や技術水準、国内市場の大きさ等に左右されることなく経済発展を実現することが可能となったことだった。この「外資を利用した輸出主導型発展戦略」は、これらの様々な「ドイツモデル」の実現には必須であった要件を欠いた国であっても適用可能であり、その点にこそ韓国等の経済発展には世界史的な意義が存在した。

では明らかな優位を持つ「輸出主導型発展戦略」を何故、他国は早期に採用しなかったのだろうか。そのことは逆に、どうして多くの国がこれとは正反対の「インドモデル」を採用したかを考えればわかる。彼等が「インドモデル」を選択した最大の理由は、自国の経済活動の主導権を自国民が回復するためであり、その第一の目的は経済発展ではなく自国、あるいは自民族の経済的自立であった。言い換えるなら、そこでは外資の導入は、経済的自立を損なうものであり、ひいては他国の影響力拡大により自国の独立をも損なう可能性のあるものと位置づけられていた。

そして、だからこそアジアＮＩＥｓの発展は、世界各国・各地域の経済発展に大きな影響を与えることとなった。これら諸国・地域は人口規模において、中国やインドといった諸国に大きく劣後していたのみならず、ＯＰＥＣ産油国のような豊富な天然資源も有してはいなかった。彼等が発展のために唯一提供したのは、安価な労働力だけであり、それはまた全ての発展途上国が有している資源に他ならなかった。加えて何よりも重要だったのは、外資の導入によってもこれら諸国・地域の、先進国に対する従属の深化が必ずしももたらされなかったことだった。アジアＮＩＥｓは、帝国主義列強が植民地獲得競争にしのぎを削った一九世紀とは異なり、二〇世紀後半の世界ではどんなに強力な経済的影響力を有する先進国でも、他国の主権を露骨に侵害することは不可能なことを自らの経験で証明した形になったのである。

いずれにしてもこうして韓国をはじめとするアジアＮＩＥｓは急速な経済成長を実現する。つまり、彼等は「ドイツモデル」の国々が用いた国内の資源に加えて外資をも動員することにより、これまでとは異なる形での経済成長の加速に成功したことになった。

3　最初の「韓国モデル」

緊急避難としての出発

とはいえそのことは、韓国をはじめとするアジアＮＩＥｓが当初から自らの成功を確信して、「外資を利用した輸出主導型発展戦略」を採用したことを意味しない。ここからは韓国の例をより具体的に見てみよう。

朝鮮半島の南半に大韓民国が成立したのは一九四八年八月一五日、第二次世界大戦が終了してからちょうど三年後のことである。当時の韓国内では左右様々な勢力が乱立し、国内は大きく混乱を続けていた。加えて、同じ朝鮮半島の北半には朝鮮民主主義人民共和国、つまり北朝鮮が間もなく成立し、韓国への大きな脅威となって存在していた。北朝鮮における金日成の支配体制は、ソ連からの厚い支援もあり韓国の李承晩政権より遥かに安定しており、その軍事力も韓国に大きく優位していた。結果、この優位を利用する形で一九五〇年六月、北朝鮮の侵攻により朝鮮戦争が勃発し、以後、朝鮮半島では三年間にわたる激しい地上戦が展開されることになった。この戦争においては数百万人とも言われる人的被害が発生し、韓国経済は文字通り壊滅状態に直面した。

このような韓国経済も朝鮮戦争が終了するとどうにか復興を開始することになる。当初、この復興を支えたのは、同盟国である米国からの膨大な援助であった。一九五〇年代後半の韓国において、米国からの援助が国家財政に占めた割合は多い年には五〇%を超える水準に達しており、韓国の財政は文字通り、米国からの援助なしには成り立たない状態にあった（表12－1）。援助に支えられていたのは、経済も同様であった。主要な輸出一次産品を持たず、戦争によりインフラストラクチャーも破壊された当時の韓国は、輸出産品をほとんど欠いた状態にあり、深刻な貿易赤字に直面していた（表12－2）。援助はこの膨大な貿易赤字を埋めるものでもあったのである。簡単に言えば、当時の韓国経済は米国への援助に全面的に依存する状態にあった、と言える。

しかし、この状況はベトナム戦争が激化し、米国の関心がインドシナ半島に移動すると変化した。米国からの援助は当初の無償援助から有償援助へと変化し、その金額も減少したからである。結果、韓国政府はこれを埋め合わせる努力をすることを余儀なくされた。努力は二つの方向に向けられた。一つは日本との国交正常化により、ここからの植民地支配に関わる「事実上の賠償金」を獲得することである。だが、それは所詮一時凌ぎの対策に過ぎず、だからこそ、韓国はもう一つの努力を急ぐこととなった。すなわち、根本的な問題である貿易赤字を解消するために、輸出産業の育成に着手したのである。

とはいえ当初韓国政府が構想したのは、このための資源を外資の導入ではなく、国内からの資源動員により確保することだった。つまり、韓国政府もいったんは「インドモデル」を選択したことになる。だが、そもそも大きな人口を持たず、戦争により経済が疲弊した当時の韓国ではそれが不可能であることはすぐに明らかになった。

こうして韓国政府は、やむを得ざる代替措置として外資導入に踏み切ることになる。つまり、韓国政府にとって

表12－1　朝鮮戦争直後の援助と財政

（百万ウォン）

	総収入(A)	外援収入(B)	国内資源(C)	軍事費(D)	対充資金(E)	対充資金中国防費補塡(F)	B／A（%）	D／A（%）	B／D（%）	F／D（%）
1954	12,600	4,470	8,129	5,992	4,470	2,069	35.5	47.6	74.6	34.5
1955	32,378	15,054	17,324	10,638	15,054	5,120	46.5	32.9	141.5	48.1
1957	41,509	22,451	19,058	11,246	22,451	4,833	54.1	27.1	199.6	43.0
1958	45,480	24,580	20,901	12,732	24,580	4,830	54.0	28.0	193.1	37.9
1959	44,900	18,910	25,990	13,919	18,910	5,300	42.1	31.0	135.8	38.1
1960	47,656	16,763	30,893	14,707	16,763	5,347	35.2	30.9	114.0	36.4
1961	50,004	24,438	25,566	16,565	24,059	16,103	48.9	33.1	147.5	97.2

（注）財務部理財一課編『우리나라 財政構造와 政策概観』財務部理財一課【韓国】，1967年，125頁，および，李正世『韓國財政의 近代化過程』博英社【韓国】，1965年，283頁，より作成。

表12－2　1960年前後の韓国の輸出入

	輸出	輸入	貿易赤字	輸出／輸入
1957	22,202	442,174	−419,972	19.92
1958	16,451	378,165	−361,714	22.99
1959	19,812	303,807	−283,995	15.33
1960	32,827	343,527	−310,700	10.46
1961	40,878	316,142	−275,264	7.73
1962	54,813	421,782	−366,969	7.69
1963	86,802	560,273	−473,471	6.45
1964	119,058	404,351	−285,293	3.40
1965	175,082	463,442	−288,360	2.65

（注）KITA データベースより筆者作成。http://stat.kita.net/kts/sum/gikt0110d.jsp

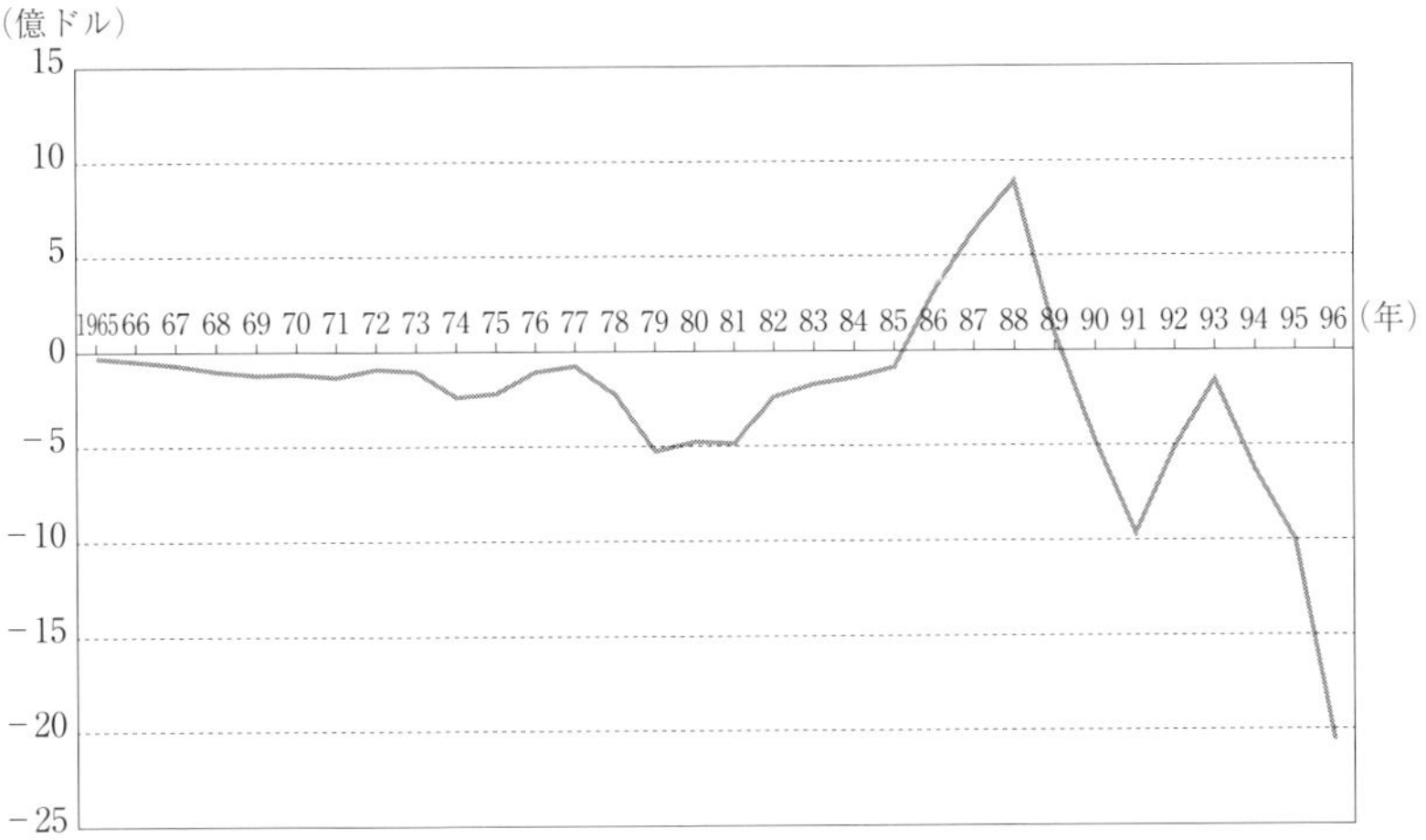

図12－2　アジア通貨危機以前の韓国の貿易収支

（注）　韓国統計庁データベースより筆者作成。http://kosis.kr/abroad/abroad_01List.jsp

も、「外資を利用した輸出主導型発展戦略」は本意ではなかったことになる。その理由はその後に実際に入ってきた外資の実態を見ればよくわかる。なぜなら結果として大量に入ってきたのは、かつて自らを宗主国として支配した日本の資本だったからである。折角、独立を回復したにもかかわらず、今度は経済力により、またもや日本に支配される。韓国の人々がそう恐れたとしても不思議ではない状況だった。

何が「韓国モデル」を可能にしたか

いずれにせよ韓国における「外資を利用した輸出主導型発展戦略」は当初、緊急避難的に発動されたものだった。にもかかわらずこの戦略はその後も定着し、韓国を急速な経済成長へと導くことになる。

　その理由は幾つかあった。一つは、この戦略の発動後も、韓国の貿易赤字が継続したことである。「外資を利用した輸出主導型発展戦略」の成功により確かに韓国の輸出は急増した。しかし、当時の韓国では工業製品の生産に必要な中間財や生産財を自国で作ることが出来ず、これらの多くは輸入、特に日本からの輸入により賄われた。結果として輸出の増大と同時に輸入が増大するという悪循環へと韓国経済は直面した（図12－2）。つまり韓国はこの「外資を利用した輸出主導型発展戦略」をやめることすらできない状況に置かれたことになる。

もう一つは、韓国の国家にこの戦略を行い続ける強い統制能力が存在したことである。多くの途上国の企業家にとって、見知らぬ海外市場に出ることは大きな賭けであり、通常、彼らはむしろ国内市場を確保することにより確実に利益を得ようと考える。この時、仮に国家を指導する政治家がこれら企業家に従属した立場にあれば「外資を利用した輸出主導型経済発展戦略」は、たちまち「輸入代替型発展戦略」へと逆戻りすることになる。多くの国が「輸入代替型発展戦略」を用いるもう一つの理由であった。

だが、韓国の政治家は、二つの理由により、国内の企業家に優越する立場にあった。第一は一九六一年以降の韓国に君臨した朴正熙政権が軍事クーデタにより成立した政権だったことである。軍事力をバックにする彼らは、社会から相対的に自立した立場にあり、旧来の政治家のような企業家との癒着した関係を必要としなかった。より重要なのは第二の理由だった。第二次世界大戦下における日本の総力戦体制を引き継いで成立した韓国では、長らく大半の銀行の株式を国家が保有するという特殊な状況が続いていた。韓国政府はこの銀行に対する支配力を利用して、何時でも個々の企業家の資金源を抑えることのできる力を有しており、だからこそ、韓国の企業家は韓国政府の指導に従わざるを得なかった。

言い換えるなら、韓国における「外資を利用した輸出主導型発展戦略」とは、社会から相対的に独立した強い金融統制能力を持つ国家によって行われたことが一つの特徴だった。これにより韓国政府は、金融政策を通じて経済を統制し、不安定ながらも自らの経済を何とか破綻させることなくコントロールすることができたのである。

こうして一方では、「外資を利用した輸出主導型発展戦略」を継続しなければならない状況が存在し、他方には、この継続を可能とする状況も存在した。こうして韓国政府はこの戦略を継続し、この国は高度成長へと導かれることになる。

だが、その成功もまた長続きはしなかった。次にグローバル化時代の韓国について見てみることとしよう。

アジア通貨危機
――韓国モデルの挫折

韓国政府が採用した「輸出主導型発展戦略」の帰結は一九九〇年代に入っていよいよ明確になった。所得水準は一九九五年に一人当たり一万ドルを突破し、続く九六年には念願のOECD入りも果たしている。他方、懸案だった貿易赤字は根本的には改善されなかった（図12-2）。一九八〇年代半ば、韓国は世界第四位の債務国へと転落し、IMFの求める構造調整プログラムに着手した、この中で貿易や直接投資、さらには公企業の民営化等が行われた。

一九八五年のプラザ合意による円高もあり、この後一時期、韓国の貿易収支は黒字に転じたものの、九〇年代に入ると再度赤字へと転落する。とは言え、この時点では問題は深刻ではないように見えた。同じ時期、韓国政府は先進国からの圧力もあり資本取引の自由化を進めており、この結果、大量の短期金融が流入していたからである。とりわけOECD入りに備えて行われた資本移動の自由化がもたらした影響は決定的だった。これにより海外からの資本流入が本格化し、その規模はすぐに韓国政府の金融管理能力をも上回ることとなった。

そして、破綻がすぐにやってきた。一九九七年、香港から始まったアジア通貨危機は、やがてタイやインドネシアを経て、同じく貿易赤字国である韓国を襲うことになる。短期金融を中心として流れ込んでいた外国資本は、一斉に韓国から撤退し、韓国の外貨準備高は急速に減少した。デフォルト寸前に追い込まれた韓国政府は、遂に一一月二一日、IMFに救済金融を正式に申請することになる。

だからこそ韓国にとってアジア通貨危機とは、それまで韓国を経済成長に導いてきた「韓国モデル」の破綻を意味する出来事だった。「韓国モデル」には、外資の移動は政府によりコントロールできるという前提があったからである。そしてこの前提があるからこそ、韓国政府は安心して外資を受け入れることが出来たということになる。

そして一九八〇年代まではこの前提は確かに存在した。韓国の金融市場は依然閉鎖的であり、流入する資本も統制が比較的容易な長期金融を中心とするものだったからである。また、この時代には依然、自らの労働力を先進国資本に提供する途上国も限られており、韓国が資本の逃避を警戒する必要も少なかった。しかし、これらの前提は、九〇年代に入ると急速に失われた。国際社会の圧力を受けての韓国自身の金融自由化と、その背景にあった世界経済のグローバル化により、韓国政府は瞬く間に外資への統制能力を喪失した。世界各国で進んだ金融自由化の結果、「韓国モデル」は「中途半端に市場が開かれた自由貿易モデル」とへと転落し、国際社会は韓国経済の開放性よりも閉鎖性に注目することになった。加えて当時の韓国政府の不透明な経済運営が決定的な影響をもたらした。こうして国際社会からの信用喪失した韓国は、いったんは奈落の底に引きずり込まれることとなる。

4　「第二の韓国モデル」

こうして「韓国モデル」は破綻し、韓国は新たな方向性を模索することになる。とは言えここにおいて、当時の韓国政府が取り得る方向は大きく限定されていた。救済金融を導入した以上、資金提供元であるＩＭＦの要求する新自由主義的な改革は避けて通れない道だったからである。言い換えるなら、韓国にはここで急速に進むグローバル化に逆行する形で自らの国を閉ざす方向での改革を行ったり、あるいは周囲の状況を見極めながら改革を用心深く進めたりすることは許されていなかった。こうしてこの後、韓国の政治経済システムは急速に変化していくこととなる。

だがそのことは、韓国が単純に自由放任主義的な経済システムを採用したことを意味しなかった。韓国のもう一つの特徴は、救済金融の結果、政府が国際機関から新自由主義的な改革を「上から」実施する責務を負わされたことだった。こうしてこの国では「上からの新自由主義改革」という矛盾した状況が生まれることとなる。

上からの自由主義改革

アジア通貨危機直後においてこの「上からの新自由主義改革」の責務を担ったのは一九九八年二月に成立した金大中政権だった。その改革分野は、金融、企業、労働の幅広い分野に及ぶものであったが、注目すべきはここで金融監督委員会が設置されたことだった。金大中政権はこれまで各官庁がばらばらに管理していた金融部門の監督をこの機関に一本化し、この金融監督委員会の絶大な権限の下、金融および企業部門の改革を断行することとなった。このことは並行して進んだ、金融機関への公的資金の注入と、一三七七人にも及んだ金融機関役員等への刑事的処罰とも相まって、韓国政府の金融機関に対する統制能力を格段に強化した。金大中政権はこの金融機関に対する統制力を用いて企業整理も行った。すなわち、金融機関に各企業の財務内容を厳格に審査させ、不良企業の市場からの退出を強制したのである。

重要なのは、この過程において、韓国政府が市場への統制能力を回復したことである。本章ではこのようにして形作られてきた、市場への強力な統制能力を持つ国家が積極的に「上からの新自由主義改革」を実行する政治経済システムを「第二の韓国モデル」と呼ぶことにしたい。

さて、韓国政府による新自由主義的な政策的な方向性は、韓国がアジア通貨危機から脱した後も維持されることになる。しかし、どうして韓国の経済政策はこのような方向性で固定されてしまったのだろうか。

転倒した政治的状況

最初に政治的状況から見ていこう。ここで重要なのは、この「上からの新自由主義改革」が金大中政権において始められたということである。ここにおいて想起しなければならないのは、アジア通貨危機の最中に行われた一九九七年の大統領選挙の結果が、実は現代韓国政治史上、初めて選挙による平和裏の政権交代をもたらしたこと、そして、その結果として当選した金大中が、歴代大統領と比べて、よりリベラルな政治性向を持った人物だったことである。言い換えるなら、アジア通貨危機さえなければ、金大中政権は新自由主義的な方向よりも、むしろ、より「進歩的」、つまりリベラルな方向へと、経済政策の舵を切る可能性が大きかった。

だが皮肉なことに、アジア通貨危機の最中に大統領に就任した金大中は、ＩＭＦの圧力の下新自由主義的な経済施策を推し進める使命を担わされた。つまり、「進歩的」な大統領が、新自由主義的改革を推し進める、という転倒した状況が生まれたわけである。このような状況は、改革そのものには「吉」と出た。そのことが典型的に現われたのは、政府と労働組合との交渉においてであったろう。「保守的」な大統領に対しては、自らのイデオロギーを正面に押し立てて抵抗することの出来た労働組合も、選挙時に自らも支持して成立した金大中政権により推し進められる「上からの自由主義改革」には抵抗することが困難だったからである。加えて、このような金大中政権の改革を、深刻な通貨危機により刺激された韓国のナショナリズムが後押しした。この時期の韓国においては、民族が直面する危機において、自らの職場の維持というような「個別利益」に拘泥することは、「民族全体の利益」に反することである、とする世論が形成されており、政府の改革に抵抗する人々や勢力に強力な圧力をかけていたからである。

いずれにせよ、こうして生まれた「進歩派」政権により「上からの新自由主義改革」が行われるという転倒した状況の結果、韓国では新自由主義的な経済政策の方向性が定着することになる。背景にあったのは、この時期以降明確になった、「進歩派」と「保守派」の二大政党が対立する政治的構造である。このうち財界と比較的近い関係にある「保守派」が、資本と労働の移動を自由化することで生産コストを軽減する新自由主義的な経済政策を歓迎するのは当然であり、彼らがその方向性そのものに反対する大きな理由は存在しなかった。他方、本来ならこの方向性に反対すべきは、よりリベラルな成功を有する「進歩派」の諸政党であったが、彼らは自身が「上からの新自由主義改革」に手を染めたがゆえに、これに反対することができなくなった。「進歩派」が「上からの新自由主義改革」を行ったことで、奇しくも韓国の二大政党は共にその後も新自由主義的な方向を支持せざるを得ない状況が生まれたわけである。

そして、このような状況は、同じ「進歩派」の政党に属した盧武鉉政権においても受け継がれた。盧武鉉はその支持勢力や経歴から考えれば本来、金大中よりもさらに「進歩的」な立場を代表すべき人物であったが、実際に彼が推し進めた経済政策は、金大中政権のそれよりも新自由主義的なものだった。彼が政権就任直後から推し進めた経済政策の目玉は、世界各国、各地域とのＦＴＡ締結であり、その成果は後に、米韓ＦＴＡ締結という形で結実する。このような政策はその後「保守派」の李明博政権にも受け継がれ、韓国はＥＵをはじめとする多くの国・地域とＦＴＡを締結していくことになる。

副産物としての外国人政策の転換

そしてこのような「進歩派」勢力による新自由主義改革は、韓国において異なる変化をもたらした。すなわち、外国人政策の変化である。

アジア通貨危機以前の韓国は日本と並んで、外国人労働者の受け入れに最も消極的な国の一つとして知られていた。その端的な現われは、日本のそれを模倣して作られた「産業研修制度」だったろう。この事実上の外国人労働者を発展途上国への産業技術協力を名目とする「研修生」として受け入れるという制度は、一九九一年の制定後段階的に見直されたものの、基本的には二〇〇三年まで維持された。

だが盧武鉉政権はこれを抜本的に見直した。盧武鉉は二〇〇三年二月の大統領就任の直後、外国人に公式な労働者としての滞在資格を与える「雇用許可制」を導入することを明らかにしている。これについて定めた「外国人労働者の雇用等に関する法律」は早くも同年七月には韓国国会で可決されている。

このような状況は、一見おかしなもののように見える。なぜなら、「進歩派」の盧武鉉政権は、労働組合等と近い関係を有しており、新制度導入による外国人労働者の積極的受け入れは、雇用確保を求める労働組合の利益と正面から対立するはずだからである。

にもかかわらず、盧武鉉政権による外国人労働者受け入れ制度改革が可能となったのには理由がある。第一は韓国の「進歩派」がこれを「民主化」の一環として位置づけたことである。すなわち、彼らはこの制度変更を、「研修生」として十分な保護を受けられない外国人に対して「労働者」として十分な保護を与える人道的な措置と認識し、彼らがこれまで行ってきた人権擁護活動の延長線上にあるものと見なしたのである。この結果、労働組合もまた、新たに流入する外国人労働者を自らの潜在的な組合員と想定し、これを積極的に受け入れることになった。

とはいえ、これだけでは個々の労働者の利益に対する説明にはならない。もう一つ重要だったのは、アジア通貨危機以降の韓国においては、グローバル化への積極的対応が逆行不可能な世界的趨勢にかなったものである、とする世論が定着していたことであった。例えば、その点は日韓両国の外国人排斥団体の影響力を比較すればわかる。日本においては、「在日特権を許さない市民の会」に代表されるような外国人排斥団体は、団体の規模そのものこそ小さいものの、既存の政治家やメディア等と一定の関係を持っており、その発言内容は相当程度の政治的影響力を有している。これに対して、同様の韓国の団体は、その規模こそ日本のそれらに劣らないもかかわらず、知名度はきわめて低く、政治的影響力もほとんど有していない。

このような韓国の外国人排斥団体の影響力の小ささの背後にあるのは、二つの要因である。一つは「保守派」政党の対応である。韓国の「保守派」政党は財界の意を受ける形で外国人労働者の受け入れに基本的に積極的であり、これら外国人排斥団体を支持していない。しかし、より重要なのは韓国においては、グローバル化の進む世界においては、外国人労働者の受け入れは抗うことのできない世界の趨勢である、という世論である。つまり、グローバル化の流れに積極的に対応することが当然と考えられている韓国では、外国人労働者の受け入れに反対することは、韓国の国益に反する者だと見なされる傾向が強く、保守的な政党やメディアといえどもこれを支持することが難しい。

そして、このような外国人労働者受け入れに好意的な世論は、韓国社会が直面するもう一つの問題によってさらに強く正当化されることになる。すなわち、日本以上の速度で高齢化が進む韓国では、二〇一六年頃には生産労働者数の減少が始まると予測されており、既に農村部では急速な人口減少が開始されている。このような韓国が国際社会で生き残るためには、外国人を積極的に受け入れることにより、人口減少を相対化し、これにより産業の競争力を維持するしかない、と考えられている。そもそも、韓国における外国人の受け入れは労働者としての部分においてのみ進められているわけではない。韓国における国際結婚は同じ時期に急増し、二〇〇六年には、実に農村部の結婚の四〇％が国際結婚という驚異的な比率に達している（図12‐3）。

結果、今日の韓国では急速に外国人人口の増加が進み、社会は大きく変容しつつあるように見える（図12‐4）。アジア通貨危機以降の変化は、政治経済のみならず韓国の社会にも大きな影響を与えようとしているのである。

「第二の韓国モデル」の光と影

そしてこのような韓国社会の変化はもはや引き返すことのできない水準に達しているように見える。例えば、二〇〇八年九月に始まるリーマン・ショック以降の状況の変化を見てみよう。この国際的経済危機に直面し韓国経済はまたもや大きな困難に直面した。状況は同年秋に入った頃に再びの通貨危機の到来が囁かれるほどに深刻であり、経済成長率は翌二〇〇九年には〇％台まで低下

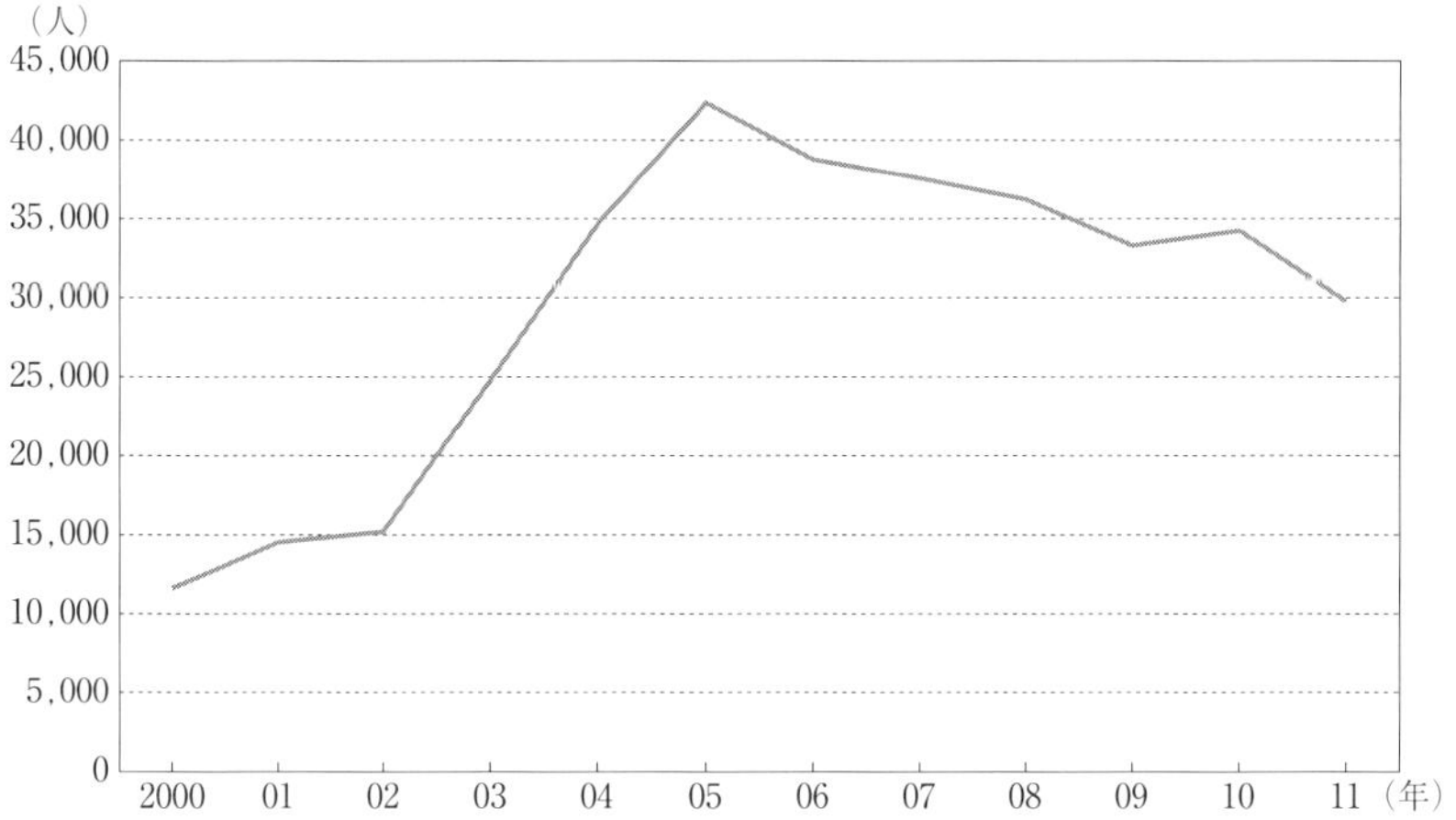

図12－3　韓国における国際結婚

（注）韓国統計庁データベースより筆者作成。http://kosis.kr/abroad/abroad_01List.jsp

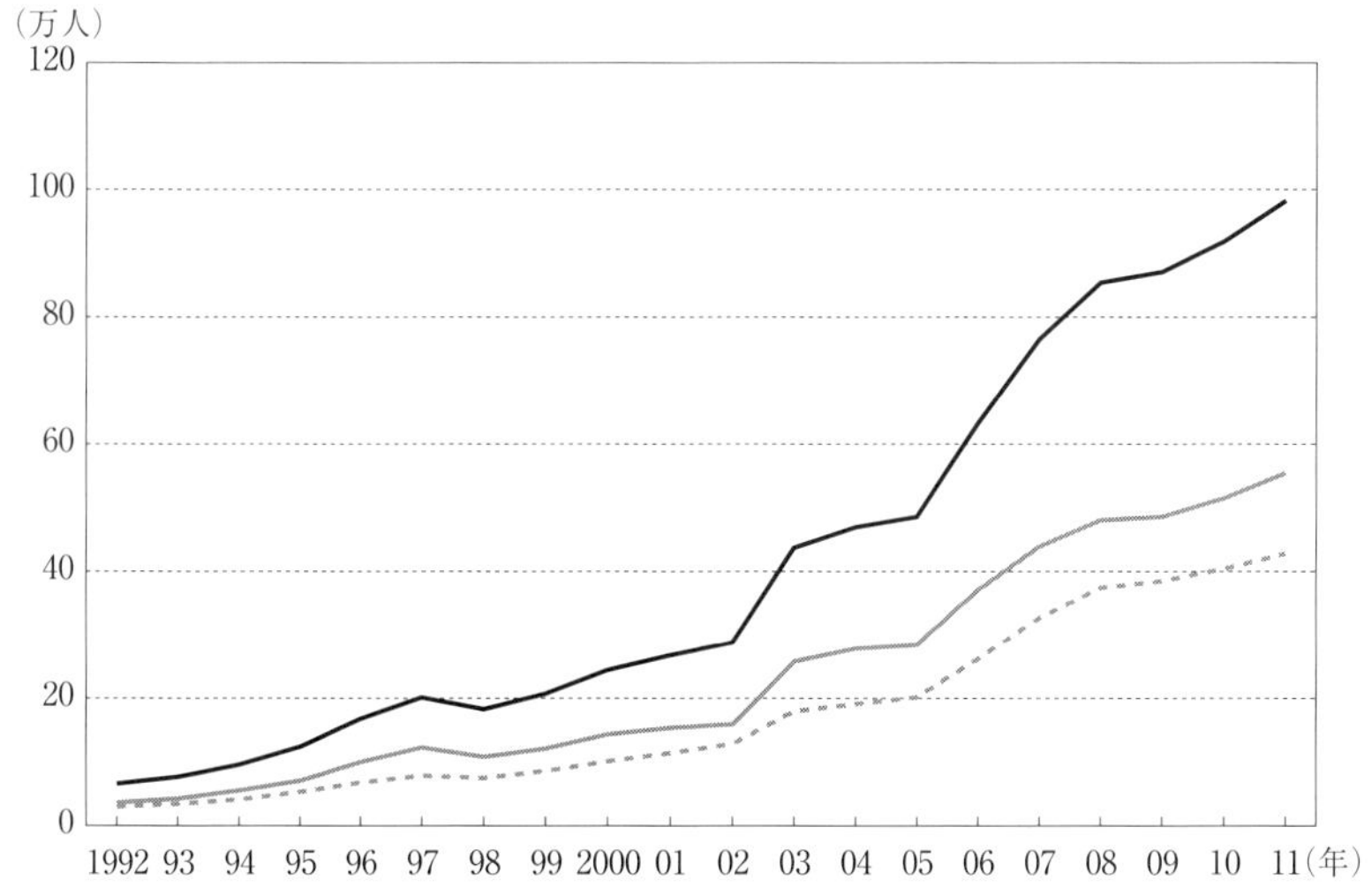

図12－4　韓国における外国人数

（注）韓国統計庁データベースより筆者作成。http://kosis.kr/abroad/abroad_01List.jsp。外国人登録を行っている者の数。不法滞在者，韓国国籍取得者等が含まれていないことに注意。

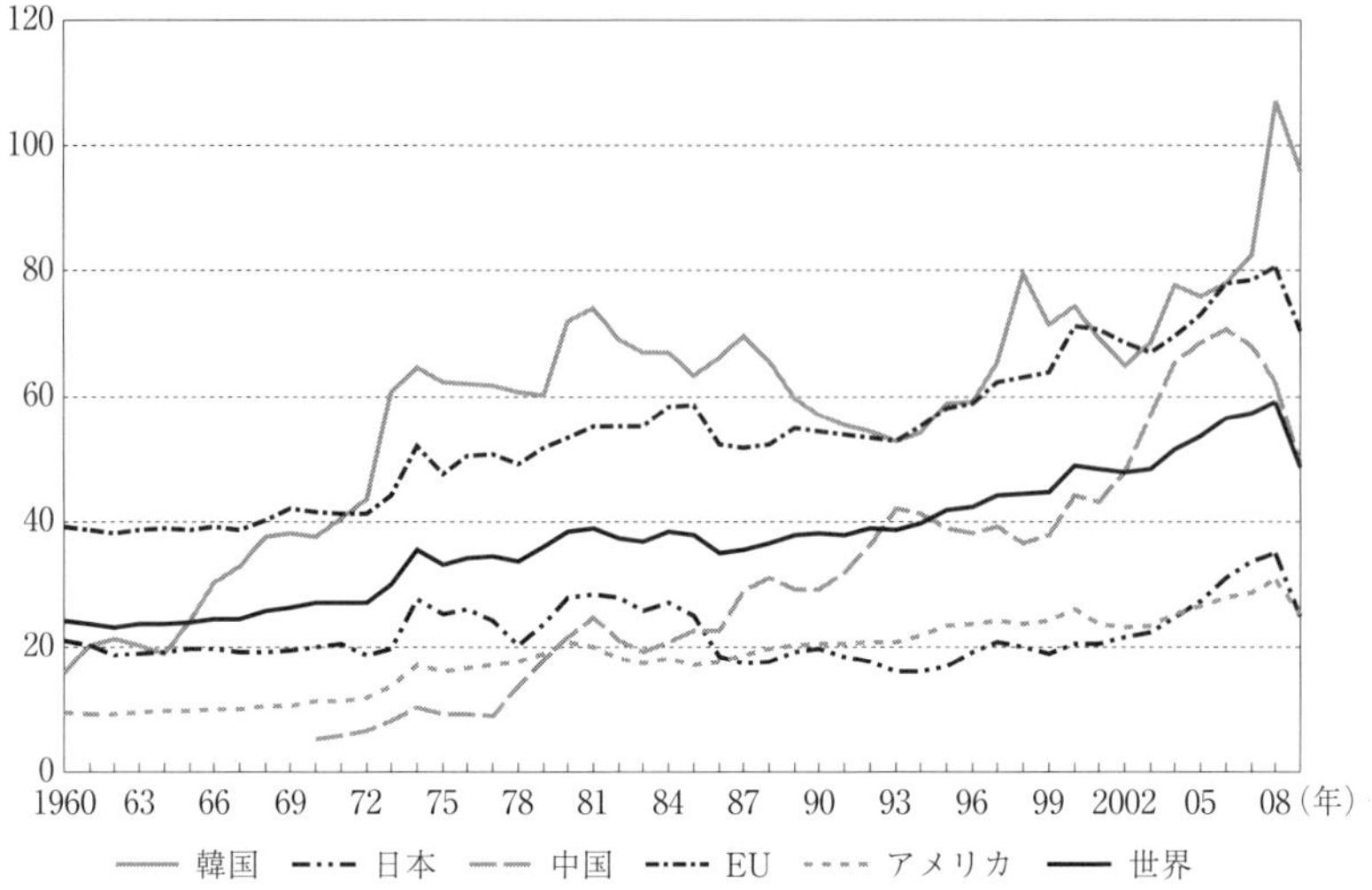

図12－5　貿易依存度の変化

（注）　世界銀行データベースより筆者作成。http://data.worldbank.org/data-catalog

した。しかし、韓国はこの危機から逸早く脱出する。そしてこのような韓国経済の早期の回復を可能にしたのは、アジア通貨危機当時に作られた「上からの新自由主義改革」を可能とする強力な金融統制システムであった。つまり、李明博政権は、金大中政権期に作られた金融監督委員会を巧みに用い、不良企業の市場からの早期の退場を実現したのである。このことは韓国の国民をして、グローバル化が進む今日においても、経済への強い介入能力を持つ政府が「上からの新自由主義改革」を行うことは必要だ、という認識を再確認させた。「第二の韓国モデル」はまたしてもその真価を発揮し、国民はこれを肯定的に受け止めたということになる。

とはいえそのことは、韓国の政治経済が好ましい状態にあるということばかりを意味しない。経済に対する強すぎる統制力は、行政府の腐敗の温床であり、事実、リーマン・ショックからの脱却過程で大統領の側近・親族に渡った賄賂によるスキャンダルは、任期末期の李明博政権を大きく揺るがした。また、今日においては肝心の韓国政府の経済政策の自由度も大きく制限されるようになっている。グローバル化への積極的対応と、経済危機の度に行われたウォン安を利用した輸出促進策により、韓国の貿易依存度は今や一〇〇％を超える水準にさえ達しつつある（図12-5）。世界経済への過剰な依存の結果、韓国は従来以上に世界経済の動向から影響を受けるようになり、とりわけその輸出の停滞は即座に経済全般に致命的な影響をもたらすようになっている。

世界経済への大きな依存は、韓国の国際政治上の選択肢にも大きな影響を与えている。とりわけ重要なのは中国市場への依存の拡大である。今日、韓中貿易の規模は韓国のＧＤＰの二〇％以上に相当するものとなっており、韓国はもはや中国との円滑な関係なしに、自らの経済を維持できない状況になっている。さらに重要なのは、両国の間には経済規模の大きな格差があることである。韓国にとってはＧＤＰの二〇％以上に相当する韓中貿易は、中国にとってはＧＤＰの四％に過ぎないものである。この状況においては、中国が韓中貿易の停滞を大きく懸念することなく韓国に対する外交交渉が可能であるのに対し、韓国の側は常に中国からの経済的圧力を恐れねばならない、という事態が出現する。このことは、貿易への依存の拡大の結果韓国が中国に対する自律性を喪失する可能性を示唆している。

そして国内には冒頭に掲げたような巨大な経済格差が出現しつつある。韓国では、経済格差はそのまま世代間格差として現われており、今日、それは世代間対立として露呈しつつある。

問題は、にもかかわらず、世界経済に多くを依存する韓国は自らの社会のグローバル化に向かって舵を切り続けなければならないように見えることである。

韓国はどこに行くのだろうか。

参考文献

大西裕『韓国経済の政治分析』有斐閣、二〇〇五年。
金華東『韓国の規制緩和』アジア経済研究所、二〇〇〇年。
木村幹『近代韓国のナショナリズム』ナカニシヤ書店、二〇〇九年。

木村幹「韓国は何故移民を受入れるか」河原祐馬編『移民外国人の社会統合問題をめぐる地域比較研究』平成二一～二三年度科学研究費補助金（基盤研究(B)一般）研究成果報告書、二〇一二年。

高龍秀『韓国の経済システム』東洋経済新報社、二〇〇〇年。

高龍秀『韓国の企業・金融改革』東洋経済新報社、二〇〇九年。

佐野孝治「外国人労働者政策における『日本モデル』から「韓国モデル」への転換」『福島大学地域創造』二二巻一号、二〇一〇年九月。

朴一『韓国ＮＩＥｓ化の苦悩』同文舘出版、二〇〇二年。

朴根好「アジア経済とアメリカの開発モデル戦略――「インドモデル」から「韓国モデル」へ」『静岡大学経済研究』一一巻四号、二〇〇七年。

ラジニ・コタリ（広瀬崇子訳）『インド民主政治の転換』勁草書房、一九九九年。

第13章　アジアの中のロシア
——中国台頭時代の独自性——

河東哲夫

ロシアはロマンであり、世界全体に関わる大きさを持っている。経済力と組織力を欠いたこの国の歴史においては、個人の野心、そして冒険心が果たす役割がそれだけ大きいために、ロマンも生まれやすい。ロシアは一七世紀以降、シベリアから太平洋にまで拡大したが、オランダや英国が持っていた東インド会社のような植民地経営体を欠いていた。それでもロシアはユーラシア大陸の北半を覆い、欧州から中東、中国、そして米国にまで関わる地理的超大国となっている。かつてはアラスカまで領有していたし（一八六七年には財政難の中、わずか一億ドルで米国に売却）、そのアラスカを維持するための食糧を求めて、冒険家達は一九世紀、サンフランシスコやハワイにまで進出を図ったことがある。

そして、ロシアの版図は遮るものもない大平原で、その広大な植民地帝国をひとつの国家として統治していくためには、専制主義・権威主義が今でも必要である。英国では植民地は海外にあり、宗主国だけは民主政体で通すことができたが、ロシアはそれができない。こうして地理、そして歴史、この二つがロシアの政治と外交を強く規定している。したがって、まずロシアの歴史を簡単に振り返り、その中から生まれてきた外交上の特徴をいくつか抽出してみよう。

1　ロシアの歴史と外交上の行動様式

西欧とは異なる歴史

ロシアと言うと、欧州からウラジオストークまで広がる大国だと思われているが、歴史に登場した九世紀の頃は、バルト海周辺の経済圏を、当時の西方世界の中心、東ローマ帝国の首都コンスタンチノープルと結ぶ通商河川路の畔に建設された、商業都市国家群（ノヴゴロドやキーエフなど）に過ぎなかった。これらの都市を建設し中継商業に従事していたのが、スカンディナビア人（いわゆるヴァイキング）だったのかロシア人だったのかについては論争があるが、当時ドニエプル川を南下して黒海に至る経路にはペチェネグなど遊牧民族が進出して中継商業を妨げ、キーエフなどと抗争を繰り広げたのである。その様は、ボロジンのオペラにもなった「イーゴリ軍記」や、一二世紀に編まれた「原初年代記」に詳しい。

つまりロシアはその誕生の当初から、「遮るものもない大平原の向こうからやってくる敵」に周囲を囲まれていたのである。それは、南では遊牧民族、北西部では一三世紀に東進してきたドイツ騎士団、それとほぼ同時に東から攻め寄せたモンゴルといった具合であった。なかでもモンゴルは、一二四〇年のキーエフ略奪から一四八〇年のモスクワ公国イワン三世による撃退まで、二四〇年にわたってロシア諸都市に服属と納税を強要し、黄色人種に対する拭いがたい恐怖感と嫌悪感をロシア人に植え付けた。

モンゴル支配の中で新興のモスクワ公国は、モンゴルのキプチャク汗国（直接支配をすることなく、カスピ海のヴォルガ河口近くに居を定め、ロシア諸都市から毎年「税金」を徴収していた）への税金を横領して財力を築き、一四八〇年にはイワン三世がツァーリ（皇帝。ローマのシーザーに発する）を名乗って、ノヴゴロドなどの武力制覇に乗り出す。その孫イワン四世（雷帝）は一五五二年にキプチャク汗国の後身カザン汗国を征服、一五七〇年にはノヴゴロドで大虐殺を行うことで、現在のモスクワを首都としたロシア国家の原型を確立した。それは、大商人による共和政というロシアの通商都市国家の伝統から決別し、一四五三年に滅亡していた東ローマ帝国とギリシャ正教の跡を継ぐ

「第三のローマ」として、またモンゴル帝国のエートスを強く受け継ぐアジア的専制国家として、ロシアの新たなスタートを切るものであった。

その後ロシアがウラジオストークとその周辺の沿海州を清朝から収めて現在の領土をほぼ確立したのは、一八六〇年の北京条約によってであり、それまではイワン雷帝が放った冒険家イェルマークから始まって実に二五〇年以上、ロシア人はウラル山脈以東の征服を営々と続けたのである（シベリア以東の原住民はチュルク系、モンゴル系の黄色人種が主）。

「近代」要素の欠如

ロシアでは、近代欧州国家を生み出したいくつかの要素――宗教改革やルネサンスによる「個」の確立、議会制民主主義、および産業革命――は、哀しいほど欠落しており、人口の大半を占めた農民は農奴として搾取されて、移動の自由さえ認められなかった。それは、農奴という奴隷が作る富を、皇帝をトップとした貴族層、そしてそれに奉仕する「雑階級」が分け合う、ひとつの利権構造であった。ロシアは世界にも稀なこうした体制を、一八六一年の農奴解放令まで続けるのである。自国民の大半を奴隷として、一九世紀に至るまで搾取を続けた国は、他には思い当たらない。中国もインドも農民は貧しいとは言え、大半が小作農以下の奴隷の境遇にまで落ちたことはあるまい。

中世の西欧では国民国家はまだ成立しておらず、有力な豪族がいくつかの王家を形成、婚姻・征服を通じて西欧の諸方に散在する領地を巡回して治めていた。王家の財産をベースとするこのような国家のあり方は「家産国家」と呼ばれているが、近代ロシアは国全体を皇帝が領有したうえで貴族および雑階級がこれに寄生するという、いわば「家産絶対主義」とでも呼ぶべき体制を一九一七年のロシア革命に至るまで続けたのである。そしてこのために、ロシアの大衆は今でも大統領が皇帝であるかのように、これに慈悲を期待し、その下の官僚機構、議会は自分たちが作り出した富に寄生する邪悪な者として、これに敵対しがちなのである。

2　ロシア外交の特徴——歴史の刻印

では、このような歴史はロシア人の対外意識にどのような刻印を残しただろうか。

国家イデオロギーの欠如・アイデンティティをめぐる相克

中世西欧の「家産国家」においては、住民は近代的な国家意識を持っていなかった。西欧における愛国主義、あるいは国家への帰属意識は、西欧諸国が現在のような国境を確立し、「国語」を普及させ、住民の権利を高めて初めて確立されたものであるのだが、農奴が人口の大半を数えるようなロシアでは、近代的な国家意識や愛国心は育たなかった。第一次世界大戦においては、ロシア軍に徴募された農民たちは逃亡することが多かった。ロシア人に国家への帰属意識、近代的な愛国心が形成されたのは、第二次世界大戦でドイツに国土の多くを蹂躙され、一〇〇〇万人以上の犠牲者を出して防衛を果たして以来のことであり、これは「大祖国戦争」と呼ばれてつい最近まで、ソ連、ロシアの国家イデオロギーの大黒柱となっていたのである。

一九九一年そのソ連が崩壊すると、ロシアは再び国家への帰属意識や愛国心の欠如に悩むようになった。一九九〇年代前半のロシアでは経済、そして市民の生活が崩壊し、国民が祖国に誇りを持てなくなったからである。二〇〇〇年代、原油価格の高騰で経済は表面上回復したものの、ロシアのアイデンティティは定まらない。「西側」に帰依して自由と民主主義を享受したいインテリ層、大統領を頭とする「お上」に、住宅から何から「割り当ててもらう」ことを期待する一般大衆、そのような大衆を利用して専制的支配を強化し、世界に再び覇を唱えたい一部のエリート、とロシアの社会は分裂し、それぞれが異なる国家像を心の中に持っているからである。

確たる近代化の歴史を持たないロシアでは古来、アジア的なるもの、ビザンチン的なるもの、そしてヨーロッパ的なるものの間でアイデンティティの揺らぎが常にある。一九世紀以降、ロシアのインテリの間では、「スラブ派」と「西欧派」の対立が絶えない。だが現実は、西欧ではロシアを異質の文明と見なし、アジアでもロシアは異質の国なのである。

人間、そして国家は、利己的なものである。欧州の外交も昔から裏切り、欺瞞に彩られ、イデオロギーや愛国主義は外交ゲームで使われる一つの道具に過ぎない。ロシアもロシア正教、次いでは共産主義というイデオロギーを旗印としたが、その外交はイデオロギーではなく、冷酷でシニカルな打算に基づくものである。一九世紀ドイツの興隆に対抗しようとした欧州各国と結んだ一連の合従連衡――仏露協商、英露協商、三国協商などの動き――はその典型だし、第一次世界大戦で敗戦したドイツと革命直後のソ連が手を結んだ一九二二年のラパッロ条約はその裏返し、そしてスターリンが中国への影響力伸長を図るために新生の中国共産党を抑えて国民党と提携したことも、冷酷でシニカルな打算以外の何物でもない。

機敏なマキャベリズム

そしてロシアは議会やマスコミの力が弱いために、掌をかえすような外交路線の転換もまた行いやすい。つまりロシアは、「機敏なマキャベリズム外交」がしやすい国であり、議会やマスコミに手を縛られがちな日本、欧米を出し抜く外交ができる。この機敏な外交によって、ロシアは今でも経済力を決定的に欠いていながら、国力以上の存在感を世界で維持していられるのである。

またそのマキャベリズムの中には、マッチョ的な拡張主義が混在しがちである。ロシアのエリートには力による拡張を追求する者、あるいは「ロシアの世界的使命」を信ずる者が多いが、戦争を好まない大衆は彼らを止める手段を持っていない。

「領土」の神聖性と相対性

一六世紀末、曲がりなりにも国土の統一を成し遂げたモスクワ大公国、後のロシア帝国は、当時の西欧諸国に百年後れて植民地の獲得に乗り出した。ビーフ・ストロガノフで今日に名を残す豪商ストロガノフ家はイワン雷帝のお墨付きを得て、コサックのイェルマークをシベリア征服に送り出す。だがスペインが新大陸の金銀、オランダがモルッカ諸島の香料、イギリスがインドの農業と市場を得たのに比べて、ロシアの植民地は地続きだった。そしてそこは人口希薄で寒冷な森林・草原地であり、収奪できる富といったらせいぜいテンの毛皮程度のものしかなかった。現在でこそシベリア・極東は、原油、天然ガス、金、ダイヤなどの宝庫となっているが、当時のロシア人は毛皮を求めて東漸していったのである。

ここから生じたものは、「国土の広がりこそ富をもたらす」というメンタリティである。産業革命以前、経済が農業、あるいは採取産業に依存していた時代は、どの国家、どの民族にとっても、国土の拡張なしに富の増大はなかった。ロシアは、工業化が遅れたことによって、国土の広さに寄せる思いが強く残っている。日本のように工業で稼ぐことのできる国と異なり、ロシア人は「あそこには資源がある」と聞いただけで、その埋蔵量如何にかかわらず、強く固執するのである。

他面ロシアは追い込まれると、領土の一部をトカゲのしっぽ切りのように切り離してしまう歴史も繰り返してきた。その最大の例は、一九九一年のソ連崩壊である。これは、エリツィン・ロシア大統領がゴルバチョフ・ソ連大統領を除去するため、後者の基盤、ソ連を崩壊させた政治的策動であったと総括できるが、中央アジア諸国のようにソ連政府からの助成金、補助金を持ち出していた諸国が「独立」していったことは、ロシア国民からむしろ喝采を受けたのである。

アジアでの例としては、一九一八年に日本がシベリアに出兵した後の一九二〇年、モスクワのボリシェヴィキ革命政権は「極東共和国」なるものを独立させ、これに日本軍への対処を委ねたことがある。日本軍が大変な損害を出して撤兵した一九二二年、「極東共和国」はいとも簡単に廃止され、モスクワの政権に吸収された。

もう一つの例は、一九一八年革命直後のボリシェヴィキ政権がドイツ等と結んだブレスト・リトウスク条約である。これはボリシェヴィキ政権が革命を守るため自分だけが反ドイツ連合から脱落、戦線から離脱するものであったが、その際ボリシェヴィキ政権はバルト三国から黒海周辺に至る広い地域をドイツ側に割譲したのである。

3　ロシア外交の特徴――ソ連時代

共産主義外交なのか、赤裸々な国益追求なのか

次にソ連時代の外交の特色を述べる。

革命直後のボリシェヴィキ政権は、「世界革命」実現をめざし、一九一九年「コミンテ

ルン」（共産主義インターナショナル）を樹立する。これは、世界中の共産党に支援を行うことで各国の情勢を不安定化させ、それによってロシアのボリシェヴィキ政権を守ろうとしたのである。一九一八年にはドイツでリープクネヒトが共産党を結成し、翌一九一九年に蜂起して殺されている。モンゴルでは一九二四年、国内の社会主義者、民族主義者がボリシェヴィキ政権の助けを受け、世界で二番目の社会主義国を成立させた。これは、中国の勢力をモンゴルから駆逐する意味も持っていた。

だがボリシェヴィキ政権が内戦を鎮圧し、世界革命路線を提唱するトロツキーがスターリンとの権力闘争に敗れると、後者が標榜する「一国社会主義」路線――つまりソ連だけで社会主義を建設することが可能であるとする路線――がソ連の主流となり、共産主義はソ連国内においても、また外交においてもご都合主義的に使われるスローガンと化した。一九二一年には中国共産党が設立されたが、前述の如くコミンテルンはより有力な国民党との協力に重点を置き、一九二四年には共産党を「国共合作」に追いやっている。ソ連外交の基本は共産主義を広めることより、自国の赤裸々な国益追求となっていったのであり、それは第二次世界大戦後、東欧諸国を自己の勢力下に収めた経緯にも如実に表れている。

協調と拡張の繰り返し

碩学の故アダム・ウラムに、『膨張と共存――ソヴェト外交史』という大部の著書がある。彼の研究室は床に資料や原稿が散乱するすさまじいものであったが、彼はその大量のデータの中から「弱い時には平和共存を図るが、いったん国力がつくや膨張を始めるソ連」という図式を拾い出したのである。もっとも、「膨張と共存」という性向はどの大国にも備わったものなので、ウラムの場合それは、ポーランド出身のユダヤ人という彼の民族的、歴史的な体験――ユダヤ人はロシア国内では迫害されることが多かったし、ポーランドはロシア、プロシアによって何回も分割された――に根差した対ロ警戒心の表明であったと言えるだろうが。

近年の例で言えば、原油価格の高騰で国力の頂点にあった一九七九年、ソ連はアフガニスタン侵入という膨張の挙に出たが、一九八五年に原油価格が暴落してゴルバチョフ書記長が「新思考外交」を始める。それ以来、ソ連、ロシア外交は基本的に「協調」の局面にある。一九八九年には東欧諸国のソ連圏からの離脱を認め、一九九〇年にはドイツの再統一を認めたのが、その最たる例である。

ボリシェヴィキ政権は革命後、ロシア帝国時代の対外債務の支払いを拒否したし、ほぼ全ての企業、工場を国有化することで、世界経済から切り離された存在となった。

「世界経済体制」からの孤立と政府主導の経済関係

第二次世界大戦の間は米国から当時の金で一一〇億ドル相当の物資援助を受けるが（米国はレンド・リース法を採択して、英国、ソ連等を助けた。これが戦後のドル体制の土台となる）、戦後は東欧等に進出したことで米国との冷戦を招く。

これによってソ連は、米国主導で作られた戦後世界経済体制（ブレトンウッズ体制と呼ばれる。金融はＩＭＦ、貿易はＧＡＴＴ、経済援助は世界銀行が律した）に加わらず、米国から「マーシャル・プラン」資金援助を受けることもなかった。ソ連はＮＡＴＯに対抗してワルシャワ条約機構を立ち上げ、ソ連圏諸国間の貿易はＣＭＥＡ（相互経済支援委員会。別名コメコン）で律することとした。自由貿易に基づくＧＡＴＴと異なりコメコンは、計画経済を採用する国同士の貿易を律するものだったから、各国は年度の前に二国間で貿易交渉を行い、輸出入がバランスするように「貿易計画」を定めるのであった。言ってみれば、当時のソ連圏諸国は相互に物々交換を行っていたのに等しく、これでは貨幣に媒介された自由貿易のような成長力はまったく持たない。

そしてソ連では、外国との経済関係に政府が関与する度合いが大きかった。ソ連は貿易を「計画」の範囲内に収めようとしたし、ソ連の企業や貿易公団はすべて国営で、政府の指示通り動いたからである。ソ連はともすれば、西側の政府も同様の力を企業に対して有しているものと思い込み、西側諸国とも政府間の「経済貿易委員会」を作って、毎年大臣レベルで議論することを常とした。この政府と企業の間の一体感は現在の中国、中央アジアをはじめとする旧ソ連圏諸国にも残っているので、これら諸国との取り引きにおいては注意が肝要である。日本人の常識は、これら諸国ではまったく通用しないからである。

一九世紀帝国主義の残映

戦後の世界では植民地帝国が解体し、米国主導の下にグローバルな自由貿易が実現された。しかしソ連はこの体制から身を引き、力で「ソ連圏」を維持していたことから、思考が一九世紀的帝国主義の時代に留まってしまった感がある。そして冷戦の中で、米国に対する対抗心は異常と言えるほどの域に達した。米国が邪魔するから、ソ連は自分の力に見合った正当な利益を実現できないのだ、という意識である。今でも、二〇〇八年のリーマン・ショックの時のように米国の力が後退すると、ロシア人はすぐ「世界は多極化した」と言い立てて、世界の安定を実現することよりまず、自分の利益を実現することを考える。

ソ連に話を戻すと、彼らの思考では、国は力の強さとサイズの大きさで序列が決まり、強い国、大きい国は自分の主張と都合を弱小国に押し付けて当然なのであった。軍隊を海外に派遣せず、サイズも小さい日本などは、日米安保条約と「小金を持っている」ことがなければ、吹いて飛ぶような存在なのである。そしてソ連は、このような思考法を自分の同盟国にも伝えた。中でも、ソ連の影響を受けた中国の外交専門家には、この幼稚な力の信奉が今でも見られる。中国を分析する際には、その中に残っているソ連の影響を正確に評価しないと、見誤ることとなる。

プロパガンダ、恫喝の駆使

西側に包囲されていたソ連は、持てる手段すべてを動員してこれに対抗した。その一つにプロパガンダがある。これはナチ・ドイツが発達させた手法であるが、虚偽を敵国世論に吹き込むことで自分の立場を有利にし、敵国内の団結を乱すやり方である。もう一つは恫喝の類である。例えばA国とソ連が対立関係にあったとする。ソ連はある日、Aの不利になるような措置を一〇件取ると突然発表して、Aを窮地に追い込む。Aが弱気になった頃を見透かしてソ連は、一〇件を五件に減らすと発表する。五件に減ったとは言え、Aにとっては好ましくない措置なのだが、何しろ一〇件が五件に減ったことがA国の世論にはソ連の譲歩と映ってしまい、自国政府に対してソ連に譲歩することを求めるようになる。その結果、A国はソ連の利益になるようなことを二件差しだし、自分に不利になる五件はやっと三件に減らしてもらって、交渉を泣く泣く妥結する。つまりソ連は自分の不利になるようなことは何もなく、恫喝だけで自分の利益になることを二件も手に入れるのである。

次に、「自分がやっている悪いことを、さも相手国がやっているように言い立てて、何も知らない社会をだます」というやり方もある。それは例えば、尖閣列島の問題で中国政府が、日本が中国の権利を侵害しているように世界に向かって言い立てる、という方法である。問題をすり替える、相対化して黒白を逆転させる、というやり方で、これには日本でもころりと騙されてしまう人が多い。

プロパガンダ、恫喝は、例えば金正日時代の北朝鮮が自家薬籠中のものとしていたが、ソ連が崩壊したあとのべラルーシ、キルギスなどの国々も、ソ連的外交スタイルを他ならぬ旧宗主国ロシアに対して駆使して、ロシアを辟易とさせている。これら諸国はEU、あるいは中国、米国に接近するふりをしたり、ロシアとの対立を瀬戸際まで持っていくことで、ロシアから譲歩を引き出す、という手を使う。外交路線を首脳の胸先三寸で機敏に変えられる専制主義の国家ならではできることである。

4　現代ロシアの外交

同調から独自性の強調へ

経済が崩壊した一九九〇年代、エリツィン政権は民主主義と市場経済を標榜して西側から最大限の支援を得ようとした。それは、「西側は敵」だという想念を国民に吹き込むことで社会をまとめてきた、ソ連時代のアプローチから訣別し、西側に「同調」した時代と言える。コズイレフ外相は旧ソ連諸国よりも欧米を足しげく訪問し、日本とは北方領土問題で本格的な交渉を開始した。西側諸国、そして日本は、そのようなロシアに対して改革のための小規模な支援は実行したが、第二次大戦後米国が行ったマーシャル・プランのような大規模支援を行う体力は持っていなかった。しかもNATO側がロシアを見くびり、かつてのソ連圏であった東欧諸国や、ソ連の一部であったバルト諸国にまでNATOを拡大させるに至って、プーチン大統領は態度を硬化させ、ついには二〇〇八年にグルジアに武力侵入する。

これは、ロシアが膨張局面に転じたと言うよりは、NATOがグルジアにまで拡張されることへの死にもの狂いの抵抗だったと言えよう。経済が原油依存を脱することができず、アジア方面では中国の伸長が著しい現在、ロシアは膨張局面に移るどころの話ではない。二〇〇〇年から〇八年にかけ、原油価格急騰を受けてロシアのGDPが五・六倍にもなったため、ソ連時代の自信をにわかに取り戻したロシアのエリートは、「米国がドルを武器にして世界を搾取している」ことや「米国に抵抗するロシアの世界的な使命」について発言を始め、プーチン大統領もルーブルを「国際通貨」としたいとの意図を公言するようになったが、グルジア戦争直後にリーマン・ショックに巻き込まれ、GDPを六％も減らしたことで、こうした自信もまた萎んでしまう。

二〇〇九年就任したオバマ大統領はメドベジェフ大統領と、米ロ関係を「リセット」して、再び協調へと変えた。二〇一二年大統領に返り咲いたプーチン大統領は「リセット」という言葉は用いていないが、米国との協調外交を継続している。二〇一二年八月にはWTOに加盟したことが、その証左である。

西側に近い立場で独自性を維持するロシア外交

最近では「イスラム原理主義の脅威」がグローバルに意識されるようになり、かつ欧米とは異質の文明である中国の伸長が顕著になるにつれて、ロシアの異質性が目立たないものとなってきた感がある。ソ連の知識人、外交官は西側的な教養と作法を備えていたし、ソ連崩壊後G7先進国首脳会議に迎え入れられ、APECの一員として首脳会議を主宰したりしているうちに、外交官以外のロシア人も、現代の世界は一九世紀の帝国主義時代とは異なることを徐々に理解してきたのであろう。

だがそれでも、現代ロシアの外交はその政治全般と同じく、西側民主主義国のものとは異なる。ソ連時代に比べれば、議会での説明、マスコミとの関係にはるかに大きな労力を割いているものの、それらに縛られる度合いは西側、日本に比べてまだまだ小さい。したがって、ロシアは今でも、一貫性と機敏性の双方を兼ね備えた外交を行いやすい体質にある。そしてそれゆえにロシアは、欧米諸国から相変わらず異質の国、異質の人間として扱われ、疎外されがちなのである。疎外が嵩ずる時にロシアはアジア方面に目を向けるのだが、それはご都合主義的なもので、アジアでも結局足場は築けない。

このようなロシアの立場は最近ようやく認識され始めたようで、それを端的に表したのがドミートリー・トレーニンの「ロシアはロシア。どの国にもなびくことなく、独自の存在としてやっていく」という言葉なのである。プーチン大統領は二〇一二年七月、全世界のロシア大使を一堂に呼び集めた会議で、「皆さんには積極的で、プラグマチック、かつ柔軟であって欲しい。ロシアは自立、独立性を重んじてやっていく。しかし（徒に）孤立や対決を求めることはしない」とスピーチしている。

受け継がれたＤＮＡ
――しぶとい外交手腕

ソ連崩壊後の二〇年、ロシアはその経済力よりははるかに大きな政治的存在感を保持してきた。それはロシアが地理的に大きな国で、欧州からバルカン、中東、中央アジア、中国、朝鮮半島方面に至るまで関係してくるので、その意向を無視してものごとを進めることができないからだろう。ロシアはこれら周辺の地域の安定と繁栄のために前向きの貢献を行う力は小さいが、これら地域をめぐって西側が何らかの行動を起こそうとする場合（例えばイランやシリアに対する国連制裁決議等）、これに抵抗することで自分の価値を極限にまで高める。ロシアが兵器輸出等で利権を有する国は、イラク、リビア、そしてイランのように、しばしば西側による制裁の対象となるが（経済力の弱いロシアは、西側に疎まれている国々にしか進出できないのである）、西側の制裁に同調する場合でも、ロシアはそのことを西側に対する外交カードとして最大限利用する。

ロシアは、力関係で不利な立場にある地域でも、隙間をついて状況を挽回する外交に巧みである。例えばアフガニスタン情勢をめぐっては、これまで疎遠だったパキスタンとの関係を緊密化させることで、地域における発言力を向上させ、パキスタンと中国、米国との関係を牽制もしている。

5　アジアにおけるロシア

「アジア」についての
分裂したイメージ

「アジア」という言葉は、現代のロシアでは統合失調症を誘発しかねないほど、イメージが分裂している。ロシア語で「アジア」（AZIYA）と言うと、ギリシャ・ローマ時代の「ヨーロッパの外」とほとんど同義、トルコ、イラン、中央アジア、遊牧民族の世界を意味しているようで、その「アジア」というロシア語の発音には専制性と後進性への軽侮、そして軍事力への恐怖感が響く。革命期の詩人エセーニンが「ロシアよ、アジアの国だ、お前は！」と唄ったのは、そのような「アジア的」体質を備えるロシアを概嘆すると同時に、それらすべてを含めて祖国へのどうしようもない愛を表現したものである。

大多数のロシア人は、日本、中国文明圏、そしてインドには「アジア」という形容詞を用いることはほとんどない（「アジア・太平洋地域」という名称を除いて）。「東方」（Vostok）という言葉の方を用いる。これは「アジア」と異なり、未知の神秘的なもの、精神的に深いものを予感させる単語である。ロシアには古来、東方への憧れがあるようで、古代の伝説に出てくる桃源郷（Belovod'ye）はチベット仏教のシャンバラと関係があると言われる。「東方」はロシア人にとっては憧れの対象であった一方、清朝の領土を次々に侵食していった一九世紀の記憶がもたらす、軽侮の念も強く混淆している。それはともすれば、黄色民族に対しては「たぶらかして利を得る」というアプローチを生む。

日本についてはニコライ二世が「猿」と呼んだこともあるが、今日のロシア知識人の間では、日本文化は世界の中でも一流の文化で奥深いものと考えられている。戦後の日本は経済と文化で大を成してきたが、これはロシア帝国、次いでソ連が軍事力で覇を唱えてきたのとは対極の生き方であるために、その点に対しても彼らは憧れを示す。日本に対しては先進国であるという理解が浸透しているが、中国、ＡＳＥＡＮ諸国に対しては開発途上で遅れているというイメージが、数年前まで根強く残存していた。だがテレビ・ニュースなどで現代アジア諸国の都市景観、人々の暮らしぶりが示されるようになったことで、ロシア人の驕りもなくなっていることだろう。アジアの躍進は彼らをショック状態に陥れ、ロシア人の対アジア観をますます混乱させていると思われる。

日本における「ロシア」イメージの分裂

しかし、日本においても「ロシア」に対するイメージは分裂している。そしてそこには、白人に対するコンプレックスも介在しているようだ。そのコンプレックスは、ロシアに対する見方を両極端に分裂させる。ロシアをその外見ゆえにヨーロッパと同一視する者は、ロシアの力を過大評価しがちである。他方、ソ連崩壊以後のロシアの窮状を知る者は、ロシアを過度に軽視することで、白人に対するコンプレックスの埋め合わせをしようとする。

「ロシア」のイメージは、ロシアの如何なる社会階層を念頭に置いているかにも依存する。官僚的、傲岸というタイプはエリートの一部に見られるし、温かく寛大なタイプは大衆に多い。だが、日本、あるいはその他世界中の国々と同じく、ロシアの各社会階層も一つに括れるわけではなく、高から低まで、聖から俗まで、ありとあらゆる人物類型がロシア社会にはうごめいており、その様は一九世紀の文豪ゴーゴリやドストエフスキー達が描き出したものと基本的には変わらないのである。

したがって、ロシアはこういう国だと決めつけ、未来永劫、硬め、あるいは逆に柔らかめの外交をする、というものではない。北方領土の返還要求は一貫して続けつつも、日本をめぐる国際情勢の変化に応じてロシアとの関係も硬軟の間で微調整を繰り返していけばよいのである。

東アジアにおけるロシアの力

ロシア帝国時代、そしてソ連時代には、ロシアは東アジアで大きな地歩を有し、一時は満州、朝鮮半島への進出を狙って日本と争い、戦後も旅順等、満州の利権を一九五五年まで中国に返還しなかった。しかし現代では、東アジア諸国の経済成長を前に、ロシアの影響力は限定的なものになっている。基本的な要因としては、極東方面においても米国とは経済関係が薄いこと、日本とは戦後の国境画定が行われていない（北方領土問題）ことが関係発展の制約要因になっていること、中国とは力の差が顕著になりつつあることが挙げられる。そのような事情があるため、北朝鮮の非核化をめぐる六カ国協議のメンバーであるにもかかわらず、韓国、北朝鮮に対しても大きな力は持っていない。ロシアが極東地方で使える外交カードは、石油・天然ガスの供給、漁業権の付与、北朝鮮労働者に対する出稼ぎ許可程度のもので、いずれも限界がある。

ロシアの人口一億四〇〇〇万人のうちウラル山脈以東のシベリア・極東地域に住む者は約二〇〇〇万人、バイカル湖周辺から東の極東ロシアに住む者はわずか六三〇万人に過ぎない。しかもその大部分は中国との国境沿いに展開し、物流をシベリア鉄道に依存しているため、中国との有事の際には中央政府から簡単に切り離されてしまう。

対中関係

中国は、極東地域においてロシア外交の最大の対象である。ロシアの対中外交は、中国がロシアの脅威とならないようにすること、中国と提携して米国からの圧力に対抗すること、経済的利益を得ること（特にエネルギー資源や兵器の輸出によって外貨を取得すること。ただしエネルギー資源輸出においては中国に価格決定権を握られることを嫌い、日本、韓国等への輸出を重視している）を主たる目的としている。両国は同盟関係（中ソ論争にもかかわらず、中ソ友好同盟相互援助条約は一九八〇年まで有効だった）にはもはやないが、二〇〇一年には善隣友好条約を結んでおり、二〇〇四年には国境問題を一応解決している。

しかし現在のロシアは、自国の陸上兵力が最も手薄な極東地方で中国と国境を接している。ロシアと中国は現在、米国の圧力に抗するために友好協力関係を持してはいるが、それは「便宜結婚」的なものであり、両国とも互いに気を許してはいない。国境の向こうの中国「東北地方」は人口が約一億三〇〇〇万人とロシア極東の二〇倍以上であり、軍事力、経済力の双方でもロシア極東をはるかに上回る。

そしてウラジオストークと周辺の沿海地方は、ロシア帝国が一八六〇年の北京条約で清帝国から奪ったものなのだが、それ以前に清から奪ったものを含めると一四四万平方キロ（日本の面積の約四倍）に達する。中ロの国境問題は前述のように、二〇〇四年の国境協定で解決されたことになっているが、尖閣問題を見てもわかるように、中国はある日突然「歴史」を思い出してそれを外交要求とする国である。最近、中国の農民がロシア極東やシベリアの農地を賃貸したり、「中国市場」が諸方にできるにつれて、ロシア人が持つ不安感は高まっている。また中国は日本海への出口を持たず、その海軍は日本海に展開していないが、中国海軍が日本海に進出するようになると、ロシアもその圧力をもろに受けるようになるだろう。

対モンゴル・東南アジア関係

モンゴルは中国とロシアの中間という戦略的位置にあり、一九世紀以来、両国の間で独立性を維持することに腐心してきた。ソ連時代にはソ連と同盟関係を結ぶことで中国からの圧力に処していたが、現在では経済面で中国に席巻されつつある。それでも国営鉄道にロシア政府が五〇：五〇で出資しているために非鉄、石炭を中心に利権の多くをロシア側に握られている。

東南アジアにおいては、ロシアの影響力はさらに限定的である。ベトナム戦争で北ベトナムを援助していたソ連は当時、この地域でかなりの影響力を持っており、ベトナムからの撤退を考えていた米国ニクソン政権は一九七二年、まず中国との関係を開くことでソ連に圧力をかけたほどである。だが東南アジアはモスクワから遠く、しかも当時は経済水準も低かったため、ソ連崩壊後のロシアは、艦隊が寄港地として使用していたカムラン湾の施設使用権を一九九五年、あっさり返上してしまう（ただし二〇一三年には、カムラン湾使用権を再び求めて、ベトナム政府との話し合いが開始されている）。

ただしロシアは武器輸出、そして石油・天然ガス開発案件への資本・技術参加を通じて、東南アジア諸国との関係を今でも維持・発展させている。ARFやASEAN拡大外相会議等、多国間の集まりにも加わってきたし、一九九八年には「ロシア外交政策の基本方向」を採択してASEANを含むアジア太平洋地域での外交活発化を宣言、APECへの加盟を果たした。二〇一二年九月にはウラジオストークで、APEC首脳会議を主宰している。またロシアは数年間ロビーイングを続けたあげく、二〇一一年一一月の東アジア首脳会議に招待された。ただしメドベジェフ大統領は一カ月後に総選挙が行われるために、ラヴロフ外相を代理として送った。

対日関係　日本とロシア帝国次いでソ連は戦前、中国、朝鮮半島における利権をめぐり、一九〇四年には日露戦争、一九一八年には日本のシベリア出兵、一九三九年にはノモンハン事変、一九四五年にはソ連軍の満州侵攻と、争奪を繰り返した。ソ連は戦後、七五万人とも推定される日本人を抑留者として連行し、また北方領土の占領を続けた。

戦後、日本は米国を中心とするグローバルな自由貿易体制に入り、戦前の植民地主義から訣別した。社会主義陣営を作って米国に対抗していたソ連も、崩壊後のロシアは二〇一二年やっとWTO加盟を認められ、国際経済体制に入ってきた。日本とロシアが相争う理由は大きく減少した。

日本は現在、領土問題で進展がなければ経済関係も進めない、との「リンケージ」（または政経不可分）路線は取っておらず、民間企業がロシアに投資するのを奨励さえしている。ソ連が崩壊して以降、日本政府は、両国間の交流から裨益する者が増えれば増えるほど、領土問題解決のための雰囲気が醸成される、と考えてきたのである。

日本はサハリンの石油ガス開発に約一〇〇億ドルの融資を行い、サハリンからの天然ガス輸入は全消費の約八％を占めるに至っている。また日本はシベリアの石油も輸入しており、それも日本での全消費の約八％を占めている。日本タバコ社はロシア最大のタバコ企業となっており、トヨタその他の自動車企業もロシアに工場を建設した。米国やEU諸国の企業は主としてエネルギー部門に投資するが、日本は主として製造業の分野で投資を行っている。製造業はロシア経済を石油依存から解き放つために非常に重要なものであり、その点日本の貢献は大きい。

またグローバルな自由貿易体制をフルに利用して強大化した中国が、その力を逆用して拡張主義的傾向を見せている現在、日本とロシアは対中バランスを意識して協力関係を強化するべき時でもある。その場合、北方領土問題について日本国内では二つの相反する意見が出てくるだろう。「ロシアとの関係を進めたいのなら、北方領土問題で譲るべきだ」というものと、「北方領土についての日本の要求が実現されるまでは、ロシアとの協力は進めるべきでない」というものである。

筆者としては、このいずれにも与しない。北方領土問題の解決は、ロシアとの協力を進めながら、同時に進めていく。他方、解決を急ごうとして、不当な譲歩をすることは避ける。対日関係の改善はロシアも欲しているので、このような日本のやり方を呑んでくるだろう。

なお、ロシア極東部の開発を採算性の範囲内で助けることは、日ロ双方にとって経済以上の意味がある。ロシア極東部が中国によって席巻されると、それは例えば中国海軍の日本海進出を可能とし、北東アジアにおける力のバランスを日ロ双方に不利なものに傾けてしまうからである。

したがって、日ロ関係は現在、上昇機運にある。自衛隊とロシア軍の間の交流も活発であり、海上救難のための共同演習なども行われている。また二〇一二年六月には、ロシア海軍艦艇がRIMPAC共同演習（米海軍が主宰する多国間海軍演習。日本の海上自衛艦は一九八〇年から参加）に初めて正式参加したことも注目される。

環日本海協力とロシア

ロシアは数年前まで、「アジア集団安全保障」構想を提唱していた。一九七五年ヘルシンキで設立された「全欧安全保障協力会議」（CSCE）にならって、北方領土をはじめとする領土・国境問題を現状で固定するとともに、米国の影響力を弱化させることを狙ったものである。だが最近のロシア要人は、この「アジア集団安全保障」構想に言及することがない。二〇一二年九月ウラジオストークでのAPEC首脳会議でも、ソ連時代のプロパガンダが勝った発言ぶりは影をひそめ、議長として会議の地道な調整に専念した感がある。

二〇一二年にロシアはＷＴＯに加盟したし、二〇一三年にはＧ20の議長国となる。国内政治が保守化傾向を強める一方で、外交面では国際社会の一員としての責任ある振る舞いが目立ち始めているということである。東アジアにおいては、周辺国との間で歴史的な主従関係復活を夢見る中国人もいる中で、いくら帝国主義の残滓を引きずっていると言っても、西欧の主権国家体制の論理を解するロシアが存在していることは、日本にとってプラス要因であろう。

他方、このようなマクロ状況が環日本海協力を直ちに前進させる、といったものでもない。ロシア極東が市場としては小さいことにも留意するべきである。日本の地方自治体がばらばらでロシア極東に押しかけても、貿易拡大効果は薄い。当面、日本海側の諸都市だけが裨益するような協力関係を構築することはできず、政府・大企業が関与してのエネルギー資源輸入、そしてインフラの建設を前面に立て、その中で日本海側諸地方も裨益するような形を考えるしかあるまい。

日本海の北朝鮮岸から中国東北地方へのアクセスを図る夢は既に長い間語られているが、実現は容易でない。日本の対北朝鮮制裁措置が続けば、羅津港は使用できず、しかも羅津から中国の琿春への道路を、日本からの物資が恒常的、かつ大量に通過できる体制が整うまで時間がかかるだろう。

ザルビノ、あるいはポシェット等ロシア側の港で日本からの貨物を陸揚げし、鉄道あるいはトラックで中国東北部に移入することも理論的には可能だろうが、ロシア極東岸の諸港は使用者が実質的に特定されていること、また沿海地方のロシア人は日本の貨物のトランジット輸送にさほどの利益を見出さず、むしろ中国人の沿海地方進出をますます激化させるものとして、否定的な対応を示すこと等の問題がある。なおガスプロムは、シベリアから太平洋に至るパイプラインの建設にようやく着手する構えを見せているが、これが実現すると多くの商談が生まれてくるだろう。

ロシアは身近なヨーロッパであり、ロマンとドラマに満ちている。しかしそれは、容易なことでは味わうことができない。

参考文献

アダム・B・ウラム（鈴木博信訳）『膨張と共存——ソビエト外交史』一～三、サイマル出版会、一九七八年。

石光真清『曠野の花——石光真清の手記』二、中公文庫、一九七八年。

木村汎、袴田茂樹、ピーター・ルットランド、浜由樹子『アジアに接近するロシア——その実態と意味』北海道大学出版会、二〇〇七年。

和田春樹『ロシア史』（新版　世界各国史）山川出版社、二〇〇二年。

下斗米伸夫『アジア冷戦史』中公新書、二〇〇四年。

河東哲夫「アジア太平洋とロシア」渡邊昭夫編『アジア太平洋と新しい地域主義の展開』千倉書房、二〇一〇年。

河東哲夫『米・中・ロシア　虚像に怯えるな——元外交官による日本の生きる道』草思社、二〇一三年
ドミートリー・トレーニン（河東哲夫・湯浅剛・小泉悠訳）『ロシア新戦略——ユーラシアの大変動を読み解く』作品社、二〇一二年。

終章　環日本海国際政治経済の展望

猪口　孝

1　東アジアの指導者交代

環日本海国際政治経済論を記述、評価、そして展望するのが本書の目的であった。環日本海の構成国の過去二〇年間について政治を概観したうえで、地域的な経済の発展を念頭に置きながら、将来の見取り図を各国について描いてきた。

そのなかで重要な要因は二つである。一つは、一九七九年以降「東アジアの長い平和」が三〇年以上続いている。もうひとつは、一九九一年以降続いてきた「中国の興隆」が二五年近く続いてきている。しかもどちらも大きな節目に掛かっている。「東アジアの長い平和」は大きく崩れたわけではなく、戦死者が大量に発生したわけではないが、米国と中国の仲は厳しいものを内包しはじめたし、日本と中国の関係は「戦略的互恵」というスローガンをいささか空虚なものにしている。「中国の興隆」は中国の国民総生産が世界第二位になると同時に国内格差の巨大化と中華民族主義の攻撃性が目立つものにしている。より重要なことは年率二桁経済成長率がもはや継続しにくくなっている。

オバマはアジアでも世論調査で勝利　東アジアは多くの点で動的な「爆薬」であり、掘削のための道具として使用した場合に爆発物が驚異的な働きをするのと同様に一定程度の調和を諸国が、とりわけ大部分の国が維持すれば偉大なことを成し遂げることができる地域である。しかしこの地域はひとたび紛争が手に負えなくなれば、同様にして容易に不安定かつ危険になりうる。

これがこの地域における現在の指導者の交代が非常に重要である理由である。新しい指導者および指導者集団は自国のためではなくより広く近隣諸国のために安定した未来を保証するべく国内政策と相互の交流の両方を適切に行う必要がある。また同様の観点から中国と米国の間の競争の激化は他の要因の大部分を大幅に上回る鍵となる要因である。

まず米国について論じることから始めるが、米国はアジアの国ではないとはいえ東アジアにおける大国である。バラク・オバマの再選とは、国内の選挙戦に勝利したにすぎないとはいえ、それはアジアにおける高い知名度と人気を備えた人物が僅差の過半数で政権に返り咲いたことを意味するものである。興味深いことに、米国大統領は二〇一一年度のギャラップ・インターナショナルの世論調査においてアジアの回答者の四八%が米国の選挙権を持つべきだと考えており、また彼らの八〇%が共和党候補よりもオバマを支持していたようにグローバルな人物である(1)。オバマの二〇一二年におけるアジア「重視」は、すでに現実に動き出していたとしてもワシントンを勢力の混合にしっかりと立ち戻らせることになる。

習近平は人民と人民解放軍に寄り添う

中国では、共産党の最高指導者に習近平が就任するという長期的なプロセスが、三月に北京で開かれた全国人民代表大会で温家宝首相が李克強と交代することで完了した。習の前任者である胡錦濤は過去一〇年間で二桁の経済成長を達成したが、同時に抗議行動の増加や汚職の横行による不満の高まりに直面した。習体制はそうした不満に応じる必要があり、これまでのところ経済的・軍事的な強い動きをシグナルとして送っている。

朴槿恵は前大統領との違いを強調

韓国では、保守派の朴槿恵が中道の経済および外交政策を追求することを公約して僅差で勝利し、同国初の女性大統領となった。彼女は経済成長を促進すべく中小企業を支援し、また前任の李明博の強硬路線とは対照的に北朝鮮へのより大きな関与を追求すると述べている。すでに構築されている同盟関係にあるワシントンとの温かい関係は今後も継続することが予想される。

安倍晋三の好調な出だし

日本の安倍晋三は、短命に終わった民主党政権の後に自民党が与党として政権を取り戻したことで、二〇〇七年に一度は投げ出した首相の地位を再び手に入れることができた。安倍首相は平和憲法の改正と教育における愛国心の促進という理念を持っている。

また安倍首相は流動性の量的緩和によって二〇年におよぶ経済停滞に対処しより大きな改革を通じて成長を追求する方法として「アベノミクス」政策を打ち出している。アベノミクスが順調に展開すれば、首相と自民党の支持率は上昇し続け、二〇一三年七月に行われる参議院選挙で三分の二の多数を自民党が確保すると安倍首相自身は考えていただろう。実際は自民党と組んで与党となった公明党と併せて三分の二の多数を取った。

金正恩の対外強硬政策

約一年前の二〇一一年一二月の北朝鮮の金正日総書記の死は、三男である金正恩の後継に繋がった。国を導くべく三代目の金は二〇一三年二月に三度目となる核実験を強行し、長年の盟友である中国すら承認していた核実験と核拡散を禁止する国連安保理決議を招いた。金総書記は北朝鮮が強硬な行動さえすれば米国が妥協すると想定して米国と画期的な取引をしたいようだ。

プーチンの東方政策

ロシアの有力者ウラジミール・プーチンもまた昨年に再び大統領に返り咲いた。プーチンは以前とは異なりやや強硬さは影をひそめ、自国での法と秩序の維持に基づいてアドホックな行動を取り、武器販売および天然資源輸出を戦略的に活用し、ロシア経済を活性化するべく「ルック・イースト」により東アジアの隣国、とりわけ中国、日本、韓国とのより緊密な連携を模索している。

これらすべての変化を見たうえで問われるべき問いは、果たしてアジアは結果的により平和となるのか、それとも緊張が高まるのだろうかというものである。それでは次にアジアにおける三大プレーヤーの持ついくつかの可能性について検討しよう。

2　オバマのアジア太平洋への深い関与

第二期オバマ政権の鍵はアジアに対する戦略的重視ないし「リバランシング」である。それはアジア地域における米軍のプレゼンスを強化し、中国の高まる独断専行に対してアジア太平洋地域の同盟諸国にカウンターバランスを提供するものである。キーフレーズは「深い関与」（deep engagement）である。(2) 戦略の遂行にはいくつかの要因がある。第一に、二〇〇八年に始まった経済危機に続いて低い賃金水準による米国の製造業の回復の遅さである。第二に、イラクとアフガニスタンでの長く高くついた戦争の後に軍事支出を再配分するための努力の結果、将来の焦点をアジアに置いたことである。最後に、商業的に実現可能な国内のシェールオイルの発見と採取がエネルギーの今後に対する米国の自信を高めていることである。

米国はまた中国に対してはその支配的な軍事的地位とソフトパワーに非常に自信を持っている。しかし同盟諸国の外交政策変更の潜在的に妨害的な影響に注意を払う必要がある場合があるかもしれない。例えば東シナ海での日中衝突、北朝鮮の核に対する韓国の反応、オーストラリアの譲歩による西太平洋での中国のフリーハンドの確保などである。(3) 一方でワシントンが推進する環太平洋戦略的経済連携協定（ＴＰＰ）交渉は、世界貿易機関（ＷＴＯ）がもはや貿易自由化を推進できない現状では地域の自由貿易の規範や制度を強化する動きの一部である。しかし、ＴＰＰは安全保障問題を含めてアメリカの動向にアジア諸国を再度取り込むことを意図するものである。中国はＴＰＰと米国のアジアシフトには警戒している。

3　習近平の登場と「東アジアの平和」の維持

中国の指導者達が平和裏に次の一〇年間に政権を維持する上で越えなければならないハードルの一つは、軍の信

政干渉しないことを誓約する条約を締結したことである。

頼を確保することである。一九七九年にハノイ政府がカンボジアでポルポトを政権から駆逐して中国と一時戦争状態となって以降、東アジアは長らく平和を享受してきた(4)。これには二つの発展が関係している。まず、ASEANが加盟国の内政に干渉しないという条件で一九六七年に設立されたことである。次に、米中および日中が相互に内政干渉しないことを誓約する条約を締結したことである。

鄧小平の遺産

また、一九七八年に復活した鄧小平が最初にしたことは軍の信頼を確保することの必要性を習近平に想起させるかもしれない。国共内戦、一九五〇年から五三年の朝鮮戦争、六二年の中印戦争と六九年の中ソ紛争の後に人民解放軍は一〇年の間戦争をしておらず、軍人の昇進は低迷していた。鄧小平はカンボジア占領を罰するべくベトナムを攻撃する必要性を見出した(5)。中国はベトナムが空を制していた一カ月にもわたる戦争に非常に苦しんだものの、鄧小平は多くの軍人を昇進させることにより、軍を飼いならすことができた。また鄧小平が見出したその他の必要性はもちろん文化大革命後といわゆる「四人組」(これには毛沢東の最後の夫人である江青も含まれていた)がもたらした一〇年以上にわたる経済荒廃後の経済成長であった。鄧小平は猫がネズミを捕らえる限り、猫が白か黒であるかは関係ないと言った。このたとえ話で鄧小平は中国への市場メカニズムの再導入の引き金を引いたのである。

習近平は鄧小平から学んだに違いない。第一に、鄧小平がかつて北京から離れて国家の経済開発目標に関する明確なメッセージを送るために、改革開放の開始時にやったように、習近平もまた豊かな中国南部を視察した。第二に、習近平は日本との戦争の準備をするよう軍に命じた。国民の間で成長している巨大な不満を見て習近平は、日本と米国の間にある溝について認識し、日本に対する愛国的な軍事的動員は軍を満足させ中国人民の支持を高めるための効果的な方法であると考えたに違いない。

習近平と江沢民・胡錦濤との違い

習近平はまた、前任者である江沢民と胡錦濤が大挙して軍人を昇進させていたことを見ていた。江沢民は一九九五年の台湾海峡問題と二〇〇一年の海南島事件を巡っては米国に対して完全な軍の動員を実行するには至らなかったが、国内の政治的な理由から愛国心を高めるべくこうした軍事的な緊張を利用していた。胡錦濤はジョージ・W・ブッシュ大統領の世界的に不人気な単独行動主義のおかげで軍の動員を全く必要としなかった。

習近平の軍の動員はもちろん鄧小平ほどのものとはならないだろうが、尖閣諸島問題で日本との戦争の準備を海軍に命じた。中国海軍は日本の目標物や偵察船およびヘリコプターに照準を当てたことで明らかに行き過ぎたため、中国空軍が中国人民解放軍の機関紙である『解放军报』[6]を通じて米国と日本に対する中国の開戦は、シミュレーションの結果、中国の敗北に繋がると報道する事態となった。

次の一〇年間で習近平が宣言の通りに国内の平和を維持し、組立製造よりも技術革新を奨励することで経済発展を促進し、軍の半動員状態を維持し続けるかどうかが重要になるだろう[7]。これは微妙なゲームである。

4　安倍晋三の明快さと慎重さ

安倍晋三は、二〇一二年一二月下旬に民主党の野田佳彦首相によって実施された解散総選挙で圧倒的な勝利を達成した[8]。安倍は二〇〇七年の不名誉な首相辞任後に復活したのである。第一期安倍政権（二〇〇六～〇七年）の時のように安倍はその派手な選挙前のレトリックにもかかわらず明確かつ慎重である[9]。二〇〇六年に安倍は『美しい国へ』という著書を出版し、愛国心と自衛権の行使に関する憲法改正によって日本の新生の必要を訴えた[10]。しかし政権発足後は批判の多い靖国神社への参拝は行わなかった。その代わり安倍は関係修復のため最初に中国を訪問した。今回も安倍は靖国神社に参拝していないし今後もしないだろう。与党である自民党が七月の参議院選挙での勝利を達成するまでは少なくともその修正主義的著作にもかかわらず安倍は公共の場での討論で物議を醸すような発言が報道されないように注意を払っている。

マネー・サプライの量的・質的緩和

安倍の優先順位は、日銀によるマネーサプライ（QEM）の量的緩和を実施することによって、二〇年間停滞した経済の活力を回復させることである。米ドルに対する円高は望み通りに是正され、株価は高騰している。インフレ率が二％に達するまで量的緩和政策は実施されるとほとんどのアナリストは信じている。

慎重な近隣外交

一方、論争の的である外交政策上の問題は慎重に取り扱われている。第一に、ロシアとの北方領土問題（千島列島）についてでは、安倍は失われた島々に対するタカ派的な自身の衝動を抑えているといえる[11]。第二に、韓国との竹島問題では、一九五〇年代に竹島を失った島根県が主催するイベントに外務政務官を参加させたことを除けば、まだ強力なアクションは起こしていない。第三に、尖閣諸島問題では、日本は初めて中国への抗議として武力による威嚇を禁止する国連憲章の条項を適用したが、他方で中国が日本の軍艦やヘリコプターに照準を合わせるためにレーダーを使用した事実を中国が否定していることについては実証的証拠を公にしないことで中国に配慮している[12]。

自由貿易・エネルギー供給の重視

自由貿易の問題も慎重に取り扱われている。国会議員や国民の間に広まっている否定的な見解を喚起しないために環太平洋連携協定（ＴＰＰ）交渉への正式参加についてはしばらく十分には取り組まれていなかった。日米首脳会議の後、安倍首相は迅速にＴＰＰ問題をすすめた。エネルギー問題も慎重に対処されている。脱原発を決定した菅直人元首相やドイツのメルケル首相とは異なり、安倍首相はこの問題については後回しにしている。首相就任後の安倍の一番の関心事は参院選である。政治的な成果が肯定的なものとなり、また目下の金融政策が成功するまでは過激な政策方針が取られることはおよそありえないだろう。

5　東アジア諸国の微妙な外交の多次元方程式

東アジアの変化のサイクルは二〇一一年から一三年にかけて異常なほどに強く、結果として習近平、安倍晋三、朴槿恵、金正恩が頭角を現して指導者となった。バラク・オバマは米国で再選され、ウラジミール・プーチンはクレムリンでの大統領職に予想通り返り咲いた。引き続き指導者として残ったのは任期が二〇一五年まで継続する台湾の馬英九である。

これらの指導者達は東アジアの爆発性の現実、すなわち激動の経済と高リスクの不確実性に率先して取り組まなければならない。アジアで一九七九年以降支配的であり驚異的な経済発展を可能にした長い平和が持続するか否かはこれらの新しい指導者達とりわけワシントンと北京の指導者によって持ち込まれる複雑な連立方程式に依存している。作動している多くの変数のうち、一方ではオバマのアジアシフトとその深い軍事的・経済的関与が、また他方では国内での軍の動員と結びついた習近平の攻撃的な外交が特に二〇一三年の東アジアの国際関係の今後を大きく規定するだろう。

このような大きな見取り図のなかで、環日本海国際政治経済はどのようなものであるか。圧倒的な趨勢は日本、韓国、中国の間のヒトの動きの継続的な増加である。経済自体が景気の浮沈をならしてみると、このことは中長期的な趨勢である。もう一つは日本、韓国、中国は相互を意識することが多くなったことである。意識すると、必ずしも友好的なだけでない。競争的な意識をもつことが多くなってきている。そのなかでもヒトの往来は短期的なものをならすと確実な増大を示している。さらに、世界貿易機関（ＷＴＯ）が麻痺しているために、二国間と地域大の自由貿易協定の増大が世界の趨勢になっている。しかし、日本、韓国、中国の間はなかでもスピードが遅れがちである。その方向へと進んではいるものの、障害が少なくない。にもかかわらず、地域間の連携は進んでいる。

環日本海国際政治経済の動きでもう一つの動きはキナ臭さが目立ちはじめたことである。東アジアの長い平和は朝鮮半島と台湾海峡の潜在的な発火点とされてきた。それが部分的に顕在的なキナ臭さになってきたことが強調されなければならない。実際、朝鮮半島は韓国哨戒艦天安はおそらく北朝鮮によって沈められ、大量の戦死者が生じている。休戦協定の北西方面にある小島がやはり北朝鮮の砲撃にあっている。それに北朝鮮の核兵器搭載可能な中距離・長距離のミサイルが成功に向けて試行を重ねている。台湾は中国の経済的な魅力に引き込まれ、経済的な自己フィンランド化を国民党政権下で進めてきたようにもみえる。中国の対岸における圧倒的な短距離ミサイルの配置および中国人民解放軍海軍の強化は、台湾海峡の米国空母群の通過の拒否に繋がっているので、この趨勢はほぼ不可避になっている。それと軌を一にするように、東シナ海と南シナ海で中国の攻勢が続き、中国と日本、中国とフィリピン、中国とベトナム、中国と韓国の間でいさかいが続いている。とりわけ日本と中国の間では、戦争の口火が切られるのではないかと思わせるような海と空での競争が続いている。これが「東アジアの長い平和」を次第に下から崩すものに繋がるのか。これが「中国の興隆」の勢いを削がせるものに繋がるのか。

地球規模で世界政治経済の中長期的趨勢を見極めようとするとき、二つの重要な条件を指摘せざるをえない。第一は、国際連合の機能不全とりわけ国連安全保障理事会による行動がとれないこと、第二は、世界貿易機関の自由貿易堅持と拡大の働きが極度に小さくなっていることである。言いかえると世界の平和と繁栄の機軸とでもいえるこれらの地球的規模による国際制度は機能不全となっている。この所与の条件のなかでも、環日本海政治経済は前に進んでいる。たとえキナ臭さが増しても、たとえ自由貿易の協定が構築されるのが遅れがちでもである。

より東北アジアに地域的な焦点を当ててみても、一九九一年の珠江デルタから始まったとされる「中国の興隆」がこれからは渤海湾を含む日本海が一つの重要な軸になっていくのではないかと思われる節がある。南はアセンブリー・ラインを軸にした労働集約的製造業が主導産業であったが、これからは首都（北京、ソウル、東京）の近辺、とりわけ渤海・日本海を一つの軸としたより技術集約的な産業とよりサービス工夫的な産業が主導するのではないかと思わせる節がある。日本、韓国、ロシア、そして北朝鮮までが競争心強く展開していく時には、環日本海国際政治経済が「東アジアの長い平和」と「中国の興隆」に駆動されたものから、それらに対する反発・反動としての契機をはらみつつ、基本線を維持したまま、少しずつ変質しながら展開していくのではないか。

中国の自己主張外交と米国のアジア・太平洋軸外交はしばらく競いながらも中長期的な二国間関係を築いていくのだろう。そのような環境の中で環日本海国際政治経済論は語られていくと思われる。

註

（1） "Global Snap Poll on the Tsunami in Japan and Its Impact on Views about Nuclear Energy," WIN-Gallup International, Zurich, 2011.

（2） Stephen Brooks, G. John Ikenberry, William Wohlforth, "Don't Come Home, America: The Case against Retrenchment," *International Security*, Volume 37, Issue 3, pages 7-51.

（3） 猪口孝「米国のジレンマと日本の立場」『アジア時報』社団法人アジア調査会、二〇一三年三月、二一～二八頁。

（4） Timo Kivimäki, "Sovereignty, hegemony, and peace in Western Europe and in East Asia", *International Relations of the Asia-Pacific*, Oxford: Oxford University Press, Vol. 12（3）, pp 419-447.

（5） Ezra Vogel, *Deng Xiaoping and the Transformation of China*, Cambridge: Harvard University Press, 2011.

（6） 「南空航空兵某师新年度首场实战化对抗演练　空中战场有了"第三方"（南京軍区の空軍部隊が今年初の実戦型演習、空の戦場に『第三者』が出現）」『解放军报』二〇一三年二月一日。

（7） 「习近平强调：更好统筹国内国际两个大局　夯实走和平发展道路的基础（習近平総書記：国内と国際の大局をよりよく調整し、平和発展への道の基礎を固めよう）」『人民日报』二〇一三年一月三〇日。

（8） Takashi Inoguchi, "Voters swing, then swing away soon," *Asian Survey*, Berkeley: University of California Press, Vol. 53. 1, February 2013.

（9） Gerald Curtis, "Japan's Cautious Hawks", *Foreign Affairs*, New York and Washington DC: the Council on Foreign Relations, March/April 2013 issue.

（10） 安倍晋三『美しい国へ』文藝春秋、二〇〇六年。

（11） 袴田茂樹「両国における誤解を解く――日露の専門家が協力すべきこと」『アジア時報』社団法人アジア調査会、二〇一三年三月、七一～七三頁。

（12） 金子秀敏「木語：戦場英会話の演習」『毎日新聞』二〇一三年二月一四日朝刊　第三面。

＊本章は、"Takashi Inoguchi, "The Dynamic Dynamite of Asia's Leadership Changes," *Global Asia*, Vol. 8, No. 1（March 2013）, pp. 13～17に、出版社の許可をとって翻訳し、日本語版の刊行時に合わせて若干の改訂を行った。

人名索引

あ　行

か　行

さ　行

た　行

な　行

は　行

ま　行

や　行

ら　行

事項索引

※国名は頻出するため省略した。

あ 行

か 行

さ 行

た　行

な　行

は　行

与那覇　潤（よなは・じゅん）　**第9章**

1979年　神奈川県生まれ。

2007年　東京大学大学院総合文化研究科博士課程単位取得満期退学。博士（学術）。

現　在　愛知県立大学日本文化学部准教授。

著　作　『翻訳の政治学——近代東アジア世界の形成と日琉関係の変容』岩波書店，2009年。

『帝国の残影——兵士・小津安二郎の昭和史』NTT 出版，2011年。

『中国化する日本——日中「文明の衝突」一千年史』文藝春秋，2011年。

朱　建榮（しゅ・けんえい）　**第10章**

1957年　中国上海生まれ。

1992年　学習院大学で博士号（政治学）取得。

現　在　東洋学園大学グローバルコミュニケーション学部教授。

著　作　『中国外交　苦難と超克の100年』PHP 研究所，2012年。

『中国共産党のサバイバル戦略』共著，三和書籍，2012年。

『国際政治経済を学ぶ』共著，ミネルヴァ書房，2011年。

重村智計（しげむら・ともみつ）　**第11章**

1945年　中国生まれ。

1969年　早稲田大学法学部卒業。

シェル石油，毎日新聞社などを経て，

現　在　早稲田大学国際教養学部教授。

著　作　『北朝鮮データブック』講談社現代新書，1997年／最新版2002年。

『外交敗北——日朝首脳会談の真実』講談社現代新書，2006年。

『朝鮮半島「核」外交——北朝鮮の戦術と経済力』講談社現代新書，2006年。

木村　幹（きむら・かん）　**第12章**

1966年　大阪府生まれ。

1993年　京都大学大学院法学研究科博士課程中途退学。京都大学博士（法学）。

現　在　神戸大学大学院国際協力研究科教授。

著　作　『朝鮮／韓国ナショナリズムと「小国」意識』ミネルヴァ書房，2000年。

『韓国における「権威主義的」体制の成立』ミネルヴァ書房，2003年。

『高宗・閔妃——しからば致し方なし』ミネルヴァ書房，2007年。

河東哲夫（かわとう・あきお）　**第13章**

1947年　東京都生まれ。

1970年　東京大学教養学部卒業。外務省入省。

現　在　早稲田大学大学院商学研究科非常勤講師。元在ウズベキスタン大使。

著　作　『ソ連の試練』（筆名：嵯峨冽），サイマル出版会，1989年。

『遥かなる大地へ』（筆名：熊野洋），草思社，2002年。

『意味が解体する世界へ』草思社，2003年。

原田　泰（はらだ・ゆたか）　**第5章**

1950年　東京都生まれ。

1974年　東京大学農学部卒業。経済企画庁入庁。

現　在　早稲田大学政治経済学部教授，東京財団上席研究員。経済学博士。

著　作　『日本国の原則』日本経済新聞出版社，2007年。

『日本経済はなぜうまくいかないのか』新潮社，2011年。

『震災復興――欺瞞の構図』新潮社，2012年。

李　　佳（り・か）　**第6章**

1979年　中国生まれ。

2008年　名古屋大学大学院国際開発研究科博士後期課程修了。博士（学術）。

現　在　新潟県立大学国際地域学部講師。

著　作　"On the Empirics of China's Inter-regional Risk Sharing,"（*Forum of International Development Studies,* Vol. 42 : 23-42, 2013).

"Energy Consumption and Income in Chinese Provinces: Heterogeneous panel causality analysis（co-authored),（*Applied Energy,* Vol. 99 : 445-454, 2012).

"The Financial Social Accounting Matrix for China and its Application to a Multiplier Analysis,"（*Forum of International Development Studies,* Vol. 36 : 215-239, 2008).

黄　仁相（ふぁん・いんさん）　**第7章**

1963年　韓国・慶尚南道生まれ。

1998年　筑波大学社会工学研究科修了。Ph. D.（経済学）。

現　在　国際基督教大学教養学部上級准教授。カンザス大学客員准教授（2012～13年）。

著　作　「1990年代の日本の製造業 TFP 測定――産業構造，規模の経済，不完全競争，そして稼働率を考慮して」（共著）『三田学会雑誌』104(3), pp. 59-87, 2011年。

"The Effectiveness of Export, FDI, and R&D on Total Factor Productivity Growth: The Cases of Taiwan and Korea," *Journal of International Economic Studies,* 26, pp. 96-108, 2012 (co-authored with Eric C. Wang).

"Recent Studies on the Japanese Economy and Business in South Korea," *Japanese Journal of Political Science,* 13 (2), pp. 265-298, 2012.

小山洋司（こやま・ようじ）　**第8章**

1943年　新潟県生まれ。

1973年　東京大学大学院社会学研究科博士課程単位取得退学。博士（経済学）。

現　在　新潟大学名誉教授。

著　作　『ユーゴ自主管理社会主義の研究』多賀出版，1996年。

『EU の東方拡大と南東欧』ミネルヴァ書房，2004年。

『東欧の経済とビジネス』共著，創成社，2007年。

執筆者紹介（執筆順，＊は編者）

＊猪口　孝（いのぐち・たかし）　**はしがき，序章，第1章，終章**

1944年　新潟県生まれ。
1974年　マサチューセッツ工科大学大学院政治学部博士課程修了。政治学博士号。
現　在　新潟県立大学理事長兼学長，東京大学名誉教授。
著　作　*The Troubled Triangle: Economic and Security Concerns of the United States, Japan, and China,* New York: Palgrave Macmillan, 2013 (co-edited with G. John Ikenberry).
Political Parties and Democracy: Contemporary Western Europe and Asia, New York: Palgrave Macmillan, 2012 (co-edited with Jean Blondel).
The Quality of Life in Asia: A Comparison of Quality of Life in Asia, Dordrecht, Netherlands: Springer, 2012 (co-authored with Seiji Fujii).

＊鈴木　隆（すずき・たかし）　**第2章**

1973年　静岡県生まれ。
2004年　慶應義塾大学大学院法学研究科博士課程満期退学。博士（法学）。
現　在　愛知県立大学外国語学部准教授。
著　作　『中国共産党の支配と権力――党と新興の社会経済エリート』慶應義塾大学出版会，2012年。
『中国の対外援助』共著，日本経済評論社，2013年。
『党国体制の現在――社会の変化と中国共産党の適応』共著，慶應義塾大学出版会，2012年。

＊浅羽祐樹（あさば・ゆうき）　**第3章**

1976年　大阪府生まれ。
2004年　ソウル大学校社会科学大学政治学科博士課程満期退学。Ph. D.（政治学）。
現　在　山口県立大学国際文化学部准教授。北韓大学院大学校（韓国）招聘教授。
著　作　『したたかな韓国――朴槿恵時代の戦略を探る』NHK 出版新書，2013年。
Presidents, Assemblies and Policy-making in Asia (co-authored), Palgrave Macmillan, 2013.
『徹底検証　韓国論の通説・俗説――日韓対立の感情 VS. 論理』共著，中公新書ラクレ，2012年。

＊袴田茂樹（はかまだ・しげき）　**第4章**

1944年　大阪府生まれ。
1977年　東京大学大学院社会学研究科博士課程単位取得退学。
現　在　新潟県立大学政策研究センター教授。
著　作　『ソ連――誤解を解く25の視角』中央公論社，1987年。
『深層の社会主義――ソ連・東欧・中国　こころの探訪』筑摩書房，1987年。
『現代ロシアを読み解く』筑摩書房，2002年。

環日本海国際政治経済論

2013年10月15日　初版第1刷発行　〈検印省略〉

定価はカバーに
表示しています

編著者　猪口　孝
袴田茂樹
鈴木　隆
浅羽祐樹

発行者　杉田啓三

印刷者　江戸宏介

発行所　株式会社　ミネルヴァ書房

607-8494 京都市山科区日ノ岡堤谷町1
電話代表（075）581-5191
振替口座 01020-0-8076

共同印刷工業・藤沢製本

ISBN978-4-623-06657-5
Printed in Japan